权威·前沿·原创

皮书系列为
"十二五""十三五"国家重点图书出版规划项目

京津冀教育蓝皮书
BLUE BOOK OF
EDUCATION IN BEIJING-TIANJIN-HEBEI

京津冀教育发展研究报告
（2016~2017）

RESEARCH REPORT ON THE EDUCATION DEVELOPMENT OF
BEIJING-TIANJIN-HEBEI REGION (2016-2017)

协同发展平台体系建设

主　编／方中雄
副主编／桑锦龙　高　兵

社会科学文献出版社
SOCIAL SCIENCES ACADEMIC PRESS (CHINA)

图书在版编目(CIP)数据

京津冀教育发展研究报告. 2016-2017：协同发展平台体系建设/方中雄主编. --北京：社会科学文献出版社，2017.4
（京津冀教育蓝皮书）
ISBN 978-7-5201-0522-4

Ⅰ.①京… Ⅱ.①方… Ⅲ.①地方教育-发展-研究报告-华北地区-2016-2017 Ⅳ.①G127.2

中国版本图书馆CIP数据核字（2017）第056577号

京津冀教育蓝皮书
京津冀教育发展研究报告（2016~2017）
——协同发展平台体系建设

| 主　　编 / 方中雄 |
| 副 主 编 / 桑锦龙　高　兵 |

出 版 人 / 谢寿光
项目统筹 / 王楠楠
责任编辑 / 王楠楠　张雯鑫

出　　版 / 社会科学文献出版社·经济与管理分社（010）59367226
　　　　　 地址：北京市北三环中路甲29号院华龙大厦　邮编：100029
　　　　　 网址：www.ssap.com.cn
发　　行 / 市场营销中心（010）59367081　59367018
印　　装 / 北京季蜂印刷有限公司
规　　格 / 开　本：787mm×1092mm　1/16
　　　　　 印　张：20.25　字　数：303千字
版　　次 / 2017年4月第1版　2017年4月第1次印刷
书　　号 / ISBN 978-7-5201-0522-4
定　　价 / 98.00元

皮书序列号 / PSN B-2017-608-1/1

本书如有印装质量问题，请与读者服务中心（010-59367028）联系

▲ 版权所有 翻印必究

"京津冀教育蓝皮书"
编委会

主　编　方中雄

副主编　桑锦龙　高　兵

编委会　方中雄　马谊平　桑锦龙　褚宏启　张　军
　　　　　熊　红　刘占军　马振行　王毓珣

摘　要

"十三五"初期是京津冀协同发展战略从顶层规划走向落实的重要开端。教育协同发展作为其中不可缺少的一环，承载着重要的战略意义与使命。在深入贯彻党的十八大以来历届全会精神和习近平总书记系列重要讲话精神指引下，"协同发展"理念已经广泛渗透于区域社会发展的各个领域，"共生共赢"也成为三省市改革发展的重要价值取向。尽管三地在促进教育协同发展方面开展了许多工作、取得了一定成效，但是工作推进的过程仍是"摸着石头过河"。教育到底如何实现协同发展，时间表和路线图是什么，如何发挥教育在协同发展中的服务和引领作用等诸多问题，仍亟待科学、深入地研究与论证。这需要教育科研人员充分发挥思想库和智囊团的作用，为切实落实《京津冀协同发展规划纲要》的相关部署贡献力量。

随着京津冀教育协同发展进入全面落实的新阶段，搭建合理有效的平台系统日益凸显出其必要性和紧迫性。平台是由一系列"软"和"硬"要素组成的有机集合体，是为主体的创新活动提供服务的公共结构。区域教育平台体系就是由若干平台组成的公共服务系统，是基于本区域的教育和社会发展特点，在区域各级政府、学校、科研机构、企业及教育中介组织等的互动协同下，通过政策制度推进、合作项目落实、监督措施保障等形成的公共服务网络，其目的是促进教育要素的有效流动，提升教育成果转化，服务经济社会发展需求，服务社会公众需求，服务教育自身发展需求，进而实现区域教育水平的整体提升。鉴于此，作为支撑京津冀教育协同发展的重要载体，平台系统不仅有助于引导多方参与，实现资源有效整合，而且有助于破解京津冀教育发展中的瓶颈问题，是战略实施初期促进区域教育协同发展的关键引擎。

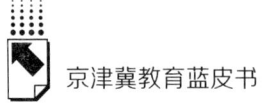

为此,北京教育科学研究院策划出版了《京津冀教育发展研究报告(2016~2017)》这一蓝皮书,并选择以"协同发展平台体系建设"为本年度报告的主题,旨在研究和回应京津冀区域教育协同发展战略实施初期的关键问题。该研究报告秉持学术性、原创性、前沿性和主题性相结合的原则,以"设计主题—组织研究—形成专题研究报告"为模式,组织京、津、冀三地的专业研究人员围绕主题框架内的热点、重点、难点问题展开研究,以期较为深入、全面地反映区域教育改革发展的实际情况,发展和分析战略落实中的经验与问题,从而更好地发挥教育科学研究为中央部门决策服务、为京津冀区域教育协同发展服务、为三省市教育服务的功能。

本蓝皮书在结构上分为"总报告""政策篇""实践篇""专题篇""地区篇""经验篇"六大部分,共计15篇研究报告。"总报告"站在全局高度,从构建京津冀教育协同发展平台的战略意义,区域教育协同发展平台体系的组建形式,京津冀区域教育协同发展的现状与原因剖析,京津冀区域教育平台体系建设的思路、原则和目标,以及实现京津冀教育平台体系有效运转的政策建议五个方面对京津冀教育协同发展平台体系建设的核心问题进行了提纲挈领的系统分析。"政策篇"从理论视角出发,分别从京津冀区域教育宏观政策平台建设、教育财政保障机制建设、高等教育协同发展模式三个方面,深入探讨了相关战略和政策运作中的基本逻辑与本质规律。"实践篇"从实践视角出发,对《京津冀教育协同发展规划》颁布一年多时间以来,京津冀地区各级各类教育协同发展平台建设的实际情况及存在的问题等进行了描述和总结,包含区域高校联盟、高等职业教育协同发展、中小学教育合作三方面内容。"专题篇"从发展的视角出发,聚焦于京津冀教育协同发展现状、京津冀教育协同发展的评估体系构建、"互联网+"背景下京津冀教育信息平台建设,对区域教育协同发展平台建设中的现状与前沿热点进行了探索与展望。"地区篇"站在地方层面,分别对京、津、冀三地在区域教育协同发展中的角色与任务进行了深入分析,涉及北京市教育资源疏解平台建设、天津市教育资源联动平台建设、河北省教育资源承接平台建设三方面内容。"经验篇"则从比较的视角出发,分别从国际和国内两个视角对区域教育协同发展的理论与实践问题进行了梳理分析,旨在为京津冀教育协同发展平台建设提供视角更为广阔的借鉴和启示。

本年度报告力图理论联系实际,多角度、多层次反映京津冀教育协同发展平台体系建设的形势、进展与问题,进而提出推动和完善不同层级领域平台建设的改革建议,以期为参与京津冀教育协同发展的教育决策部门、教育管理者、教育科研工作者等相关主体提供有益参考。

Abstract

The early period of the 13th Five-Year Plan period (2016 – 2020) marks the beginning of the strategy of promoting coordinated development of the Beijing-Tianjin-Hebei Region to go from central planning to its implementation. As an indispensable part of this move, the coordinated development of education in the region is an important mission of strategic value. Under the guidance of the principle of all plenary sessions of the CPC Central Committee since the 18th CPC National Congress and a series of important speeches made by Party General Secretary Xi Jinping, the concept of "coordinated development" has penetrated extensively into various fields of the regional social development, making "mutualism and win-win" an important value orientation of the three areas of the region for their reform and development. Although the three have done a lot to promote the coordinated development of education with certain success, the work is still done cautiously in a pilot way. How to achieve the goal and what about the timetable and road map? How to bring into play the role of education in serving and guiding the coordinated development? There are still a number of issues in urgent need of scientific and in-depth research and demonstration. This requires scientific researchers on education to give full play to the functions of think tanks so as to contribute to the earnest implementation of the Guidelines for the Coordinated Development of the Beijing-Tianjin-Hebei Region.

As the coordinated development of the Beijing-Tianjin-Hebei Region is being carried out comprehensively, a reasonable and effective public platform should be built urgently. The platform consists of "soft" and "hard" elements, aiming to serve the innovative activities. As a public service system composed of several platforms, the regional education platform system, established in accordance with the educational and social development characteristics of the region, aims to

Abstract

promote the effective flow of educational elements, enhance the transformation of educational achievements and serve the needs of economic and social development, the public and educational development so as to raise the overall education level of the region. This will be achieved with joint efforts of the governments at all levels, schools, scientific research institutions, enterprises and educational intermediary agencies in the region by promoting the implementation of policies and cooperation projects and carrying out supervisory measure. In view of this, as an important carrier to support the coordinated development of education in the region, this platform system is conducive to guiding multi-party participation, realizing effective integration of resources and breaking the bottleneck in the educational development of the region. It is a driving force of key importance for the coordinated regional development of education.

To this end, the Beijing Academy of Educational Sciences published the white paper entitled *Research Report on the Educational Development of Beijing-Tianjin-Hebei Region*. With "construction of a platform system for the coordinated development" as the theme of the first chapter, the paper aims to find answers to key issues concerning the initial implementation of the strategy of promoting coordinated development of the region. On the principle of being academic, original, cutting-edge and thematic, this paper was formed after systematic research on the designated themes by the researchers in Beijing, Tianjin and Hebei. They studied the hot, key and difficult issues under the framework of the themes to give a profound and overall introduction of the actual educational reform and development of the region and analyze the experience and problems in implementation of the strategy. Thus, the function of educational science research in serving the decision-making of the central departments, coordinated educational development of the region and the education of the three places can be brought into play in a more satisfactory way.

The blue paper consists of six major parts: General Report, Practice Reports, Policy Reports, Special Topics, Regional Reports and Experience Reports, including 15 research reports. The "General Report" gives an overall, systematic analysis of the core issues concerning the building of the platform system for the coordinated educational development of the region from five aspects: the

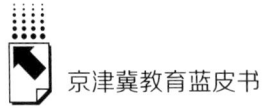

current status of the educational development of the region, the strategic significance of the building of the platform for the coordinated educational development of the region, organization of this platform system, the main problems in the coordinated educational development of the region, the method, principle and target of the building of this platform system, and the policies and suggestions on effective operation of this platform system. The "Policy Reports" makes in-depth discussions on the basic logic and essential regulations in the operation of relevant strategy and polices from three aspects: macro policies for the regional education, financial security mechanism for the education and model of coordinated development of higher education. The "Practice Reports" sums up the actual situation and problems of the building of this platform in the past one year or more since the promulgation of the Guidelines mentioned above, covering three aspects: the alliance of universities and colleges in the region, coordinated development of the higher vocational education, and educational cooperation between primary and middle schools. The "Special Topics" focuses on the current situation of the regional coordinated educational development and building of an evaluation system for such development and a platform for educational information in the region under the background of "Internet plus", and explore the hot issues in the building of the platform for coordinated educational development of the region. The "Regional Reports" makes a profound analysis of the role and task of the three in the coordinated regional educational development respectively, covering construction of three platforms: the platform for more effective us of the educational resources in Beijing, a platform for linkage with the educational resources in Tianjin, and a platform for educational resources in Hebei Province. The "Experience Reports" analyzes the theories and practical problems regarding the coordinated regional educational development from the international and domestic perspectives, with a view to providing a broader vision for the building of the platform for the regional coordinated educational development.

Combining theory with practice, the paper discusses the situation, progress and problems of building the platform system for the coordinated regional educational development from various perspectives and at various levels. On this

Abstract

basis, it makes suggestions on reform for promoting and improving the building of platforms at various levels in an attempt to provide a useful reference for the educational decision-making departments and educational administrators and researchers who take part in promoting the regional coordinated educational development.

目录

Ⅰ 总报告

B.1 京津冀教育协同发展平台体系建设 …………………… 高　兵 / 001
　　一　构建京津冀教育协同发展平台的战略意义 ………… / 003
　　二　区域教育协同发展平台体系的组建形式 …………… / 006
　　三　京津冀区域教育协同发展的现状与原因剖析 ……… / 010
　　四　京津冀区域教育平台体系建设的思路、原则
　　　　和目标 …………………………………………………… / 024
　　五　实现京津冀教育平台体系有效运转的政策建议 …… / 029

Ⅱ 政策篇

B.2 京津冀教育协同发展的政策平台建设分析 …………… 李　政 / 033
B.3 财税体制改革背景下京津冀教育协同的财政
　　　保障机制研究 ………………………………………… 杨小敏 / 047
B.4 京津冀高等教育协同发展模式研究 ………… 刘继青　梁明伟 / 065

Ⅲ 实践篇

B.5 京津冀区域高校联盟建设研究 ………………………… 李　旭 / 089

B.6 京津冀高等职业教育协同发展基础与策略研究
　　………………………………………………… 孙毅颖　裴　斐 / 122
B.7 京津冀协同发展战略下中小学教育合作研究 ………… 尹玉玲 / 143

Ⅳ 专题篇

B.8 京津冀教育发展现状及其对教育协同发展的启示
　　………………………………………………… 曹浩文　李　政 / 157
B.9 京津冀教育协同发展评估指标体系研究 ……………… 雷　虹 / 177
B.10 "互联网+"背景下京津冀教育协同发展
　　信息平台研究 ……………………………………… 朱庆环 / 193

Ⅴ 地区篇

B.11 北京市教育资源疏解平台建设研究 ………… 高　兵　唐一鹏 / 203
B.12 天津市教育资源联动平台建设研究 ………… 王毓珣　王　颖 / 225
B.13 河北省教育资源承接平台建设研究 …………………… 马振行 / 246

Ⅵ 经验篇

B.14 国际区域教育协同发展的理论与机制研究 …………… 汤术峰 / 268
B.15 国内区域教育协同发展的实践研究
　　——基于长三角和珠三角的分析 ………………… 朱庆环 / 283

B.16 后记 ………………………………………………………………… / 299

皮书数据库阅读使用指南

CONTENTS

Ⅰ General Report

B.1 Construction of Platform System for Coordinated Development
of Education in the Beijing-Tianjin-Hebei Region   *Gao Bing* / 001
    1. The Strategic Significance of Building the Platform for the
       Coordinated Educational Development in the Region   / 003
    2. Organization of This Platform System   / 006
    3. The Main Problems of the Coordinated Educational Development in
       the Region   / 010
    4. The Method, Principle and Target of Building This Platform System   / 024
    5. The Policies and Suggestions on Effective Operation of This
       Platform System   / 029

Ⅱ Policy Reports

B.2 An Analysis of the Policy Platform for the Coordinated Development
in the Beijing-Tianjin-Hebei Region   *Li Zheng* / 033
B.3 A Study of the Financial Guarantee Mechanism for the Coordinated
Educational Development in the Beijing-Tianjin-Hebei Region
   Yang Xiaomin / 047
B.4 A Study of the Coordinated Development Model of Higher Education
in the Beijing-Tianjin-Hebei Region   *Liu Jiqing, Liang Mingwei* / 065

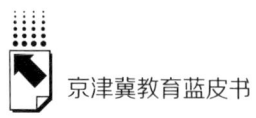

III Practice Reports

B.5 A Study of the Formation of the Beijing-Tianjin-Hebei Regional
University Alliance *Li Xu* / 089

B.6 A Study of the Basis and Strategy of the Coordinated Development
of Higher Vocational Education in the Beijing-Tianjin-Hebei Region
Sun Yiying, Pei Fei / 122

B.7 A Study of the Educational Cooperation of Primary and Secondary
Schools Under the Coordinated Development Strategy of the
Beijing-Tianjin-Hebei Region *Yin Yuling* / 143

IV Special Topics

B.8 Status Quo of Education in the Beijing-Tianjin-Hebei Region
and Its Enlightenment to the Development of Education
Cao Haowen, Li Zheng / 157

B.9 A Study of the Evaluation Index System of the Coordinated
Development of Education in the Beijing-Tianjin-Hebei Region
Lei Hong / 177

B.10 A Study of the Information Platform for the Coordinated
Development of Education in the Beijing-Tianjin-Hebei Region
Zhu Qinghuan / 193

V Regional Reports

B.11 Construction of Platform for Ease the Educational Resources
in Beijing *Gao Bing, Tang Yipeng* / 203

B.12 Construction of Platform for Interact the Education Resources
in Tianjin *Wang Yuxun, Wang Ying* / 225

B.13 Construction of Platform for Undertake the Educational Resources
in Hebei Province *Ma Zhenhang* / 246

VI Experience Reports

B.14 Theory and Mechanism of the Coordinated Development
of the International Regional Education   *Tang Shufeng* / 268

B.15 A Study of the Practice of the Coordinated Development
of the Regional Education in China   *Zhu Qinghuan* / 283

B.16 Postscript   / 299

总 报 告
General Report

B.1
京津冀教育协同发展平台体系建设

高 兵*

摘 要： 京津冀区域教育协同发展平台体系是多主体、多功能的复杂性平台，其运行涉及众多主体间的联系和功能的耦合。北京是教育资源的疏解地，重点考虑如何在本地搭建教育资源疏解平台。天津是教育资源的联动地，重点考虑如何在本地搭建教育资源联动平台。河北是教育资源的承接地，重点考虑如何在本地搭建教育资源承接平台。以此为基础，从当地政府的立场出发，根据区域协同发展的总体要求，适应人口分布变化趋势和产业结构调整方向，从"政策制度"推进、"合作项目"落实、"监督措施"保障等方面构建公共服务网络平台，优化区域教育空间布局，优化各地教育功能。在平

---

* 高兵，北京教育科学研究院教育发展研究中心副主任、副研究员。

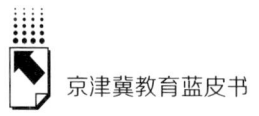

台体系建设思路上,我们强调三个转向:一是平台建设的参与变量逐步由单一变量转向多元变量;二是平台建设的层次逐步由具体项目平台转向体制机制平台;三是平台建设由关注近期的焦点性问题逐步转向关注长远的前瞻性问题。教育协同发展平台体系建设要坚持因地制宜、互补共赢,坚持广泛参与、多方对接,坚持切实可行、权威有效,坚持循序渐进、兼顾效率与公平,遵循教育规律、因事制宜。为实现平台体系的有效运转,建议建立超省市层面的协调组织,加强政策制度的顶层设计,构建协同发展监测评价体系,重视中介组织和市场机制的调控作用,完善法律法规体系。

关键词: 京津冀 教育协同发展 平台体系

在京津冀协同发展战略的影响下,"协同发展"理念已经广泛渗透于区域社会发展的各个领域,"共生共赢"成为三省市发展的重要价值取向。随着京津冀协同发展进入全面落实的新阶段,搭建合理有效的平台系统能够引导多方参与、实现资源有效整合,是支撑区域协同发展的重要载体。平台体系的实现主要有两步,第一步是个人或组织形成的比较稳定的合作关系,即搭建平台;第二步是有足够多的组织参与合作,这些组织相互作用,共同构成可以合作的网络,即平台体系。搭建教育领域的协同发展平台进而形成平台体系,切实贯彻落实了《中共中央关于制定国民经济和社会发展第十三个五年规划的建议》提出的"五大发展理念",是推进京津冀区域教育协同发展的模式创新,是通过地区开放促进教育分工协作、提高效率的有效途径,是破解京津冀教育发展瓶颈、促进区域教育协同发展的关键引擎。

一 构建京津冀教育协同发展平台的战略意义

（一）构建教育协同发展平台是缓解资源束缚的有效途径

资源是京津冀教育协同发展的基础。教育资源按照归属性质区分，可分为中央教育资源和地方教育资源；按照教育类型和层次分，可分为基础教育资源、职业教育资源、高等教育资源；按照参与主体区分，可分为教师资源、学生资源、硬件资源；按照资源质量划分，可分为一般资源、优质资源；按照管理方式区分，可分为计划资源和市场资源。

从教育资源归属来看，当前京津冀区域中央高校过度集中在北京地区，地方高校主要集中在河北地区，教育资源各自集中。从教育类型和层次来看，区域核心地区办学层次高，京津地区主要是本科高校的聚集地，河北是专科学校和中等职业学校的聚集地。从教育参与主体和资源质量来看，河北基础教育在硬件和软件方面与京津地区有差距，中小学师资力量薄弱，整体素质不高，办学条件差；北京、天津受地域条件限制，教育用地紧张，既不利于学校发展，又容易导致生态资源紧张。同时，三地师生间的互动交流还没有深度开展。研究显示，北京、天津虽然具有教育服务的专业化优势，但还不足以向周边地区提供扩散性服务，[①] 也就是说，北京、天津、河北都需要扩充教育从业人员队伍。从管理方式看，市场对教育资源的配置作用还没有充分发挥，教育协同发展仍面临诸多难题。在各地教育资源相对封闭的情况下，有必要建设教育协同发展平台，打破固有束缚，利用平台整合资源，实现优势互补，解决各地教育瓶颈问题，为共同目标的实现开展各种创新活动。

（二）构建教育协同发展平台是缩小教育差距的重要举措

教育是重要的公共服务资源，教育资源差异过大必将阻碍京津冀协同发

[①] 高兵、唐一鹏：《区域科学视角下的基础教育协同发展》，《上海教育科研》2015年第11期，第7页。

展。大量数据证明,仅从京津冀区域高等教育规模、各级各类教育投入方面就能看出区域间的差距。

从2013年京津冀区域各城市高等教育的规模来看,北京市在校研究生规模是天津、石家庄、保定三城之和的3倍多,而且这个差距还在逐年拉大。同时,通过观察京津冀地区各级教育生均公共财政预算事业费发现,河北是区域内教育经费投入最低的地区,北京是区域内教育经费投入最高的地区,各地区教育经费分配悬殊。从2014年京津冀人口受教育水平来看,北京大专及以上学历人口比例约是河北的4.8倍,而河北文盲人口比例约是北京的2.2倍(见表1)。从2014年京津冀各级各类生均公共财政预算事业费水平来看,普通小学方面,北京是河北的4.4倍,天津是河北的3.2倍;普通初中方面,北京是河北的4倍,天津是河北的2.9倍;普通高中方面,北京是河北的5.3倍,天津是河北的3.9倍;中等职业教育方面,北京是河北的3.6倍,天津是河北的2.8倍;普通高等学校方面,北京是河北的4.8倍,天津是河北的1.5倍。① 所以,搭建教育协同发展平台,让资源在区域内流动起来,最大限度地利用优质资源,才能从根本上缩小地区间差距,确保区域教育的可持续发展。

表1 2014年京津冀地区人口受教育程度构成

单位:人,%

地区	6岁及以上人口	受教育程度构成				
		未上过学	小学	初中	高中	大专及以上
北京	16828	1.75	10.53	27.68	21.89	38.15
天津	11935	3.14	16.44	34.84	22.72	22.85
河北	55991	3.87	25.69	48.16	14.35	7.94

资料来源:根据《中国统计年鉴》(2015)中抽样数据计算所得。

(三)构建教育协同发展平台是完善体制机制的创新试点

随着京津冀区域协同发展逐步深入,遇到的深层次矛盾和问题也会越来

---

① 资料来源:《教育部 国家统计局 财政部关于2014年全国教育经费执行情况统计公告》。

越多,追根溯源是区域协同发展的体制机制还不完善。比如,由于需要跨组织活动、涉及众多利益群体,思想观念、文化习惯、工作流程、任务目标等诸多方面的不同往往导致协同创新的组织难度加大,在一定程度上会限制区域教育协同发展,这就需要建立一套科学完善的管理体制和协调机制。

区域教育协同发展平台聚焦于某一领域,尊重该领域教育规律、特点和需求,将支持该领域的合作发展政策、合作发展项目、合作效果评估耦合成一个教育协同发展平台,在某种程度上形成了一个区域协同发展的微缩景观。运行过程透明化、公开化,在出现问题时可以突破现有政策束缚,建立一些新的规章制度,通过创新手段及时解决问题,提高区域协同发展效率和水平。京津冀教育协同发展平台可以说是京津冀区域教育协同发展体制机制的一个缩影,一旦这个平台运转自如、条件成熟,其运行机制就可以在全区域范围内推广应用。

(四)构建教育协同发展平台是实现区域一体化的基础阶段

区域从冲突到一体化发展,其间大概经历4个阶段,第一个阶段是从冲突到独立阶段,第二个阶段是从独立到合作阶段,第三个阶段是从合作到共享阶段,第四个阶段是从共享到协调阶段,而第二到第四阶段被称为区域一体化过程,也叫区域协同发展(见图1)。此外,张晋晋等人的研究认为,京津冀城市群的演化可分为破界、组接、交融、融合4个阶段。目前,京津冀城市群处于城市群发展的组接阶段,各阶段在空间结构、产业结构、人口结构、基础设施以及经济紧密度等方面具有明显不同的特征。[1]

构建京津冀教育协同发展平台,使教育产生跨城市的对接点,增强了城市间的教育关联度,有助于促进教育空间布局和谐、教育功能结构稳定、教育人口动态平衡、教育基础设施充分利用,为区域教育一体化发展奠定了基础。因此,可以说,构建教育协同发展平台是实现区域一体化的基础阶段。

---

[1] 文魁、祝尔娟:《京津冀发展报告(2014)》,社会科学文献出版社,2014,第11页。

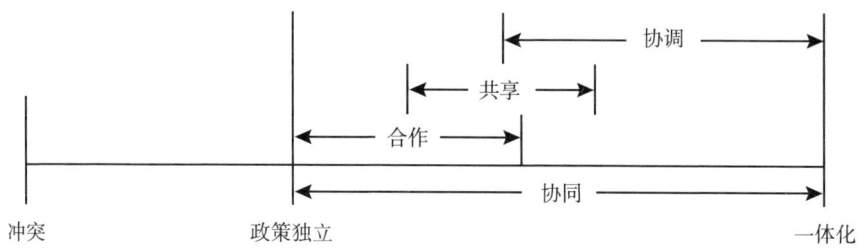

图 1 区域一体化发展的阶段

二 区域教育协同发展平台体系的组建形式

（一）区域教育平台体系内涵

区域教育协同指政府、学校和社会 3 个基本的区域主体根据各自的资源优势，在平台体系的支撑下，通过契约开展协作，产生新的效应。平台是一系列"软"和"硬"要素的集合体，是为主体的创新活动提供服务的公共结构。[1] 相应的，区域教育平台体系就是由若干平台组成的公共服务系统，是基于本区域的教育和社会发展特点，在区域各级政府、学校、科研机构、企业及教育中介组织等的互动协同下，通过政策制度推进、合作项目落实、监督措施保障等形成的公共服务网络，其目的是促进教育要素的有效流动，提升教育成果转化，服务经济社会发展需求，服务社会公众需求，服务教育自身发展需求，进而实现区域教育水平的整体提升（见图2）。

从区域教育协同发展平台体系的主体来看，主要包括政府、学校和社会资源（科研机构、企业、中介机构）。政府是推进区域教育协同创新不可或缺的主体，尤其是在区域协同发展初级阶段，由于不同主体间的目的和利益不同，往往会产生很多矛盾和障碍，而政府在此发挥着关键作用，政府可以

---

[1] 姚梁、翟运开、马仁钊：《区域创新平台：上海案例研究》，《上海经济研究》2010 年第 9 期。

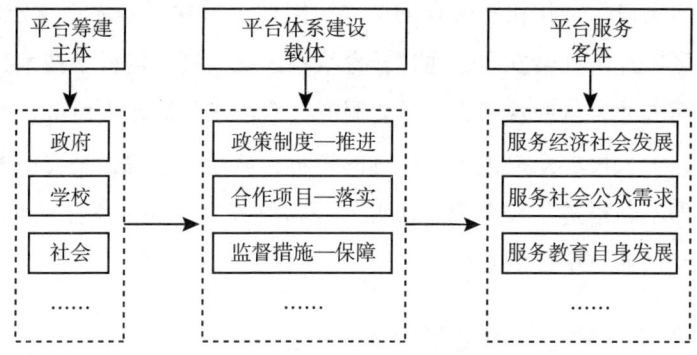

图2 区域教育平台体系内涵与结构

根据本地区教育发展水平和未来方向制定一系列的政策制度进行宏观调控，有效配置资源，引导各方主体为长远发展而合作。学校是区域教育协同发展的主要场所，是平台所需资源的提供者，担负着知识融合与创新、区域人才培养的重要任务。尤其是大学，其拥有设备齐全的实验室、经验丰富的教科研人员，这些都是区域教育协同平台建设必不可少的元素。社会资源是区域教育协同发展的中间纽带，是平台体系功能实现的辅助者，在整个平台体系中起着沟通和协调各个主体并提供相应服务的作用，可以极大提高教育资源的配置效率。

从区域教育协同发展平台体系的载体来看，主要分为政策制度载体、合作项目载体和监督检测载体。政策制度载体通过制定一系列前瞻性、战略性的政策制度，明确各方责任，调动各利益相关者的积极性，建立开放、有序的协同发展体制机制，完善区域教育协同发展环境。合作项目载体推进教育各要素（人、财、物）向学校聚集，全面整合教育资源，不断提高区域教育整体水平和育人实力。监督检测载体是区域教育协同发展的支撑体系，主要对区域教育协调发展战略与政策的有效性进行检验，对区域教育发展战略和实施效应进行评价，从而明确区域教育协同发展的调整方向和重点。

平台体系的客体就是搭建区域教育协同发展平台体系的最终目的，即回答了搭建平台体系究竟为谁服务、对谁负责的问题。区域教育深入合作是经济、社会、人口、文化相互融合的结果,因此,搭建平台体系从宏观来说,是要服务区域经济社会发展,通过教育培育区域发展所需科学技术、培养区域发展所需人才;从中观来说,是要服务公众需求,满足人民群众对优质教育的需求,为人民群众提供多元可选的教育;从微观来说,是要服务教育自身发展,即不断推进学校全面、协调、可持续发展,关注学生的全面发展,关注学生长远而有个性的发展。

(二)京津冀区域教育平台体系的结构

京津冀区域教育协同发展平台体系是多主体、多功能的复杂性平台,其运行涉及众多主体间的联系和功能的耦合。从三地的角色定位来看,北京是全国政治中心、文化中心、国际交往中心、科技创新中心;天津是全国先进制造研发基地、北方国际航运核心区、金融创新运营示范区、改革开放先行区;河北是全国现代商贸物流重要基地、产业转型升级试验区、新型城镇化与城乡统筹示范区、京津冀生态环境支撑区。北京是京津冀协同发展的核心,以疏解非首都功能为主要任务;北京和天津是京津冀协同发展的引擎,天津承担双城联动的任务;河北主要负责产业对接。根据三地的角色定位,初步确定三地在教育协同发展中的基本定位。

北京是教育资源的疏解地,重点考虑如何在本地搭建教育资源疏解平台。天津是教育资源的联动地,重点考虑如何在本地搭建教育资源联动平台。河北是教育资源的承接地,重点考虑如何在本地搭建教育资源承接平台。以此为基础,从当地政府的立场出发,根据区域协同发展的总体要求,适应人口分布变化趋势和产业结构调整方向,从"政策制度"推进、"合作项目"落实、"监督措施"保障等方面构建公共服务网络平台,优化区域教育空间布局,优化各地教育功能(见图3)。

京津冀区域教育平台体系运行高效的关键在于各个主体充分发挥自身拥有的资源,使各个结点之间能够形成分工合作的利益共同体。从图3可以看出,结点A1B1就要求北京市政府制定相应的疏解政策,结点A2B1就是要求北京市各级各类学校以项目合作的方式疏解教育资源,结点A3B1就是要

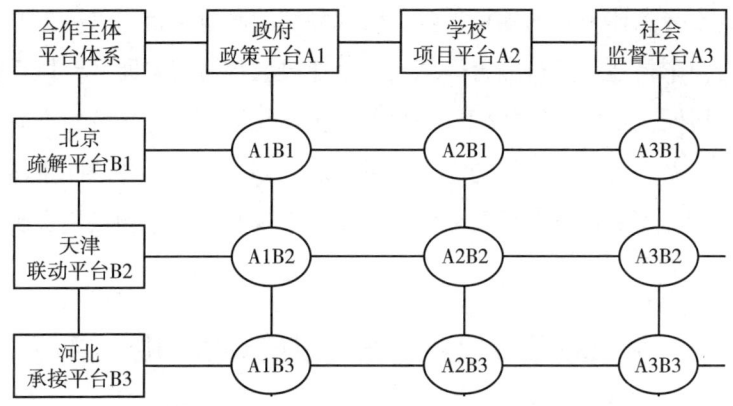

图3 京津冀区域教育协同发展平台体系结构网

求北京市社会中介组织积极发挥监督保障作用，助力做好教育资源的疏解工作。其他网络结点含义以此类推。目前，北京市正在合理有序地疏解部分教育功能，以教育资源布局优化服务保障首都核心功能。主要举措有：政府出台相应的政策措施，严格控制办学规模，加强办学规模核定工作，严控新增教育规模；在京部分中央院校的本科层次合理有序迁出，有条件的北京普通高校、中等职业学校以部分院系搬迁、办分校、合作办学等方式向外疏解，在京高校定位为研究生培养基地、研发创新基地和重要智库。

区域教育平台主体实力决定了平台功能的强弱和实施效果。主体实力不断提升，则合作关系更加长久和基础稳固，区域教育竞争力就会不断提升。由此可见，虽然北京市在协同发展初期的重点任务是疏解，但疏解本身不是目的，疏解的最终目的是促进发展，提升主体自身实力。所以，教育的疏解必须强化"优化提升首都功能"的目标，以优化提升引导主动疏解、积极作为。相应的，天津地区作为双城联动地区，为实现京津冀协同发展，需要不断优化结构、提升质量、增强影响力和扩大服务面，必须联动平台的支撑作用。河北地区作为承接地，要确保自身具有一定的公共服务能力，为疏解资源提供相应的生存和成长环境，妥善做好被疏解学校教职工安置工作。

目前来看，京津冀区域教育协同发展平台以各地学校自发搭建的项目平台居多，平台层次不高、合作内容空泛、合作参与主体少，缺乏高层次、内容充实、参与主体多元的项目平台,宏观领域的政策平台和以第三方为主的监督平台尚未搭建,亟待完善。总之,京津冀教育协同发展平台体系明确了区域教育协同发展的共同目标,使得各个主体能够根据总的目标方向调整各自的行为,并根据其他主体的需要改进发展计划。由此,各协同主体间能够根据实际情况不断调整各要素之间的关系,实现有效合作和最优资源配置。

三 京津冀区域教育协同发展的现状与原因剖析

(一)京津冀区域教育发展现状

实现京津冀协同发展,基本公共服务资源均衡分布是重要衡量标准之一。教育是重要的基本公共服务资源,检验京津冀区域是否达到了协调发展的状态,就要对公共服务资源的差异状况进行评价,教育资源差异过大必将阻碍京津冀协同发展。区域教育差异是指在一定时期,特定区域之间教育发展上存在的不均衡现象,它主要体现在教育规模、教育效益、教育投入和教育布局等方面。因此,科学准确地描述、衡量区域教育差距状况及其变化趋势是不可忽视的现实问题。

1. 京津冀教育的规模和等级差异

研究京津冀教育规模和等级的差异就是分析不同教育阶段受教育人口或学校数量的分布状况。高等教育和中等职业教育的在校生规模一定程度上显示了这一层级教育对相应年龄人口的吸引力和聚集程度,因此衡量地区间高等教育和中等职业教育的差异时将借鉴马克·杰斐逊的城市首位律法则,观察不同等级受教育人口在城市中的集中程度,通过首位城市与次位城市的受教育人口规模之比计算教育首位度,其测算公式如下。

$$S_2 = P_1/P_2 \tag{1}$$

$$S_4 = P_1/(P_2 + P_3 + P_4) \tag{2}$$

$$S_{11} = P_1/(P_2 + P_3 + \cdots P_{11}) \tag{3}$$

其中，S_2、S_4、S_{11}分别表示二城指数、四城指数和十一城指数；P表示城市某一层级教育的在校生规模，P_1、$P_1 \cdots P_{11}$为在校生规模由大到小排序。按照位序—规模原理，二城指数小于2，四城指数和十一城指数小于1，表明结构正常、集中适当；二城指数大于2，四城指数和十一城指数大于1，则表示存在结构失衡、过度集中的趋势。

基础教育规模与地区人口密切相关，因此将借鉴泰尔指数来衡量地区间基础教育差异，泰尔指数在0到1之间，数值越大，说明地区差异越大；数值越小，说明地区差异越小。根据基础教育的基本公共服务资源属性，京津冀基础教育的泰尔指数及其结构分解的测算公式调整如下。①

$$T_B = \sum_i \left[\frac{Y_i}{Y_B} \times \ln\left(\frac{Y_i/Y_B}{P_i/P_B}\right) \right], (i=1,2,\cdots 16) \tag{4}$$

$$T_T = \sum_i \left[\frac{Y_i}{Y_T} \times \ln\left(\frac{Y_i/Y_T}{P_i/P_T}\right) \right], (i=1,2,\cdots 16) \tag{5}$$

$$T_H = \sum_i \left[\frac{Y_i}{Y_H} \times \ln\left(\frac{Y_i/Y_H}{P_i/P_H}\right) \right], (i=1,2,\cdots 13) \tag{6}$$

$$T_O = \frac{Y_B}{Y} \times \ln\left(\frac{Y_B/Y}{P_B/P}\right) + \frac{Y_T}{Y} \times \ln\left(\frac{Y_T/Y}{P_T/P}\right) + \frac{Y_H}{Y} \times \ln\left(\frac{Y_H/Y}{P_H/P}\right) \tag{7}$$

$$T_I = \frac{Y_B}{Y} \times T_B + \frac{Y_T}{Y} \times T_T + \frac{Y_H}{Y} \times T_H \tag{8}$$

$$T = T_O + T_I \tag{9}$$

其中，北京的泰尔指数为T_B、天津的泰尔指数为T_T、河北的泰尔指数为T_H，区域间泰尔指数为T_O、区域内泰尔指数为T_I，T为总泰尔指数，北京、天津、河北的基础教育资源占有量分别为Y_B、Y_T、Y_H，Y_i和Y分别表示各省（市）下辖市（区、县）的基础教育资源占有量和京津冀区域的基础教育资源

---

① 本公式参考文献：许莉、万春《小城镇公共服务区域性差异测度》，《城市问题》2014年第9期，第61页。

总量，北京、天津、河北三地人口分别为P_B、P_T、P_H，P_i和P分别表示各省（市）下辖市（区、县）的人口和京津冀区域的人口总量。T_0/T表示区域间教育差异对区域总差异的贡献率，T_1/T表示区域内教育差异对区域总差异的贡献率，区域内各子区域的贡献率分别为$\frac{Y_B}{Y} \times \frac{T_B}{T}$，$\frac{Y_T}{Y} \times \frac{T_T}{T}$，$\frac{Y_H}{Y} \times \frac{T_H}{T}$。

（1）高等教育和中等职业教育的差异测度

整体来看，区域各城市高等教育的规模差距在不断加大，其中，成人本专科教育的差距在缩小。从二城指数来看，北京和天津高等教育规模差距在缩小，高校在校生首位度指数从2011年的1.83下降到2013年的1.78。从四城指数来看，天津、石家庄、保定的高等教育规模与北京的差距在加大，高校在校生首位度指数从2011年的0.82上升到2013年的0.86，其中，成人本专科教育的首位度从1.31下降到1.20。从十一城指数来看，天津、石家庄、保定、唐山、秦皇岛、邯郸、张家口、承德、沧州、廊坊10个城市的高等教育规模与北京的差距在加大，高校在校生首位度指数从2011年的0.57上升到2013年的0.59；天津、石家庄、保定、唐山、秦皇岛、邯郸、张家口、承德、邢台、廊坊10个城市的成人本专科教育规模与北京的差距在缩小，成人本专科在校生的首位度从0.86下降到0.74（见表2）。

各城市普通本专科生教育规模基本适度，但研究生教育和成人本专科教育存在过度集中在北京市的现象。从教育规模首位度指数来看，北京市在校研究生和成人本专科在校生的二城指数大于2，四城指数大于1，说明这两类层次的教育存在结构失衡、过度集中的趋势。特别是研究生在校生首位度指数近年来不断上升，说明北京市研究生教育规模仍在不断增加，与其他城市的差距不断拉大。

石家庄市中等职业教育规模存在大幅缩减趋势，区域各城市的职业教育规模差距逐渐缩小。2011年和2012年中职在校生的首位城市是石家庄，而2013年石家庄市中职在校生规模从2011年的24.67万人突减到15.64万人，北京市的中职在校生规模从2011年的16.90万人微降到16.54万人，使得中职在校生的首位城市变为北京。2011～2013年，中等职业教育的四城指数从 0.53 下降到 0.45，十一城指数从 0.24 下降到 0.21，说明首位城市的中等职业教育规模在下降，其他城市与首位城市的规模差距在逐渐缩小。

表 2 京津冀区域高等教育与中等职业教育规模首位度指数*

首位度指数	时间	高校在校生	其中研究生在校生	其中普通本专科在校生	其中成人本专科在校生	中职在校生
S_2	2011 年	1.83	4.67	1.29	3.13	1.46
	2012 年	1.75	4.66	1.19	3.08	1.02
	2013 年	1.78	4.71	1.21	2.63	1.06
S_4	2011 年	0.82	3.44	0.56	1.31	0.53
	2012 年	0.83	3.43	0.56	1.25	0.44
	2013 年	0.86	3.46	0.59	1.20	0.45
S_{11}	2011 年	0.57	—	0.39	0.86	0.24
	2012 年	0.57	—	0.38	0.79	0.20
	2013 年	0.59	—	0.40	0.74	0.21

* 由 2011~2012 年度、2012~2013 年度、2013~2014 年度的《北京市教育事业统计资料》《天津市教育事业统计信息快报》《河北教育统计提要》数据整理、计算得到。

注：因京津冀区域拥有研究生的城市不足 11 个，故为测得研究生在校生数的十一城指数。2011~2012 年中职在校生的首位城市是石家庄，2013 年中职在校生的首位城市是北京。

（2）基础教育差异测度

京津冀区域中学分布比小学分布更为不均衡。从基础教育阶段来看，2012 年京津冀区域中学和小学学校数的泰尔指数分别是 0.2154、0.1271，说明在京津冀区域中，中学学校分布不均现象较小学严重。

小学分布不均衡突出表现在区域间，中学分布不均衡突出表现在区域内。对京津冀区域基础教育的泰尔指数进行进一步的空间分解，按照北京市、天津市、河北省三个区域测算区域间的基础教育差异和区域内部基础教育差异。2012 年，京、津、冀三个地区内部小学学校数的泰尔指数是 0.0272，三个地区内部的差异对京津冀整个区域总差异的贡献率为 21.36%；而三个地区之间小学学校数的泰尔指数是 0.1，三个地区间的差异对京津冀整个区域总差异的贡献率为 78.64%。这说明，小学的地区间差异要远远大于地区内部差异。同理，通过观察区域内和区域间的泰尔指数和贡献率发现，中学的地区内部差异要大于地区间差异（见表3）。

表3　2012年京津冀小学和中学区域间和区域内的泰尔指数及贡献率*

指数及贡献率	小学	中学
区域内泰尔指数	0.0272	0.0255
贡献率(%)	21.36	80.77
区域间泰尔指数	0.1000	0.0061
贡献率(%)	78.64	19.23

* 考虑到数据的可得性，仅能测算2012年一个年度的数据。根据《2012～2013年北京市教育事业统计资料》《2013年天津教育年鉴》《2012～2013年河北教育统计提要》《2013年北京区域统计年鉴》《2013年天津统计年鉴》《2013年河北经济年鉴》等数据测算。

市（区、县）中小学不均衡现象最为突出的是天津，其次是北京。通过测算发现，天津市中小学学校数的泰尔指数和贡献率（除小学学校数差异贡献率外）位列三个地区的首位，说明天津市下辖区县内部的差异较大。北京下辖区县中小学学校数的泰尔指数均位列第二，且下辖区县内中学学校数的差异对京津冀区域总差异的贡献率位列第二（见表4）。

表4　2012年北京、天津、河北各地区内部小学和中学的泰尔指数及贡献率

指数及贡献率	北京下辖各区县		天津下辖各区县		河北下辖各地市	
	小学学校数	中学学校数	小学学校数	中学学校数	小学学校数	中学学校数
泰尔指数	0.0869	0.0681	0.1835	0.0947	0.0120	0.0046
贡献率(%)	4.98	32.78	8.18	37.42	8.19	10.57

2. 京津冀教育的专业化程度差异

教育专业化程度的高低决定了它是否具备较好的教育集聚和扩散能力。区域社会学中的区位熵就被用来判断一个部门是否构成地区专业化部门，如果区位熵大于1，则可以认为该部门是地区的专业化部门，区位熵越大，专业化水平越高；如果区位熵小于或等于1，则认为该部门是自给性部门，其

测算公式如下。

$$Lq_{be} = \frac{G_{be}/G_b}{G_e/G} \quad (10)$$

$$Lq_{te} = \frac{G_{te}/G_t}{G_e/G} \quad (11)$$

$$Lq_{he} = \frac{G_{he}/G_h}{G_e/G} \quad (12)$$

其中，式（10）表示北京地区教育部门从业人员的区位熵，式（11）表示天津地区教育部门从业人员的区位熵，式（12）表示河北地区教育部门从业人员的区位熵。京津冀区域总从业人员的数量为G，京津冀区域教育部门从业人员数量为G_e；北京从业人员数量为G_b，北京地区教育部门从业人员数量为G_{be}；天津从业人员数量为G_t，天津地区教育部门从业人员数量为G_{te}；河北从业人员数量为G_h，河北地区教育部门从业人员数量为G_{he}。

北京、天津教育服务周边能力不足，河北地区教育行业的专业程度处于劣势。通过测算发现，2013年京津冀区域各地区教育部门从业人数的区位熵北京是1.37，天津是1.49，河北是0.81（见表5）。北京、天津的教育部门从业人数的区位熵都大于1，这说明北京、天津是京津冀地区的教育专业化部门，城市从业人员中分配给教育部门的比例高于京津冀区域的总体比例，在区域教育发展格局中具有比较优势。通常，若区位熵在2以上，则表明该部门主要为区外服务，因此，数据测算结果表明，北京、天津在教育服

表5 2013年京津冀区域教育从业人员数量及区位熵 *

地区	教育部门从业人员数量（万人）	全社会从业人员数量（万人）	区位熵
北京	49.5	981.9	1.37
天津	46.59	847.46	1.49
河北	125.56	4183.93	0.81
京津冀区域	221.65	6013.29	—

* 根据《2014年北京统计年鉴》《2014年天津统计年鉴》《2014年河北经济年鉴》数据测算。

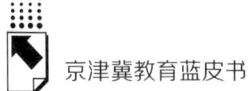

务专业化程度上具有一定的优势,但是这种优势还不足以形成溢出效应,没有富余资源为周边提供教育服务。整体来看,与其他行业相比,京津冀区域教育行业仍然处于劣势,三地的教育从业人员都需要大幅增加。

3. 京津冀教育经费配置差异

教育经费是教育均衡发展的重要物质基础。可以用基尼系数来对教育经费的区域配置差异进行评价。基尼系数的数值在 0 和 1 之间,数值越低表明教育经费在各地区之间的分配越均匀,基尼系数在 0.2 到 0.3 之间表示分配比较平均,在 0.3 到 0.4 之间表示分配相对合理,在 0.4 到 0.5 之间表示分配差距较大,在 0.5 以上表示分配差距非常大。教育基尼系数的计算公式如下。①

$$G = \sum_{i=1}^{n-1} M_i \times Q_{i+1} - \sum_{i=1}^{n-1} M_{i+1} \times Q_i \times M_i$$

其中,各地区某教育阶段生均预算内教育事业费占京津冀区域该阶段生均预算内教育事业费的累积百分比用M_i表示,各地区某教育阶段在校生数占京津冀区域该阶段在校生数的累积百分比用Q_i表示。

京津冀地区教育经费分配差距非常大,调整义务教育阶段的经费差距更为迫切。通过测算发现,各级各类教育经费的基尼系数都在 0.5 以上,这表明各地区教育经费分配差距非常大。尽管从 2011 年到 2012 年各地区各级各类生均教育经费都在不断增长,教育经费基尼系数有所下降,但这种下降是微乎其微的,各地区教育财政投入的不均衡状态并没有实质性的改变。从京津冀地区的整体水平来看,普通小学的教育经费配置差异最大,其次是普通初中,再次是普通高中,接下来是中等职业教育,最后是普通高等教育(见表6)。这表明,改变教育经费的区域不均衡状态,应率先从义务教育着手。

---

① 本公式参考:安晓敏、任永泽、田里《我国义务教育经费配置公平行的实证研究——基于教育基尼系数的测算与分析》,《东北师大学报》(哲学社会科学版)2007 年第 4 期,第 139 页。

表6　京津冀地区各级教育生均公共财政预算事业费基尼系数*

时间	普通小学	普通初中	普通高中	中等职业教育	普通高等教育
2011年	0.7690	0.7505	0.7608	0.7126	0.6101
2012年	0.7659	0.7480	0.7387	0.6846	0.5633

*根据《教育部　国家统计局　财政部关于2012年全国教育经费执行情况统计公告》中数据测算。

4. 京津冀学校空间分配差异

从学校密度来看，北京、天津学校分布密度大，河北学校分布密度小。从2012年京津冀每百平方公里负担的各级学校数来看，天津基础教育学校最多，其中，每百平方公里负担的幼儿园、小学和普通中学的学校数分别是7.14、4.4和12.4所，尤以普通中学表现最为突出。北京普通高校数量最多，每百平方公里负担数量达到0.55所，是天津的1.15倍、河北的9.17倍；但是，北京地区每百平方公里负担的幼儿园数量是京津冀区域中最少的，根据人口与学校布局一致性的原则，这从某种程度上说明北京的幼儿园数量仍有待增加。总的来看，各级教育学校数量与区域面积并不协调（见表7）。

表7　2012年京津冀每百平方公里负担的各级学校数*

单位：所

地区	幼儿园	小学	普通中学	普通高校
北京市	6.52	3.80	7.64	0.55
天津市	7.14	4.40	12.40	0.48
河北省	6.83	1.59	4.94	0.06

*根据《2012~2013年北京市教育事业统计资料》《2013年天津教育年鉴》《2012~2013年河北教育统计提要》《2013年北京区域统计年鉴》《2013年天津统计年鉴》《2013年河北经济年鉴》以及华禹网等的相关数据测算。

北京和天津学校空间分布过度集中于中心城区。从三地内部每百平方公里负担的各级学校数来看，北京市东城区和西城区每百平方公里负担的基础教育学校数最多，幼儿园、小学和普通中学的学校数都达到100所以上；东城区、西城区和海淀区每百平方公里负担的高校数均达到6所以上。同样，天津市内六区每百平方公里负担的各级学校数最多，尤以和平区表现最为突出；市内六区每百平方公里负担的高校数都达到7所以上；市内六区每百平方公里负担的基础教育学校数量虽然最多，但各区各级学校配置情况并不协调，除和平区外，幼儿园密度最大的是河东区（每百平方公里负担121所），小学密度最大的是红桥区（每百平方公里负担108所），普通中学密度最大的是河北区（每百平方公里负担78所）。河北省幼儿园密度最大的是保定市（每百平方公里负担8所），小学密度最大的是廊坊市（每百平方公里负担12所），普通中学密度最大的是邯郸市（每百平方公里负担3所），普通高校密度最大的是石家庄市（每百平方公里负担0.31所）。

5. 基本结论

（1）普通本专科生规模适度，研究生和成人本专科生规模过度集中

通过整理不同城市不同等级的在校生规模和首位度指数发现，2013年，北京市成为京津冀地区聚集高等教育和中等职业教育人口最多的城市，特别是研究生教育和成人本专科教育存在突出集中趋势，且研究生教育规模仍在不断扩大，与其他城市的差距不断拉大。可见，北京市教育门类高、大、全，教育发展层次和重点不突出，对其他城市的带动作用不强。其他城市的普通本专科教育和研究生教育等高层次教育发展较慢，区域内部的教育差距在逐步拉大。同时，从高等教育的空间分布来看，高等教育密度最大的地区是北京和天津的中心城区，这从另外一个角度表明高等教育资源需要在区域内做出存量资源优化，在区域间做出增量资源调整。

（2）区域中等职业教育规模整体缩减，中职学校转型发展更为迫切

京津冀区域中，石家庄市中等职业教育在校生规模大幅缩减，已经从中等职业教育的首位城市降到次位城市，与此同时，区域各城市的职业教育在校生规模差距逐渐缩小。然而，2013年中职教育的首位城市变为北京，这与城市产业层级发展需求并不相符。区域各城市中职教育生源规模都在缩小，必然导致中等职业教育资源过剩，中职学校的转型发展成为必然趋势，探讨职业教育与普通教育的相互融通更为紧迫。

(3) 基础教育的区域内不均衡比区域间不均衡更为突出

京津冀基础教育阶段的不均衡突出表现为各区域内部的不均衡，尤其表现为天津和北京区域内部的不均衡。而在三地之间，基础教育的不均衡主要是小学学校分布的不均衡。天津下辖区县内中小学不均衡现象最为突出，其次是北京。北京和天津学校空间分布过度集中于中心城区，基础教育资源在区域内调整的意义大于在区域间的调整。而区域间基础教育资源不均衡主要体现在小学阶段，这说明协调区域间基础教育资源可以率先从小学阶段着手。[①]

(4) 北京、天津服务周边教育的能力不足，河北仍需扩充师资队伍

北京、天津在教育服务专业化程度上具有一定的优势，但是这种优势还不足以形成溢出效应，没有富余资源为周边提供教育服务。整体来看，与其他行业相比，京津冀区域教育行业仍然处于劣势，三地的教育从业人员都需要大幅增加。

(5) 区域教育经费分配悬殊，调整义务教育阶段的经费差距成为首要任务

近年来，京津冀三地教育投入持续增加，但地区间的差距仍未缩小。河北地区基础教育的发展仍然面临较大的困难，其基础教育经费与北京、天津的差距仍在不断扩大。从京津冀整体水平来看，普通小学的教育经费配置差异最大，其次是普通初中，再次是普通高中，然后是中等职业教育，最后是普通高等教育。这主要是由我国基础教育"地方负责、分级管理"的体制决定的。这表明，要想从整体上缩小区域间教育经费的分配差距，应率先从义务教育阶段着手。

(二) 京津冀区域教育协同发展的阻碍因素

自《京津冀协同发展规划纲要》颁布以来，京津冀三地在人才交流、资源共享、科教研合作等方面，开展了许多有益探索。比如，加强干部教师

[①] 高兵、唐一鹏：《区域科学视角下的基础教育协同发展》，《上海教育科研》2015 年第 11 期，第 8 页。

队伍的交流,选派河北的干部教师到北京、天津挂职锻炼,选派河北的名师和名校长到北京、天津参加培训等。又如,基础教育方面,以名校办分校、共享数字教育资源等形式扩大区域优质教育覆盖面;职业教育方面,共建职教集团;高等教育方面,成立协同发展联盟,共享实验设备,实现联合科研攻关等。虽然如此,京津冀区域教育协同发展平台体系仍未搭建起来,究其原因,主要问题出在管理模式、合作方式、保障机制等方面。

1. 区域教育宏观管理层面存在问题

(1) 松散的管理模式

北京、天津、河北之间关系错综复杂,既有中央与地方关系,也有同级关系。目前,京津冀区域教育都是以地方同级政府为主体开展的合作,三者地位平等,缺乏制约。特别是在市场经济发育还不完善的情况下,合作初期更需要一个以中央政府为主导的协调机构。目前,距《京津冀协同发展规划纲要》颁布已有近两年的时间,教育部仍没有及时出台明确的"京津冀教育协同发展规划",而"规划"是推动区域教育协同发展顺利开展的最重要、最基本的依据和保障,所以目前缺少统一的指导思想、组织架构、实施内容、配套政策等。三省市虽然两两签订了教育协同发展合作框架协议,但是三方尚没有共同签署协议,不利于三地教育资源的统筹协调,有待上级主管部门发挥推动、协调作用。虽然市场手段与行政手段并重的发展模式是国家努力推动区域经济发展模式转型的重要主张,但是在协同活动开展初期,教育作为基础公共服务的一部分,仍然需要以行政主导为主引导各方协作。京津冀区域教育的协同发展缺乏明确的教育政策指导,在教育规模、教育布局、教育职能定位等方面缺乏必要的协调,教育体系内部分工权限界定不清楚,责任划分不明确,因而造成合作不深、停滞不前,使得合作不能从根本上解决各地教育发展的瓶颈问题。

(2) 单一的管理理念

在京津冀区域教育协同发展中,地方政府主导思想仍然比较注重在"硬件"上下功夫,而对人文交流、人的素质的提升重视不够,教育与经济、社会、人口等发展需求结合还不够紧密,缺乏系统、整体的思考,部门与部门之间缺乏相互配合,导致合作模式单一,难以取得长效成果。同理,京津冀区域生态资源建设对区域经济社会发展具有重要的战略意义,开展京津冀教育协同发展的目的之一是推进区域生态可持续发展。现今开展的教育协同活动注重硬件资源共享、信息沟通和师资交流等方面,忽视了教育理念的协同共享,忽视了首都在绿色生态教育方面的先进经验,未能辐射首都可持续发展教育的优势和特色。以北京为可持续发展教育基地,开展中小学可持续发展教育应被作为教育协同发展的重要领域。构建京津冀区域可持续发展教育特色课程体系,有助于推动广大师生逐渐养成可持续价值观念、行为习惯与生活方式,为整个区域人口素质提高奠定基础。

(3) 封闭的信息资源

封闭的信息资源主要表现为地区政府间信息封闭和上下级部门政策沟通不顺畅。自《京津冀协同发展规划纲要》发布实施以来,各级政府及其部门在推动京津冀协同发展过程中出台了不少涉及教育协同发展的政策。但是,统一的教育政策平台并没有形成,各政策主体都是在原有的政策平台上发布有关教育的政策,各自之间也没有建立起协调联动、彼此共建共享的合作关系。当前的京津冀教育协同发展政策,有不少属于政府内部的政策,社会公众还不能一览全貌;还有不少政策已经制定,但未及时公布,导致基层虽然合作意愿高,但由于缺乏政策指导,合作没有头绪,无法开展深入合作。从当前信息公开的原则而言,教育作为公共事业,其政策应该尽量公开。教育政策制定者应该尽量做到教育政策的全过程公开,包括政策调研、咨询、制定、实施、评估等,将信息面向各类教育政策实施主体和社会大众公开发布,重点做好正面宣传和政策措施解读,合理引导社会预期,从而使教育政策制定和落实更科学、更民主、更有效。

2. **区域教育分工合作层面存在的问题**

(1) 学校自主活力不足

学校自主活力发挥尚不充分。京津冀三地教育资源各有优势,但是各地的资源优势并未得到很好的利用,在人事制度、人才培训、招生考试、教育教学等方面的改革还没有形成合力,教育资源的流动性明显不足,市场对教育资源配置的作用还不能充分发挥出来。在基本公共服务方面，政府是主要提供者，但并不意味着政府包办一切，要充分相信和依靠社会力量，把政府不当为、无力为的事情交给社会和学校。教育提供主体的多元化和提供方式的多样化有利于引入竞争机制，激发学校办学活力，推进三地教育协作方式创新。

（2）教育定位与分工趋同

京津冀区域高校的专业设置覆盖面全，但支撑战略新兴产业、具有显著行业特色、服务城市民生发展等专业设置不足。京津冀区域聚集了大量中央部委直属的优质高等教育资源，但对省市属院校的辐射、带动作用仍有待发挥。随着京津冀一体化战略的落实，区域经济社会一体化发展将对区域高等教育的智力支撑作用提出更高要求。例如，结合三地城市发展定位，北京、天津将依赖河北优质、绿色农业为城市提供基础能量，北京与天津扶持河北农学教育为河北省提供农业培训和科技指导，以互动求共同繁荣等。

3. 区域教育监督保障层面存在的问题

（1）非政府力量发育不足

京津冀区域存在分散、多中心的利益主体，仅仅依靠政府很难有效提供所有公共服务。因此，市场力量和社会力量广泛参与和深度介入非常重要。从产业结构来看，北京形成了较为合理的以第三产业为主的发展结构，而天津、河北仍然是以第二产业为主的发展结构。河北处于工业化初期阶段，农业占比较大，环京津地区存在大面积贫困带。京津冀区域经济以政府行为为主，国有经济是区域的主导力量，在行政壁垒和利益机制的影响下生产要素地区间流动不畅，难以形成区域化的合理有效的配置。区域教育市场、民办教育发展缓慢，其力量还不足以打破行政区划的限制，跨区域的产学研合作、跨地区教育资源重组也将受到制约。

在政府和市场之外，以社会公众力量为主的教育中介组织具有不可替代的作用，是促进政府、学校和社会沟通的润滑剂。教育中介组织在提供教育决策咨询服务、满足教育需求、监督协调等方面能够发挥重要作用，是推进现代教育治理的有效组成部分。但是目前，区域教育中介组织数量较少，且独立性较差。京津冀区域大多数中介组织都被列入政府业务主管部门的管辖之内，使得中介组织成为主管单位的下属机构，导致中介组织、行业协会具有浓厚的官方色彩。随着京津冀区域政府与学校、社会、市场的交往越来越密切，需要一个客观且权威的社会中介组织维护社会公众的参与，以使京津冀区域教育的发展更加健康、顺畅。

（2）绩效评估体系不完善

国外伴随着大规模的评估实践逐步形成了对政府公共服务的绩效评估体系，这些相关研究的成果主要有瑞士管理发展学院的"国际竞争力指标体系"、联合国开发计划署的"人类发展指标"、世界银行的"世界发展指标"、美国国家绩效评估委员会的"政府绩效评估指标"等，都涉及教育发展指标体系。此外，联合国教科文组织的全民教育监测报告、经济合作与发展组织的教育概览构成了系统的教育监测指标。我国对教育指标体系的研究相对集中在教育公平、教育质量的视角上，并以此为基础延伸出教育现代化的指标体系构建。相应的，这些指标体系的适用有的以省为单位，有的以区县为单位。同时，随着我国全面深化改革的推进，社会发展逐步探索"多规合一"，将经济社会、土地规划、城市空间、环境生态和人口发展等几大要素整合，确定统一的城市发展指标，避免各类指标各说各话。这越发印证了，区域教育发展的指标体系构建不能封闭在教育内部，要进一步研究教育与外界各项指标的相互关系和发展规律，做好内部体系与外部影响因素的衔接，提炼核心评估要素。

《京津冀协同发展规划纲要》发布后，区域教育格局将发生显著变化，十分有必要构建一套京津冀教育可持续发展的评估体系，从发展阶段、发展速度和发展模式三个方面监测及评价区域教育协同发展现状与潜能，确保京津冀教育发展达到预期目标。但是，目前尚未建立起一套系统可行的京津冀区域教育评估体系，区域教育协同发展平台体系的监督和预警机制不健全，就无法合理、有效地构建长效机制，不利于科学引导区域教育合作、利益分配、政策制定和协同管理，区域教育的良性发展和协同平台的有效运转就会受到限制。

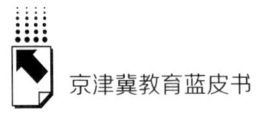

四 京津冀区域教育平台体系建设的思路、原则和目标

搭建区域协同发展平台是为了实现区域的一体化发展。随着我国国民经济进入发展新常态，教育发展的难度和面临的压力也越来越大。面对全球一体化的持续推进和我国教育领域综合改革的逐步深入，区域教育协同发展成为我国社会转型时期必须面对的重大战略问题，教育的发展目标、发展重点、发展方式都将发生深刻的变革。

（一）京津冀区域教育平台体系建设的思路

良好的区域沟通交流平台是区域教育合作的基础和动力，平台可以协调三地的行动，充分保证各个参与主体的公平权益，随着协调平台的逐渐完善，最终形成政府、学校和社会共同参与的多领域、多层次的协同平台体系。为此，在平台体系建设思路上，我们强调三个转向。

一是平台建设的参与变量逐步由单一变量转向多元变量。平台建设初期注重的是打基础，区域教育发展必须寻找突破口，从各方共同关注的焦点问题入手，侧重在一段时间内推进单一变量协同，率先在条件完备、共识程度高的教育领域开展合作。随着区域平台搭建逐步完善，区域协同发展的体制机制逐步建立，教育协同合作领域的覆盖面也越来越广，参与搭建平台的变量由单一的教育变量增加到人口、交通、城镇布局、产业技术、环境等多元变量，推动多元变量整合升级。

二是平台建设的层次逐步由具体项目平台转向体制机制平台。京津冀区域教育协同遵循从简单到复杂，从局部到整体的路径逐步开展。平台建设初期主要由一些具体项目组合而成，以项目为试点探索区域教育协同发展的规律，发现问题并总结经验，以试点经验全面带动区域发展。目前，区域内开展的名校办分校、干部交流挂职、学校联盟等活动就是合作初期各要素的自由流动，就是初步搭建的具体项目平台。在平台建设经验逐渐丰富后，就会逐渐探索教育与社会经济发展的互动关系，就要在宏观层面上加强顶层设计、创新组织架构，完善区域教育发展的体制机制。由此，平台建设的层次由简单到复杂、由局部到整体、由探索到完善，最终形成区域教育协同发展的良好局面。

三是平台建设由关注近期的焦点性问题逐步转向关注长远的前瞻性问题。京津冀区域协同发展的近期焦点问题为破解大城市病，疏解非首都功能。教育方面搭建的平台主要是通过计划、行政的手段疏解部分学校，实现区域教育资源布局与产业疏解、服务人才需求相结合。区域教育协同发展的中期问题，就是要监督和指导教育与各相关要素相互协调，合理调整区域存量教育资源，共享增量教育资源，充分考虑教育与地区经济结构、社会发展规划、生态人口条件等多个方面的互动关系，促进教育主管部门、学校和社会组织形成合理有序、灵活创新的发展方式。京津冀协同发展平台建设思路见图4。

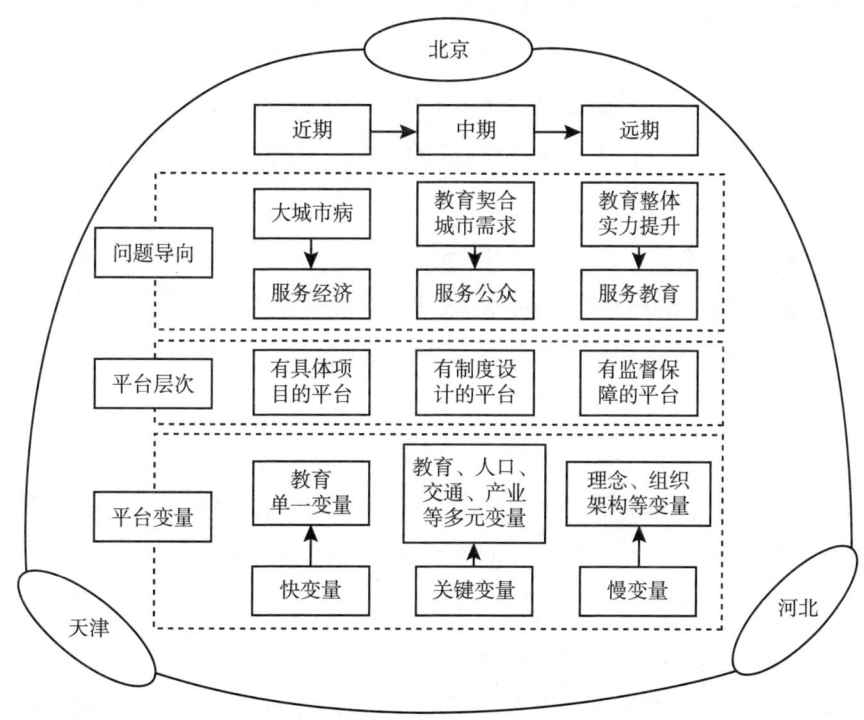

图4　京津冀协同发展平台建设思路

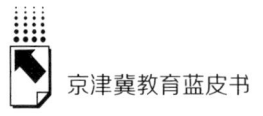

（二）京津冀区域教育平台体系建设的原则

构建京津冀区域教育平台体系，其本质是使单独利益主体变为利益共同体，让参与各方共享协同发展带来的成果，实现区域教育发展实力的提升。平台体系构建一方面遵循共同的原则，另一方面，根据不同教育阶段和类别又遵循差异化原则。

1. 坚持因地制宜、互补共赢原则

区域教育平台体系建设要与区域经济社会的发展互动和谐。教育平台体系建设既要突出各地教育特色和优势，又要结合区域经济社会发展的特点和优势，大力培育和发展有利于地方教育及社会经济发展的教育合作平台。京津冀三地有各自的经济增长极，北京第三产业发达，以高新技术产业和金融产业、文化创业产业等现代服务业为代表；天津是北方传统工业城市，以装备制造业、汽车工业、化学工业等为代表；河北一、二产业比重较高，城市化进程慢，农业从业人口比重相对较高。地区经济结构差异导致人才需求结构的差异，因此，要根据各地实际情况和比较优势开展教育协作，破除以自我为中心的狭隘思维，确立共同利益基础上的共赢思维，解决各地教育的瓶颈问题。

2. 坚持广泛参与、多方对接原则

构建区域教育协同平台体系是各级政府的主要职责，但是除了政府之外，学校、社会等各种利益相关团体也要积极参与。区域教育协同平台建设必须坚持服务社会发展，使教育更好地服务于地方经济和产业转型需求，只有广泛的参与，才能形成共同利益，减少合作阻力，充分调动教育合作的积极性和主动性。因此，教育平台建设不仅要考虑教育内部需求，而且要紧紧围绕区域经济、产业、人口、环境等要素发展面临的问题设计平台体系，实现区域教育和区域社会互融发展。

3. 坚持切实可行、权威有效原则

区域教育平台体系不是空中楼阁，而是根植于现实的土壤中，必须具有可操作性才能确保其发挥作用。因此，平台体系建设要充分考虑与现有法律法规、财政税收、产业管理、土地管理等政策工具衔接。区域教育平台的构建必然涉及一些教育资源的空间布局调整。一般来说，物力、财力等资源属于易调配资源，人力资源不易调配。区域教育合作过程中，物力资源更容易实现共享，而由政府提供的财力资源受行政壁垒和各种规章制度限制不易灵活支配，属于人力资源的教师资源受生活等一系列条件的约束也不易调配。因此，搭建平台的同时，必须遵循一定的步骤和规范，通过一系列有约束性的行为准则、创新性的特殊政策、伦理规范、风俗习惯等来协调平台参与主体的行为，保障区域教育平台衔接的有效性和良性互动。

4. 坚持循序渐进、兼顾效率与公平原则

区域教育发展要循序渐进地搭建教育平台，逐步实现教育资源的高效配置。效率主要体现为发挥市场机制的作用，公平原则主要体现为平等协商和利益共享。市场机制在区域教育资源高效配置中的重要作用不言而喻，但是仅仅依靠市场机制是无法缩小区域教育差距的。高效配置教育资源的同时，要尊重各地教育发展实际，保障每一个主体拥有平等的参与权和决策权，以平等身份参与到区域教育治理中。区域教育平台要让各群体都能享受到应得的利益，受到损失的群体得到相应的补偿。

5. 遵循教育规律、因事制宜原则

根据各级各类教育发展的不同特点，在搭建区域教育平台时，要遵循教育的特点和规律。搭建高等教育协同发展平台要与产业布局相协调，在明确三地产业布局规划的基础上，根据产业结构和城市功能对院校、专业、学科进行合理布局与调整；充分发挥市场作用，推动民办高等教育资源、继续教育资源、成人教育资源等在区域内自由流动和优化配置。搭建职业教育协同发展平台要与就业布局相协调，打破只在本地范围内建设独立体系的做法，在京津冀大范围内，三地发挥各自优势，共同建设跨行政区的现代职业教育体系，既培养适应高新产业的高级技术人才，也培养适应河北城镇中小企业的专业技能人才，满足就业市场的实际需求。搭建基础教育协同发展平台要坚持与人口布局相协调，应在调整三地人口合理布局的过程中，整体提升河北基础教育质量，在校长交流培训、教师培养培训、课程教学改革、教育信息化等方面开展合作,促进三地基础教育均衡发展,使更多适龄人口在当地就近接受优质基础教育,减少跨区域流动;在三地人口的布局调整过程中,首都基础教育资源应当随着人口流动进行合理调节,同时以自身的合理布局巩固和稳定合理的人口布局。

(三)京津冀区域教育平台体系建设的目标

搭建区域教育协同发展平台的纽带是共同的发展愿景和目标,实现互利共赢。基于上述思路,京津冀区域教育协同发展平台在不同时期要有不同的发展目标(见表8)。在搭建平台初期,北京、天津、河北三地有不同的利益诉求,因此三地教育的合作目标不尽相同,各级各类教育合作的目标也有所不同。到了平台搭建的中后期,随着公共服务体系的完善,三地的利益诉求逐渐趋于一致,各级各类教育,也都在发展上投入更多的精力关注自身内涵建设。

表8 京津冀区域教育平台体系建设的目标

阶段	共同目标	平台载体的目标	平台参与主体的目标
近期	实现教育资源的区域共享	高等教育、职业教育:实现教育对人口疏解的引导作用	北京:疏解人口
			天津:实现教育资源对接
		基础教育:实现资源互通共享	河北:建好承接地基本公共服务
中期	实现教育与人口、资源、产业、公共服务、环境等的协调发展	高等教育、职业教育:学科、专业结构合理,提供区域发展所需的人力资源储备	通过协作,解决好各自教育发展瓶颈问题,使教育可持续发展能力增强
		基础教育:扩大优质教育资源覆盖面	
长远	打造有全球影响力和全国示范效应的教育基地	各级各类学校自主发展,充满活力	通过协作,实现各自教育质量和活力的提升

近期——通过区域教育协同发展平台,对区域内教育资源进行有效整合,构建便捷有效的合作交流体系,实现多种方式的互联互通,促进区域内课程资源、实验室等教育要素的共享,实现师生自由流动。

中期——通过区域教育协同发展平台,逐渐形成区域教育良性互动、相互促进、优势互补的区域教育格局，与建设"世界级城市群"的战略目标紧密结合，建成全国区域教育合作示范区，助力实现区域人口素质提升、环境资源优化、产业结构升级、公共服务改善的协调发展。

远期——通过区域教育协同发展平台，打造国家教育实力最强、具有全球教育竞争力的区域。教育成为京津冀区域文化软实力提升的有效手段，京津冀区域成为有全球影响力和全国示范效应的教育基地。

五 实现京津冀教育平台体系有效运转的政策建议

（一）基本前提：建立超省市层面的协调组织

促进京津冀教育协同发展平台有效运转的基本前提是构建一个高于省市层面的协调组织。由于地方政府有各自不同的利益诉求，地方保护壁垒难以破除，因而需要发挥更高一级组织的协调能力，建立三地磋商机制，打破行政阻隔。协调组织从纵向上可以分作三层，主要包括决策层、协调层和执行层。"决策层"是最高层次的协作机制，是中央政府主导、地方政府参与的京津冀地区教育领导座谈会，主要任务是决定京津冀教育合作的原则、方向、目标与战略重点等，审议并决定区域教育发展重大事项。"协调层"为中央政府指导、地方政府主导的京津冀地区教育协同发展联席会议，主要任务是由地方自主协调推进京津冀区域各级各类教育重大合作事宜，建立健全各级各类教育联席会议制度等。"执行层"是地方政府主导、中央政府监督下的具体推动京津冀区域教育合作工作的执行部门，主要任务是承担三地联席的办公室职责并检查和督促各种教育协作计划的落实。

（二）核心内容：加强政策制度的顶层设计

一是试点推动三地财税体制改革，杜绝"分灶吃饭"。加强财政预算支持，通过财政支持加速平台建设，促进三地教育融合。通过税收优惠政策鼓励民办教育跨区域合作。二是尊重市场规律，注重教育创新和发展方式的转型，针对产业需求特点调整不同类型学校办学特色和发展方向，加强高校与产业布局的融合，从而"使办学随着经济发展方式转变而动，跟着产业结构调整升级而走，围绕企业人才需要而转，适应社会和市场而变"。① 三是建立平衡不同地区利益的区域一体化利益补偿和分享机制，针对环京津贫困带探索建立相应的教育帮扶政策。四是盘活廊坊大学城，建立边界教育资源融合平台，形成京津冀教育合作特区；实现跨地区组团发展平台，对口支援，使适龄学童留在当地学习；等等。同时，优先在具有一定地缘优势的地区建设资源共享平台。五是建立区域"可持续发展教育"平台，推广区域教育可持续发展观念，强化区域公民生态发展意识。

（三）关键保障：构建协同发展监测评价体系

协同发展监测评价体系是考核京津冀一体化发展状态的有效工具，也是推动区域一体化发展的激励机制。监测评价体系可以选取教育平台体系构建的网络结点为监测点，以区域教育协同发展的各项协议为监督内容，对区域教育协同发展的执行情况进行监测，同时，把各合作主体的合作态度和行为纳入考核体系。构建教育品牌协作的监督与奖惩机制，倡导协作成员之间的相互监督，对有突出成绩的协作团体给予充分奖励和政策扶持。强化对京津冀区域的整体绩效考核，淡化地方教育绩效评估，切实推行已签署的行动计划，谨防各种协议、计划成为一纸空文。

（四）有益补充：重视中介组织和市场机制的调控作用

优化公共治理环境，调动全社会力量积极参与区域联动，注重发挥市场机制在三地教育资源配置中的调控作用，促进三地资源要素自由、平等地流动。发挥政府的综合协调作用、市场的资源配置作用、非营利组织的沟通交流作用、专家学者的参谋咨询作用，引导公众参与，发挥其教育协同合作的

---

① 教育部原副部长鲁昕在沈阳第三届校企合作高峰论坛上的讲话，http://peakbbs.ltcem.com/index.php?app=article&act=view&article_id=168。

监督和促进作用。保持政府、学校和社会之间信息传递的及时性和互动性，明确"社会需要什么，学校突出什么，政府解决什么"，保障协同发展教育资源的配套与完善，满足联动主体的参与要求和发展需要。政府运用监督—服务式的运行方式，指导协调各部门之间的关系，承担区域教育协同发展中最重要的任务。鼓励民间自发的教育跨区域协作行为，激发教育的活力和创新力。发挥学校的自主性，相信和依靠社会力量，把政府不当为、无力为的事情交给社会和学校，实现教育提供主体和提供方式多元化。

（五）权威约束：完善区域教育法律法规体系

完善的法律法规是区域教育协同发展有效运转的关键。美国和欧洲等国家和地区都非常重视加强法律法规及政策措施等的建设，通过营造良好的区域协同创新平台体系建设发展的政策环境，促进区域协同创新平台体系的有效运行。这些国家和地区通过相对完备的法律法规及政策措施，推进区域协同创新平台体系的可持续发展，同时也提升了区域协同创新平台体系的运行绩效。① 京津冀区域教育平台体系建设必须有相应的法律法规保障，明确各平台主体的权力清单、责任清单和负面清单，确保责任到位。对相关责任主体互相推诿、不作为、慢作为和不正确作为都要追责。以法律法规确保京津冀区域教育协同专门资金落实，推动京津冀教育逐步走上规范化、制度化、法制化轨道，确保三地优势资源得到有效利用和充分发展。

（六）加速桥梁：借力"互联网＋教育"催化区域教育融合

随着信息技术发展突飞猛进，"数字鸿沟"的问题已不可回避。在线教育通过把线下教育资源进行整合，以资料的形式放到线上，实现资源互通共享，可以说，区域教育信息化建设对于缩小教育差距具有积极的作用。随着互联网技术的快速发展，互联网教育不再简单地将线下教育课程复制到线

---

① 王庆金、马伟、马浩：《区域协同创新平台体系研究》，中国社会科学出版社，2014，第142页。

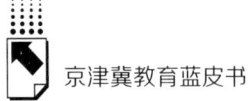

上,而是呈现多形态的创新,不再局限于依赖线下教育的一个资源分享平台,更改变着传统教育以教学权威为核心的教育模式,进入了由用户原创内容、自主学习、互动游戏等构成的新的教育模式中。① 京津冀区域的互联网教育平台建设要结合各地经济发展特点调整信息化发展策略,以此作为区域教育协同发展的战略重点优先部署,加快缩小地区、城乡、校际的"数字差距"。区域教育的互联网平台要持续优化信息化环境,率先实现合作学校在教与学、教与教、学与学之间的有效互动,实现三地在科研、管理、教学等方面的教育大数据的共建共享。

参考文献

[1] 高兵:《京津冀教育协同发展战略探究》,知识产权出版社,2016。
[2] 王庆金、马伟、马浩:《区域协同创新平台体系研究》,中国社会科学出版社,2014。
[3] 母爱英、武建奇、武义青等:《京津冀:理念、模式与机制》,中国社会科学出版社,2010。
[4] 马海龙:《京津冀区域治理协调机制与模式》,东南大学出版社,2014。
[5] 文魁、祝尔娟主编《京津冀发展报告(2015)》,社会科学文献出版社,2015。
[6] 高兵:《京津冀教育协同发展的现代化路径探索》,《教育理论与实践》2015年第8期。
[7] 高兵、李政:《京津冀教育协同发展的基本原则与运行机制研究》,《北京教育》(高教版)2015年第2期。
[8] 高兵:《耗散结构理论视角下首都教育功能疏解研究》,《国家教育行政学院学报》2016年第10期。

---

① 张晓峰、杜军主编《互联网+:国家战略行动路线图》,中信出版社,2015,第364页。

政 策 篇

Policy Reports

B.2 京津冀教育协同发展的政策平台建设分析

李 政*

摘 要： 京津冀教育协同发展是京津冀协同发展的重要组成部分，推进京津冀教育协同发展是政府推进京津冀公共服务均等化的基本手段和重要内容，政府承担着不可推卸的政策引导作用。搭建京津冀教育协同发展的政策平台是推进京津冀教育协同发展的必要条件，为各类相关主体提供一个教育政策信息交流平台和合作机制，有益于协调各级政府间的政策研究、制定、实施、评估及调整。但是，京津冀教育协同发展的政策平台建设仍然面临着平台定位不清晰、建设主体不明确、建设方式不确定、使用方式待规范等问题，需要各相关利益主

---

* 李政，北京教育科学研究院教育发展研究中心副研究员。

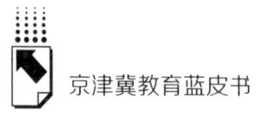

体参考各类政策平台建设的经验,结合京津冀教育协同发展的实际需要和京津冀统一信息发布机制建设需要,采取切实措施解决问题,全面推进京津冀教育协同发展的政策平台建设。

关键词: 京津冀 协同发展 政策平台

贯彻落实《京津冀协同发展规划纲要》(以下简称《规划纲要》),切实推进京津冀协同发展是中央政府及其相关部门、京津冀三地各级政府及其相关部门的重要工作,也是制定政策、实施政策、评估政策效果并采取相应政策调整措施的重要领域。相应的,京津冀教育协同发展作为京津冀协同发展的重要组成部分,也是各级政府和相关部门的重要工作内容,特别是教育主管部门的重要工作,涉及的政策工作也是复杂多样,迫切需要建立一个统筹多方、沟通协调、公开透明、统一高效的教育政策平台,从而充分发挥教育政策对于推进京津冀教育协同发展的引领导航作用,充分发挥政府这只"看得见的手"在推进京津冀教育协同发展中的主导作用,同时也更好地引导社会力量参与并促进京津冀教育协同发展。

一 京津冀教育协同发展政策平台建设的必要性

京津冀教育协同发展的政策平台是京津冀教育协同发展资源平台和京津冀协同发展政策平台的重要组成部分,既是有关京津冀教育协同发展政策信息的统一发布平台,也是各级政府实现京津冀教育协同发展相关政策统一、和谐、配套的协调机制,更是各级政府教育主管部门统筹协调彼此政策和相关作为的关键载体。推进京津冀教育协同发展的政策平台建设对于完善现代化京津冀教育治理体系和提升各级政府教育治理能力、实现京津冀协同发展目标具有重要的长远价值和现实必要性。

（一）协调教育政策制定主体行为的需要

京津冀协同发展是国家战略，政府在实施国家战略中承担着不可推卸的主动作为责任，而制定政策、实施政策、评估政策效果并调整相关政策是政府主动作为最为基本的方式。由于京津冀协同发展涉及众多的政策制定主体，不同的政策制定主体都有各自的政策利益关注点和独特的政策行为，导致京津冀教育协同发展的政策现象复杂多样，存在巨大的差异。实现京津冀教育协同发展必然要求各类教育政策制定主体能够有效协调，减少差异，减少冲突，发挥出政策的整体推进作用，从而形成目标一致、行为协调、互联互动的政策协调机制。这就对京津冀教育协同发展的政策平台建设提出了迫切而现实的需要。

从各级政府作为政策制定主体的角度而言，中央政府及其部门都有制定政策以推进京津冀教育协同发展的责任，相应的，京津冀三地各级地方政府及其部门也都承担着推进京津冀教育协同发展的责任。由此来看，仅以各级政府来计算，涉及的政策制定主体就达3032个（见表1），其彼此间的政策行为协调是一项极其复杂的工作，也是一项必要工作。

表1 京津冀协同发展政策制定主体

层级	政府名称	政府数量（个）
中央	国务院	1
省	北京市、天津市、河北省	3
区县	北京市总计16区：东城区、西城区、朝阳区、海淀区、丰台区、石景山区、门头沟区、房山区、通州区、顺义区、昌平区、大兴区、怀柔区、平谷区、延庆区、密云区；天津市总计15区1县：滨海新区、和平区、河北区、河东区、河西区、南开区、红桥区、东丽区、西青区、津南区、北辰区、武清区、宝坻区、静海区、宁河区、蓟县；河北省辖11个地级市，以及42个市辖区、20个县级市、102个县、6个自治县，共计170个县级行政区划单位	202
乡镇	北京市乡镇级区划数为331个，共有150个街道办事处和181个乡镇；天津市乡镇级区划数为244个，共有117个街道办事处和127个乡镇；河北省乡镇级区划数为2251个，共有293个街道办事处和1957个乡镇	2826
总计	—	3032

资料来源：《中国统计年鉴（2016）》，中国统计出版社，2016。

从京津冀协同发展的专门政策制定主体而言，中央政府层面有京津冀协同发展领导小组负责制定宏观政策、京津冀协同发展领导小组专家咨询委员会负责政策咨询论证、京津冀协同发展领导小组办公室负责推动宏观政策的实施，同时，各部委层面还设有相应的机构负责相关政策的制定和实施。上行下效，地方政府层面，特别是京津冀三地省级政府及其部门、京津冀区县级政府及其部门都建立了相应的专门机构，负责制定和实施推进京津冀协同发展的政策。以北京市为例，北京市成立了由市委书记、市长挂帅的北京市推进京津冀协同发展领导小组，设立了9个专项工作小组，各区也都相继成立了专门机构，各部门都明确由专人负责[①]。由此来看，专门负责推进京津冀协同发展的政策制定主体数量也较多，其彼此间的政策行为协调也是一项必要工作。

就教育政策制定主体而言，除了以上众多的政策制定主体可以制定有关京津冀教育协同发展的政策外，各级政府的教育主管部门也是制定京津冀教育协同发展政策的主要部门，也是具体负责推进京津冀教育协同发展的政府部门。各级教育主管部门既承担着协调教育系统内部政策的职责，还承担着协调教育系统与其他系统间相关教育政策的职责，特别是协调与教育协同发展密切相关的财政、社保、规划、城建、人事等政府相关部门的职责，对于政策平台建设的需求也是强烈而迫切的。

（二）推进教育政策落地的需要

制定政策仅仅是政府主动作为的开始，政策实施才是政府主动作为的关键环节。政策实施涉及一系列的资源配置、人事组织、制度安排、活动组织等，涉及方方面面的利益关系调整，是一项复杂的工作。推动政策落地需要实施政策的相关主体协调一致、共同作为、互动合作。搭建一个各政策实施主体都能够快速及时地了解政策相关信息、调整各自政策实施行为的政策平

---

① 《2015年北京市政府重点工作情况汇编之京津冀协同发展篇》，http://www.beijing.gov.cn/sy/2016lh/2015zdgzqkhb/t1421903.htm，2016年1月25日。

台，对于切实落实各项教育政策、推进京津冀教育协同发展是必不可少的重要条件。

就推进教育政策落地而言，除了众多的教育政策制定主体负有责任以外，政策所涉及的其他主体，特别是各级各类教育机构也承担着相应的政策实施的责任。远比政策制定主体多得多的各级各类教育机构（学校），要充分了解众多教育政策内容，知晓与自己密切相关的教育政策，开展相应的政策实施行为，并且协调彼此间行为，更是需要政策平台的支持。仅以正规学校教育数量（不包括幼儿园）来看，京津冀三地的学校数量就达到19347所，其实施政策的行为协调工作是一件十分复杂而困难的工作，而有一个共享共建的政策平台，则是协调工作的必要开端（见表2）。同时，京津冀教育协同发展政策的实施必然会给三地人民群众的教育利益带来切实的影响和改善，政策实施是否有效果也要看人民群众是不是切实得到了实惠，所以有一个让人民群众能方便快捷地了解教育政策及其影响效果的政策平台，对于提高人民群众对政府、对教育政策的关注度和满意度是必不可少的环节。

表2 京津冀三地各级各类教育机构

单位：所

省市	特殊教育学校	普通小学	初中	普通高中	中等职业学校	普通高校
北京市	22	996	340	306	93	91
天津市	20	849	329	180	79	55
河北省	159	12126	2378	578	628	118
总计	201	13971	3047	1064	800	264

资料来源：《中国统计年鉴（2016）》，中国统计出版社，2016。

（三）完善教育政策体系的需要

从政策实践来看，推进京津冀协同发展的政策事实上构成了一个完整的政策体系，包括规划纲要、规划、项目及其他专项政策等，初步形成了内在目标、内容、方法、手段、过程等逻辑一致、相互补充完善的政策体系。这一政策体系还需要进一步伴随实践发展进行不断的完善，而政策平台建设有助于京津冀协同发展政策体系的完善。

从协同发展规划体系完善而言，围绕全面贯彻落实《规划纲要》，相关部门编制、推动和实施相关专项规划方案，初步形成了统筹引领、协同发展的规划体系。京津冀三省市和有关部门按照《规划纲要》分工方案，制定、落实《规划纲要》年度工作计划，细化、实化工作任务并逐项落实；印发实施全国第一个跨省市行政区的《"十三五"时期京津冀国民经济和社会发展规划》，三省市将京津冀"十三五"规划确定的总体目标、战略要求、重大任务，细化落实到各自的"十三五"规划纲要和相关专项规划中，坚持"三地一盘棋"，增强整体性；按照推动京津冀协同发展、推进生态文明体制改革的总体部署，探索编制全国第一个京津冀空间规划，开展"三规合一"试点。同时，京津冀土地、农业、能源、水利等专项规划印发实施，城乡、教育、卫生等专项规划编制完成，初步构建以《规划纲要》为基本原则、京津冀"十三五"规划为指引、空间规划为支撑、各专项规划为重点，目标一致、层次明确、互相衔接的京津冀规划体系①。这些规划所涉及的政策内容是复杂多样的，要真正形成彼此间没有矛盾冲突的京津冀协同发展规划体系，还需要一个共建共享的政策平台予以支撑。就当下而言，由于没有统一的政策平台，各规划及其相关配套政策的发布都是在各制定主体的公共平台上发布，同时，由于涉及发布的政策密级限制，不少规划及其配套政策的具体内容难以被政策利益相关人获知，这对于形成内在一致的规划体系造成许多困难。

从地方政策体系完善而言，也需要一个京津冀三地各级政府能够及时了解各自政策内容、及时分享政策信息和资源的政策平台。以北京市为例，2015年北京市先后印发实施了《中共北京市委北京市人民政府关于贯彻〈京津冀协同发展规划纲要〉的意见》及其分工方案、《北京市落实〈京津冀协同发展规划纲要〉2015年重点项目》、《北京市推进京津冀协同发展

---

① 《发改委解读：京津冀协同发展不断向纵深推进》，http://www.gov.cn/zhengce/2016-05/06/content_5070907.htm。

2015~2017年工作要点》，审议通过《北京市推进京津冀协同发展2016年重点项目》，编制完成《北京市"十三五"时期推动京津冀协同发展规划》，形成了"当前（2015年）有重点项目、近期（2017年）有工作要点、中期（2020年）有五年规划、远期（2030年）有贯彻意见"的一揽子推进体系。这一推进体系实质上就是指导北京市各级政府及其部门行动的政策体系框架，是北京市推进京津冀协同发展的政策体系框架，如果再补充上各区级政府及乡镇政府的相关政策，就构成了比较完善的北京市推进京津冀协同发展的政策体系。目前，这些政策也没有统一的政策平台，政策间有关京津冀教育发展的内容缺少协调，这给建立完善的北京市关于京津冀教育协同发展的政策体系带来不少困难。

不管是完善京津冀协同发展规划体系，还是完善地方推进京津冀协同发展的政策体系，其本质都是建立一个没有内部冲突、不会相互"打架"、不存在互相拆台现象的内在一致性很高的政策体系，从而在整体上最大化地发挥出政府的作用。要实现这样的目标，推动和加强统一的政策平台体系建设就是当务之急。完善教育政策体系，既要理顺各级各类规划或其他领域政策中有关教育政策的内容体系，还要主动建构和完善各级政府及教育主管部门制定的专门的教育政策内容体系，从而形成一个完整的推进京津冀教育协同发展的政策体系。

（四）建立统一的信息发布机制的需要

《京津冀协同发展规划纲要》明确提出"建立健全统一的信息发布机制，稳妥把握好宣传时机、节奏和力度，重点做好正面宣传和政策措施解读，合理引导社会预期，避免舆论炒作和误导"。建立统一的信息发布机制必然涉及各类政策信息的统一发布机制，也就涉及各类政策平台的建设工作。统一的信息发布平台是推进京津冀协同发展的基础设施，是引导各相关主体行为、为社会公众提供信息的基本平台。政策信息作为权威性很强的信息，是信息发布平台的基本信息之一，推进政策平台建设，是建立统一信息发布平台的组成部分，也是确保政策信息发布权威性、真实性、合法性的关

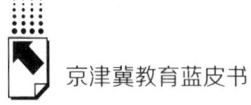

键。教育政策信息是信息发布内容之一，教育政策平台是政策平台的组成部分，也是统一信息发布机制的组成部分，推进教育政策平台建设对于建立和完善统一信息发布平台发挥着基础性作用，有益于统一信息平台的完整性、系统性、协调性，有益于统一信息发布机制的建立健全。鉴于统一的京津冀协同发展的信息平台机制正处于建设当中，各项制度尚在创立或完善，尽早将教育政策信息平台建设纳入其中进行整体的安排和规划，既对京津冀教育协同发展的政策平台建设有利，也对统一信息发布机制建设有利。

二 京津冀教育协同发展政策平台建设面临的问题

随着"十三五"规划的制定和实施，京津冀教育协同发展局面日新月异，教育政策平台建设所需要的各种准备工作也取得了积极的进展，但是面对实践提出的更高要求，推进京津冀教育协同发展政策平台建设还面临着诸多问题，需要引起各方关注，并切实加以解决。

（一）教育政策平台的定位问题

虽然自《规划纲要》发布实施以来，各级政府及其部门在推动京津冀协同发展过程中出台了不少涉及教育协同发展的政策，特别是北京市围绕疏解非首都功能、促进京津冀教育协同发展的规划内容，制定和实施了一系列政策。但是，统一的教育政策平台并没有形成，各政策主体都是在原有的政策平台上发布有关教育的政策，各自之间也没有建立起协调联动、彼此共建共享的合作关系，各自为政的局面还没有得到根本改变。在此情况下，要重新建立一个各方主体能够共享的教育政策平台，首先要解决如何定位教育政策平台的问题。概括而言，教育政策平台定位主要是平台的独立建立或嵌入式建立的问题。独立建立是指完全重新独立建立一个教育政策平台，专门发布有关京津冀教育协同发展的政策信息，专门组织有关京津冀教育协同发展的政策调研、政策咨询论证、政策制定、政策实施、政策评估等工作，整合相关资源和内容，将现有各自为政的教育政策信息和资源都纳入这个平台，形成一个相对独立、完整的京津冀教育协同发展的政策平台。嵌入式建立是指在统一信息发布平台构架下（或是政策平台框架下）建立一个有关教育政策的版块，与各政策主体的教育政策信息发布平台建立互动联络关系，形成一个联系相对紧密但彼此独立的教育政策信息平台。如何定位教育政策平台，决定着教育政策平台建设的方向和整个发展过程。

（二）教育政策平台的建设主体问题

教育政策平台的建设主体问题涉及由谁来负责建设，由谁来提供平台建设、维护、发展的资源的问题。教育政策平台定位在很大程度上决定着教育政策平台建设的主体。如果是独立建立一个教育政策平台，则其建设主体应具有统筹各教育政策主体的能力和资源。从现行的京津冀教育协同发展政策主体来看，中央政府教育主管部门具有统筹京津冀三地教育政策制定、实施、评估的权力、能力和资源，但若其在政策统筹方面专门突出京津冀三地又会显得过于偏重，毕竟中央部门面对的是全国各地，对全国各地发展都具有相应的统筹职责。除了中央政府教育主管部门具有相应的能力以外，京津冀协同发展领导小组办公室也具有相应的资格，但专门为教育领域建立一个政策平台，也似乎显得过于偏重，毕竟在京津冀协同发展当中，经济、生态、交通是重中之重，教育仅是公共服务当中的一项内容，是配合其他重要领域的一个小领域而已。在加强省级政府教育统筹的改革背景下，京津冀三地省级政府也具有相应的能力，但由谁来具体负责，仍是一个需要多方商议的问题，毕竟京津冀教育协同发展政策平台建设是涉及京津冀三地省级政府责任分担的工作，各自承担多少、如何履职，离开了三方协商是难以确定的。

如果是嵌入式建立一个教育政策平台，则其建设主体是多元的，凡是教育政策制定的主体都是该教育政策平台建设的一个主体，但是在众多主体当中，由谁来统筹协调相关主体的行为或者是建立一个多元主体共同认可的行为框架，各主体再根据共同的规则，对现有的教育政策发布方式、资源或制度进行梳理，建立彼此间的关联互动方式，从而形成一个多元一体的教育政策平台，仍是需要进一步协商解决的问题。

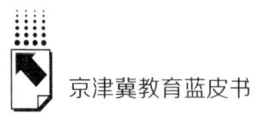

(三)教育政策平台的建设方式问题

教育政策平台的建设方式主要有三种:其一是由政府设立专门机构来建设;其二是由政府委托社会专业机构来建设;其三是政府和社会专业机构合作来建设。建设方式决定了教育政策平台今后的进一步建设、维护和发展,所以需要慎重考虑选取哪一种建设方式。三种建设方式各有利弊,需要综合权衡。政府设立专门机构建设教育政策平台可以确保教育政策平台的管控权和权威性,但易于受到官僚体制的束缚,出现僵化、效率低、反应不及时等问题;政府委托社会专业机构建设有益于教育政策平台的专业性、灵活性和效率性的形成,但易于使平台脱离管控,出现违背国家大政方针的内容、与其他政策不相协调的内容、不利于教育政策引导的内容等问题;政府和社会专业机构合作建设有益于发挥双方的长处,既能发挥政府作为政策制定主体的作用以确保教育政策平台的权威性、严谨性,又能发挥社会专业机构在教育政策上的专业性以及对教育政策需求反应的灵活性、有效性,但如何协调和平衡政府与社会专业机构间的合作关系、责任分担是一个在实践中需要不断探索的问题。

(四)教育政策平台的使用问题

教育政策平台的使用问题涉及谁有权限利用教育政策平台、使用哪些资源、做哪些事、达到什么目的等问题。教育政策,特别是作为宏观政策当中的教育政策,经常涉及权限问题和保密问题,不同级别的教育政策有不同的发布和使用方式。相应的,教育政策平台也就涉及不同教育政策的发布和使用权限问题,需要根据相关规定,制定和明确不同教育政策主体的使用权限。从当前信息公开的原则而言,教育作为公共事业,其政策应该尽量公开。教育政策主体在使用教育政策平台时,应该尽量做到教育政策的全过程公开,包括政策调研、咨询、制定、实施、评估等,将信息公布于众,让各类教育政策主体和社会大众都能够方便获悉,从而让教育政策的制定更科学、更民主、更有效。就当前的京津冀协同发展政策(包括教育政策)而言，有不少政策属于政府内部的政策，社会公众还不能一览全貌（如《京津冀协同发展规划纲要》）；还有不少政策已经制定，但未及时公布，让公众无从知悉；还有不少政策内容间存在不匹配的问题，特别是教育与人口、经济、财政、土地等相关政策间存在不协调问题；更为重要的是，不少政策只有发布时的信息，但缺少政策实施过程及其结果的信息，人们很难知晓其落实情况。如何利用教育政策平台解决这些问题，发挥教育政策平台对于促进京津冀教育协同发展政策科学化、民主化、实效化的作用，更好地推动京津冀教育协同发展，是建设教育政策平台需要提前设计和考虑的问题。

三 京津冀教育协同发展政策平台的建设策略

不管是京津冀区域整体的协同发展还是京津冀某一领域（如教育、经济、生态等）的协同发展，由于都涉及众多主体，采取某种机制或方式来协调各主体，使其行为协同，便是必然的要求。而各类平台的建设就是促进京津冀协同发展的基本手段。《京津冀协同发展规划纲要》就对各类平台建设提出了许多明确的要求，如"以战略性功能区平台为载体""重点建设'4+N'功能承接平台""各类承接平台基本建成，功能趋于完善""搭建区域共享的循环经济技术、市场、产品等服务平台""以重大产业基地和特色产业园区为平台""完善科技成果转化和交易信息服务平台""建设科技创新资源共享网络平台""搭建科技人才信息共享平台""搭建区域人力资源信息共享与服务平台""建立区域互联互通的医疗卫生信息平台""打造高端国际交流平台""培育一批高端国际交流平台""以网络互联为平台""建设统一的科技资源开放共享平台""建立区域内统一的公共就业服务平台""着力打造先行先试平台""由京冀两省市共同投资建立企业化运营的开发管理平台"等。可见，伴随着京津冀协同发展实践进程，不同类型的平台建设必然会如火如荼地开展起来，对不同类型平台建设经验和规律的认识必然会更加成熟。在此背景下，建设京津冀教育协同发展的政策平台需要密切跟踪类似平台的建设进程，学习相关经验，参考相关制度建设和工作流程，结合教育协同发展的实际，发挥多方政策主体的积极性、主动性、创造性，充分利用各种资源，协同推进平台建设工作。就当下而言，应从如下几方面着手推进京津冀教育协同发展政策平台的建设工作。

（一）明确京津冀教育协同发展政策平台定位

不同类型的平台有不同的定位和功能。就京津冀协同发展所涉及的各类平台而言，主要有三种定位：一是一定区域空间内的实体平台，如以产业基地或产业园区为主的承接平台；二是网络平台，主要是以网络为载体的各类信息服务平台；三是网络与实体相结合的平台，主要是各类资源交易或服务平台。就京津冀教育协同发展政策平台而言，其前期应以网络平台建设为主，专门建立一个相对独立的教育政策网络平台，将各级政府及其部门有关京津冀教育协同发展的战略、规划、项目、工程、专项政策等进行集中整理、分门别类并条理清晰地公开发布，将相关教育政策的调研、咨询论证、制定、实施、评估等全过程信息予以公开发布，逐步建立健全京津冀教育协同发展政策的数据库和数字资源共享共建机制，从而为政策涉及的各类主体提供一个发布、了解、沟通、讨论、协商教育政策的平台，为提高教育政策决策的科学化、民主化提供一个渠道，为提高教育政策的实施力度提供一个动力，为提高教育政策监督、评估、反馈、修正的及时性提供一个机制。在网络平台建设进入稳定发展时期后，可以推进网络平台与实体平台的结合，整合京津冀教育协同发展政策制定主体、研究主体、咨询论证主体的资源，建立一个京津冀教育协同发展政策中心，专门负责京津冀教育协同发展政策平台的建设工作，并组织不同的政策主体开展不同类型的京津冀教育协同发展政策论坛，采用多种方式发布相关政策信息，为京津冀教育协同发展创造良好的政策环境。

（二）省级统筹建设京津冀教育协同发展政策平台

虽然京津冀协同发展领导小组及其办公室具有制定和实施宏观政策的职责，但促进京津冀协同发展的主体责任仍由北京、天津、河北承担。就京津冀协同发展的政策链条而言，不管是宏观政策的制定，还是中/微观政策的制定，不管是政策制定，还是政策实施、评估、调整，三地省级政府都在其中发挥着重要作用，省级政府对内统一领导省内政策，对外与中央或中央相关部门及其他省级政府沟通协调相关政策。在当前加强省级政府教育统筹的改革背景下，由省级政府来统筹建设京津冀教育协同发展政策平台是符合现实需求，且最具有实践可能性的一种选择。而在三地省级政府当中，北京作为京津冀协同发展的核心，有着与中央相关政策制定主体密切联系的地理优势，同时承担着"有序疏解非首都功能、优化提升首都核心功能、解决北京'大城市病'问题"这一京津冀协同发展的首要任务，合理疏解首都教育功能、促进京津冀教育协同发展也是其任务之一，由北京市来统筹建设京津冀教育协同发展政策平台是完成任务的需要，也是相对比较适宜的选择。北京市政府统筹建设京津冀教育协同发展政策平台主要是统筹中央政府及其相关部门、天津市政府、河北省政府就教育协同发展的有关宏观或重大政策开展政策调研、咨询论证、制定、实施、评估、调整等信息的统一发布工作，而各省市内教育政策的统筹工作则由各省级政府在统一的教育政策平台框架下按照一定的分类标准和发布规则来负责。在统筹机制建设方面，可以考虑由北京市政府组织一个教育政策平台建设协调委员会，成员包含中央政府和天津市、河北省政府中主要负责教育协同政策制定的主体，定期或不定期地召开会议，商讨决定有关事项，不断推进政策平台建设工作。

（三）政府和社会专业机构合作共建京津冀教育协同发展政策平台

建设京津冀教育协同发展政策平台涉及网络信息技术、教育政策、政府管理等专业知识和技能，需要具有相应知识和技能的人才群策群力、合力完成。在当前简政放权、倡导政府与社会专业机构合作（PPP）模式的背景下，由北京市政府与社会专业机构合作共建京津冀教育协同发展政策平台是一条可行的建设方式。北京市政府可以采用招标方式来吸引社会上有资质、有能力、有资源、有实力的专业网络公司、专业教育政策机构来参与投标，并采用政府购买等方式来合作共建教育政策平台。京津冀教育协同发展政策平台建设方案编写工作由承建的社会专业机构负责,但建设方案的最终审定需要经由政府决定。

(四)完善京津冀教育协同发展政策平台使用机制

京津冀教育协同发展政策平台既要面向中央政府及其部门,北京市、天津市、河北省三地各级地方政府及其部门等政策制定主体,也要面向政策实施所涉及的各类教育主体,还要面向社会公众。不同主体对政策平台有不同的需要,有不同的使用方式和使用目的。面对不同主体的需求,要完善京津冀教育协同发展政策平台的使用机制,明确不同主体的使用权限和使用方式,明确使用流程和管控方式,将各类主体使用政策平台都纳入制度化、规范化的管理当中,确保有序合理地使用政策平台。

(五)加强京津冀教育协同发展政策平台自身管理

京津冀教育协同发展政策平台的建设、维护和发展是一项长期的复杂工作,需要建立起一整套相关的管理制度,来规范人、财、物、信等方面的具体运营工作。北京市政府和承建社会专业机构要合作建立起政策平台的系列管理制度,明确决策、执行、监督等机制,明确平台工作人员队伍的建设和管理,明确各项具体事务的流程,特别是明确各项政策信息的数字化标准和建立健全数据库的标准,将管理建立在科学合理的制度规范上,不断提高管理的水平,不断推进京津冀教育协同发展政策平台持续健康地运行,为促进京津冀教育协同发展做出应有贡献。

B.3
财税体制改革背景下京津冀教育协同的财政保障机制研究

杨小敏[*]

摘　要： 教育协同发展是京津冀协同发展的重要内容，财政保障是关键。作为基本公共服务重要构成部分和人才保障与智力支撑，三地教育协同发展迫切需要在公共财政上形成一个相匹配的机制予以保障。本报告在财税体制改革的背景下对京津冀教育协同的财政保障机制进行理论阐述和初步构建，具体内容包括五个部分：一是分析了京津冀教育协同面临的核心任务和财政保障的关键掣肘；二是阐述了国家财政体制改革框架下京津冀教育协同的事权与支出责任的类属界定及财政协同的必要性；三是对中央和京津冀三地财政及教育支出总体情况进行分析；四是在对既有政府之间财政转移支付的研究进行综述的基础上提出本报告的教育协同财政保障机制框架；五是在技术层面提出京津冀教育协同财政保障机制实施的若干意见和建议。

关键词： 财税体制改革　京津冀教育协同　财政保障机制

京津冀协同发展是新的历史时期我国重大的区域发展战略，对于三地经

---

[*] 杨小敏，管理学博士，北京师范大学中国教育政策研究院助理研究员，主要研究领域为教育政策。

济社会发展意义重大,也是国家和时代赋予京津冀的重大历史使命。教育作为基本公共服务的重要构成领域,是京津冀协同发展的重要内容。京津冀协同发展,除了在交通、环境和产业三个重点领域进行率先突破外,还迫切需要充分发挥首都教育优势,结合三地教育发展实际,先行三地教育协同发展,切实利用基本公共教育服务规划布局对人口疏解的引导作用,发挥三地人才培养对城市功能定位和经济转型的支撑与智力保障作用,促进京津冀协同发展重大国家战略切实落地。然而,从当前京津冀协同的操作层面来看,财税体制已经成为瓶颈,对于三地的产业布局和功能疏解而言财税分配问题凸显,对于基本公共服务而言有效的公共财政投入成为关键掣肘,亟待在顶层设计上进行财政体制机制的突破,切实推动京津冀教育协同发展。

一 京津冀教育协同的核心任务和关键掣肘

京津冀教育协同在实质上是基本公共服务的协同,既是三地协同发展的内容,也是三地经济社会发展,特别是为北京非首都核心功能疏解以及天津、河北两地城市功能定位与产业结构调整、转型升级提供智力支持和人才保障的需要。自京津冀协同战略确定以来,教育领域的三地协同有了一定范围和程度的推进,但总体而言仍是举步维艰、行动缓慢,面临的问题非常复杂,一个基本的现实就是政府之间教育公共服务的不均衡,而且这种不均衡是在特定的行政管理体制下由经济社会和历史文化以及教育系统自身特点等多种因素造成的,但最为直接的因素是三地政府教育投入水平的巨大差异。这是京津冀教育协同必须要面对和予以突破的重大现实问题。

(一)教育在京津冀协同战略中的核心任务

京津冀协同发展的根本要求是三地作为一个整体协同发展,疏解非首都核心功能、解决北京"大城市病"是基本出发点。国民经济和社会发展"十三五"规划明确提出"推动京津冀协同发展",要"坚持优势互补、互利共赢、区域一体,调整优化经济结构和空间结构,探索人口经济密集地区优化开发新模式，建设以首都为核心的世界级城市群，辐射带动环渤海地区和北方腹地发展。"其中，教育协同的核心任务是"推动公共服务共建共享"，具体就是要"优化教育资源布局，鼓励高等学校学科共建、资源共享，推动职业教育统筹发展"，服务人口和产业疏解，促进北京"四个中心"建设。

1. 作为基本公共服务引导人口有效疏解

北京的基础教育发展水平在京津冀三地中具有绝对优势，而且也是目前首都人口分布的重要影响因素之一。因此，京津冀一体化要求基础教育特别是优质的基础教育资源配置要匹配人口迁移。在京津冀协同发展战略推进的过程中，以功能和产业疏解带动人口疏解的同时，利用优质基础教育资源，针对承接地进行配套的教育水平提升，确保随产业疏解的人口在当地能够享受到优质的教育服务，进而确保疏解的人口安居乐业，在一定程度上可减轻首都人口规模压力，避免因追逐优质基础教育而出现的"业居分离"及其引发的新问题；与此同时，也能总体上提升当地人口综合素养，有利于经济社会持续健康发展。

2. 作为技能人才培养途径促进产业升级

在既定教育体制下，随着生源的不断减少，北京职业教育"空壳化"日益明显，相对优质的职业教育资源逐渐闲置，如果能够结合产业疏解，积极发展和办好中、高等职业教育，则可为经济发展、产业结构调整和企业升级改造提供优质劳动者、熟练技工和各种专业技能型人才的支撑，同时也可发挥对低水平职业教育的疏解。另外，京津冀地区集中了大批高等学校特别是高端人才培养和科研处于前沿的高等学校，要充分发挥这些高校的作用，打造产学研创新平台，提高区域内高层次人才自主培养能力、研发能力和科研成果转化辐射能力，以及技术与决策咨询的服务能力。

（二）京津冀教育协同发展面临的关键掣肘

2014年，"切实把常住人口增速降下来"首次在北京的政府工作报告中明确提出，要求研究建立与人口调控挂钩的政府投资、公共资源分配机制。

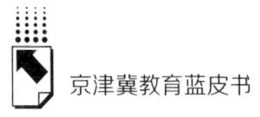

截至目前,三地在相关范围、领域开展了不同层次、程度的实践探索,围绕经济和基础设施建设的"疏解—引进"构成了协同的基调,但是实践中存在明显的利益分歧。作为协同发展重要领域,公共教育资源在三地协同中总体规划和实施力度还不够,发挥公共资源配置引导与配套保障人口疏解的作用比较有限。

1. 产业转承过程中的地方教育发展利益分歧

围绕功能和产业的疏解,三地各有自己的利益诉求。北京需要进行首都非核心功能的疏解,是主要的转移方,迫切希望以瘦身的方式将不适宜发展的产业进行转移和优化,同时进行经济发展方式的转型和产业结构的升级。天津与河北两地是承接方,而且河北承接空间相对较大,于是就存在利益关系的博弈。诸如在高等院校和科研院所方面,就存在承接与疏解方的不同诉求,北京希望在主体上对职业教育进行转移,河北则更看中对在京优质高等教育的承接。

2. 产业转承过程中人才的引进缺乏配套措施

在未来各地的发展规划中,北京提出加快区域市场一体化进程,推动形成协同创新共同体等举措,尤其是要加强科技人才和科技管理人才的联合培养,健全跨区域人才流动机制。河北省强调推进服务创新、机制创新和政策创新,打造汇聚科技英才的强磁场,以产业吸引人才,以平台聚集人才等。在顶层力量的推动下,三地围绕功能和产业疏解实施协同发展的破冰之举,在交通、生态环保和产业三个重点领域率先推进。应该说,在硬件层面的建设上,通过协调机制相对容易实现协同,如在京津冀协同背景下原有囿于属地管理的"断头路"问题。但是在软件建设和服务的跟进方面就需要人力资源的配置,特别是对于人才、技术和智力资源高度依赖的产业领域而言。那么如何进行人才的引进和配置呢?这就需要在配套措施上提供有效的保障,而目前来看,在多方机制构建、平台搭建和具体办法上都有待于做出更进一步的工作。

3. 功能和产业疏解难以有效地带动人口疏解

对于北京而言,京津冀协同既是落实国家区域发展战略的需要,又是破解首都发展难题和提升城市服务管理水平的要求，人口规模调控是首要任务。首都超大人口规模的形成，除了因为城市功能定位和产业布局贪多求全，更在于人们对聚集的优质资源的追逐，尤其是首都优质教育资源具有强大的人口吸引力，进而产生新的就业以及环境污染、交通拥堵以及城市"热岛效应"等问题。因而，北京按照京津冀协同发展的要求，制定实施了以功能、产业疏解带动人口疏解的人口规模调控工作方案，采取了"禁、关、转、调、控"的办法。但是，随着交通的一体化、生态环保方面的率先推进，首都宜居水平不断得到提升，而相应的教育协同发展推进不够，那么首都优质的基本公共教育资源的吸引力势必会形成"业居分离"的局面，即人们随着产业转移疏解到河北、天津两地就业，而为了生活环境和优质教育资源居住在北京，这不利于首都人口持续有效地疏解，甚至会产生新的人口与资源矛盾。

总体来看，这些问题的产生原因是多元综合的，但是从政府之间的关系看，从事权和支出责任以及财力匹配之间的关系上讲，政府之间的财政机制是一个需要突破的问题，包括中央和三地政府之间的纵向财政保障机制，以及三地政府之间的横向财政运作机制。

二 国家财税体制改革对京津冀教育协同发展的影响

十八届三中全会《中共中央关于全面深化改革若干重大问题的决定》（以下简称《决定》）确定了财税改革方向，明确指出"财政是国家治理的基础和重要支柱，科学的财税体制是优化资源配置、维护市场统一、促进社会公平、实现国家长治久安的制度保障。必须完善立法、明确事权、改革税制、稳定税负、透明预算、提高效率，建立现代财政制度，发挥中央和地方两个积极性。要改进预算管理制度，完善税收制度，建立事权和支出责任相适应的制度"。2014年6月通过的《深化财税体制改革总体方案》（以下简称《方案》）提出改进预算管理制度、深化税收制度改革、建立事权和支出责任相适应的制度三个方面的改革，明确提出在2020年基本建立现代财政制度。

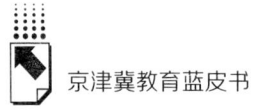

（一）中央和地方政府事权与支出责任匹配的方向确定

财政是政府部门对资财的收支管理活动，是实现政府治理和国家治理的一般手段，是规范国家行为的基础，是经济社会发展的前提和支柱。《决定》指出"建立事权和支出责任相适应的制度。适度加强中央事权和支出责任，部分社会保障、跨区域重大项目建设维护等作为中央和地方共同事权，逐步理顺事权关系；区域性公共服务作为地方事权。中央和地方按照事权划分相应承担和分担支出责任。中央可通过安排转移支付将部分事权支出责任委托地方承担。对于跨区域且对其他地区影响较大的公共服务，中央通过转移支付承担一部分地方事权支出责任"。

财政部在解读《方案》的时候强调，深化财税体制改革在具体实施时应坚持处理好政府与市场的关系、发挥中央与地方两个积极性、兼顾效率与公平、统筹当前与长远利益、坚持总体设计和分步实施相结合、坚持协同推进财税与其他改革的原则。在中央和地方政府间财政关系的调整上，要建立事权与支出责任相适应的制度，合理划分各级政府间事权与支出责任，要充分考虑公共事项的受益范围、信息的复杂性和不对称性以及地方的自主性、积极性。根据这一原则，将国防、外交、国家安全、关系全国统一市场规则和管理的事项集中到中央；将区域性公共服务明确为地方事权；明确中央与地方共同事权。在明晰事权的基础上，进一步明确中央和地方的支出责任。中央可运用转移支付机制将部分事权的支出责任委托地方承担。[①]

显然，京津冀协同作为国家战略，涉及中央与京津冀三地之间的纵向央地关系，也涉及京津冀三地之间的横向府际关系。京津冀教育协同属于公共服务的协同，既有三地政府自己的事权，也有中央政府的事权。按照上述国家财税体制改革中央和地方事权与支出责任的划分原则，中央和地方关系的

[①] 《一场关系国家治理现代化的深刻变革——财政部部长楼继伟详解深化财税体制改革总体方案》，http：//www.gov.cn/xinwen/2014-07/03/content_2711811.htm.

四个行为主体在京津冀教育协同的过程都有相应的支出责任。但是，如何支出需要结合国家教育管理体制对教育事权做进一步的明晰，在此基础上建立健全财政保障运作机制。

（二）京津冀教育协同的事权与财政支出责任的总体阐述

如何进一步明确京津冀教育协同过程中各方的事权，《京津冀协同发展规划纲要》（以下简称《纲要》）提出"健全统筹有力、权责明确的教育管理体制。中央政府统一领导和管理国家教育事业，制定发展规划、方针政策和基本标准，优化学科专业、类型、层次结构和区域布局。整体部署教育改革试验，统筹区域协调发展。地方政府负责落实国家方针政策，开展教育改革试验，根据职责分工负责区域内教育改革、发展和稳定。"同时，《纲要》也明确"各级政府要切实履行统筹规划、政策引导、监督管理和提供公共教育服务的职责，建立健全公共教育服务体系，逐步实现基本公共教育服务均等化，维护教育公平和教育秩序。改变直接管理学校的单一方式，综合应用立法、拨款、规划、信息服务、政策指导和必要的行政措施，减少不必要的行政干预。"具体而言，京津教育协同围绕以下内容明确相应的事权及支出责任。

1. 区域内统筹规划中小学校建设布局，一体化配置优质教育资源

结合首都功能产业疏解和地方承接，着力扩大优质教育区域覆盖面，充分发挥优质基础教育资源对人口的有效疏解作用。一是在北京远郊区县加快建设一批优质学校。充分利用北京优质基础教育资源优势，创新机制，在目前大力推行的优质义务教育均衡发展的基础上，根据功能、产业转移承接地人口分布和当前以及未来一段时期内学龄人口的数量规模，加快建设一批优质中小学校，一方面通过促进全市基础教育均衡发展，避免因对优质教育资源的追逐而引起中心城区人口数量增加，另一方面能够为随着功能和产业转移而向外疏解的人口提供公平优质的教育资源，从而确保人口有效疏解。二是帮助河北省环首都的县市建设一批优质学校。针对"环京津贫困带"和"环首都贫困带"教育落后和人均受教育年限短的问题，

通过援建学校，提高当地人口受教育水平，形成帮助地区脱贫合力，并结合职业教育，推动现代农业发展和经济社会发展，实现就业本地化，一方面实现职业教育的疏解，另一方面提升当地宜居和就业水平，促进京津冀协同发展。

2. 创新区域教师队伍建设途径，总体提升区域内师资水平

在区域内进行教师队伍建设的规划，探索跨越行政部门教师统筹管理办法，建立京津冀名师队伍，均衡教师待遇的同时全面提升区域内师资水平。一是加强对津冀两地中小学教师的培训。开展区域中小学教师多元培训，实施京津冀中小学教师跨地域流动，弥补三地的教育差距，做到取长补短。二是实施区域内"红烛"或"春蚕"计划。通过京津冀教育协同发展小组协同住建、社保、教育、财政等相关部门，利用教师周转房等政策建立一套机制，聚集全市退休教师，做到"老有所养、老有所用"，充分发挥优秀退休教师在教学指导、教师培养等方面的作用，推动区域内城乡之间、区域之间、学校之间义务教育优质教育资源的均衡发展。三是充分利用网络信息技术。完善区域教育信息化建设，推动教师信息分享与业务交流，发挥北京地区名师课堂的最大效用，全面提升区域内教师教育教学水平。

3. 统筹推动三地职教合作，切实促进区域内产教融合

从当前京津冀经济社会协同发展和三地教育发展与各类人才需求，以及教育管理体制来看，职业教育可以作为京津冀教育协同的重要政策突破口之一。京津冀区域中等职业教育发展比较滞后，以普通中等专业学校为例，普通中等专业学校在校生在全国范围内所占比例呈下降趋势，而长三角和珠三角地区所占比例一直呈增长态势。在生源方面，北京中等职业教育招生形势严峻；高等职业教育投入不足，供给能力有待提高。针对京津冀职业教育的协同发展，建议从政策扶持与体制机制建设的基础上进行三个方面的探索：一是推进职业教育办学体制改革，鼓励企业根据实际需要直接或参与办学；二是三地政府在区域产业总体规划中，合力进行职业人才的培养、储备与机制化共享；三是结合三地产业布局和发展需要，鼓励和扶持职业教育集团化发展与联动协同、资源共享。

三 中央和京津冀财政及教育支出总体情况

京津冀协同发展在历史上有多次尝试，但都未取得实质性进展。在公共财政方面的原因表现在三个方面：一是现行财税体制制约，尤其是分税制导致区域间竞争大于合作；二是系统性横向转移支付制度缺失，制约了地区间协同；三是京津冀三地财政支出水平和公共服务水平差异巨大。那么，中央和京津冀三地的公共财政关系以及教育支出水平总体状况如何、存在什么问题，笔者将在下文予以陈述和分析。

（一）京津冀三地经济总体水平与中央转移支付情况

统计数据资料显示，2015年京津冀三地GDP总量分别为22968.8亿元、16538.19亿元、29806.1亿元，但是人均GDP三地分别为17139.43美元、17505.73美元、6297.35美元。显然，由于人口规模的原因，河北的人均GDP只接近北京和天津的1/3。财政收支上，北京全年一般公共预算收入为4723.9亿元，同口径比上年增长12.3%；一般公共预算支出为5751.4亿元，增长27.1%。天津全年一般公共预算收入为2666.99亿元，增长11.6%，其中，税收收入1577.94亿元，增长6.1%，占一般公共预算收入的59.2%；一般公共预算支出为3231.35亿元，增长12.0%，其中，教育支出507.51亿元，增长12.5%。河北全年财政收入为4047.7亿元，比上年增长7.5%，其中，地方一般公共预算收入为2648.5亿元，增长8.3%，一般公共预算支出为5675.3亿元，增长22.4%。①

显然，京津冀三地财政收入水平存在客观的不均衡，北京公共预算收入最高，河北次之，天津随后。正是因为地方经济社会发展水平的差异以及财力的不均衡，中央在公共财政体制框架内对地方通过税收返还和转移支付制度进行财力平衡，以确保地方政府公共服务有效提供。如表1所

---

① 资料来源于京津冀三地《2015年国民经济和社会发展统计公报》。

示,2015年中央对京津冀三地总体上进行了不同数量的税收返还和财政转移支付。

表1 2015年中央对地方税收返还和转移支付分地区决算

单位:亿元

地区	税收返还和转移支付		其中:一般性转移支付		其中:专项转移支付	
	预算数	决算数	预算数	决算数	预算数	决算数
北京市	315.95	459.46	39.42	45.49	91.06	234.19
天津市	305.58	426.86	147.65	189.54	56.34	139.43
河北省	1901.48	2416.96	1121.49	1298.76	559.71	907.57

从中央对地方的纵向转移支付来看,2015年中央对地方专项转移支付预算数为21534.34亿元,决算数为21623.63亿元,完成预算的100.4%。如果加上使用以前年度结转资金128.98亿元,决算数为21752.61亿元。教育支出预算数为1718.03亿元,决算数为1654.59亿元,完成预算的96.3%。如果加上使用以前年度结转资金1.5亿元,决算数为1656.09亿元。专项转移资金主要用于:①支持学前教育发展资金预算数为149亿元,决算数为149亿元,完成预算的100%;②农村义务教育薄弱学校改造补助资金预算数为327.5亿元,决算数为327.5亿元,完成预算的100%;③改善普通高中学校办学条件补助资金预算数为39.7亿元,决算数为39.7亿元,完成预算的100%;④中小学及幼儿园教师国家级培训计划资金预算数为19.85亿元,决算数为19.85亿元,完成预算的100%;⑤支持地方高校发展资金预算数为90.7亿元,决算数为90.7亿元,完成预算的100%,如果加上使用以前年度结转资金1.5亿元,决算数为92.2亿元;⑥现代职业教育质量提升计划专项资金预算数为147.88亿元,决算数为147.88亿元,完成预算的100%;⑦特殊教育补助经费预算数为4.1亿元,决算数为4.1亿元,完成预算的100%;⑧学生资助补助经费预算数为404.92亿元,决算数为364.49亿元,完成预算的90%,主要是据实结算的学生资助补助经费比预计数减少;⑨地方高校生均拨款奖补资金预算数为252.7亿元,决算

数为252.7亿元，完成预算的100%；⑩基建支出预算数为257.73亿元，决算数为233.31亿元，完成预算的90.5%。①

（二）京津冀三地教育经费投入情况分析②

2015年北京共有58所普通高校和80个科研机构进行研究生的培养，研究生在学人数为28.4万人，研究生招生人数为9.5万人，毕业生人数为8万人。共有90所普通高等学校进行本专科学生的培养，在校生人数为59.3万人，本专科招生人数为15.8万人，毕业生人数为15.2万人。基础教育阶段，普通高中在校生人数为16.9万人，招生人数为5.7万人，毕业生人数为5.8万人；普通初中在校生人数为28.3万人，招生人数为8.9万人，毕业生人数为9.3万人；普通小学在校生人数为85万人，招生人数为14.6万人，毕业生人数为10.4万人；在园幼儿数39.4万人，入园幼儿数14.9万人。中等职业教育（含技工学校）在校生人数为13.4万人，招生人数为4.1万人，毕业生人数为5.5万人。特殊教育在校生人数为7136人，招生人数为930人，毕业生人数为1786人。另外，民办教育方面，共有民办高等学校15所，在校学生人数为6.7万人；民办普通中学93所，在校学生人数为3.7万人；民办小学60所，在校学生人数为6.7万人；民办幼儿园574所，在园幼儿数为14万人。

天津2015年共有普通高校55所，中等职业教育学校108所，普通中学509所，小学849所。全年招收研究生1.80万人，在学研究生5.30万人，毕业生1.63万人。普通高校本专科在校生人数为51.29万人，招生人数为14.50万人，毕业生13.21万人。中等职业教育在校生人数为11.91万人，招生人数为4.72万人，毕业生人数为3.75万人。普通中学招生13.21万人，在校生42.70万人，毕业生14.23万人。小学招生11.09万人，在校生60.21万人，毕业生8.03万人。成人高校招生3.13万人，在校生6.89万

---

① 财政部：《关于2015年中央对地方税收返还和转移支付决算的说明》。
② 资料来源于京津冀三地《2015年国民经济和社会发展统计公报》。

人，毕业生3.32万人。特殊教育学校20所，在校生3279人。幼儿园在园幼儿25.25万人。

河北研究生教育招生1.4万人，比上年增长6.8%；在学研究生4万人，增长3.9%；毕业生1.2万人，增长1.7%。普通高等学校118所，招生35.1万人，增长2.6%；在校生117.9万人，增长1.3%；毕业生32.8万人，下降4.8%。中等职业学校在校生61.3万人，普通中学在校生351.9万人，小学在校生596.2万人，幼儿园在园幼儿231.7万人。

总体来看，河北的基础教育规模相当大，优质均衡的压力较大。而且，对于京津冀教育协同而言，基础教育作为基本公共教育服务，对于有效促进、引导北京人口疏解具有重要作用。然而，从教育投入水平来看，河北尽管付出了很大努力，但生均财政保障水平明显较低。如表2所示，2015年河北公共财政教育支出总额是天津的两倍多，而且比上年增长近20%。

表2 2015年公共财政教育支出增长情况

地区	公共财政教育支出（亿元）	公共财政教育支出占公共财政支出比例（%）	公共财政教育支出比上年增长（%）	财政经常性收入比上年增长（%）	公共财政教育支出与财政经常性收入增长幅度比较（百分点）
北京市	847.43	14.77	0.15	19.09	-18.94
天津市	464.23	14.36	-14.51	6.21	-20.72
河北省	1001.07	17.77	17.96	2.96	15.00

但是，从表3的生均公共财政预算教育事业费和生均公用经费来看，京津冀三地的差异非常明显，北京依然是遥遥领先，河北远远落后。例如，2014年，普通小学阶段北京的生均教育事业费为23441.78元，生均公用经费为9950.95元；天津生均教育事业费和公用经费分别为17233.85元、3968.87元；河北生均教育事业费和公用经费分别为5349.05元和1439.30元。而且，河北的两个指标远低于全国平均水平。因而，京津冀教育协同面临着巨大的财政投入水平差异，一体化发展面临巨大挑战。当然，教育协同发展也势必要依赖政府之间的财政协同，横向转移支付及相关的办法是一种选择性的尝试。

表3　各级教育生均公共财政预算教育事业费增长情况

单位：元，%

地区		普通小学			普通初中			普通高中		
		2014年	2015年	增长率	2014年	2015年	增长率	2014年	2015年	增长率
全国	教育事业费	7681.02	8838.44	15.07	10359.33	12105.08	16.85	9024.96	10820.96	19.90
	公用经费	2241.83	2434.26	8.58	3120.81	3361.11	7.70	2699.59	2923.09	8.28
北京	教育事业费	23441.78	23757.49	1.35	36507.21	40443.73	10.78	40748.25	42192.74	3.54
	公用经费	9950.95	9753.38	-1.99	14127.64	15945.08	12.86	16716.08	14807.38	-11.42
天津	教育事业费	17233.85	18128.16	5.19	26956.43	28208.67	4.65	30090.12	32848.08	9.17
	公用经费	3968.87	4361.41	9.89	6134.37	6356.92	3.63	10411.54	10677.92	2.56
河北	教育事业费	5349.05	6752.72	26.24	7749.39	9557.77	23.34	7748.15	9992.14	28.96
	公用经费	1439.30	1770.62	23.02	2121.14	2533.69	19.45	2207.91	2613.66	18.38

四　基于纵横转移支付的京津冀教育协同财政保障机制选择

京津冀协同战略落实的过程中，关于公共财政运作机制的研究有一些但总体上还不多，对于教育协同财政保障机制的研究还比较少见。本部分内容对既有研究进行总体梳理和分析，并结合京津冀教育协同的三地财政关系进行评述，进而提出京津冀教育协同的财政协同机制。

（一）财政转移支付的理论体系探索

财政转移支付是平衡政府间财力的重要手段，主要采用上级政府对下级政府的财力均衡。在多层级的国家行政体制中，既包括中央政府对地方政府的财政转移支付，又包括地方政府所辖下级政府的财政转移支付（通常指省以下财政转移支付）。平行政府之间的财政转移支付在实践中还比较少

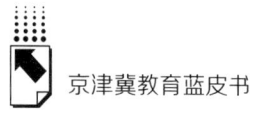

见,但在对口支援等形式的关系中存在公共财政的因素。对于财政如何对京津冀协同发展进行保障,从相关的文献来看已有一些相关理论框架的设计,基本的思想是政府间合作的横向财政转移支付体系的构建。

在既有的研究中,段铸程等认为京津冀协同发展离不开三地政府间的财政协作。鉴于三地政府间财政实力的差距,在进一步完善纵向转移支付的基础上,适时施行横向财政转移支付,从而均衡地方政府的基本财力。基于这一构想,其研究设计了包含基础产业发展资本类、京津冀经济圈扶贫类、产业结构协同类、生态补偿类、政府税收共享类在内的横向财政转移支付体系,并提出了一些具体的操作性设想。比如,在产业经济协同方面,建立"京津冀协同开发专项基金"。在基金来源方面,鉴于目前京津冀三地的财力差异,可以选择由国家开设特别税种筹集,也可统筹安排,由京津冀三地政府按比例提取,更或选择以在资本市场发行"京津冀协同发展债券"的方式来募集。在具体的政策建议方面,其研究提出了完善转移支付法律制度、优化财政转移支付结构、建立科学的转移支付分配体系。① 赵国钦等认为作为区域财政活动和财政制度的协同机制,财政合作嵌入京津冀协同发展的逻辑一方面来自对行政合作的权力关系和利益关系的拓展,另一方面来自京津冀协同独特的尺度特征、路径特征和结构特征。其研究设计了一个京津冀协同发展的财政体制框架,提出吸收现有区域合作中财政合作的成熟经验,建立财政收支协同机制,引入横向转移支付制度和完善 PPP 模式以支撑政府之间的协作,推动京津冀区域的快速均衡发展。②

总体而言,以上述研究为代表的平行政府之间的财政转移支付在制度层面还处于理论探索之中。而且,笔者认为在当前的中央地方行政管理体系中,除了中央财政的纵向一般与专项转移支付,在京津冀三地政府相对独立的经济社会体系和行政与财政运作机制的前提下,相对独立的财政转移支付体系在实践操作层面存在极大的难度,特别是对于与本地 GDP 增长与税收

---

① 段铸程、颖慧:《京津冀协同发展视阈下横向财政转移支付制度的构建》,《金融发展研究》2016 年第 1 期。
② 赵国钦、宁静:《京津冀协同发展的财政体制:一个框架设计》,《改革》2015 年第 8 期。

密切相关的生产性领域。但是，对于公共服务的投入和服务于三地经济社会发展共同利益的财政投入而言，基于当前实际和国家财税体制改革的要求，设计一套财政转移支付的机制是极其重要也极为必要的，迫切需要对三地协同发展中面临的财政运作瓶颈性问题做深入系统的研究，对定向支援的相关经验进行总结。

（二）京津冀教育协同纵横一体的财政转移支付机制构建

区域性公共产品是地方性公共产品的延伸，地方政府承担着不可推卸的供给责任。京津冀协同发展不是三方的问题，而是京津冀和中央政府四方的问题。如前所述，教育是京津冀协同发展的重要内容，对于京津冀经济社会其他领域具有先导性作用，特别是对于北京人口疏解乃至三地人口的分布都具有潜在的引流作用，对于北京非首都核心功能的疏解以及三地城市功能定位和产业转型升级具有人才支撑的重要作用。而且，教育作为民生性公共服务，是中央政府和省级政府财政转移支付的重要对象。因而，在京津冀协同发展进程中，在既有公共财政教育转移支付的基础上，按照中央和地方政府事权和支出责任相匹配的要求，针对各地的支出能力，按照公共性、收益性、整体性的原则，形成兼顾效率和公平的纵横一体的财政转移支付保障机制，是推进京津冀教育协同的必要条件，笔者提出如下两个方面的总体意见。

1. 明确纵向的中央财政京津冀教育协同发展转移支付

京津冀协同发展属于国家战略，是国家区域发展的重大政策安排。从前述的事权关系来看，中央政府有相应的责任。在顶层设计层面，中央政府已经在总体布局上进行了部署，《京津冀协同发展规划纲要》于2015年4月审议通过。国民经济和社会发展"十三五"规划在"确立合理有序的财力格局"中明确提出"建立事权和支出责任相适应的制度，适度加强中央事权和支出责任。完善中央对地方转移支付制度，规范一般性转移支付制度，完善资金分配办法，提高财政转移支付透明度"。但是，如何进一步强化中央财政对京津冀协同发展的保障支持需要进一步明确。因而，中央财政在既有对地方的教育转移支付格局中，要实施京津冀教育发展专项转移支付，将资金明确用于教育协同发展的有关事项中,特别是要对河北和天津予以阶段性的财政保障倾斜,以解决地方财力不均衡的问题。

2. 依据京津冀三地功能定位确定横向转移支付的总体思路

《京津冀协同发展规划纲要》明确,三省市定位分别为:北京市——"全国政治中心、文化中心、国际交往中心、科技创新中心";天津市——"全国先进制造研发基地、北方国际航运核心区、金融创新运营示范区、改革开放先行区";河北省——"全国现代商贸物流重要基地、产业转型升级试验区、新型城镇化与城乡统筹示范区、京津冀生态环境支撑区"。① 根据三地各自的功能定位对其经济社会发展的重点和相应的要求,需要进行产业结构的调整。制造业企业、城区批发市场、教育医疗机构和行政事业单位"四个一批"的疏解,严重依赖于天津、河北承接。在整个功能和布局的调整中,作为公共服务的教育,要进行配套跟进,发挥人口和产业疏解的引流作用,一方面需要本地政府结合当地实际加强对教育的财政保障,另一方面作为补偿和激励机制,横向财政转移支付如果进行合理的设计则能够在首都功能疏解中发挥作用。在具体的操作程序上,可以由中央引导设立京津冀教育协同发展的转移支付基金,由多方根据相应的事权与支出责任和支出能力匹配的原则出资,再根据具体的教育发展项目进行资金的配置。

五 京津冀教育协同的财政保障在技术层面的意见和建议

科学的财税体制和政策应当成为基础性制度保障和重要的促进手段,对于京津冀教育协同而言,财政保障体制机制的建立受到诸多重要因素的制约,且有些是根本性的。在既有的行政区划管理中,纵向和横向的财政转移支付是比较可行的办法,但总体上需要根据实际情况做进一步的研究和科学论证。

---

① 李丹丹、邓琦、沙璐:《三地定位为何调整》,《新京报》2015年8月24日。

（一）完善基于区域公共教育服务的中央财政转移支付办法

鉴于目前三省市教育规模和发展水平的差异以及财政性教育经费投入水平的不均衡，为了解决教育协同发展中区域内各级各类教育发展的短板问题，需要对教育领域已有中央财政对地方省市转移支付办法进行改进和完善，发挥中央财政在三地教育协同中的财力均衡作用。建议在顶层制度设计和政策安排的层面，按照区域公共教育服务一体化的目标，建立京津冀教育协同发展专项转移支付体系，资金直接进入京津冀公共教育服务基金。在资金的使用方面，按照一体化发展中符合整体利益需求的项目发展进行资金的倾斜性使用，解决一些教育改革发展中的"三角地"问题和重点难点问题，如用于河北基础教育质量的提升、对河北产业和人口承接地的教育配套设施建设进行资金保障等。

（二）加强对典型国家横向转移支付经验的研究分析和借鉴

京津冀教育协同横向财政转移支付机制的建立，在具体操作方面，可以进一步对德国的转移支付制度进行深入分析和借鉴。① 相关研究资料显示，德国的转移支付通过立法的形式明确各级政府的财权和事权关系，并且有一套简便易行的计算方法。其横向转移支付制度是通过《基本法》予以保障的，对地区间财力平衡做了相关规定。具体的操作包括三个基本步骤：首先，测定各州居民人数，其次，由联邦和州财政部门分别测算得到"全国居民平均税收额"和"本州居民平均税收额"，最后实行横向平衡的资金划拨。在教育协同中京津冀三地政府间财政转移的机制设计上，可以结合上述中央对地方的转移办法，建立三地横向的财政转移机制，解决补偿性、帮扶性、共享性的教育发展问题。比如，在职业教育发展方面，可由天津大力发展各类职业教育，培养区域产业转型升级的共享性人

---

① 德国的横向转移支付制度始于1990年东西德统一，其初始创设目的是通过平衡东西部财力，实现国家统一平稳过渡。经过二十多年的发展，德国建立起了横向转移支付与纵向转移支付相结合的财政转移支付法制体系，成为各国财政研究的经典案例。

才,这时就可通过横向转移支付来解决一些具体问题,确保三地真正实现协同发展。

(三)总结对口支援①经验,为构建横向转移支付机制提供实践借鉴

作为具有横向转移支付特点的对口支援是体现地方政府之间帮扶性协同的政策行为,是具有中国特色的实践探索,通常是在中央政府的主导下,以地方政府为行为的主体。经济社会发展水平较高地区的政府对经济社会发展水平较低的地区,在特定的领域进行定向的人、财、物的援助和帮扶。这种对口支援的政府之间的行为积累了大量的实践经验,政治、经济和社会效益良好。因而,探索建立区域性政府之间的横向转移支付机制,服务京津冀教育协同发展,建议对三地政府已经开展的相关对口支援政策和行为进行系统梳理,针对一些关键环节的重要问题进行完善,在此基础上建立三地政府之间围绕教育一体化协同发展的合作机制和财政转移支付办法;避免既有对口支援中资金分配、财政负担不平衡以及欠缺宏观统筹等方面的问题,切实推进三地教育协同发展。

(四)充分利用大数据理念和方法进行资金的科学核算和透明监管

科学合理地确定地方的财力和三地教育协同发展中财政性教育经费的实际需求,是实施纵横一体转移支付制度的关键环节,这就需要根据事业发展的差额进行转移支付。建议基于预算管理办法,充分借鉴国际上转移支付的计算办法,建立一个科学、简便、公认的公式;充分利用全国中小学学籍管理系统和全国中小学校舍管理信息系统,科学使用大数据理念和方法进行京津冀教育协同相关费用的准确核算、动态监测和适时调整。与此同时,在现有教育督导等机构的基础上,吸收相关利益方加强对京津冀教育协同发展基金的资金运作监管,确保财政性教育经费有得用、用得上、用得好。

---

① 我国的对口支援政策主要有西部地区对口支援、教育医疗对口支援、三峡库区对口支援和汶川灾后重建对口支援。其中,西部地区对口支援对加强少数民族地区经济发展、推进横向经济联系和协作起到了积极作用;三峡库区对口支援和汶川灾后重建对口支援延续和强化了对口支援机制。

B.4 京津冀高等教育协同发展模式研究

刘继青 梁明伟*

摘　要： 京津冀高等教育协同发展有利于教育资源的共享与人才流动，从而促进教育均衡发展与提高教育质量。京津冀高等教育发展有其自身的历史逻辑，形成了不同的发展模式。从京津冀高等教育协同发展的政策背景出发，在总结分析京津冀高等教育协同发展的理论探索与实践进展的基础上，从政府、学校和市场三者关系的角度对京津冀高等教育发展的历史进程特点进行了分析和阐释；运用历史制度主义等理论，重点分析了当前制约京津冀高等教育发展的制度等现实因素。最后，从制度顶层设计、协同发展平台、多元参与机制以及资源共享机制等方面提出了京津冀高等教育协同发展的政策建议。

关键词： 高等教育　协同发展　发展模式　历史制度主义　制度变迁

2010年7月，《国家中长期教育改革和发展规划纲要》（以下简称《纲要》）指出："要积极探索省域教育协作改革试点，建立跨区域教育协作机制，在人才培养体制、办学体制、管理体制和对外开放等方面，提出了明确

---

* 刘继青，北京教育科学研究院教育发展研究中心副研究员、教育学博士，主要研究领域为教育发展战略、教育政策；梁明伟，河北大学教育学院副教授、教育学博士，主要研究领域为教育政策与法律。

的改革构想，为区域高等教育的协同改革和发展提供了政策依据。"① 《纲要》明确提出"要探索省际教育协作改革试点，建立跨地区教育协作机制，这一决策有利于调整高等教育结构布局、实现高等教育的跨区域发展。"② 教育部在2015年的工作会议上将"研究制订推动京津冀教育协同发展的实施意见"列为工作重点之一，此次会议将京津冀教育协同发展作为一个明确的命题，为京津冀三地高等教育的协同发展带来了新的机遇。③

从历史制度主义理论的视角来看，京津冀三地高等教育协同发展在深层次上必然是一个涉及制度变迁的过程。在近代以来中国高等教育的发展过程中，京津冀高等教育分别形成了自己的发展模式和发展特色。因此，自上而下地推动三地高等教育协同发展，会受到制度、政策等方面因素的影响，其中，历史逻辑、制度制约以及现实问题纵横交织在一起。故而，在新的政策背景下，应从理论和实践层面对京津冀三地高等教育发展模式进行论证和解读，充分认识三地不同的自身优势和挑战。在历史与比较的基础上，分析当前制约京津冀高等教育发展的制度等现实因素，准确识别区域教育一体化协同发展的制度要求，从而为健全高等教育资源共享机制、提升京津冀高等教育协同发展水平提供理论基础和政策依据。

一 概念辨析及分析框架

（一）概念界定

1. 高等教育区域发展模式

对于模式的理解存在众多观点。费孝通认为："模式概念是从发展方式

---

① 顾明远：《学习和解读〈国家中长期教育改革和发展规划纲要（2010~2020）〉》，《高等教育研究》2010年第7期。
② 《国家中长期教育改革和发展规划纲要（2010~2020年）》，http://www.china.com.cn/policy/txt/2010-03/01/content_19492625_3.htm，2010年3月1日。
③ 《教育部2015年工作要点》，http://www.moe.gov.cn/publicfiles/business/htmlfiles/moe/moe_164/201502/183971.html，2015年2月12日。

上说的，因为各地所具备的地理、历史、社会、文化等条件不同，所以在向现代经济发展过程中采取了不同的路子，不同的发展路子就被称为不同的发展模式。"① 这个定义十分直观，回到"模式"的本初意义上进一步理解，作为"发展模式"的"不同的发展路子"，实际上是经过了对发展现实的理论抽象而总结出来的，"是再现现实的一种理论性的简化的形式"。② 抽象和概括"模式"的意义在于"模式为现实提供定义，为比较提供知识，为未来提供指南。"③ 所谓高等教育发展的"中国模式"是指在中国不同历史时期，具有中国特色的高等教育发展路子。④

理论上讲，发展方式与发展模式既有区别又有联系，发展方式是影响和决定发展的各种要素的组合和作用方式。涉及发展什么、为谁发展、主要怎样发展的问题。⑤ 这些方面构成了发展模式的内涵，而发展模式概念重在对发展道路的理论解释，即因果抽象。

关于教育现代化模式，谈松华认为，教育现代化模式可以理解为一个国家或地区现代化过程中对教育整体运动方式的理论概括，实现教育现代化目标所采取的方式与方法、途径与道路、手段与措施的总称。⑥ 这一概括同样适用于高等教育现代化发展模式的概念。

张洪从目标实现的角度对高等教育发展模式做了概念界定，他认为，所谓高等教育发展模式，就是为了实现高等教育发展目标所采用的策略与道路、方式与方法、思想与精神、措施与手段的总括。我国现行的高等教育模式是以国家行政控制为主导的模式，它是融投资者、办学者、管理者为一体

---

① 费孝通：《农村、小城镇、区域发展——我的社区研究历程的再回顾》，《北京大学学报》（哲学社会科学版）1995年第3期。
② 〔美〕沃纳丁·赛弗林等：《传播学的起源、研究与应用》，陈韵昭译，福建人民出版社，1985，第14页。
③ 潘维等：《人民共和国六十年与中国模式》，生活·读书·新知三联书店，2010，第4~5页。
④ 刘尧：《如何看待高等教育发展的"中国模式"问题》，《江苏高教》2012年第1期。
⑤ 简新华、李延东：《中国经济发展方式根本转变的目标模式、困难和途径》，《学术月刊》2010年第8期。
⑥ 谈松华等：《教育现代化区域发展模式研究》，北京师范大学出版社，2011，第29页。

的"集中计划模式",国家行政权力在其中起决定性作用。①

综上所述,高等教育现代化发展模式是中国在实现高等教育现代化转型目标的历史进程中,所采取的方式与方法、途径与道路、手段与措施的总称,以及对于这一具体特色发展道路的理论性概括。

也有学者从区域与教育的关系视角来定义发展模式,"高等教育发展模式是指为推动区域经济发展和高等教育自身发展,在对高等教育发展机制、途径和方式等进行理性分析的基础上形成的范式。"②

对于高等教育区域发展模式概念,有学者指出,高等教育区域发展模式是指:"高等学校充分发挥高等教育的职能,在与区域经济社会合作过程中,所形成的能促进相互发展的、较为稳定的、具有一定代表性和可推广借鉴的样式与形式。这种模式具有一定的稳定性、代表性,并可为人们参照和学习。"③

在实践中,当高等教育区域发展形成一定模式,就能够相互学习和借鉴,并在一定范围内推广。京津冀高等教育发展具有自身的特点和优势,能够优势互补、取长补短和互利互赢。因此,京津冀高等教育协同发展模式是为了促进三地一体化的协同发展,在发展理念、发展机制以及途径和方式等方面形成比较稳定的并具有代表性的范式。

2. 制度与政策、历史制度主义及其理论

历史制度主义起源于20世纪80年代的新制度主义政治学,新制度主义是基于对传统西方政治学从行为主义视角分析的批判,站在中立角度,试图解释现实而不改变现实的一种后行为主义的研究范式。历史制度主义、理性选择制度主义和社会学制度是新制度主义主要的三大流派,历史制度主义是新制度主义中最早提出方法论意义的,意在找出以前理论所忽视的各国政治

---

① 张洪:《探索具有中国特色的高等教育大众化发展模式》,《西南民族大学学报》(人文社科版)2004年第25期,第398页。
② 苏雷:《陕西高等教育发展模式创新研究》,西北大学硕士学位论文,2014,第5页。
③ 张倩:《山东省高等教育与区域经济发展互动模式研究》,河北工业大学硕士学位论文,2008,第9页。

学中的差异,并提出自己独特的见解。在20世纪80年代,历史制度研究主要关注历史和制度的结合,到了90年代,在对已有研究成果不断总结整理的基础上,将研究视角和研究框架推向了一个新的台阶,历史背景和制度结构的结合,促进了历史制度主义研究理论的构建,确定了历史制度主义的研究纲领、研究立场、研究方法和研究技术。

历史制度主义以新制度主义的基本思路,将制度和历史相结合,对制度的生产和变迁进行比较研究,从各国历史发展和比较的过程中探求各国政治制度差异的根源,从而影响公共政策和政治行为。制度是历史制度主义的核心内容,历史制度主义认为制度影响着政治活动者决策的制定,制度也影响行动目标的确定和形成。但是历史制度主义对制度的定义比较泛泛。总之,历史制度主义把制度与正式组织及其所制定的规则或惯例相联系起来。[①] 从历史制度主义对制度的界定可以看出,该理论主要关注国家政治制度以及社会制度,涉及范围广,影响范围大的整体性制度。

(二)研究框架:历史制度主义的分析范式及其必要性

历史制度主义在进行制度分析时主要运用比较历史分析方法,比较历史分析方法是综合历史分析法和比较分析法而形成的一种分析方法。这种分析方法关注历史和注重比较分析,在对史料进行分析整理的基础上,对比其中的差异,同时进行逻辑分析;将重大历史事件放到特定的历史背景下,在对多个事件分析对比的基础上找出其共同之处和差异之处,指导现有的和未来的理论。路径依赖是历史制度主义分析框架中非常重要的一个概念,路径依赖是指当前的制度会对原始制度产生依赖,不断地自我强化,沿着固定的道路一直走下去。历史制度主义将路径依赖与制度研究联系在一起,是政治学研究的一个新视角。

本报告采用历史制度主义分析框架中社会变迁背景这个基点来分析高等

---

① Peter Hall, Rosemary C. R. Taylor, "Political Science and The Three New Institutionalism", *Political Studies* (4) 1996, p.938.

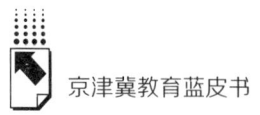

教育区域发展的进程,从而探讨高等教育区域发展与社会历史之间的关系。本报告主要运用历史制度主义分析京津冀高等教育协同发展的历史与制度问题,并从中分析其制约性因素,在此基础上提出有利于京津冀高等教育协同发展的政策建议。

二 区域高等教育协同发展的理论探索及实践进展

(一)区域高等教育协同发展的理论探索

目前,国内有关京津冀区域高等教育的研究主要关注三个方面的问题,一是河北省如何利用北京市和天津市的优质高等教育资源提升自身高等教育质量的问题;二是从经济发展的角度出发,大力发展区域高等职业教育的问题;三是对京津冀高等教育走向合作的可能性的论证。关于河北省如何利用北京市和天津市的优质高等教育资源提升自身高等教育质量的问题,刘冬认为河北省要实行自主培养和柔性引进相结合的人才策略,要利用环北京优势加强高等院校的科技创新能力。① 李小亭、高新文在客观分析河北省环京、津区位优势的基础上,阐述了河北省利用这种优势发展自身高等教育的可能性。② 关于从经济发展的角度大力发展区域高等职业教育的问题,已有研究大都强调了职业教育在服务经济发展中的重要地位,认为经济一体化发展应当以职业教育一体化先行。关于对京津冀高等教育走向合作的可能性的论证,已有研究大多肯定这种可能性,并对发展前景充满希望。李汉邦指出京津冀高等教育要走合作的道路,并从合作的理论基础、机制与内容方面加以论证。他认为推进合作的重要途径是加强研究,并指出专业化、规范化、具体化与多元化是开展合作的原则。③ 高兵对京津冀区域高等教育的布局现状

---

① 刘冬:《"大北京区域"下河北省高等教育发展对策研究》,河北大学硕士学位论文,2008。
② 李小亭、高新文:《利用环京、津区位优势大力发展河北高等教育》,《河北省社会主义学院学报》2014年第1期,第66~68页。
③ 李汉邦:《论京津冀高等教育区域合作》,《北京教育》(高教)2012年第6期。

进行了详细分析,并提出了理想的布局结构。① 庄士英在对京津冀区域高等教育现状分析的基础上,指出该区域高等教育一体化进程缓慢主要是因为思想认识滞后、行政壁垒障碍与京津冀高教资源差距较大。②

夏鲁惠在《高等教育区域化发展的政府主导模式研究》中对政府主导模式的类型和政府主导模式的运行机制进行了分析,提出了政府要在高等教育区域化发展中发挥主导作用。③ 吴岩等在《建构中国高等教育区域发展新理论》中从理论层次做出分析,针对主体功能区提出的优化发展区、重点开发区、限制开发区和禁止开发区的不同功能定位及发展要求,提出区域高等教育存在先导发展、伴生发展、跟随发展三种关系,并在此基础上进一步提出高等教育区域发展应分别采取政府主导、科教驱动模式,市场主导、经济驱动模式,政府扶持、生态驱动模式和混合动力、多元驱动模式。④

关于京津冀区域高等教育发展模式的问题,已有研究的重点内容对本研究有很强的借鉴意义,但是已有研究也有一些不足之处与局限性。一是谈到京津冀高等教育合作时只看到河北省从中获利的可能性,未能看到北京市与天津市从中获利的机会;二是对京津冀高等教育合作还停留在论证可能性的阶段,没有足够的前瞻意识去认识到京津冀高等教育要走向协同发展的必要性,关于如何协同的研究则是更少;三是认识到了职业教育是合作的突破口,没能意识到京津冀整体高等教育生态系统构建这种顶层设计的基础性与重要性。

国外对于区域高等教育的协同化发展研究已有了一些成功的经验,综观欧美等发达国家和地区高等教育的发展状况,可以发现其早就意识到高等教育区域合作与共同发展的重要性。⑤ 国外处于世界经济增长中心的国家和地

---

① 高兵:《京津冀高等教育空间布局与区域发展:关系、特点与构想》,《河北经贸大学学报》(综合版) 2013 年第 1 期。
② 庄士英:《京津冀区域高等教育现状》,《党史博采》(理论) 2009 年第 11 期。
③ 夏鲁惠:《高等教育区域化发展的政府主导模式研究》,《西南大学学报》(社会科学版) 2008 年第 2 期。
④ 吴岩:《建构中国高等教育区域发展新理论》,《中国高教研究》2010 年第 2 期。
⑤ John R. TheLin, *A History of American Higher Education*, The Johns Hopkins University Press, 2004.

区，大多伴随着以中心城市为首的城市群和科技园区的形成，从而产生与之相匹配的、处于领先地位的、发达的、层次结构复杂多样的高等教育。① 美国有 10 个大城市群，分别为夏兰大（Char-lanta）城市群、芝匹兹（Chi-Pitts）城市群、波士华（BosWash）城市群、多布切斯特（Tor-Buff-Chester）城市群、南加州（SoCal）城市群、南佛罗里达（So-Flo）城市群、北加州（Nor-Cal）城市群、达奥斯汀（Dal-Austin）城市群、卡斯卡迪亚（Cascadia）城市群、休奥尔良（Hon-Orleans）城市群。② 2006 年，美国亚特兰大区域委员会的报告"Higher Education in America's Metropolitan Areas"对美国各都市圈高等教育的入学人数、学位授予情况以及大学的财政拨款进行了数据上的详细对比，总结出全美有 50% 的全日制学生、54% 的高等教育机构、64% 的高等教育科研机构分布在美国都市圈内，可见美国主要的高等教育资源是集中分布在各大都市圈的。③ 在城市群里，不管是信息共享方面，还是资源共享方面，政府都在政策方面予以支持，以此来保证城市之间能有很好的合作与交流，在合作中、互动中争取最大的利益。④ 马萨诸塞州联邦高等教育董事会对波士顿都市圈的高等教育发展现状做了专门研究，并在一份名为"Higher Education in the Boston Metropolitan Area：A Report of the Board of Higher Education of the common weal the of Massachusetts"的报告中特别介绍了大波士顿 8 所实力强劲的研究型高校之间学生交流、科研合作、信息共享等情况，由此提出应该加强校际联合协作、合作办学这一思路，旨在提高高等教育竞争力，吸引更多的优质生源。⑤ 在国外，区域高等教育联合协作或合作发展的实践案例中，美国加州及欧洲各国的做法较成功、影响较深远，《加州高等教育总体规划》的出台及欧洲"博洛尼亚进

---

① 《国际大都市的高等教育》，http：/www. 21cnhr. Gov. cn/rcyj /b1. htm。
② 秦尊文：《美国城市群考察及对中国的启示》，http：//www. china city. csfz/fzzl/63922. html。
③ 郑阳：《长三角都市圈高等教育资源整合研究》，华东师范大学硕士学位论文，2009。
④ 晓明：《美国城市群内的竞争与合作》，http：//business. sohu. com/20070705/n250918316. shtml。
⑤ Steven Brint, "Data on Higher Education in the United States-Are the Existing Resources Adequate?", *American Behavioral Scientist* (45) 2002, pp. 1493 – 1522.

程"的实施更是分别对加州高等教育及整个欧洲的高等教育发展产生了巨大影响。①

(二)区域高等教育协同发展的实践探索

1. 高等教育协同发展的国外探索与案例

(1) 国家层面的区域教育合作探索

①欧洲的"博洛尼亚进程"(Bologna Process)。"博洛尼亚进程"是29个欧洲国家于1999年在意大利博洛尼亚提出的欧洲高等教育改革计划,该计划的目标是整合欧盟的高教资源,打通教育体制。1998年,法国、德国、意大利和英国共同签署了《索邦宣言》,重点推动欧洲高等教育学位和学制总体框架的建立,这是"博洛尼亚进程"的雏形。1999年,欧洲29个国家负责高等教育事务的部长签署了《博洛尼亚宣言》。在实施《博洛尼亚宣言》所确定的各项内容过程中,成员国每两年举行一次评估大会,并发布评估报告,每一届大会都会对博洛尼亚进程做出新的补充。"博洛尼亚进程"是欧洲一体化进程开始以来欧洲最重要、涉及范围最广的一场高等教育改革,为区域政府如何动员高等学校积极参与区域发展提供了良好的参考模式。

②美国东北部的"常青藤联盟"(The Ivy League)。常春藤联盟由美国东北部的8所学校——布朗大学、哥伦比亚大学、康奈尔大学、达特茅斯学院、哈佛大学、宾夕法尼亚大学、普林斯顿大学及耶鲁大学——组合而成。常春藤联盟是一个开放式的联盟,联盟之间有广泛的学术、活动等方面的交流与合作,盟校之间也有着很多相似之处,如学生素质、教育价值观、办学传统与特色等。常春藤盟校在招生方面有"君子协议",规定不能为争夺优质生源相互拆台;盟校之间的转学还是按照一般标准,不会享受特别优待,学分的转换要看每个学校的具体规定,保证办学的质量。校长定期举行会

---

① George D. Strayer, Monroe E. Deutsch, Aubrey A. Douglass, *A Report of a Survey of the Needs of California in Higher Education*, Berkeley: California University, 1948.

晤,各大学轮流举办,就大学的发展方向、高等教育指导思想、校长与校董会的关系、科研成果转化等重大问题进行研讨;学院院长之间每年举办两次座谈会,就招生、转学、课程设置等管理和教学层面的具体问题进行磋商;还有其他院级单位定期或不定期地进行交流和协作。

③美国西部州际高等教育合作。美国2008财政年度开始出现经济动荡,为此,西部州际高等教育委员会设计并开发了多种区域合作与交流计划,帮助西部各州迎接共同的挑战。西部州际高等教育委员会投入大量资源,以促使其15个成员州充分认识到高等教育对区域经济发展的重要性,并提出方案来制定积极的公共政策,通过教育投资促进经济发展。西部州际高等教育委员会于20世纪50年代初期设立的创造入学机会的方案称为"学生交换计划",现包括"西部本科生交换计划"、"西部区域研究生计划"和"专业学位学生交换计划"。这3个计划项目使学生可以用较低的成本就学于该区域内的州外大学,帮助西部高等院校弥补生源的不足,避免区域内学习项目的重复设置,更好地对有限的资源进行整合与管理。①

④英国英格兰东北部区域教育合作。英格兰东北部区域有达勒姆大学、纽卡斯尔大学、诺森比亚大学、桑德兰大学、迪塞德大学以及著名的开放大学的总部。这些大学制定新的大学发展战略,明确服务区域发展的办学定位;设置专门机构,配备专门人员,为大学的区域参与提供组织保障;成立东北部区域大学联合体,为大学以合作方式服务区域发展提供机制保障;增招本地生源,为区域储备高素质的劳动力;创建研究中心、咨询公司、科技园和参与重大项目建设等方式;举办文化活动,发展文化产业,促进区域文化与经济的繁荣;科学建设校园,促进城市形象和品位的提升;开展学生志愿者活动,推动地方社区文化重建;与健康部门合作,为国民健康体系提供服务;走进乡村,服务乡村社会重建。② 这些大学展示了积极融入区域发展

---

① 郭强:《美国高等教育区域合作与交流模式及其启示——解读〈美国西部州际高等教育委员会2009年度报告〉》,《中国高教研究》2010年第1期,第35~36页。
② 连莲、许明:《大学与区域经济社会互动发展——以英国英格兰东北部为例》,《东南学术》2009年第2期,第153~155页。

的热情与能力，并已经在许多方面取得了明显进展和显著成绩。

⑤澳大利亚八校联盟（Group of Eight）。澳大利亚八校联盟（简称Go8），又称澳大利亚八大名校、澳大利亚八校集团，包括悉尼大学、澳洲国立大学、西澳大学、新南威尔士大学、墨尔本大学、莫纳什大学、阿德雷德（又称阿德莱德）大学、昆士兰大学。这8个联盟成员是澳大利亚享誉国际的顶尖研究型综合性大学。[①] 八校联盟教育合作的优势在于各校教育优势资源共享与整合，特别体现了研究型综合大学的特色。

总之，以上区域教育合作的实施与进展实现了区域教育的科学合作与合理布局，应该成为政府优先考虑的问题。这些区域教育合作注重资源共享和优势互补；重视顶层设计与机制保障，从而形成了不同的发展模式。这些区域教育合作具有自身的历史发展逻辑，并且受到现实制度的制约。随着社会制度的发展变化，适应社会经济发展的区域教育合作一直在探索中。

（2）美国案例分析：区域高等教育发展规划的经典案例——美国加州高等教育总体规划（1960~1975）

在区域高等教育发展规划中，美国加州高等教育总体规划是比较经典的一个案例。美国加州高等教育总体规划在区域高等教育发展规划的实施方面具有很好的借鉴意义。该规划对加州高等教育整体体系、对影响加州高等教育发展的一些重大问题提出了卓有成效的规划设想，并进行了严密与准确的可行性论证。该规划"每一部分均以前期翔实的调查数据与可靠的研究成果为基础，依据科学方法对各种技术问题进行科学的预测与客观的对比，并在此基础上就如何平衡现实供给与未来需求的问题提出具有政策建言性质的技术方案。这些评估与对策构想都极其详尽，数据翔实可靠，推断论证有力，能用数字量化的均以数字说明，在技术细节上将'精准性与严密性'

---

① 《澳大利亚八校联盟》，http：//baike.baidu.com/link？url＝SBIKj_oLR3Rf2Boyso2ilZwoSP5qsbuu7 - 2lPOGYuqXuN29oW9v63mqvD8ic3XLVYtLKjwHTcvd - 7fDk_RDn2t1VSfWNzay0v1s2VF9BpYFX_MFpJi4IoPOoauKG9MGKqp_yDKS - TMejikoNgzggNlYnKu5AvCFuXAQBgIqcS8M_4OkP2SDYsJkgNoFBCt - _。

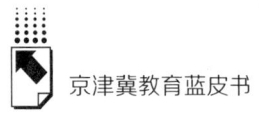

发挥到了几近极致的地步"。①

加州高等教育总体规划对一些影响高等教育发展的重大问题提出了规划设想,该规划具有以下内容和特色。

其一,重视高等教育机构的业务功能划分和发展定位。根据加州高等教育发展的整体需要,把加州不同的高等教育机构区分为不同层次的业务功能和办学定位。对加州大学(University of California)、加州州立大学(California State University)②和加州社区学院(California Community College)③三个高等教育系统进行了比较明确的业务功能划分和发展定位。加州大学的发展定位为加州高层次的学术研究机构,加州州立大学主要是普通高等教育机构,加州社区学院则主要负责为大学前两年的课程教育和为各种年龄的人提供职业教育、补偿教育等各种教育或培训服务。④

其二,注重不同层次高等教育之间的衔接,重视高等教育机构之间的交流与资源共享。为了确保优秀学生能获得向上流动及深造的机会,加州高等教育三个系统之间实施了有效衔接与开放机制,不仅本科生在深造时可选择加州州立大学(硕士层次)和加州大学(硕士、博士层次),而且加州州立大学和加州大学的本科高年级可接受从社区学院转入的优秀毕业生。⑤

其三,加强高等教育机构之间的合作,建立了高等教育机构之间的协调机制。为了加强不同层次的高等教育机构之间的协调与合作,加州大学、加州州立大学与加州社区学院三个高等教育系统之间专门增设了"加州高等教育协调委员会",用以协调不同的高等教育机构,促进高等教育整体协同

---

① 刘小强:《美国加州 1960 年高等教育总体规划:一个成功范例》,《清华大学教育研究》2006 年第 2 期,第 98~99 页。
② 加州州立大学在 20 世纪 60 年代时被称为加州州立学院(California State College),后于1982 年改称州立大学。
③ 加州社区学院在 20 世纪 60 年代时被称为加州初级学院(California, Junior College),后改为现名。
④ California State Department of Education, *A Master Plan for Higher Education in California*, 1960 - 1975, 1960.
⑤ California State Department of Education, *A Master Plan for Higher Education in California*, 1960 - 1975, 1960.

发展。①

1960年，加州高等教育总体规划很好地处理了加州不同层次和不同类型的高等教育机构之间的协同发展问题，该规划重视可行性设计，并特别注重高等教育机构之间的协调与合作，这些做法无疑促进了当时加州高等教育的发展，并且为京津冀高等教育协同发展提供了必要的启示和借鉴。

2. 国内长三角区域高等教育合作的历史与模式形成

长三角区域高等教育协作的进展相对较快，长三角区域经济社会一体化的程度比较高，这是社会基础。长三角高等教育区域一体化经历了区域教育市场孕育、区域教育合作展开和区域教育聚合体创设三个阶段，其演进采用的是以政府为主导的多中心治理模式。从新制度主义的理论视角来看，长三角区域高等教育的合作体现了自下而上与自上而下相结合的制度变迁路径。

（1）自上而下的政策推动。在战略规划和政策设计上，导向清晰明确。2008年9月7日，国务院颁发《关于进一步推进长江三角洲地区改革开放和经济社会发展的指导意见》，对区域高等教育发展做出战略部署，这意味着长三角区域教育合作进入国家战略层面。2010年，国务院批复《长江三角洲地区区域规划》，明确了"加强教育合作，建立区域间优质教育资源共享机制"。2014年6月，教育部颁布《教育部关于进一步推进长江三角洲地区教育改革与合作发展的指导意见》，对长三角区域教育协作发展做出全面的战略部署，并提出了较为具体的战略目标："努力构建具有区域特点、中国特色、世界水平的区域教育体系，努力赶超发达国家教育发展水平，打造亚太地区教育高地，为长三角地区经济社会发展和产业转型升级提供人才支撑和智力支持。"②

（2）自下而上的实践探索。长三角区域教育合作路径有着自身特点，具体表现为先于国家层面政策即开始了合作的探索，呈现出自下而上的发展

---

① California State Department of Education, *A Master Plan for Higher Education in California*, 1960–1975, 1960.
② 教育部：《教育部关于进一步推进长江三角洲地区教育改革与合作发展的指导意见》，http://www.moe.edu.cn/publicfiles/business/htmlfiles/moe/moe_630/201406/170722.html.

路径。2003年,长三角地区两省一市陆续签署了《长江三角洲人才开发一体化共同宣言》《长江三角洲人才开发一体化共同宣言》《长三角地区毕业生就业工作合作组织合作协议书》等政策文件,标志着长三角地区区域层面教育合作与教育资源共享的正式启动。2008年,江浙沪两省一市教育行政部门又签署了《上海市、江苏省、浙江省关于长三角社区教育合作协议》等政策文件,标志着长三角地区教育合作进一步深化。长三角区域教育合作主要以项目为载体,通过项目的合作,在现有制度框架内展开合作。主要有五种合作类型,包括资源共享类、教育培训类、课题研究类、协作合作类和论坛竞赛类等。[①] 长三角地区的教育合作充分利用现有的制度和政策优势,从省域之间、学校之间、科研机构之间建立了广泛合作的平台。

从长三角地区高等教育区域一体化进程中可以看出,长三角地区高等教育区域一体化有其自身的历史逻辑,而现实的制度因素也是影响长三角地区高等教育区域一体化进程的重要因素。

三 京津冀高等教育协同发展:历史逻辑及现实制度约束

(一)京津冀三地高等教育发展的历史逻辑

美国学者伯顿·克拉克在其力作《高等教育系统:学术组织的跨国研究》中提出影响高等教育发展的"三角协调模式"。政府、市场及学术权威是影响高等教育发展的三个重要因素,高等教育就是在政府、市场和大学(学术权威)三者的共同作用下得以生存和发展的。

伯顿·克拉克的"三角协调模式"为我们理解北京、天津及河北的高等教育历史演进逻辑提供了一个很好的理论观察视角。从历史演进逻辑来

---

① 夏建勇、茹惠祥、方展画、高宁、李明华、祝鸿平:《以改革为动力构建长三角教育一体化发展平台》,《教育发展研究》2009年第Z1期,第14~16页。

看，京津冀三地高等教育的发展呈现出不同的制度变迁路径，从而形成了不同的发展模式。

1. 北京：政府权力主导与学术权威共治模式

大学、政府、市场三者的影响共同存在于北京高等教育系统的发展过程中，三者之间是相互影响与相互制约的，并且在不同的发展阶段呈现出不同的特色。

（1）政府权力主导的单一模式时期：1912~1985年

1898年，中国第一所近代新式综合性国立大学——京师大学堂建立，1912年更名为北京大学。"中国近代高等教育虽始自1902年的壬寅学制，但至1912年的壬子学制及1913年的癸丑学制，始进入真正近代高等教育的实施范围。"[①]

20世纪50年代初期，按照苏联模式对高等教育进行社会主义改造。北京高等教育在这一时期的发展也被深深地打上了苏联模式的烙印，权力高度集中、中央和地方政府部门条块分割等是当时高等教育的明显特点。因此，这一时期表现为政府权力单一模式。

（2）政府权力主导单一模式向政府权力主导与市场力量共治模式的转型：1985~1999年

1985年5月27日颁布的《中共中央关于教育体制改革的决定》提出"改革管理体制，在加强宏观管理的同时，坚决实行简政放权，扩大学校的办学自主权"[②]，自1992年以来，国家以"共建、联合、合并、调整"的方针对公办高等院校进行了调整。高等教育管理体制由计划经济体制下的苏联模式，向与市场经济体制相适应的模式转型。

（3）政府权力主导与学术权威共治模式：1999年至今

1999年教育部公布的《面向21世纪教育振兴行动计划》中提出："到

---

① 刘敬坤、徐宏：《中国近代高等教育发展历程回顾（上）》，《东南大学学报》（哲学社会科学版）2004年第1期。

② 《中共中央关于教育体制改革的决定》，http：//www.moe.cn/publicfiles/business/htmlfiles/moe/moe_177/200407/2482.html，1985年5月27日。

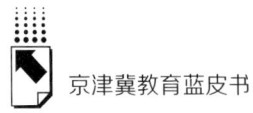

2010年,在全面实现'两基'目标的基础上,城市和经济发达地区有步骤地普及高中阶段教育,全国人口受教育年限达到发展中国家的先进水平;高等教育规模有较大扩展,入学率接近15%,若干所高校和一批重点学科进入或接近世界一流水平。"① 北京高等教育根据教育部的《面向21世纪教育振兴行动计划》,积极贯彻实施并率先实现首都教育现代化,提高高等教育办学质量和办学水平,扩大高等学校办学自主权。自此,北京高等教育进入政府宏观管理、高等学校自主办学的新时期。

2. 天津:政府权力主导与市场力量共治模式

(1) 政府权力主导单一模式:1895～1985年

中国近代高等教育史上第一所正式的新式高等学堂,是1895年(光绪二十一年)天津海关道盛宣怀奏请设立的天津西学学堂的头等学堂,这个头等学堂,相当于日后的大学。继天津西学学堂设立的,是1897年(光绪二十三年)盛宣怀奏请在上海设立的南洋公学。南洋公学分上、中、外及师范四院。师范院近似于现在的师范学校,外院相当于师范学校的附属小学,中院相当于中等学校,上院相当于大学。这是中国最早具有高等、中等、初等教育三级制的学校雏形。②

天津市高等教育发展历史悠久,但在漫长的发展进程中处于政府权力主导的单一模式中,市场与学术权威的力量没有占据主导地位。

(2) 政府权力主导与市场力量共治模式:1985年至今

1985年5月,中央颁布实施了《中共中央关于教育体制改革的决定》,赋予高等学校一定的办学自主权,由此天津市高等教育进一步扩大了高校办学自主权。天津市高等教育办学模式由政府权力主导转变为政府权力主导与社会各方力量共同参与办学的多元方式,并形成了以职业教育为特色的多样化办学模式。根据1999年教育部公布的《面向21世纪教育振兴行动计

---

① 《面向21世纪教育振兴行动计划》,http://www.moe.edu.cn/publicfiles/business/htmlfiles/moe/s6986/200407/2487.html,1998年12月24日。
② 刘敬坤、徐宏:《中国近代高等教育发展历程回顾(上)》,《东南大学学报》(哲学社会科学版) 2004年第1期。

划》，天津市积极贯彻落实并大力发展职业教育。天津市《教育综合改革方案（2016～2020年）》指出："建立京津冀高校协同创新机制。鼓励三地高水平大学、应用技术型大学建立创新发展联盟，支持相关高校间的学分互认、跨校选课，探索合作培养、交叉培养学生的有效路径。建立三地职业教育学习成果互通互认制度。探索三地中职、高职、应用型本科及专业学位研究生培养衔接机制，重点推进三地中职、高职衔接。建立三地职业院校招生计划联合会商制度，消除跨区域高职招生计划壁垒。"①

3. 河北：政府权力主导单一模式

河北省为"京畿之地"，清代为直隶省所辖，当时直隶省的行政区域包括天津和北京的一些地区。经过近代的改革，我国的新式高等教育得以建立和发展，并且当时的直隶省在新式高等教育发展方面具有一定的成绩和特色。新中国成立之后，河北省省会曾在保定、天津和石家庄等城市间几度变迁。天津曾是河北省省会，后来被划为全国直辖市。由于行政区划调整，原来设在天津的一些高等学校（如河北大学等）先后迁往河北省；原来设在北京市区域的一些河北省属高校也陆续迁出。行政划分调整导致的河北省高校搬迁使河北省高等教育发展受到比较深远的影响，也形成了现在河北省高等教育相对弱势的地位。同时，京津冀三地在历史上高等教育的发展渊源也有利于将来的合作与交流。

在长期发展过程中，河北省高等教育市场与学术力量发展不充分，因而处于比较单一的政府权力主导模式。这种模式与河北省当前的发展困境直接相关，河北省在京津冀高等教育协同发展中处于不利地位。因此，河北省高等教育应该充分发挥自身优势与特长，加强与京津两地高等教育的合作，提高高等教育水平与质量。

（二）京津冀高等教育协同发展的现实制度约束

在京津冀高等教育协同发展进程中，制度是制约其发展的关键因素之

---

① 天津市《教育综合改革方案（2016～2020年）》，http://www.tjzfxxgk.gov.cn/tjep/ConInfoParticular.jsp?id=67322。

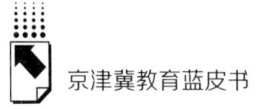

一。高等教育区域发展必然受到政府政策与制度的影响与制约。进一步讲，制度可以分为正式制度和非正式制度。从历史制度主义视角进行分析，京津冀高等教育发展必然受到高等教育发展的观念、利益和权力的制约与影响。

将历史制度主义的理论与制度的分类形式相结合，我们可以从高等教育发展观念、高等教育管理体制和高等教育发展逻辑等方面来分析京津冀高等教育发展的现实制度性约束。

1. 京津冀高等教育协同发展中的观念制约

观念属于非正式制度的范畴，但是树立正确的发展观念有助于京津冀高等教育的顺利和可持续发展。从京津冀三地高等教育发展观念来看，京津冀三地往往从各自地域利益出发，更多地考虑自身的发展，大局意义和可持续发挥的理念尚未建立起来，缺乏必要的合作、互利、共赢的观念。从京津冀高等教育协同发展的角度出发，应该转变各自的发展观念，打破原有的身份与地域限制，以互利、合作和共赢为基本原则构建良好的协同发展平台。

在京津冀高等教育发展的过程中，北京、天津两地的高等教育已具备比较突出的区域发展优势，而河北高等教育区域优势不明显、发展后劲不足，这种京津冀高等教育布局缺乏明确的发展目标和发展定位。北京、天津发达地区虽然实力雄厚，但是教育与社会经济发展仍然呈现供需矛盾。三地教育的互补性有利于推进地区教育改革与合作。在长期的历史发展中，京津冀三地高等教育形成了不同的发展模式和发展特色，北京高等教育呈现政府权力主导与学术权威共治的模式，天津以其独特的职业教育发展特色呈现为政府权力主导与市场力量共治的模式，而河北省高等教育院校和市场的发育不充分，呈现的是政府权力主导的单一模式。从京津冀三地高等教育发展的历史来看，三者各有所长，但是又都面临着发展的困境，因此，京津冀高等教育协同发展亟须明确发展目标与发展定位。

2. 高等教育管理体制中中央与地方权力分配的影响与制约

目前我国的高等教育管理体制表现为比较明显的国家集权特色，在中央与地方权力方面，往往是中央的权力大于地方权力。京津冀高等教育协同发展涉及北京、天津和河北三个地方。北京是全国的政治和文化中心，因此其高等教育发展具有无可比拟的优势。从中央与地方关系的角度来看,北京是中心,而天津和河北则是地方。京津冀高等教育的协同发展应该是平等的共赢发展,而不是有重点突出中心的发展模式。从协同发展的角度出发,京津冀高等教育应该处理好三地发展的权利分配问题,处理好中央和地方权力问题,同时也要处理好部属高校和地方院校等方面的关系。北京高等教育的协同发展涉及部属高校与市属高校以及地方高校之间的关系,以部属高校带动市属高校和地方高校,使高校之间的合作更上一层楼。天津高校的协同发展涉及高等教育资源的整合与高校之间的合作与交流,特别是与北京和河北高校的合作问题,天津高等教育的协同发展也涉及不同类型高校之间的合作,重点涉及普通高校与职业高校以及民办院校的合作与交流。河北省高等教育应该进行顶层设计,处理好与北京、天津高校之间的关系,并要提高本省高等教育的综合实力,处理好地方高校与部属高校的合作与交流问题。

3. 京津冀高等教育发展的自身逻辑问题制约

京津冀高等教育在发展过程中形成了不同的历史逻辑及自身特色,这些方面会制约高等教育的进一步发展。从政府、大学和市场三个方面出发,京津冀三地分别具有自身的发展逻辑及特色。北京高等教育体现为政府权力为主导与学术权威共治模式,天津高等教育体现为政府权力主导与市场力量共治模式,而河北高等教育则体现为单一的政府权力主导模式。从京津冀高等教育发展的历史逻辑来看,政府权力主导是共同的特色。因此,在将来的高等教育协同发展中,一方面中央政府要简政放权,赋予地方政府充分的教育权力和发展空间,让省级地方政府在高等教育区域发展方面大展身手;另一方面注重发挥各级政府的主导作用和积极影响,建立京津冀高等教育发展的政府间协调机构。京津冀三地应该充分发挥自身的优势和特长,取长补短,克服历史逻辑的不利影响,实现高等教育的可持续发展。

四 京津冀高等教育协同发展的政策建议

从京津冀高等教育发展的自身逻辑出发,结合国内外高等教育区域发展

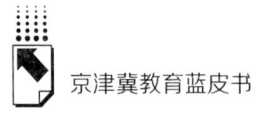

的基本理论及实践模式,京津冀高等教育协同发展应该突破现有的制度性约束,构建适合京津冀三地高等教育区域特点的协同发展模式。从历史制度理论出发,京津冀高等教育协同发展应该注重顶层制度设计,重视合作和发展机制与平台的构建;应该重视发挥政府的主导作用,建立多元参与机制,调动区域发展的主动性与积极性;并从大局出发,健全资源共享机制。

(一)强化顶层制度设计,建立政府间长效合作机制

京津冀高等教育发展应拓宽视野,三地政府应站在区域协同发展的高度强化顶层设计,应该"从提升京津冀高等教育国际竞争力的战略高度着眼,加强对三地高等教育发展战略规划的顶层设计,增强持续发展能力,提升高等教育国际竞争力,把京津冀区域打造成我国高等教育改革与发展最具活力的地区。"① 在进行顶层设计时,应该借鉴美国加州高等教育规划设计的做法,对京津冀三地高等教育协同发展进行科学的规划和论证,加强顶层设计的科学性和可操作性。

京津冀高等教育协同发展应该建立政府间长效合作机制。京津冀高等教育协同发展应该在学科建设、人才培养、科技创新、干部教师交流培训、教育资源共享、招生、就业等方面进行全方位的合作并建立长效机制,组建京津冀高校联盟,使三方合作共赢,实现跨越式发展。

(二)构建教育协同发展平台,科学设置管理机构

京津冀高等教育协同发展需要建立有效的教育协同发展平台和管理机构,用以进行协调和沟通。组织机构方面,"在国家层面,有必要建立一个超越京津冀三方利益的强有力的协调领导小组,负责顶层设计,协调各方需求,汇总信息,并会同三地政府统筹协调解决高等教育协同发展的一系列实际问题。在具体操作层面,由京津冀三地政府或教育主管部门组建'京津

---

① 赵宇:《京津冀一体化背景下高校人才培养模式改革探析》,《广西社会科学》2014年第12期。

冀高等教育合作协调委员会',用以调节和协调具体问题。"① 从合作共赢的角度出发,京津冀三地需要建立有效的组织协调机制,真正促进京津冀高等教育合作进入实质性阶段。

(三)发挥政府主导作用,建立多元参与机制

在京津冀高等教育协同发展中,应该发挥政府的主导作用。在京津冀高等教育发展格局中,北京高等教育的发展优势非常明显,天津的高等教育发展也有一定的成绩,但是河北省的高等教育发展缺乏自身的优势和特色。京津冀高等教育发展如果无法打破现有的高等教育格局和制度环境,将来的发展则会处于"两极分化"差异化发展境地。因此,从历史制度主义出发,应该克服路径依赖,为京津冀高等教育协同发展创设良好的制度氛围和制度环境。由此,在京津冀高等教育协同发展中,政府发挥着重要的主导作用。

在发挥政府主导作用的同时,应该注重让社会上的多种力量参与高等教育的协同发展。"大学与区域发展共生是一个复杂的有机系统,需要把大学、政府和区域经济社会其他主体的诉求、目标、资源整合起来,完善适应大学与区域发展高效共生的制度环境,由此建构我国大学与区域发展的高效共生系统。"② 引导和支持区域内基层与高等教育机构开展多层次的合作,激发区域内各主体(如学校、教师、学生、民众和社会组织等)的主动性与积极性,从而提升区域合作的质量和水平,保持区域合作的活力。

(四)健全资源共享机制,促进区域教育合作

京津冀三地应该打破体制与区域的限制,构建高等教育资源共享机制。相比较而言,北京市和天津市高等教育资源比较丰富,而河北省比较贫乏。京津冀高等教育资源共享不仅是教育资源由京津两地向河北省的输出,而且要加强三地之间的合作,达到共享与共赢。京津冀教育资源共享可以"通

---

① 田汉族,王超:《京津冀高等教育合作困境的制度分析》,《首都师范大学学报》(社会科学版)2016年第5期。
② 于洪良:《对当前高校联盟化发展的审视与展望》,《中国高等教育》2013年第18期。

过学生短期交流、部分课程共享、师资互聘等方式，加大资源共享力度。可以在教学资源、课程资源和学科专业资源以及科研资源等方面建立全面的共享机制。"①

参考文献

[1] 顾明远：《学习和解读《国家中长期教育改革和发展规划纲要（2010～2020）》，《高等教育研究》2010年第7期。

[2]《中共中央关于全面深化改革若干重大问题的决定》，http://www.sn.xinhuanet.com/2013-11/16/c_118166672.htm，2013年11月16日。

[3]《国家中长期教育改革和发展规划纲要（2010～2020年）》，http://www.china.com.cn/policy/txt/2010-03/01/content_19492625_3.htm，2010年3月1日。

[4]《教育部2015年工作要点》，http://www.moe.gov.cn/publicfiles/business/htmlfiles/moe/moe_164/201502/183971.html，2015年2月12日。

[5] 刘丹：《浅析高等教育区域化》，《求实》2006年第3期。

[6] 马燕：《从区域经济发展的非均衡性分析中国高等教育区域化》，《宜宾学院学报》2004年第4期。

[7] 苗文燕：《高等教育区域非均衡现状及其原因分析》，《河南职业技术师范学院学报》（职业教育版）2008年第6期。

[8] 汤智、陈煜：《教育政策学视野中的高等教育区域问题分析》，《内蒙古师范大学学报》（教育科学版）2006年第5期。

[9] 夏鲁惠：《高等教育区域化发展的政府主导模式研究》，《西南大学学报》（社会科学版）2008年第2期。

[10] 夏鲁惠：《外国高等教育区域化发展研究》，《高等工程教育研究》2008年第2期。

[11] 杨强、叶宝娟：《国际化视阈下的高等教育区域化发展研究》，《中国高教研究》2010年第11期。

[12] 吴岩：《建构中国高等教育区域发展新理论》，《中国高教研究》2010年第2期。

---

① 田汉族、王超：《京津冀高等教育合作困境的制度分析》，《首都师范大学学报》（社会科学版）2016年第5期。

[13] John R. TheLin, *A History of American Higher Education*, The Johns Hopkins University Press, 2004.

[14]《国际大都市的高等教育》, http：/www.21cnhr.Gov.cn/rcyj/b1.htm。

[15] 秦尊文：《美国城市群考察及对中国的启示》, http：//www.china city.csfz/fzzl/63922.html。

[16] 郑阳：《长三角都市圈高等教育资源整合研究》, 华东师范大学硕士学位论文, 2009。

[17] 晓明：《美国城市群内的竞争与合作》, http：//business.sohu.com/20070705/n250918316.shtml。

[18] Steven Brint, "Data on Higher Education in theUnited States：Are the Existing Resources Adequate?", *American Behavioral Scientist* (45) 2002.

[19] George D. Strayer, Monroe E. Deutsch, Aubrey A. Douglass. *A Report of a Survey of the Needs of California in Higher Education*, Berkeley：California University, 1948.

[20] 刘冬：《"大北京区域"下河北省高等教育发展对策研究》, 河北大学硕士学位论文, 2008。

[21] 李小亭、高新文：《利用环京、津区位优势大力发展河北高等教育》,《河北省社会主义学院学报》2014 年第 1 期。

[22] 李汉邦：《论京津冀高等教育区域合作》,《北京教育》(高教) 2012 年第 6 期。

[23] 高兵：《京津冀高等教育空间布局与区域发展：关系、特点与构想》,《河北经贸大学学报》(综合版) 2013 年第 1 期。

[24] 庄士英：《京津冀区域高等教育现状》,《党史博采》(理论) 2009 年第 11 期。

[25] 明轩：《世界高等教育宣言概要》,《教育发展研究》1999 年第 3 期。

[26] 刘晖：《从〈罗宾斯报告〉到〈迪尔英报告〉——英国高等教育的发展路径、战略及其启示》,《比较教育研究》2001 年第 1 期。

[27] Martin Trow, "From mass higher education to universal access", *Paper of the Meeting of the Japanese Society for Higher Education Research* (31) 1998.

[28] 张喻：《高等教育发展模式与制造业人才培养契合关系及对策研究》, 武汉轻工大学, 2015 年第 6 期。

[29]〔美〕西达·斯考切波：《国家与社会革命——对法国、俄国和中国的比较分析》, 何俊志、王学东译, 上海世纪出版社, 2007。

[30] Skocpol, Evans, Rueschemeyer, *Bring the State Back In*, Cambridge University Press, 1985.

[31] Steinmo, *Taxation and Democracy：Swedish, British and American Approaches to Financing the Modern State*, Yale University Press, 1996.

[32] Theda Skocpol,"Why I Am an Historical Institutionalist", Polity (1) 1995.

[33] Hall, Taylor, "Political science and the three new institutionalisms", Political Studies (44) 1996.

[34] Paul Pierson, "Increasing Return, Path Dependency, and The Study of Politics", American Political Science Review (6) 2000.

[35] Steinmo, "What is historical institutionalism?", in D. D. Porta & M. Keating (Eds.), Approaches in the social sciences, Cambridge UK: Cambridge University Press, 2008.

[36] 陈家刚:《全球化时代的新制度主义》,《马克思主义与现实》2003年第12期。

[37] 何俊志、朱德米、任军锋:《新制度主义政治学译文精选》,天津人民出版社,2007。

[38] 董琼华:《论历史制度主义解析制度变迁的逻辑框架》,《嘉兴学院学报》2010年第7期。

[39] 何俊志:《结构、历史与行为——历史制度主义对政治科学的重构》,复旦大学博士论文,2003。

[40] 马雪松:《政治世界的制度逻辑——基于新制度主义政治学的理论探讨》,吉林大学博士论文,2010。

实践篇

Practice Reports

B.5 京津冀区域高校联盟建设研究

李 旭*

摘　要： 作为京津冀教育协同发展的重要平台，区域高校联盟不仅是促进三地高等教育资源统筹优化的主要抓手，同时也在首都非核心功能疏解任务中承载着重要的战略价值。京津冀地区高等教育规模大、科类全、结构多样、聚集度高的现状为高校联盟的建立奠定了丰富的资源基础，但也彰显出该区域高等教育协同发展不同于其他区域的特殊性与复杂性。三地高校发展资源的可对接性及协同要素的可移动性，从需求和条件两个层面确立了联盟建设的可行性。区域经济发展和政策支持的显在助力，以及文化融合的隐性优势，则为联盟建设提供了良好的外部环境。在这种发展条件与形势下，三地在

---

* 李旭，北京教育科学研究院教育发展研究中心助理研究员，教育学博士，主要研究领域为区域教育比较及教育政策分析。

一年多时间中，已经自发建立起9个高校联盟，呈现以专业或行业为中心、联盟体规模相对较小、以签署协议的方式确立联盟关系、合作框架涉及面较全等特点。但同时也显露出形式大于内容、主体参与热度不均、组织与行动框架不明晰等突出问题。究其原因，主要源于三地先天不足的发展落差、主体利益多元的复杂关系、地方各谋其政的制度壁垒、顶层设计欠缺且统筹不力等因素。为了有效解决上述问题，更好地推进高校联盟战略的实施，京津冀区域亟待组建一个领导小组，遵循两条逻辑主线，构筑三大功能平台，完善四项联动机制，以期将区域高校联盟建设成为京津冀教育协同发展的可靠平台。

关键词： 京津冀区域　高校联盟　平台建设

2015年4月，中央政治局审议通过《京津冀协同发展规划纲要》（以下简称《规划纲要》），标志着这一重大国家战略开始从顶层设计走向政策落实。在教育领域，担负着人才和智力支撑角色的各级各类高校在推动京津冀地区经济社会发展方面具有不可忽视的作用，区域高等教育协同发展因而也凸显出不可替代的战略意义。作为京津冀高等教育协同发展的重要平台，高校联盟成为改革初期促进区域教育资源统筹和结构优化的主要抓手。从实践来看，自《规划纲要》颁布一年多时间以来，京津冀地区已经自发建立起9个不同领域的高校联盟，拉开了三地高等教育从相对单一的"合作发展"到推进优质资源共享共赢的"区域协同发展"模式转型升级的序幕。然而，面对现实利益协调的复杂性及京津冀产业布局结构调整、首都非核心功能疏解等新老问题叠加的局面，区域高校联盟建设仍不可避免地面临着多重不稳定因素，这些不稳定因素在诸多方面制约着联盟实效的达成。鉴于此，如何科学有效地推进区域高校联盟建设,不仅是三地高等教育协同发展初步探索阶段亟待解决的问题,同时也是京津冀区域搭建教育协同平台以促进战略规划切实落地的题中之意。

一 京津冀区域构建高校联盟的资源条件与支撑环境

如果将京津冀高校联盟视作一座连接三地的桥梁,那么三地现有的高等教育资源及其特点便决定了"需要建什么桥"和"能用什么建桥"的基本问题;而支撑高校联盟的内外环境则在制度与要素上进一步保证了工程建设的合规性与可行性,它们共同构成了京津冀高校联盟建立的前提与环境基础。

(一)京津冀三地高等教育的发展现状与特点

1. 数量规模

从高校数量来看,截至2016年,该区域共有普通高校266所,超过全国高校总数的10%。其中,河北高校数量最多,达120所;北京次之,为91所;天津最少,仅有55所。[①]

从学生规模来看,2015年,北京和天津每十万人口高等学校平均在校生数分别为5218人和4185人,均远远高于全国的平均数,显示出两地高校在人才培养规模上的巨大实力;而河北的这一数值(2141人)仅约为天津的1/2、北京的2/5,落后于全国平均水平。然而值得注意的是,从该指标最近五年的发展情况来看,京津两地呈现缓慢下降的趋势,河北则整体上有所上升,显露出一定的后发潜力(见图1)。

2. 层次结构

从高校层次结构来看,北京本科院校数量约是专科院校的3倍;天津和

---

① 资料来源:中华人民共和国教育部《2016年全国高等学校名单》,http://www.moe.gov.cn/srcsite/A03/moe_634/201606/t20160603_248263.html,2016年5月30日。

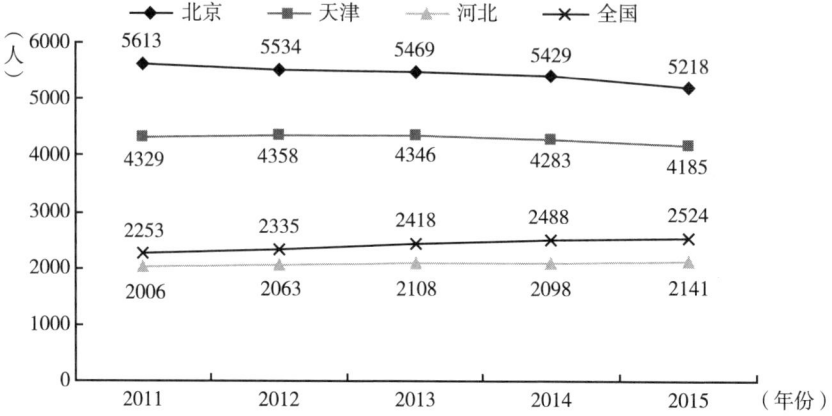

图 1　最近五年全国及京津冀地区每十万人口高等学校平均在校生数

资料来源：中华人民共和国国家统计局编《中国统计年鉴》，中国统计出版社，2012、2013、2014、2015、2016。

河北的本、专科院校数量之比均接近1∶1，不过河北高校数量约为天津的两倍，在体量上明显占优（见图2）。就高校主管部门而言，北京汇聚了全国约三成的央属高校（包括教育部直属高校和中央部委直属高校，共36所），河北却没有一所教育部直属高校，显示出两地高等教育层次的巨大差距。值得注意的是，虽然河北以省属高校为主，其占比高达97％，但其中包含中央与地方共建制高校15所，该数值远高于天津，显示出河北地方高校发展中的独特资源优势（见图3）。

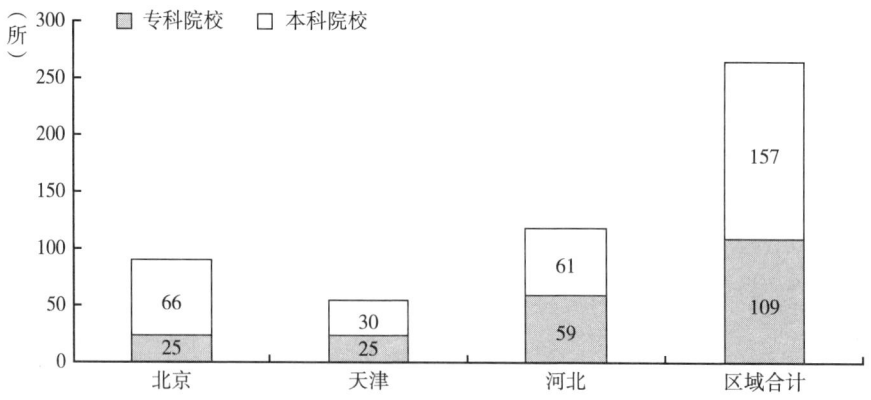

图 2　京津冀区域高等院校数量规模及层次结构（2015年）

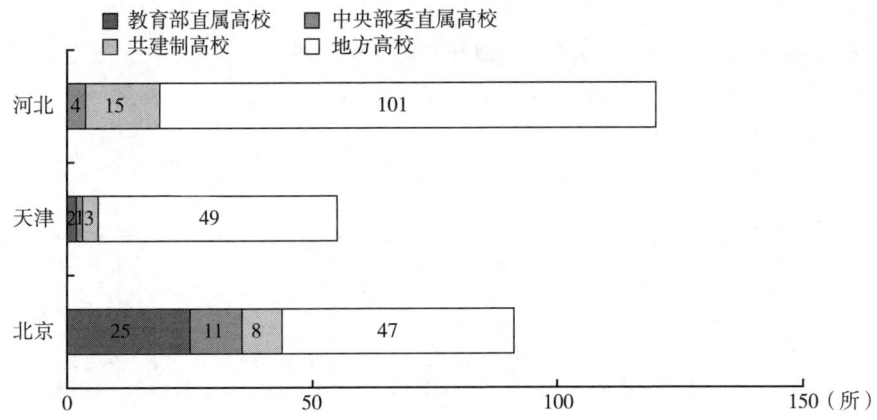

图 3 京津冀区域高等院校按主管部门划分的层次结构（2015 年）

就人才培养而言，京津冀区域各级各类普通高校在校生数已经超过 263 万人，约占全国总量的 9%。① 从人才培养的层次结构来看，北京高校专科层次的在校生规模相对较小，仅约为本科生的 1/5，本科及以上层次的在校生规模则相对较大，呈现出较典型的"金字塔形"结构。天津高校以本、专科层次的人才培养为主（占比达 90% 以上，二者之比约为 2∶1），硕、博士在校生总数尚不及专科在校生数的 1/3。尽管天津高校学生总数远不及北京，但其专科在校生数却约为北京的两倍，显示出专科层次人才培养在天津高等教育领域中不可小觑的力量，这与天津市高等职业教育较为发达的现状相一致。与天津相似，河北高校在校生中，本、专科生占据了绝对比重（达 96% 以上），在人才培养的层次结构上表现为显著的"图钉形"结构（见图 4）。由此可见，在层次结构上，北京高校偏重于中高层级的人才培养，河北高校偏重于中低层级的人才培养，二者呈现出较为明显的结构倒置状态；天津则介于二者之间，但从现状来看，其人才培养的重心仍偏于中低层级。

---

① 资料来源：中华人民共和国国家统计局编《中国统计年鉴（2016）》，中国统计出版社，2016。

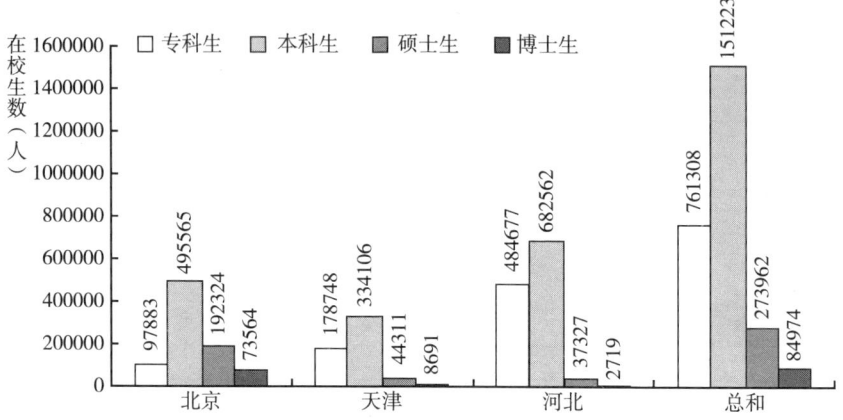

图 4　京津冀区域高等院校在校生层次结构比较（2015 年）

资料来源：北京市相关数据引自：北京市统计局、国家统计局北京调查总队编《北京统计年鉴（2016）》，中国统计出版社，2016。天津市相关数据引自：天津市统计局、国家统计局天津调查总队编《天津统计年鉴（2016）》，中国统计出版社，2016。河北省相关数据引自：河北省人民政府主办《河北经济年鉴（2016）》，中国统计出版社，2016。

3. 类型结构

从高校的类型结构来看，京津冀区域囊括了各种科类的普通高校，其中，综合院校和理工院校占比较大。具体而言，北京以理工院校和财经院校居多，尽管其综合院校总数不多，但却拥有清华、北大等国内顶尖高校，整体实力强大；天津以综合院校和理工院校居多，政法院校相对薄弱；河北的理工院校和综合院校数量过半，并拥有远多于京津两地的医药院校和师范院校，但其他高校数量相对较少（见图 5）。结合高校层次结构不难看出，京津冀区域高等教育资源呈现出北京理工类本科院校相对集中，天津理工类专科院校（高职院校）相对集中、综合类本/专科院校平分秋色，河北综合类及理工类专科院校相对集中的特征。这种结构特征与三地经济社会发展特点基本对应，折射出高等教育与地方发展间的紧密关系。

从学科结构来看，京津冀区域各级高校的学科门类设置都较为齐全。在本科生和研究生阶段，三地工学门类的在校生数均遥遥领先。在博士研究生

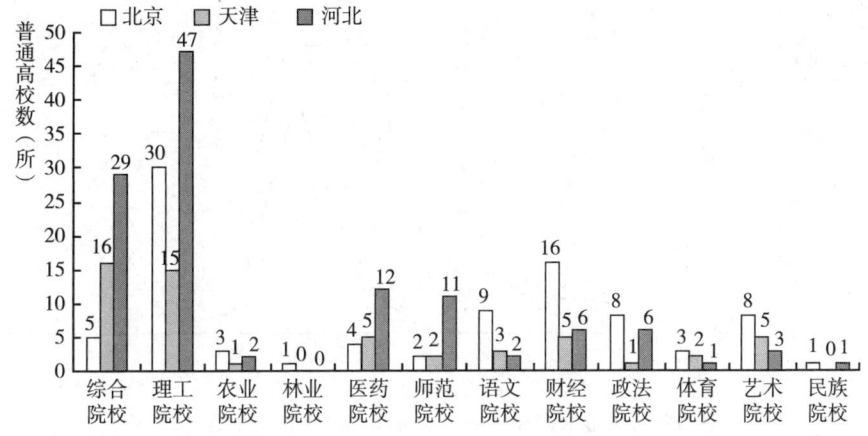

图5 京津冀区域普通高等院校类型结构（2015年）

资料来源：北京市相关数据引自：北京市统计局、国家统计局北京调查总队编《北京统计年鉴（2016）》，中国统计出版社，2016。天津市相关数据引自：天津市统计局、国家统计局天津调查总队编《天津统计年鉴（2016）》，中国统计出版社，2016。河北省相关数据依据教育部公布的《2016年全国高等学校名单》及各高校章程整理而成。

层次，京、津在校生规模均以同样占据较高比重的理学门类次之，河北则以医学门类次之；在硕士研究生层次，京、津在校生规模以管理学门类次之，而河北依然以医学门类次之。在本科层次，除经济学、法学等少数学科外，大多数学科的在校生比重在三地都相差无几，显示出较高的同质性（见图6）。在专科层次，财经类、电子信息类和制造类均是三地较热门的专业（见图7）；除此以外，河北高校还偏重培养土建类、医药卫生类、文化教育类等学科专业人才；天津高校在交通运输类、土建类等学科专业的人才培养上可圈可点；北京高校则在文化教育类、艺术设计传媒类等专业的人才培养上具有较高比例。尽管三地高校的专科人才培养在科类结构上各有所长，但整体上依然显现出较高的同质性。这种同质化倾向，从积极的方面来看，隐藏着三地高校间在相同或相似专业领域开展合作的诸多可能性；从不利的方面来看，则显露出三地专业重复设置可能带来的资源浪费现象，及其人才培养滞后于地方经济社会发展新需求的问题。

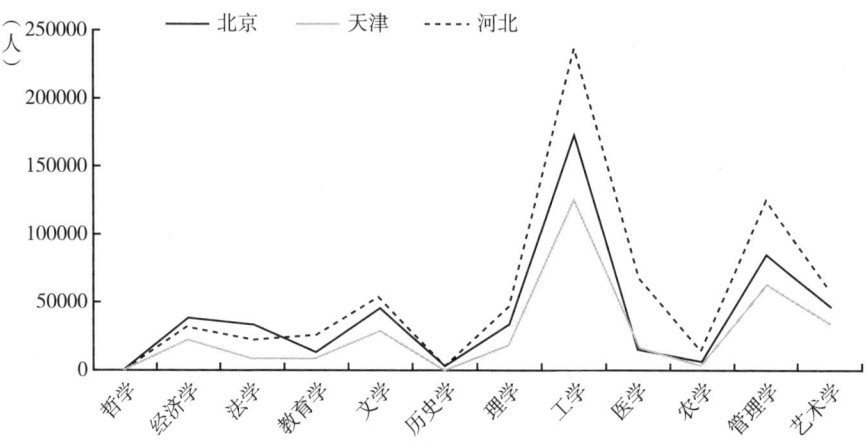

图6 京津冀区域普通高校本科层次各学科门类在校生数（2015年）

资料来源：北京市相关数据引自：北京市统计局、国家统计局北京调查总队编《北京统计年鉴（2016）》，中国统计出版社，2016。天津市相关数据引自：天津市统计局、国家统计局天津调查总队编《天津统计年鉴（2016）》，中国统计出版社，2016。河北省相关数据引自：河北省人民政府主办《河北经济年鉴（2016）》，中国统计出版社，2016。

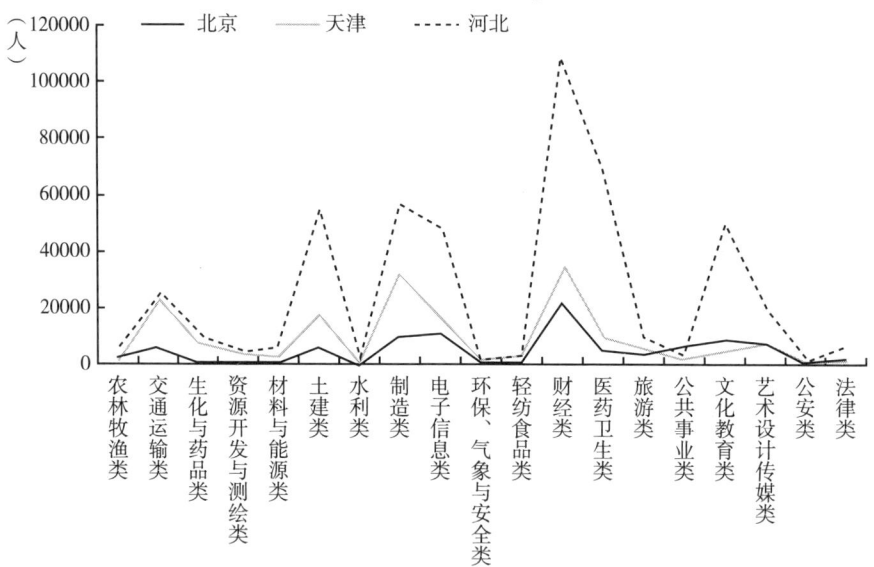

图7 京津冀区域普通高校专科层次各学科门类在校生数（2015年）

资料来源：北京市相关数据引自：北京市统计局、国家统计局北京调查总队编《北京统计年鉴（2016）》，中国统计出版社，2016。天津市相关数据引自：天津市统计局、国家统计局天津调查总队编《天津统计年鉴（2016）》，中国统计出版社，2016。河北省相关数据引自：河北省人民政府主办《河北经济年鉴（2016）》，中国统计出版社，2016。

4. 布局结构

从布局结构来看，京津冀的高校主要聚集在北京（91所）、天津（56所）和石家庄（44所），仅这三个城市便占据了区域高校总数的逾七成（见图8），这与三座城市的行政地位和经济发展水平等息息相关。其他75所高校则散布在河北各地，呈现由中心向边缘地带放射分布的状态：紧邻京津的保定、廊坊、唐山高校数量相对较多，均超过10所；与京津相隔较远或位于山区的衡水、邢台、张家口等地则高校稀少，显示出地理因素对高校布局的影响。这种高校布局结构，直接反映出区域高等教育资源分布结块化和不均衡的结构特征。

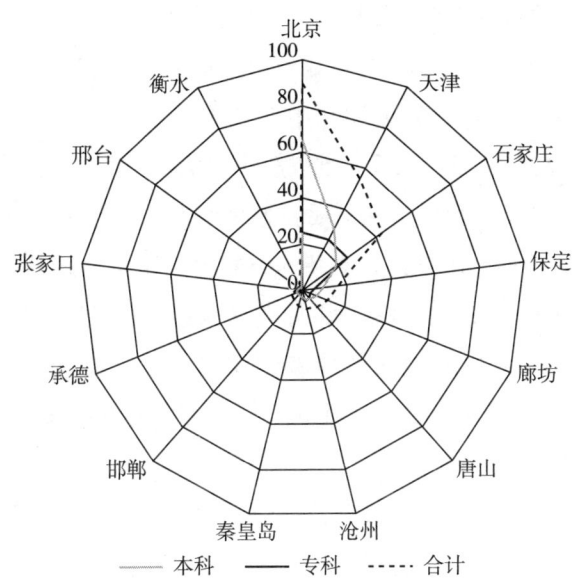

图8 京津冀区域普通高等院校布局结构（2015年）

资料来源：中华人民共和国教育部《2016年全国高等学校名单》，http：//www.moe.gov.cn/srcsite/A03/moe_634/201606/t20160603_248263.html，2016年5月30日。

总之，京津冀地区汇聚了丰富的高等教育资源，整体上呈现规模大、科类全、结构多元、聚集度高等特点。三地在资源占有上也各有所长：北京高校高位优势明显，河北省高校数量居最，天津高校则凸显出能上能下的发展潜力。然而，层次结构上京冀两地落差巨大、科类结构上三地共有同质化倾向、布局结构上区域内部不均衡性等现实问题，却从不同方面显示出京津冀高等教育协同发展不同于珠三角、长三角等区域的特殊性与复杂性。

（二）京津冀区域构建高校联盟的必要性与可行性

从京津冀一体化的大背景来看，高等教育的协同发展不仅承载着促进资源共享的教育发展目标，而且肩负着疏解首都人口的社会发展使命。高校联盟作为区域高等教育协同发展的主要平台，具有重要的战略意义，且在需求与条件的双重影响下彰显出现实可行性。

1. 构建京津冀高校联盟的必要性

（1）高校联盟是首都非核心功能疏解过程中应对风险的必然要求

在《规划纲要》确立的近期和中期发展目标中，"疏解"均是关键词，[1] 这是北京在自身资源承载力难以解决"大城市病"的严峻形势下，借助区域协同平台疏解人口的迫切需要。教育作为非首都核心功能，自然也在疏解之列，并且疏解工作以具有非基本公共服务属性的高等教育为突破口，沿着从京内向京外、从中心城区向北京郊区两条路径开展。然而，无论哪条路径，都可能面临人口原地滞留或者钟摆式移动等有违疏解初衷的新困境，[2] 这便使得政策实施面临着诸多风险。对此，除加强顶层设计外，高校联盟也可以发挥独到价值。

其一，高校联盟有助于促成利益结合点。由于京津冀高校协同涉及多元主体，在院校搬迁等疏解过程中，不仅面临复杂的利益分配问题，也可能面临不同程度的地方保护主义干预。在这种情况下，高校联盟的建立不仅有助于在跨地区的高校间寻找到内在诉求一致的合作伙伴，而且有助于通过建立

---

[1] 近期目标是到2017年有序疏解北京市非首都功能取得明显进展，中期目标是到2020年北京市常住人口控制在2300万人以内，北京"大城市病"等突出问题得到缓解。参见《京津冀协同发展目标》，新华网，http：//news.xinhuanet.com/house/wh/2015 - 08/24/c_1116346320.htm，2015年8月24日。

[2] 李旭：《"十三五"时期首都教育在京津冀协同发展中的挑战与对策》，《北京教育》（高教版）2016年第6期，第11~13页。

联盟激发出新的利益共生关系,从而在复杂博弈局面下,寻得或搭建起各方的利益结合点,助力高校疏解及协同之路趋于顺畅。

其二,高校联盟有助于为疏解方和承接方提供双向的资源保障。疏解政策的推行有赖于被疏解高校和承接地共同发挥积极作用,但同时也将双方置于变动所可能引发的多重风险之中。例如,外迁高校可能面临师资流动下的不稳定性,承接地可能面临原有高校结构变化和竞争压力增大下的生存危机等。面对这些问题,高校联盟的建立一方面有助于在资源流动的同时,保障共同体内部的核心资源仍能处于相对稳定的作用状态,从而保障过渡阶段资源结构调整的平稳性;另一方面则有助于为处于相对弱势地位的承接地高校注入多方面的资源与活力,从而壮大其支撑力量,避免资源的被动挤压。

(2)高校联盟是促进京津冀区域高等教育凝聚更强竞争力的必然要求

高等教育可以为经济社会的发展提供重要的人才和智力支撑,故而区域一体化的发展也离不开高校支持。尽管从大学排名来看,国内前百名高校中位于京津冀区域的高校占据了24个席位,但其中22所都位于北京,[①] 显示出三地间高等教育发展水平的严重不均。在这种背景下,尽快优化区域内高等教育资源结构,更好地发挥高等教育对区域经济社会发展的服务和引领作用,便显得尤为迫切和重要。而高校联盟正可以凭借自身在跨区域教育资源优化统筹上的独特优势,在其中发挥不可忽视的作用。

首先,高校联盟有助于通过资源共享扩大规模效益。通过促使优质高等教育资源突破校际或地域实现共享,高校联盟一方面有利于扩大资源的使用范围,提高优质资源的利用率,另一方面也有助于在更大范围内实现专业化分工,从而在提高学习经验效应的同时,降低总运营成本,[②] 这些都有助于提高京津冀区域高等教育发展的规模效益。

其次,高校联盟有助于通过资源互补降低发展成本。京津冀高校发展间具有明显的水平落差和不尽相同的薄弱之处,仅靠高校一己之力查漏补缺显

---

① 艾瑞深中国校友会:《2016中国大学评价研究报告》,http://www.cuaa.net/,2015年12月30日。

② 湛俊三:《地方高校战略联盟研究》,武汉理工大学博士学位论文,2008,第30页。

然需要耗费较多的财力与精力,因此"协同作战"便成为大势所趋,以他人之长补己之短,并以己之长应他人所需。这不仅有利于促进优质资源的优化重组,而且有利于避免有关资源独立建设造成的低水平重复,从而以更少的成本投入获得更多的产出,更好地实现区域高等教育发展质量与效率的共同提高。

最后,高校联盟有助于通过资源整合增进发展的可持续力。资源的共享与互补多是建立在既有资源基础上的,但诸如学校声誉、校友力量等隐性资源却难以通过简单合作而产生迁移,因此高校若想增强整体竞争力,势必要在消耗现有资源之外,提升新资源的开拓创新能力。后者不仅是知识技术更新周期不断缩短的背景下,高校提高自身价值功能的必然要求,同时也是高校间深化合作以生成新资源、创造新机会、获得可持续竞争优势的必然要求。

总之,上述优势的发挥都是凭借一校之力或是一般性合作难以达成的,只有通过高校之间广泛的协同合作方可实现。高校联盟平台的构建,对于京津冀一体化战略而言,既是保障,也是动力。其在区域协同发展中不仅是必要的,也是必需的。

2. 构建京津冀高校联盟的可行性

高校联盟是两所或两所以上的高校为了通过共同行动获得更好的发展,而在一定联盟规则基础上结成的联合体。① 其建立具有三个基本要素:一是有可匹配的合作需求,二是有可共享的环境条件,三是有相互约定和制约的联盟规则。其中,前两个要素是先决条件。

(1) 三地高校发展具有可对接的资源需求

尽管京津冀三地地缘相近,但高校发展需求却迥异。北京高校在层次和发展水平上均处于"高地",然而其背后却隐藏着空间资源不足的短板。就土地面积而言,京津冀三地分别为1.6万平方千米、1.2万平方千米和18.9

---

① "联盟"一词释义有二:①两个或两个以上的国家为了共同行动而订立盟约所结成的集团;②指个人、集体或阶级的联合体。参见中国社会科学院语言研究所词典编辑室编《现代汉语词典(第6版)》,商务印书馆,第806页。

万平方千米,每平方千米所承载的高校在校生数分别为52人、47人和6人(见图9)。可见,北京高校在校生的单位密度远远高于河北,在高校空间承载力上面临着巨大压力,这从北京城六区诸多小型或超小型校园即可窥见一斑。这不仅使得北京高校在内涵式发展道路上越来越难以满足人才培养对教室、实验室、宿舍等场地的基本需求,同时也严重限制了其在科研、社会服务等方面的创新发展潜力。相比之下,津、冀特别是河北相对宽松的空间资源则为弥补北京高校发展中的这一短板提供了机遇和可能。

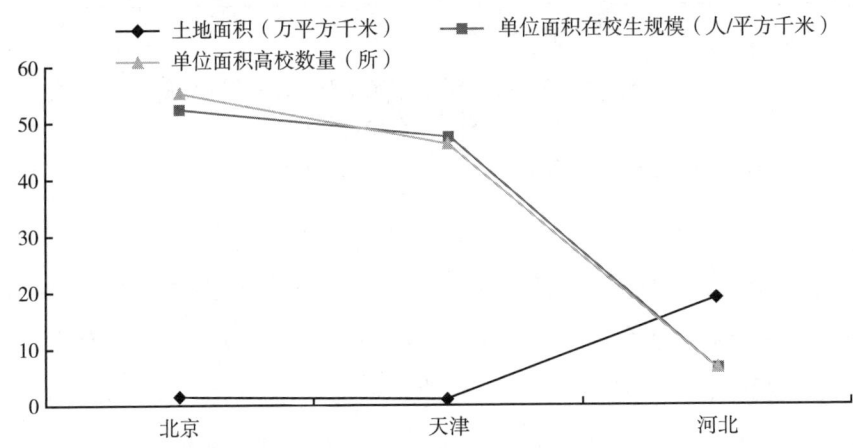

图9　京津冀三地高等教育发展的空间资源(2015年)

对于天津高校而言,在规模上,其本科院校数量不足北京的1/2。在质量上,尽管其发展水平可圈可点,但与北京高校相比仍存在较大差距,如在2016年全国大学综合实力排行榜的前100名高校中,有北京高校17所,占北京高校总数的25.8%;而天津高校仅有2所,占其高校总数的6.7%(见图10)。这种质量上的不足不仅不利于满足天津城市发展对高层次人才的培养需求,同时也不利于天津高校自身对于优质资源特别是人才的吸引力,提升质量因而成为天津高校发展的当务之急。从提高效率和节省成本的角度来看,借由北京这一相邻之地的优质高等教育资源助力带动自身发展,无疑是天津高校实现上述诉求的最便捷之路。

河北高校尽管数量规模庞大,但在京津冀区域明显处于高等教育发展的

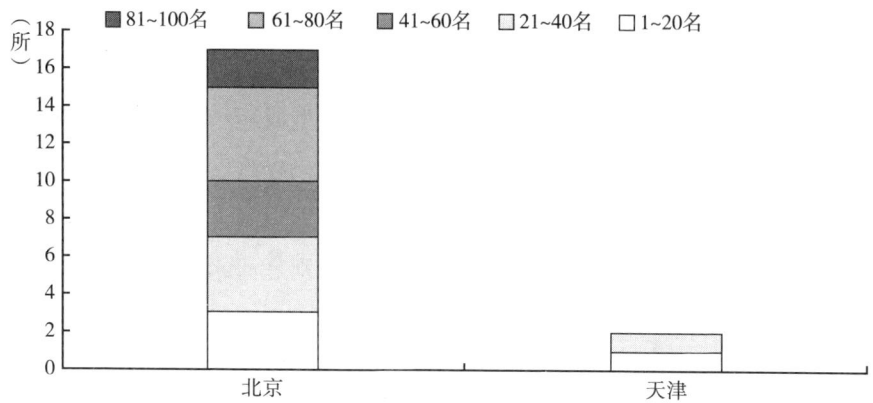

图10 全国大学综合实力排行榜前百强中北京与天津的
高校排名情况对比（2016年）

资料来源：武书连《挑大学选专业：2016高考志愿填报指南》，中国统计出版社，2016。

"洼地"。而较之于质量的提升，河北更显现出对平等发展机会的渴求，这尤其体现在高校招生名额分配、教育经费支撑等方面。毋庸赘述，河北在一流高校的招生名额分配上长期处于不利境地，其考生被京、津名校录取的概率较低。在短期内难以改变这一局面的大环境下，河北高校促进机会平等的可行之路便在于通过区域高校联盟实现优质资源的跨地区补充共享，而这也是京津两地高校所能出力的。

综上，从发展需求来看，北京高校亟须地域空间，天津高校亟须优质资源，河北高校则亟须平等机会。尽管三方发展水平与目标并不一致，但相互间可对接的资源需求却激发了三地高校间寻求协同合作以实现共赢发展的同向诉求，而目标的统一正有助于行动的统一。

（2）三地高等教育资源具有可移动的共享共建条件

在资源间具有可匹配的供需意向的基础上，还需要保证相应资源具有跨区域的可移动性，才能打通资源共享共建的协同发展渠道，从而为区域高校联盟的建立提供条件上的支撑。

从类型来看，京津冀高等教育协同发展所涉及的资源主要包含人、财、物、信四大类。其中，人力资源主要指高校教师与学生；财力资源主要指可以自由支配的资金费用，如横向课题资助、学校贷款、校办产业教育经费等；物力资源主要指高校职能发挥所需的各种硬件资源，如教室、实验室、实训基地、仪器、设备、图书等；信息资源既包含以知识、思想、数据等为代表的智力性信息，也包含以趋势、动态、需求等为代表的发展性信息。

就资源的可移动性而言，显然物力资源最低，但其资源共享依然可以通过承载其上的人力流动得以实现。作为富有主观能动性的核心要素，高校教师和学生无疑具有相对灵活的可移动性，是高校联盟中最为活跃的要素之一。另一个具有较强可移动性的资源便是信息资源，这得益于信息时代对其赋予的无边界自由传递性。财力资源介于以上三者之间，尽管在一定条件下具有可移动性，但鉴于财政制度的复杂性，经费的迁移共享往往面临许多困难。而从长远来看，通过建立联盟基金、专项奖学金等方式促进经费的跨地区流动仍不失为一种可能。由此可见，京津冀高校联盟所需的各类资源都具有不同程度的可移动性或变相迁移方式，具有资源跨区域共享共建的条件。

总的来看，三地高校发展对资源需求的可对接性为高校联盟的建立提供了动力，而高等教育资源所具有的可移动性则为资源的共享共建提供了途径，从而在需求和条件两个层面确立了京津冀区域构建高校联盟的现实可行性。

（三）京津冀区域构建高校联盟的支撑环境

从外部发展环境来看，京津冀高校联盟的建立不仅具有文化融合的隐性优势，而且具有经济和政策支持的显在助力，共同形成了区域高校联盟建设与发展的良好环境基础。

1. 经济环境：特色鲜明[①]

近五年来，京津冀地区生产总值在全国的占比均超过11%；2015年京、津、冀三地人均地区生产总值分别为106497元、107960元、40255元，其

---

① 本部分所涉及数据均来自：中华人民共和国国家统计局编《中国统计年鉴（2016）》，中国统计出版社，2016。

中，天津和北京分列全国第一位和第二位，显示出强大的区位经济优势，为区域高校联盟的建立奠定了较为丰厚的经济基础。

从产业结构来看，北京第三产业占比近八成，第一产业不足1%，呈现出以第三产业为支柱的高端发展模式，具有后工业化阶段特征；天津的第一产业同样占比很小（1.3%），而第二和第三产业分别占比46.6%和52.2%，显示出二者相对均衡但又略向第三产业偏重的发展趋势；河北则是第二产业占比最高（48.3%），第三产业次之（40.2%），第一产业尽管占比最少（11.5%），但仍具有相当规模，在整体上处于工业化中期发展阶段（见图11）。由此可见，京津冀区域的产业结构具有一定的梯度性。

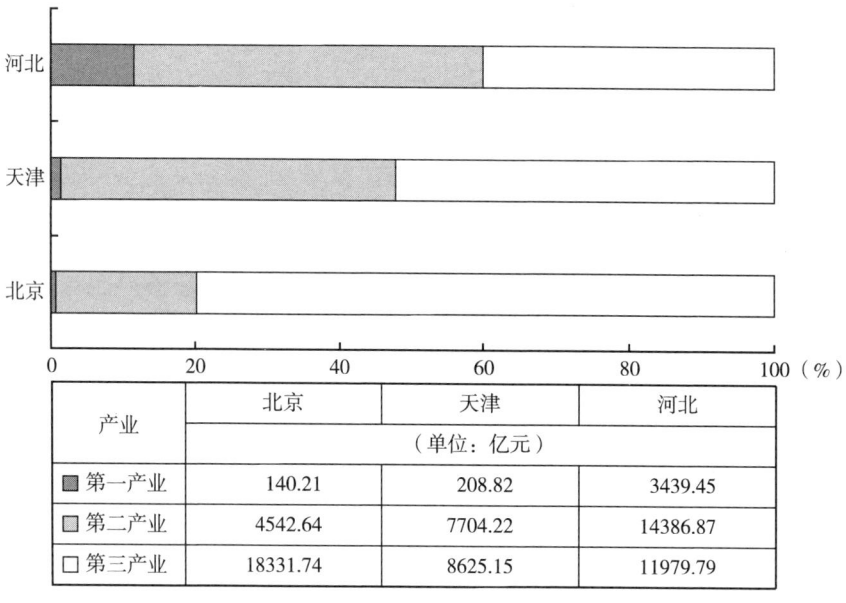

图11 京津冀三地产业结构（2015年）

从三次产业的分行业增加值来看，北京占比最高的前三个行业分别是其他（39.5%）、金融业（17.1%）和工业（16.1%）；天津占比最高的前三个行业分别是工业（42.2%）、其他（20.2%）以及批发和零售业（12.5%）；河北占比最高的前三个行业分别是工业（42.4%）、其他（13.0%）和农林牧渔业（12.0%）（见图12）。这与北京注重构建知识型、服务型、绿色型的高精尖产业结构,天津具有航空航天、石油化工、装备制造、电子信息、生物医药、新能源新材料、轻工纺织、国防科技八大优势支柱产业,① 河北强于重工业和粮棉产业的区域经济格局相匹配。这在彰显出三地传统行业优势的同时,也显示出三地不同的经济发展特色。

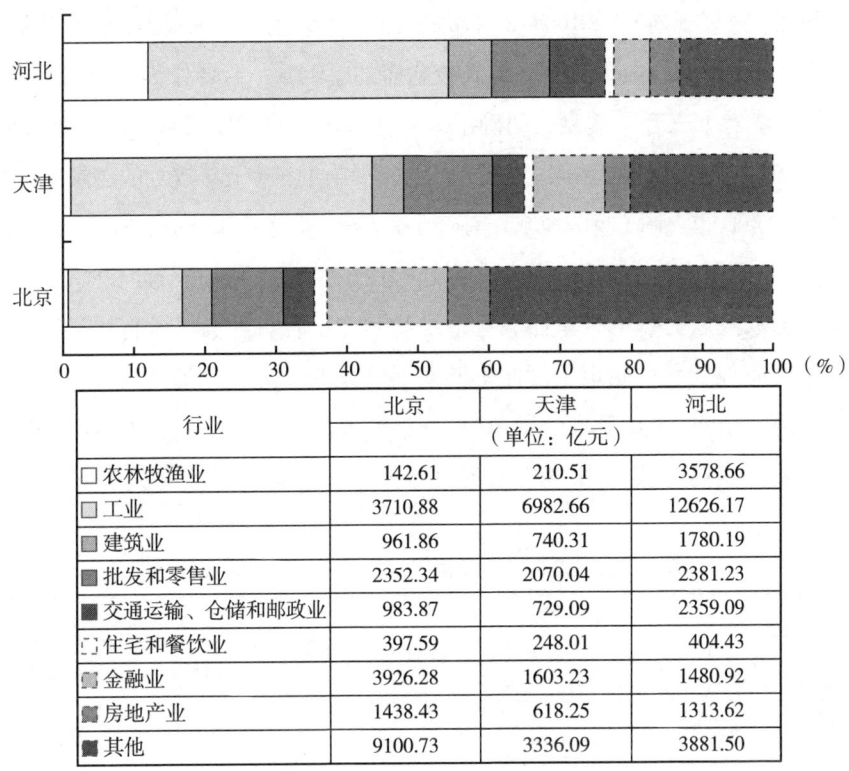

图12 京津冀地区三次产业分行业增加值(2015年)

整体而言,京津冀具有较好的经济发展基础,但三地经济的梯度落差及产业结构的不均衡性却加大了资源统筹难度。但从积极的方面来看,这种错落的经济发展结构却有助于三地有差别、分重点地发挥各自所长,继而通过有效辐射邻地实现"1+1+1>3"的高效共赢局面。

---

① 天津市工业和信息化委员会:《天津市工业经济发展"十三五"规划》,http://www.tjec.gov.cn/fzgh/59539.htm, 2016年11月23日。

2. 政策环境：战略支持

尽管京津冀高校联盟的建立具有多重必要性及可行性，但作为一种具有战略意义的联合体，其建立还需要依赖政策支持。国家层面的政策，主要包含《京津冀协同发展规划纲要》（2015年4月颁行）、《"十三五"时期京津冀国民经济和社会发展规划》（2016年2月印发实施）等。前者明确提出组建京津冀高校联盟的任务要求，成为建立区域高校联盟的总纲领；后者作为全国第一个跨省市的区域"十三五"规划，明确了未来五年区域协同发展目标和行动方向。此外，《中共中央关于制定国民经济和社会发展第十三个五年规划的建议》（2015年10月颁布）也强调了打破地域分割和行业垄断、促进资源开放和有序流动的任务要求。它们作为上位政策，为区域高校联盟的建立提供了宏观导向和核心依据。

以国家政策为依据，京津冀各地纷纷制定了各自的高等教育协同发展规划。择要而观，北京制定了面向不同发展阶段的一揽子政策文件（见表1）；天津和河北于2015年7月分别通过了《天津市贯彻落实〈京津冀协同发展规划纲要〉实施方案》和《中共河北省委、河北省人民政府关于贯彻落实

表1 北京推进京津冀协同发展的一揽子政策文件

阶段	政策名称	发布时间	备注
前期（2015年）	北京市落实《京津冀协同发展规划纲要》2015年重点项目（京政办发〔2015〕38号）	2015年	有重点项目
前期（2016年）	北京市推进京津冀协同发展2016年重点项目	2016年	有重点项目
近期（2017年）	北京市推进京津冀协同发展2015～2017年工作要点（京政办发〔2015〕55号）	2015年	有工作要点
近期（2017年）	北京市科学技术委员会关于建设京津冀协同创新共同体的工作方案（2015～2017年）	2015年	有工作方案
中期（2020年）	北京市"十三五"时期推动京津冀协同发展规划（京政发〔2016〕45号）	2016年	有五年规划
中期（2020年）	北京市"十三五"时期教育改革和发展规划（2016～2020年）	2016年	有五年规划
远期（2030年）	中共北京市委北京市人民政府关于贯彻《京津冀协同发展规划纲要》的意见（京发〔2015〕11号）	2015年	有贯彻意见

资料来源：北京市政府《2015年北京市政府重点工作情况汇编》，http://www.beijing.gov.cn/sy/2016lh/2015zdgzqkhb/t1421903.htm，2016年1月25日。北京市政府《2016年北京市政府重点工作情况汇编》，http://zhengwu.beijing.gov.cn/zwzt/hb/nr/t/465448.htm，2017年1月30日。

《京津冀协同发展规划纲要》实施方案》，为两地包括教育协同在内的区域一体化战略提供了具体行动方案。

尽管上述多部文件都尚未公开，但其对京津冀高等教育协同发展及高校联盟建设的支持和促进作用已然发挥。它们既为区域高校联盟的构建提供了政策依据，同时也为其发展营造了良好的制度空间。

3. **文化环境：融合共通**

文化环境对构建京津冀高校联盟的助力主要体现在两个方面：一是有助于理解互信，二是有助于稳固资源。

首先，京津冀在地缘上的相互依赖与共存，在历史长河中形成了相似的社会文化传统，其渗透于高校之中所产生的非正式制度力量，可以通过隐性的作用渠道为三地高校联盟关系的建立营造和谐互通的文化氛围，并在一定程度上加快联盟成员间相互理解和信任的生成过程，从而有助于提高共事效率与联盟质量。

其次，伴随着就业、婚配等带来的人员自由流动，京津冀区域已经建立起了一代以上的跨地区性亲缘关系，这在无形中加强了三地之间人文关系的紧密性。在这种背景下，人力资源的跨地区移动不仅有助于增进稳定性，而且有易于实现常态化。例如，某高校教师在北京任教，而其直系亲属定居于河北某地，若在两地高校间建立高校联盟，则该教师出于内在动力可能更易于接受两地流动任教的任务安排。因此，若能充分合理地利用这一文化环境优势，则有望达到事半功倍的效果。

二 京津冀区域高校联盟的建设现状与突出问题

（一）京津冀高校联盟的建设现状

自《规划纲要》颁布一年半时间以来，京津冀地区自发建立起9个高校联盟（见表2），涉及工业、医学、商科等不同专业领域，三地共有60余所各级各类高校参加，占区域高校总数的近1/4，在实践层面拉开了高等教育从初级合作向"区域协同发展"模式转型升级的序幕。

表2　初步建成的京津冀高校联盟

序号	名称	联盟成员	建立时间
1	京津冀协同创新联盟	（3所）北京工业大学、天津工业大学、河北工业大学	2015.6.14
2	京津冀医科大学发展联盟	（4所高校）首都医科大学、北京协和医学院、天津医科大学、河北医科大学	—
3	京津冀建筑类高校协同创新联盟	（3所）北京建筑大学、天津城建大学、河北建筑工程学院	2015.7.21
4	京津冀纺织服装产业协同创新高校联盟	（11所）北京服装学院、清华大学美术学院、中央美术学院、北京工业大学、天津工业大学、天津美术学院、天津师范大学、河北大学、河北师范大学、河北科技大学、河北工艺美术职业学院	2015.9.20
5	京津冀高校新媒体联盟	（34所）河北工业大学、北京电影学院、天津科技大学、河北经贸大学等	2015.12.21
6	京津冀地区农林高校协同创新联盟	（9所）河北农业大学、中国农业大学、北京林业大学、北京农学院、北京农业职业学院、天津农学院、河北工程大学、河北科技师范学院、河北北方学院	2015.12.22
7	高等师范院校教师职业协同发展联盟	（3所）天津师范大学、北京师范大学、河北师范大学	—
8	京津冀轻工类高校协同创新联盟	（3所）河北科技大学、北京工商大学、天津科技大学	2016.4.22
9	京津冀高校商科类协同创新联盟*	（3所）北京工商大学、天津财经大学、河北大学	2016.8

* 注：2017年2月17日召开的京津冀教育协同发展工作推进会公布的区域高校联盟名单显示，初步建成的9个联盟除了该表所列的前8项外，还包含由天津财经大学、北京大学、中国人民大学等50多所高校、信用研究机构及相关经济实体联合组建的"信用教育联盟"，但由于该联盟建立时间（2014年12月1日）早于《规划纲要》颁布时间，故未列入该表，而是选列了公开资料可查的"京津冀高校商科类协同创新联盟"计入统计。

从规模来看，既有高校联盟多以小型规模建制，联盟高校数量在5所以下的占比近七成。其中，超过半数的联盟都是通过选取三地各一所同类高校相互结盟而形成的。从高校联盟的学校结构来看，北京和河北地区的高校占比不分伯仲，均在35%以上，天津高校的占比相对较少，为26%。[①] 三地高校都表现出较为积极的参与意向，北京工业大学、天津师范大学、天津工

---

① 因在公开资料中未查得参与"京津冀高校新媒体联盟"的完整高校名单，故这里在进行数据计算时并未对该联盟所涉及的34所高校进行统计。

业大学、河北工业大学、河北大学等更是成为其中的"积极分子",分别参与了至少两个高校联盟。就高校层次而言,参与高校联盟的市属高校与央属高校之比约为5∶1,显示出市属高校建立联盟的更高热度。此外,还有科研机构、协会等主体参与,显示出区域高校联盟成员的多样性。

相关资料显示,这些高校联盟多数都签署了框架协议,以明确联盟的目标主旨、协作范围、行动方式、组织制度等基本内容。简要梳理可见,既有京津冀高校联盟的合作框架主要可以归纳为以下四个方面(见表3)。需要注意的是,这种合作框架并不能代表合作行为本身,而是更多地体现为一种规划式的行动愿景。

表3 既有京津冀高校联盟的合作框架[*]

联盟目标[**]	①增进交流、交换信息、分享经验(eg.1)	②构建跨区域教学科研体系(eg.2)	③借助学科优势,提升高等教育服务地方经济社会发展的能力(eg.1,3)	④实现区域资源共享、优势互补、互惠互利、整体提升,助力京津冀区域高等教育协同发展(eg.5)		
合作范围	①人才培养(eg.1,6,8)	②科学研究与成果转化(eg.1,6,8)	③学科及学位点的建设与发展(eg.1,6)	④师资队伍建设(eg.1,6,8)	⑤服务区域发展(eg.8)	⑥智库建设(eg.1)
行动方式	①共同构建开放性实体平台,如联合实验室(eg.1)	②共同构建信息共享的虚拟平台(eg.5)	③搭建三地高校、企业、政府及行业间的沟通与交流平台(eg.2,4)			
	④打造开放式的人才交流平台,通过教师互聘、优秀管理干部相互挂职锻炼等方式促进师资的校际流动(eg.1,4,9)	⑤建立教育教学资源共享平台,促进跨校授课、跨校指导学生等,实现优势课程资源的协同开发和共享(eg.6,9)	⑥促进学生的跨校交流和培养,联合组织学生进行学科竞赛、生产实习、毕业设计和创新创业活动(eg.6,9)			
	⑦开展体制机制创新,探索建立学分互认及学位互授机制,共同研讨招生制度改革方案(eg.3,6)	⑧开展重点学科及优势特色专业建设,加快学科交叉融合,逐步形成优势互补、特色鲜明的学科群(eg.6,7,9)	⑨联合开展核心理论研究和关键技术开发(eg.3)			
	⑩共同申报和联合开展科研项目,促进校际优势科研资源开放共享,并尝试确立校际协同科研成果实施等同认定原则(eg.1,3,4,9)	⑪探索校企合作、校地合作、产学研联合发展新模式,加强高校科研成果转化机制模式创新(eg.2,4,5)	⑫联合建立跨学科的高端智库和开放式研究机构,积极参与区域经济社会改革与发展建设(eg.9)			
组织制度	①建立定期或常态的交流、研讨机制;定期召开联席会议(eg.5,9)	②联盟院校成立战略合作领导小组(由各校校长组成),设立理事长单位和理事单位,共同协商确定联盟活动(eg.6)				

[*] 表中内容并非均是联盟框架协议的原文,主要是对二次文献资料的整理、提炼与转述。
[**] 各联盟由其在表2中所对应序号指代,在该表中用以标记不同条目下的联盟案例。

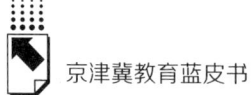

从上述内容可见，京津冀高校联盟的建设在现阶段主要具有四方面的特点：一是以专业或行业为中心，联盟伙伴在类型上具有较高的一致性；二是单个联盟规模相对较小，在区域范围内呈现碎片式分布状态；三是多以正式签署联盟框架协议的方式确立结盟关系，联盟院校的权益具有一定的制度规约；四是高校联盟的合作框架涉及面较广，符合协同发展的整体性特点。

（二）京津冀高校联盟建设中的突出问题

尽管京津冀高校联盟遍地开花，但进一步分析不难发现，蓬勃发展之势下存在诸多问题，主要体现在以下几方面。

1. 形式大于内容

事实上，京津冀三地高等教育之间早有合作，如自1999年开始建设河北廊坊东方大学城，2009年三地签订了教育合作协议，召开了第一届京津冀高等教育合作发展论坛，并开始着手建设"京津冀高等教育综合改革试验区"。[①] 在这种已具雏形的合作意向与实践探索下，区域高校联盟在2015～2016年大量涌现，不得不说是《规划纲要》等重要政策注入了催化剂。在这种形势下所建立的高校联盟，虽然体现为一种自发的自由式结盟，但本质上依然受到政策导向的干预，可以将其看成三地高校借国家实施京津冀协同发展战略之东风，纷纷寻找合作伙伴以抢占发展先机的积极应对之策。由此导致的一个局面便是，高校之间虽然签订了联盟框架协议，但高校联盟的实际发展在整体上仍然多停留在务虚阶段，高校之间的合作普遍以召开研讨会、协商会、相关负责人互访交流等方式展开，尚未深入教育科研等活动的中观与微观实践层面。

应该说，高校联盟是区域高等教育协同发展框架内，三地高校之间建立关系更为紧密、内容更为深刻、影响更为广泛的合作模式的一种有益探索，它作为一般合作的升级版，更加强调目标同向、行动同步、整体统筹、互利

---

① 李汉邦、李少华、黄侃：《论京津冀高等教育区域合作》，《北京教育》（高教版）2012年第6期，第13～15页。

共赢。但京津冀区域目前建立起来的高校联盟，仍只是一种"形式上"的联盟，即只具有了联盟的躯壳，但依然缺乏有血有肉、真材实料的"内容上"的填充，在理想与现实之间仍然存在较大的鸿沟。诚然，高校联盟从建立到发挥效用总归需要一定的过程，不能急于求成，但如何避免它们持续处于仅有联盟之名而空无联盟之实的窘境，则亟待各方做出更大的努力和探索。

2. 主体参与热度不均

一方面，从外部来看，不同地区和不同类型的高校在构建区域联盟的积极性上存在明显不均。首先就地域而言，参照前文的分析可见，北京和河北两地高校的联盟参与度较高，由于它们分别代表了京津冀区域高等教育发展一高一低的两极水平，因而也就使得高校联盟的建设呈现"两头热"的现象。其中，河北高校不仅积极参与各类联盟，而且河北工业大学、河北农业大学等高校更是主动承担起牵头组织或承办联盟会议的责任，显示出河北高校渴望抓住高校联盟的良好机遇、共享京津两地优质教育资源以带动自身发展的热切愿望。其次就层次而言，市属高校的参与热度明显高于央属高校。具体来看，天津地区的央属高校均未参与区域联盟建设；北京地区尽管有多所央属高校参与，但均未以牵头单位的角色出现，其在参与联盟的数量和类型上也都明显落后于市属高校。这固然受制于央属高校数量相对较少的限制，但也从一个侧面体现出三地市属高校渴望通过协同合作抵御"顶端优势"压力的迫切诉求。最后就类型而言，已有的高校联盟更多集中在理工科领域，在可以梳理出名单的30余所联盟高校中，大多数都是以理工类见长的高校，而文科类高校和综合大学的总量仅约占1/4，暴露出语言、政法等文科类高校在构建区域联盟积极性上的明显不足。

另一方面，从内部来看，京津冀高校联盟存在权责分担不均的现象。作为一种自愿结合的联合体，高校联盟的建立与发展无疑需要联盟成员之间相互助力方可达到"众人拾柴火焰高"的共同目的，这要求各参与高校都要做出积极贡献。然而从实践来看，既有联盟的管理与建设往往呈现出牵头高校热情高、任务重，其他联盟高校缺乏实际责任分担的"一边倒"

现象。从理论上讲,高校联盟作为一种协同发展方式,不同于一般合作的一个典型特点便是要求主体间的行动具有同步性。换言之,若在一个联盟内部,只由一所或少数几所高校主导或全揽工作,而其他高校只做附议或附庸,那么这种状态下的高校联盟事实上已经失色或背离了初衷,更遑论协同发展。因此,若想建立起真正意义上的高校联盟并发挥"1+1+1>3"的实效,则必然需要各联盟成员都能积极发挥主观能动性,在权责明晰的行动框架下步调一致地开展活动,避免因任何一方的缺席或行动滞后而影响协同合力。

3. 组织及行动框架不清晰

高校联盟尽管强调成员间围绕共同目标协同合作,但同时也注重保持联盟成员各自的独立性。由于各高校在办学理念、发展目标、组织制度、行为习惯等方面均存在不同程度的差异,因此若想服务和满足联盟体的共同利益,便需要制定出能够指导和约束成员共同行为的行动框架,并建立起权责明晰合理的组织管理体系。然而从现实来看,在组织框架上,仅有少数高校联盟对组织制度、管理架构等问题做出了明确规定(如京津冀地区农林高校协同创新联盟),多数联盟都未对此做出明确界定;在行动框架上,尽管高校联盟基本都签订了框架协议,但大多仍停留在宏观或泛化的协议内容上,普遍缺乏契约性制度约束和着眼于长远发展的阶段性行动规划。这种组织和行动框架上的模糊性,不仅不利于克服联盟成员间的客观差异而实现共同发展目标,同时也易于带来发展路径上的"失焦",不利于高校间的合作向纵深推进,大大限制了高校联盟的有序性及可持续发展。

(三)问题成因分析

上述问题的生成,源于区域高等教育的发展在历史与现实中存在的诸多主客观因素,主要体现为三地先天不足的发展落差、主体利益多元的复杂关系、地方各谋其政的制度壁垒、顶层设计欠缺的统筹不力等。它们从不同层面制约了主体利益结合点的达成,随之也带来了京津冀高校联盟建设的种种难题。

1. 落差显著①

受历史因素和部分政策的深远影响,京津冀三地在经济与社会发展水平上存在巨大差距。例如,就人均地区生产总值而言,天津、北京雄踞全国前两位,河北却不及二者的一半,仅列全国第 19 位;就具有大专及以上受教育程度的人口比重而言,北京(42.34%)和天津(23.33%)均远高于全国平均水平(13.33%),而河北却明显落后(10.21%)。这种发展环境上的巨大落差也使得与城市发展息息相关的高等教育呈现出参差不齐的水平差异,且在北京与河北之间落差尤著,这可以通过本科院校占比、央属高校数量、在校研究生规模等指标得以体现(相关内容在前文均有呈现,这里不再赘述)。而从造成质量差异的深层因素来看,师资与经费之不均难脱其责。

毋庸置疑,教师是高校发展中的重要人力资源,也是制约教育科研发展的核心要素之一,师资水平直接代表和影响着高校发展质量的高低。从师资规模来看,京津冀高校专任教师队伍呈现出"两头大、中间小"的状态:2015 年北京和河北普通高校的专任教师数均接近 7 万人,而天津尚不及这两地的 1/2。这固然受到天津高校整体数量较少的限制,但通过计算不难发现,其校均专任教师数仍为三地最低,显示出天津高校教师体量的明显不足。从师资结构来看,三地高校中具有副高级和中级职称的专任教师规模均达到 67% 以上,显示出这一教师群体在高校发展中已成为中坚力量。而就(正、副)高级职称的教师占比而言,北京高于天津、河北及全国平均水平,显示出明显的高位优势。相比之下,河北不足 15% 的正高级职称教师比重和超过 10% 的初级职称教师比重,共同导致其师资结构重心严重低于北京的落后局面(见图 13)。

作为教育发展的重要财力保障,教育经费的供给不仅是地方经济发展水平的直观体现,而且直接影响着高校各项教育科研活动的开展水平。从生均经费来看,北京在各项统计指标上的表现都优于津、冀两地,且远远高于河

---

① 本部分内容所涉及数据如无特别说明均来自:中华人民共和国国家统计局编《中国统计年鉴(2016)》,中国统计出版社,2016。

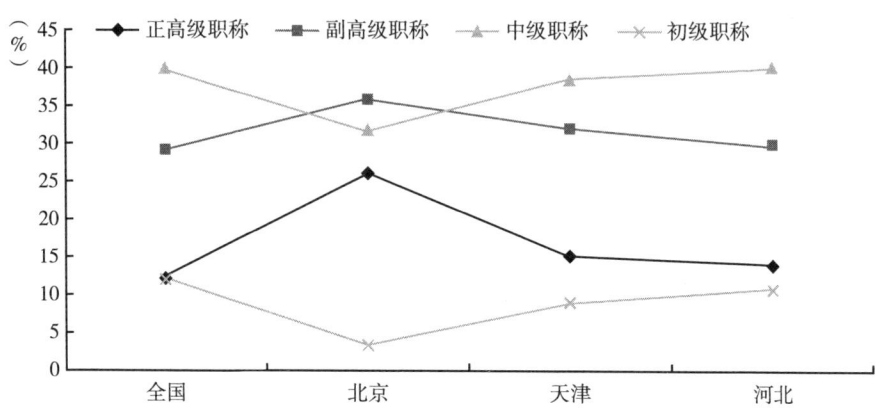

图 13　京津冀及全国普通高校专任教师各级职称占比（2015年）

北地区。就普通高校生均公共财政预算教育事业费增长情况而言，北京近两年保持了较高的增长势头，在2015年超过6万元，而天津仅约为北京的1/3，河北尚不及北京的1/4（见图14）。就普通高校生均公共财政预算公用经费情况而言，三地呈现出同样的梯度落差（见图15）。而河北高校生均经费的相对过低水平，明显拖缓了其高等教育发展的步伐，成为区域高校联盟构建中的一大短板。

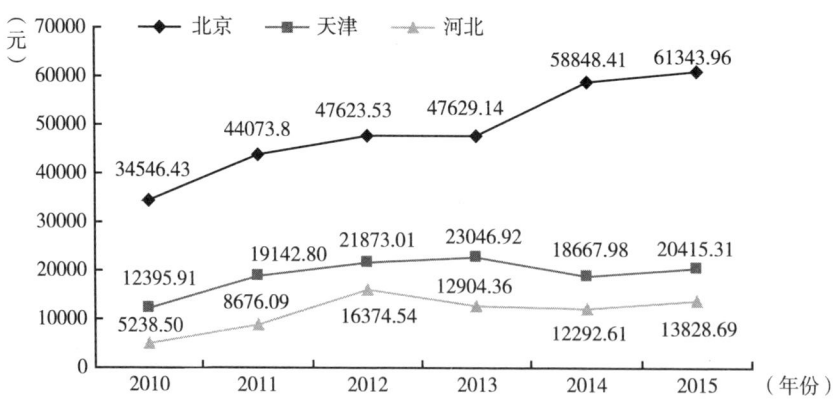

图 14　京津冀普通高等学校生均公共财政预算教育事业费增长情况

资料来源：教育部、国家统计局、财政部编《关于2015年全国教育经费执行情况统计公告》，http：//moe.edu.cn/，2016年11月10日。

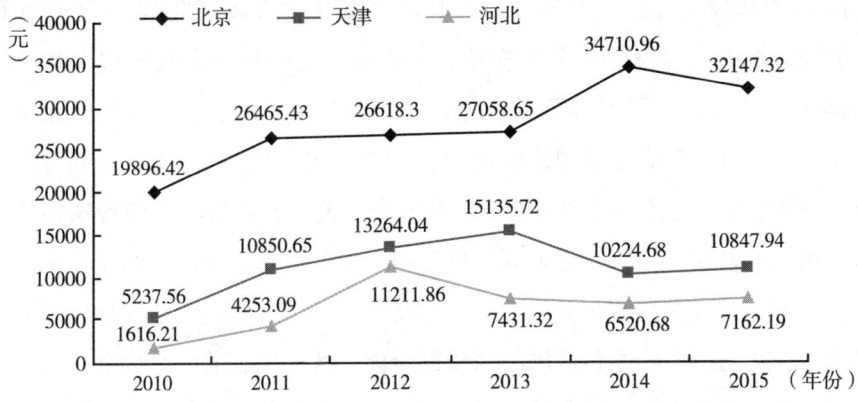

图 15 京津冀普通高等学校生均公共财政预算公用经费情况

资料来源：教育部、国家统计局、财政部编《关于 2015 年全国教育经费执行情况统计公告》，http://moe.edu.cn/，2016 年 11 月 10 日。

京津冀区域在高校师资水平、经费投入等要素上的明显落差，拉大了三地高等教育发展水平的差距，在不同程度上加大了不同层次高校间相互对话、理解和博弈的难度，造成了京津冀高校协同发展的先天不足，给区域高校联盟的构建带来了诸多现实难题。而长期以来北京对优质高等教育资源的虹吸效应远远大于辐射效应的怪圈，更是日益严峻地助长了京津冀区域高等教育发展的马太效应。如何缩小三地高等教育发展之间的差距、促进区域高等教育资源的优化配置，既是京津冀高校联盟建设与发展过程中必须重视和加以解决的突出难题，同时也是在该区域构建高校联盟的重要诉求之一。

2. 利益复杂

三地高校在层次、类型、水平上的差异及由此产生的不同发展条件与需求，客观上使得京津冀高校联盟的建立不得不面临复杂而独特的局面，而三地高校协同发展所涉及的多元利益相关体，则在主观层面加剧了利益博弈关系的复杂性，构成了京津冀高校联盟实践难以推进的又一个核心因素。

京津冀高校联盟的建立，不仅是高校之间的合作，同时也牵涉高校背后主管部门及有关共建单位的利益。简要梳理可见，除了三地人民政府外，还包括16个国家层面的主管部门（其中13个属于中央政府机构，3个属于国家级群众组织），共计19个主管部门；此外，还包括中央政府层面的其他共建部门11个，以及与部分高校建设具有紧密关联的企业若干（见表4）。粗略统计，京津冀高校联盟建设所涉及的办学主体便超过30个，同时包含266所高校内部的各级管理部门，以及分布三地、与高校联盟建设所需资源密切相关的财政、人事、土地等管理部门。由此可见，京津冀高校联盟的建设与发展涉及众多利益相关体，不同主体具有不同的角色、地位以及利益、需求，在此基础上建立跨区域的高校联合体，势必面临着复杂的利益分配与协调问题，这为在错杂的利益关系中寻得切实有效的利益结合点带来了重重困难。因而，如何从利益博弈的视角找到能够尽量满足各方需求的适宜结合点，合理调动各方主体的内在积极性，便成为京津冀高校联盟建设中解开困局的关键一环。

表4 京津冀高校协同发展所涉及的利益相关体

高校主管部门			(其他)共建单位		
类型	名称	数量	类型	名称	数量
地方政府	北京市人民政府 天津市人民政府 河北省人民政府	3	地方政府	—	—
中央政府部门机构	中央办公厅 教育部 外交部 工业和信息化部 公安部 司法部 交通运输部 国家民族事务委员会 国家卫生和计划生育委员会 国家体育总局 国家安全生产监督管理总局 中国地震局 中国科学院	13	中央政府部门机构	环境保护部 农业部 水利部 国土资源部 住房和城乡建设部 文化部 国家林业局 国家新闻出版广电总局 国家国防科技工业局 国家铁路局 国家中医药管理局	11
群众组织	中华妇女联合会 共青团中央 中华全国总工会	3	企业	中国航天科工集团、中国铁路总公司、国家电网公司等	—

3. 制度壁垒

无论是区域资源的统筹,还是主体利益的协调,都需要依靠一定的制度促使行动规程有序化、行动准则规范化,从而保障高校联盟的顺利实施。然而从现实来看,京津冀三地虽然地缘相近,但在部分制度中却存在诸多掣肘区域高校协同发展的阻隔与壁垒,这主要体现在以下两个方面。

一是三地有关制度难以对接。区域高校联盟必然牵涉人、财、物、信等资源的跨地区移动,然而三地在与此密切相关的人事制度、财政制度、科研管理制度等方面却存在不同程度的各自为政、割裂发展的状况,造成"资源想出出不去、想进进不来"等尴尬处境。例如,教师的跨区域流动,不可避免地涉及教师本人在外地任教期间的课时计算、绩效考核、职称评定、科研成果归属、子女随迁学习等现实问题,但目前三地尚未建立起统一、明确的管理规定。如果这些与个人发展息息相关的制度问题不能理顺,则教师利益便极易暴露在联盟活动的政策风险之中,从而大大降低教师参与合作的主动性和积极性。类似问题,不胜枚举。

二是地方保护主义的隐性干扰。京津冀区域协同发展制度建设相对滞后的一个重要原因即在于行政分割下的地方保护主义,地方政府为了追求自身利益的最大化,往往趋向于从自身利好角度考虑问题。区域高校联盟的建立势必要打破原有的制度屏障,这可能给地方政府在自己的一亩三分地上获取收益带来难以预估的冲击与挑战,因而在行政壁垒的束缚和行政绩效考核的压力下,地方政府往往面对改革更易于选择保守或观望的态度,在利益博弈过程中也易于采取守势,从而造成了行动难以推进的僵局。事实上,京津冀高等教育区域合作的起步实践较晚,在一定程度上也受到地方保护主义的影响。例如,北京作为首都,不仅要更多考虑改革带来的政治影响,而且要兼顾改革发展与社会稳定间的关系问题,因而在诸多方面的教育改革中都显得较为慎重。[①] 这也给京津冀区域的高校联盟建设带来了独特难题。

---

① 李汉邦、李少华、黄侃:《论京津冀高等教育区域合作》,《北京教育》(高教版)2012年第6期,第13~15页。

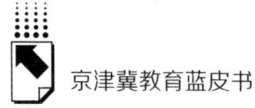

由此可见，尽管三地高校都表现出了对区域联盟的兴趣与愿景，但现实存在的诸多制度性阻力却令许多行动望而却步、无奈兴叹。因此，尽快转变三地政府职能，打破行政壁垒，促进相关制度在区域内获得对接，便成为京津冀高校联盟发展中亟待解决的根本性问题。然而同时也必须看到，制度行为具有一定的历史惯性，面向制度与体制的改革仍需经历一个相对长期的过程。

4. 统筹不足

当前区域高校联盟的建设呈现为三地高校间自发的、零散的、探索式的实践，并存在诸多由此产生的现实问题，暴露出顶层设计的明显不足。作为一种跨区域的战略规划，京津冀高校联盟不仅是高等教育内部的改革，同时也是面向区域经济社会发展的改革，这在另一个方面表明，区域高校联盟建设需要在超越高等教育的更广阔范围内和更高层视角上，获得更多的支持与指导。因此，相关政府部门及上层决策者必须加强京津冀高等教育协同发展规划的顶层设计，在放眼长远的全局范畴里为区域教育资源的统筹、制度壁垒的破除等提供明确、系统、有力的政策指导及保障。

综合分析可见，京津冀高校联盟的建设尽管存在多样的必要性和可行性，但历史与现实中存在的多重主客观因素依然使其面临着多重不稳定因素，而在区域产业布局结构调整、首都非核心功能疏解等改革背景下，各种矛盾和难题所呈现出来的叠加之势，更增加了问题解决和政策落实的难度。如何合理利用和发展现有资源条件，搭建起科学有效的发展路径，随之成为京津冀高校联盟平台建设过程中亟待思考和解决的问题。

三 促进京津冀区域高校联盟建设的策略探索

京津冀区域高校联盟建设的复杂环境与多重阻力，预示着这一战略的真正落实势必是一个相对长期的探索过程。结合上文的分析，围绕京津冀协同发展规划的近期和中期目标，我们认为当务之急的可行对策是做好以下四方面的工作。

（一）组建一个领导小组

鉴于三地之间的行政壁垒及地方保护主义难以破除的制度惯习，京津冀区域亟待组建一个高于三地政府的专门领导小组，或者直接由京津冀协同发展领导小组任命分支机构来负责高等教育领域的协同发展。[①] 它主要由三地政府、教育主管部门的负责人和行业代表组成，对上直接服务于教育部和中央决策部门，对下则直接与三地人民政府及教育行政部门对接。

围绕高校联盟建设，该领导小组的主要职责有三。其一，完善顶层设计，在充分考察、调研的基础上，制定区域范畴内促进和保障联盟的章程、实施办法等指导性文件，明确高校联盟建立与发展的目标原则、制度规范、主体权责、行动步骤等基本内容；弥补当前相关政策缺失的不足，协调破除制度体制方面的壁垒，在更高的格局上，为区域高等教育资源统筹指引科学合理的方向与路径。其二，做好上传下达，即一方面做好中央战略规划的"宣传员"，借助多样化的交流渠道，增进地方政府、高校等主体对有关区域高校联盟建设内容的认识与理解；另一方面做好省市一级主管部门及其他利益相关体的"通讯员"，及时将三地有关需求及信息向上反馈，为上级决策提供及时有益的参考和建议。其三，加强督促监管，有规有序地开展督导评价工作，既要避免相关部门仅做表面文章，又要督促各利益相关体在适宜的条件下积极参与联盟建设，以正反两向作用力共同推进高校联盟优质高效的建设发展。

而为了保证能够恰到好处地发挥应有职能，这一区域高等教育协同发展领导小组还有必要列出权力清单，在明确自身作用范围的同时，也为三地高校及相关利益主体更好地发挥主观能动性及市场调节作用留出充足空间。

（二）遵循两条逻辑主线

逻辑体系的模糊势必带来行动的无序，因而在确立好组织制度框架的基

[①] 白翠敏：《京津冀高等教育协同发展战略研究》，山东财经大学硕士学位论文，2015，第40页。

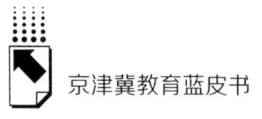

础上,亟须进一步厘清京津冀区域高校联盟建设与发展的逻辑主线,这可以看成是思想层面的建构要求。

一方面,要遵循以问题为导向的逻辑主线。通过上文的分析可以发现,京津冀高校联盟在实践中不仅受到前述四方面因素的影响,而且受其几乎完全以目标为导向的制约,在一定意义上体现为"为了联盟而联盟",而缺乏以问题为导向,没有走面向"非联盟而难以解决"的问题寻找合作共赢之路。鉴于此,要想理顺各方关系、调动各方积极性、寻找到合理的联盟路径,就必须积极树立问题意识,牢牢把握问题主线,使高校联盟能够有针对性地切实解决京津冀三地高等教育发展中的突出问题,提升区域整体竞争力。

另一方面,也要遵循以目标为导向的逻辑主线。这不仅因为《规划纲要》为京津冀协同发展提供了三阶段的目标要求,而且因为区域高校联盟涉及复杂的利益主体关系,必须借助一定的目标为吸引力,方能将分散的发展视野与多元的利益诉求引向某一具有契合性的结合点,从而促成利益博弈,实现三地主体目标同向、措施一体、行动同步、整体共赢的协同发展效果。

(三)构筑三大功能平台

高校联盟不同于企业联盟,并不以扩大经济利润为核心目的,而往往更注重通过共享资源、降低成本等方式更好地实现高等教育价值,并在一定条件下获得隐性的附加收益(如学校声誉等)。这便要求区域高校联盟的建设不能忽视高校自身的发展,而需要围绕其内在功能属性搭建相应的承载平台,主要包含人才培养平台、科研创新平台、社会服务平台等。

人才培养平台的建设一方面要注意分层分类发展,突出特色;另一方面要注意促进实体平台(如联合实验室)和虚拟平台(如 MOOCs)之间的有机结合,提高跨区域共享资源的质量与效率。

科研创新平台的建设可以充分依托北京中关村科技园、清华科技园、天津未来科技城、河北唐山曹妃甸国家级经济技术开发区等高新科技产业园区的资源优势,积极拓展高校跨区域协同创新和促进成果转化的渠道与能力。

社会服务平台的建设可以紧密结合区域老龄化加剧等共同问题、北京张家口共办冬奥会等重大赛事机遇、京津冀医疗养老一体化、运输通信一体化等新局面，积极对接区域产业布局结构调整的新业态和社会发展的新需要，以更长远的眼光和富于实战的精神不断提高三地高校服务区域发展的内在实力。

其中每一个功能平台的建设都具有自身独特的需求，在不同条件下可以生成不同的发展路径，但受篇幅限制，这里不再展开，有待专文论述。

（四）完善四项联动机制

加强机制建设也是促进京津冀区域高校联盟建设的题中之意，概括而言，现阶段京津冀地区亟待完善以下四项联动机制：一是建立和完善伙伴筛选机制，可以通过供给、需求、渠道三条线索寻找适宜的联盟伙伴，以便更好地寻得可能的利益结合点。需要指出的是，资源与类型是区域内部高校选择联盟伙伴的两个关键指标，应该引起相关主体的关注与认真研判。二是建立和完善组织管理机制，包括建立科学有效的顶层设计机制、沟通交流机制、制度协调机制等。特别需要注意的是，可以尝试借鉴国外高校联盟的经验，在京津冀区域高校联盟中引入契约机制，促进行动框架、制度规则的优化完善，从而起到更好的指导和规范作用。三是建立和完善资源统筹机制，这主要是从内容载体层面促进三地优质高等教育资源的合理有序移动，可以进一步分为灵活流动机制、补充共享机制、共建创新机制等。四是建立和完善服务保障机制，主要包括针对高校联盟发展表现的过程评价机制、针对其实际效果的结果评价机制，以及旨在提升主体参与积极性、主动性的多元激励机制等。这些机制的建设虽然自成体系，但其功能效用的发挥却有赖于整体联动。任何一环的缺失或薄弱都可能对高校联盟的建设及其实效产生不利影响。

综上所述，区域高校联盟在京津冀协同发展中肩负着重要的战略使命，但在实施中却面临着可行性与困难性并存、独特性与复杂性兼具的矛盾局面。随着京津冀协同发展规划正逐步走近第一个发展阶段的监测点，三地利益相关体更加迫切地需要加强沟通合作、理解互信、统筹规划，以期共同攻坚克难，努力将区域高校联盟建设成为京津冀协同发展的优质可靠平台。

B.6
京津冀高等职业教育协同发展基础与策略研究

孙毅颖 裴斐*

摘 要: 本报告在系统梳理和总结京津冀高职教育发展规模、结构特点、基础资源以及特色优势的基础上,分析了高职教育的基本特征和经济发展阶段性特点对京津冀高职教育协同发展的影响,尝试探究京津冀协同发展中的某些困境根源,从国家宏观统筹、省市主责定位、院校主体地位以及社会监督保障等方面提出深入推进京津冀高职教育协同发展的策略建议。

关键词: 京津冀协同发展 高职教育 基础资源 发展策略

全面落实《京津冀协同发展规划纲要》,京津冀协同发展进入加快发展重要阶段。认真梳理总结京津冀高等职业教育(简称高职教育)发展规模、结构特点、资源基础以及特色优势,分析高职教育基本特征和经济发展阶段性特点对京津冀高职教育协同发展的影响,提出促进京津冀高职教育协同发展策略具有重要的现实意义。

一 京津冀高等职业教育发展基础与资源

(一)京津冀高职教育办学规模

1. 京津冀高职教育院校规模

2014年,京津冀区域共有独立设置高职院校111所,其中国家级示范

---

* 孙毅颖,北京教育科学研究院高等教育科学研究所研究员;裴斐,北京财贸职业学院副教授。

校12所、国家级骨干校9所、省级示范校28所;京津冀独立设置高职院校分别为京25所、津26所、冀60所,其中国家和省市两级示范院校分别为京12所、津18所、冀19所,分别占三地高职院校总数的48%、69.2%和31.7%;三地国家级示范性高职院校均为4所。两级示范校占比显示,天津、北京高等职业院校优质资源较为丰富,与其良好的职业教育传统和办学基础密切相关(见图1)。

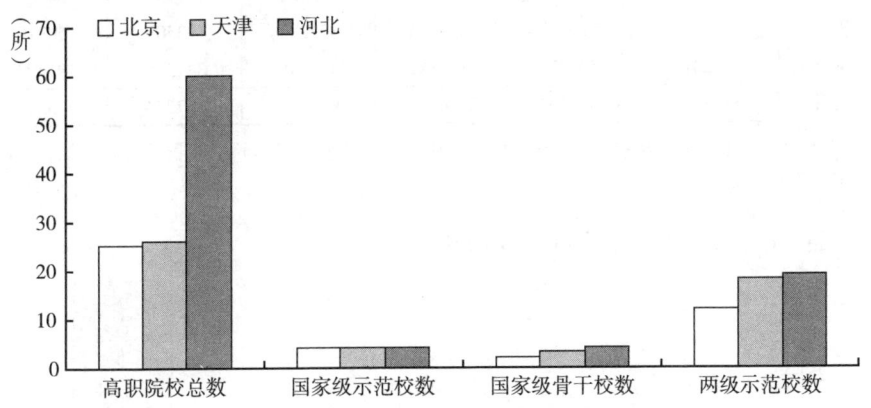

图1　2014年京津冀高等职业院校规模结构

2.京津冀高职教育学生规模

2014年,京津冀全口径高职教育在校生(包括本科院校举办高职教育学生)93.3万人,京津冀三地占比分别为11.3%、35.3%和53.4%;京津冀全口径高职教育在校生规模呈现梯次递增结构,北京规模最小,河北为高职教育规模大省。京津冀三地高职教育学生占本专科学生比例分别为17.4%、65.1%和42.8%,北京最低,天津最高;2014年,北京、河北的专科高职招生数都少于当年毕业生数,而同期天津却有所增加(见表1)。

此外,2012~2014年独立设置高职院校在校生规模显示,京津冀高职院校在校生总规模基本保持稳定,3年间规模基本保持在58.7万人左右;京、津、冀高职院校在校生数分别占这一总数的12.8%、25.3%和61.9%,学生规模也呈现梯次递增分布,其中,河北学生人数最多,占京津冀高职院校学生规模的半壁江山(见图2)。高职教育在校生规模与地区经济社会发展水平密不可分。

表1 2014年京津冀普通本专科学生情况

单位：人

地区	招生数		在校生数		毕业生数	
	本专科	专科	本专科	专科	本专科	专科
北京	156928	31600	604578	105322	149231	34129
天津	139187	58084	505795	329233	123505	50310
河北	318201	153832	1164341	498505	344518	191407
合计	614316	243516	2274714	933060	617254	275846

资料来源：中华人民共和国国家统计局编《中国统计年鉴(2015)》，中国统计出版社，2015，第710~711页。

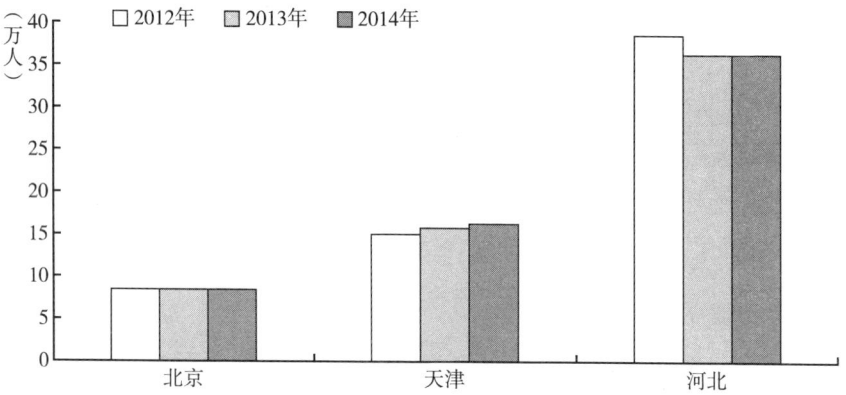

图2 2012~2014年京津冀高职院校在校生规模

资料来源：天津市、河北省《高等职业教育质量年度报告》，中国高职高专教育网，http://www.tech.net.cn/web/rcpy/articleview。

(二)京津冀高职教育办学基础资源

1. 京津冀高职教育办学条件

以京津冀三地高等职业院校生师比和生均科研仪器设备值两项指标为例，来考察京津冀高职教育办学条件。2015年，京津冀三地生师比分别为

12.19%、14.65%和15.08%，北京最低、河北最高；生均科研仪器设备值分别为北京34967.82元/人、天津12126.82元/人、河北8839元/人，北京生均科研仪器设备值是河北的3.96倍（见表2）。

表2　2015年京津冀高职院校生师比、生均教学仪器设备值指标数据

项目	北京	天津	河北
生师比(%)	12.19	14.65	15.08
生均教学科研仪器设备值(元/人)	34967.82	12126.82	8839

2. 京津冀高职教育经费投入

生均教育经费支出、生均预算内教育支出是衡量地区教育投入水平、反映地区支持相关教育发展的重要指标。《中国教育经费统计年鉴》有关数据显示，2014年京津冀地方普通高职高专院校生均教育经费支出为北京5.18万元、天津2.02万元、河北1.47万元。北京是天津的2.5倍多，是河北的近3.5倍；从2012~2014年这一指标三年趋势来看，北京基本保持稳定，2014年略有增长、天津呈逐年增长趋势、河北在逐年降低，北京、天津均高于全国平均水平。2014年生均公共财政预算教育经费支出数据显示，京津冀三地呈梯次递减，北京领先于津、冀，远高于全国平均水平，天津呈现逐年增长的良好趋势，河北低于全国平均水平并呈小幅下降趋势（见图3、图4）。

（三）京津冀高职教育办学结构特点

1. 京津冀高职教育办学体制

京津冀高职院校办学主体不同，各具特色。北京以行业委（局）办学为主，多主体办学兼顾，行业委（局）办学占比最大，为36%；天津以行业和企业办学为主，行业和企业办学占比84%；河北则以教育部门办学为主，教育部门所属院校占比48%。京津冀三地办学体制差别形成了高职院校不同的办学特色和风格（见图5、图6、图7）。

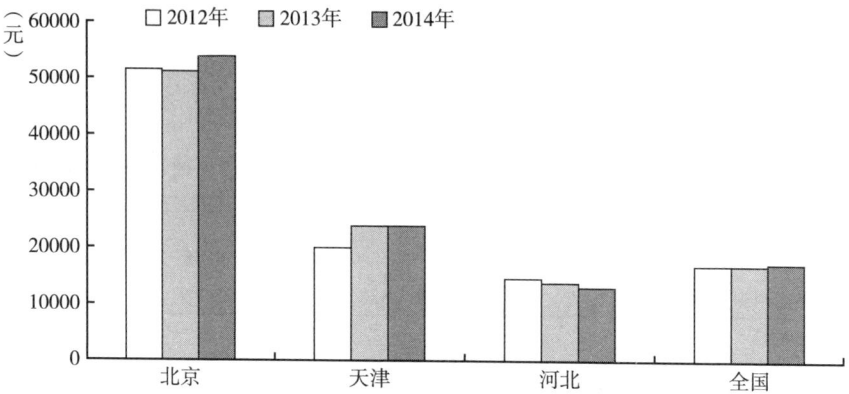

图3 京津冀地方普通高职高专学校生均教育经费支出

资料来源：教育部财务司、国家统计局社会科技和文化产业统计司编《中国教育经费统计年鉴（2013）》，中国统计出版社，2014，第576~577页；教育部财务司、国家统计局社会科技和文化产业统计司编《中国教育经费统计年鉴（2014）》，中国统计出版社，2015，第576~577页；教育部财务司、国家统计局社会科技和文化产业统计司编《中国教育经费统计年鉴（2015）》，中国统计出版社，2016，第624~625页。

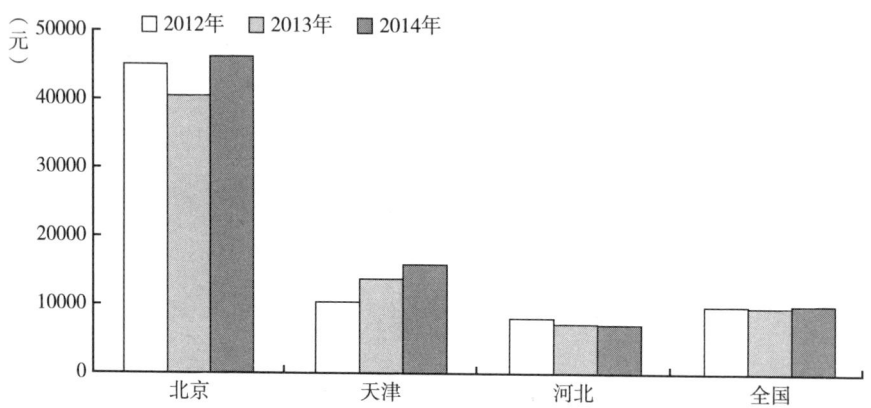

图4 京津冀地方普通高职高专学校生均公共财政预算教育经费支出

资料来源：教育部财务司、国家统计局社会科技和文化产业统计司编《中国教育经费统计年鉴（2013）》，中国统计出版社，2014，第576~577页；教育部财务司、国家统计局社会科技和文化产业统计司编《中国教育经费统计年鉴（2014）》，中国统计出版社，2015，第576~577页；教育部财务司、国家统计局社会科技和文化产业统计司编《中国教育经费统计年鉴（2015）》，中国统计出版社，2016，第624~625页。

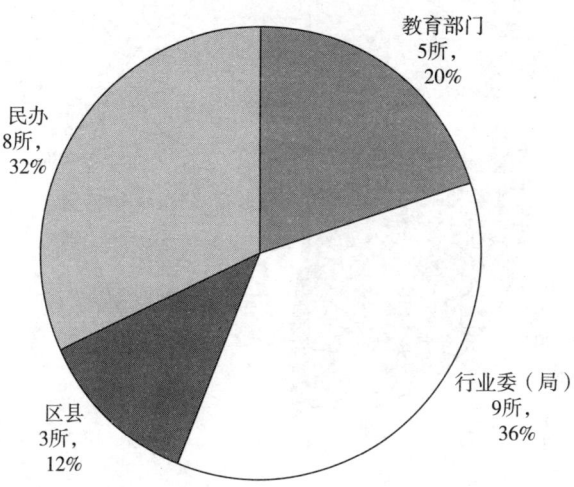

图 5　2014 年北京高职院校办学体制结构

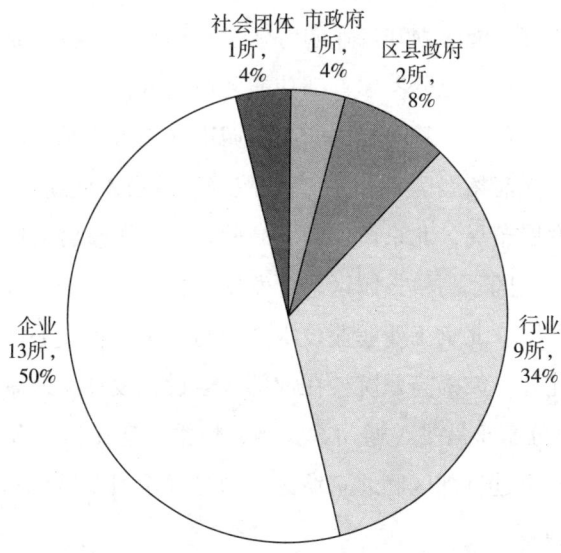

图 6　2014 年天津高职院校办学体制结构

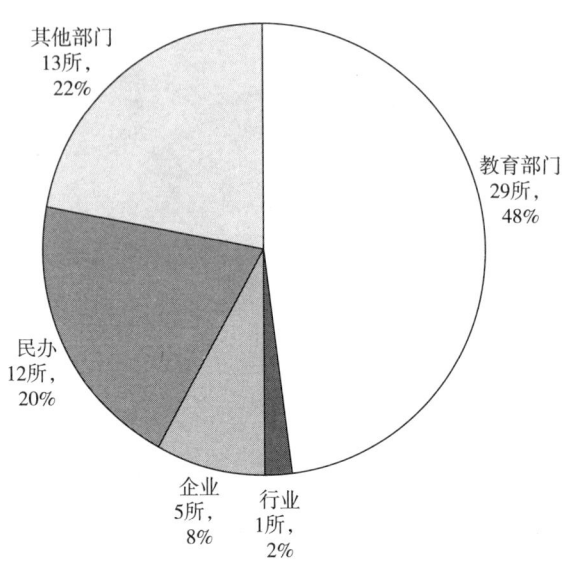

图7 2014年河北高职院校办学体制结构

2. 京津冀高职院校空间布局

北京结合首都功能区划和产业园区建设布局高职院校。北京在高等职业院校布局结构调整中，充分考虑首都功能区域划分，形成了与首都城市空间布局相协调、与产业发展趋势相适应、与城市功能区相结合的高职院校空间布局。北京城市功能拓展区有11所高职院校、城市发展新区有10所高职院校。结合产业发展布局，北京市加大了高职院校资源整合力度，不断促进高职院校与经济开发区、高科技园区融合发展，如北京电子科技职业学院与北京经济技术开发区、北京工业职业技术学院与中关村科技园区石景山园建立了院区合作。此外，鼓励高职院校在远郊区县设校发展，北京高职院校校区（分校区）主要分布于昌平、通州、大兴、怀柔、房山以及朝阳、海淀、石景山、丰台等北京远近郊区和北京城区，为首都学习型城市建设和市民终身学习提供了便利。

天津依托教育园区建设实现高职院校聚集发展。天津依托国家级高职教育改革实验区——海河教育园区高职园建设，整合天津职业教育资源，解决职业院校"规模小、布局散、水平低"的难题，为高职院校发展提供了新的空间。2011年3月，天津市首先将市内原来的13所高职、7所中职整合为5所高职（中德应用技术大学、电子信息职业技术学院、海运职业学院、现代职业技术学院、轻工职业技术学院）、2所中职（仪表无线电工业学校、机电工业学校），并使其成为首批入驻园区的院校；2014年9月，天津商务职业学院、天津青年职业学院、天津机电职业技术学院3所高职院校也陆续入驻，形成了高职院校聚集发展布局。

河北形成地市均衡布局与中心城市相对集中发展态势。河北省在高等学校布局结构调整中提出充分调动设区市政府发展区域高等教育的积极性，鼓励扩大市属职业技术学院办学规模；将办学条件较好、办学水平较高的成人高校和重点中专学校，改建为面向主要行业和主导产业的职业技术学院，构建纵（行业）横（设区市）结合、分工合理的高等职业教育体系框架。河北省有11个地市，实现每个地市至少有一所高职院校的布局结构，高职院校布局较为集中的地区为石家庄（24所）、保定（6所）、沧州（6所）。

3. 京津冀高职教育专业结构

北京高职专业结构调整重点围绕都市型现代农业、高端现代制造业、现代服务业、高技术和战略性新兴产业发展。按照"京津冀协同发展"国家战略和北京"全国政治中心、文化中心、国际交往中心、科技创新中心"城市功能定位要求，北京高职教育紧密结合产业结构调整升级需要，积极服务于高端化、服务化、集聚化、融合化、低碳化的"高、精、尖"经济结构和产业体系构建，在确定专业建设和发展重点中，明确以服务都市型现代农业、高端现代制造业、现代服务业、高技术和战略性新兴产业发展为主线，做强高技术和现代制造业类专业，做大服务特别是生产性服务类专业，做优都市型现代农业类专业，做精战略性新兴产业类专业；同时，注重对接京津冀产业发展，对接城市建设与管理，对接生活性服务业品质提升和重大项目建设，加速专业升级建设步伐，形成了与现代制造业、高新技术产业、现代服务业、都市农业、创意文化产业等北京重点发展产业相适应、与"三、二、一"产业结构布局相匹配、各具特色的专业发展格局。

2014年，北京高职院校19个大类专业中专业布点前5位的是财经、电子信息、制造、艺术设计传媒和文化教育。2013年,北京高职院校主要服务第三产业的专业点612个,这些专业点的在校生占到在校生总数的81.51%,主要服务第二产业的专业点125个,在校生占到17.17%,而主要服务第一产业的专业点仅10个,在校生仅占1.3%。很显然,北京高职专业布局与北京三、二、一产业结构相匹配①(见图8)。

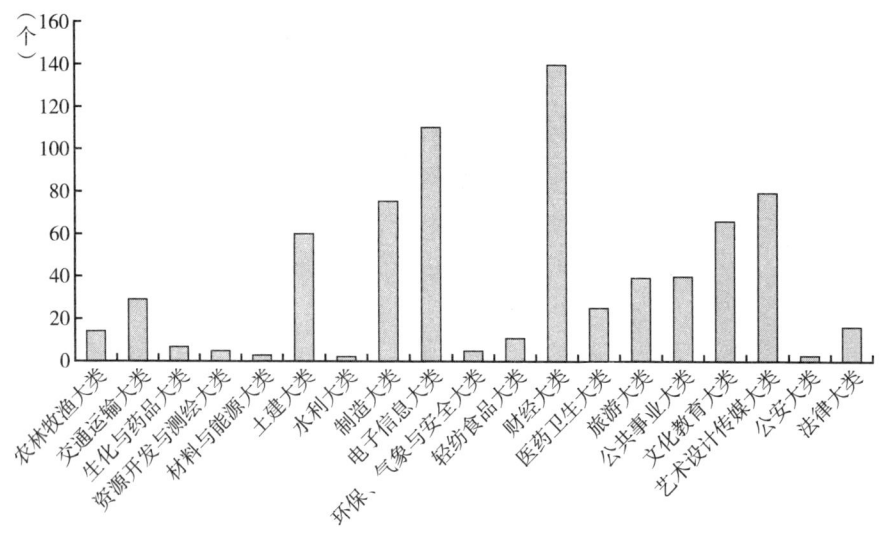

图8 北京高职院校专业布点情况

与天津作为全国先进制造研发基地、北方国际航运核心区、金融创新运营示范区、改革开放先行区的城市功能定位相适应,天津高职教育专业建设紧紧围绕航空航天、石油化工、装备制造、电子信息、生物医药、新能源、新材料、轻工纺织八大优势支柱产业,以服务天津产业结构调整、服务业大发展为目标,提升高职教育服务经济社会发展的能力,实现了职业院校优质专业群与天津优势产业群的对接。《天津市高等职业教育"十二五"专业建设发展规划》明确提出高职专业要对照产业,科学布局。在"支持高等职

---

① 北京市教育委员会:《北京市高等职业教育质量年度报告(2015)》,中国高职高专教育网,http://www.tech.net.cn/web/rcpy/articleview,2015年1月。

业学校提升专业服务产业发展能力"布局中重点支持和建设专业整体向八大支柱产业及现代服务业倾斜,为天津市"做大做强先进制造业""大力发展现代服务业"等提供人才支持。

河北省高职院校专业建设主要服务现代农业、先进制造业、现代服务业和战略性新兴产业发展。2015 年 11 月颁布施行的《河北省普通高等学校高等职业教育(专科)专业设置管理实施细则》,要求河北高职院校对接"一带一路"、京津冀协同发展等国家战略,围绕现代农业、先进制造业、现代服务业和战略性新兴产业发展需要,积极推进专业建设,调整与优化专业结构,坚持专业建设、人才培养与产业发展相适应,主动面向河北省钢铁、装备等传统优势产业,太阳能光伏发电、风力发电等新兴产业,现代物流业、旅游业等生产性、生活性服务业,面向农林水地矿油等艰苦行业,统筹推进专业建设。

2014 年,河北省高职院校 19 个大类专业中,专业设置数排名前 6 位的分别为财经、电子信息、土建、艺术设计传媒、制造、旅游,院校数量均在 40 所以上;在校生规模数排名前 5 位的分别为财经、医药卫生、制造、土建、电子信息,5 个专业大类的学生总数占全省高职在校生总数的 73.56%(见表 3),各专业在校生规模在一、二、三产中占比分别为 2%、56% 和 42%,三次产业相关专业设置与其在 GDP 中的比重相比,第三产业相关的专业偏多。

表 3 2014 年河北省高职院校专业大类分布情况

序号	专业大类	在校生数(人)	布点院校数(所)
1	财经大类	82497	51
2	医药卫生大类	48948	17
3	制造大类	47593	45
4	土建大类	47080	46
5	电子信息大类	34765	49

资料来源:河北省教育厅高等教育处《河北省高等职业教育年度质量报告(2016)》,中国高职高专教育网,http://www.tech.net.cn/web/rcpy/articleview_sf.aspx?id=235,2016 年 1 月。

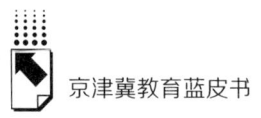

二 京津冀高职教育特色与优势

从区域社会经济发展基础和发展特点出发，结合自身办学资源优势和历史积淀，京津冀高职教育实现特色发展。

（一）北京高职教育特色

北京高职教育有效利用北京作为首都和国际化城市的发展优势，确立了"小体量、重质量、多样化"的特色发展之路，形成与北京城市发展、产业结构相适应的，独具首都区位优势及强有力政府支持的高职教育特色。

1. 确立高标准质量要求

秉承首都教育高标准质量要求，北京高职教育从起步就确立了"以质量为重"的发展目标，强化师生"综合素质"培养与提升，把教学质量放在首要位置。认认真真抓内涵建设，扎扎实实抓质量提高，成为北京高职院校的办学特色和教学风格。高标准要求，收获高水平成果，"一奖两赛"成果彰显了北京高职院校高标准质量建设成果。2014年，国家级教育教学成果奖评选，北京高职院校有13项成果获奖，其中，一等奖3项（占全国高职院校获奖总数的10%），二等奖10项；2014年，全国职业院校技能大赛中，北京高职院校获得13个奖项，其中，一等奖9项（占全国职业院校获奖总数的12%），北京市教委荣获大赛最佳组织奖；2014年，全国职业院校信息化教学大赛，北京高职院校获得13个奖项，其中，一等奖9项（占全国职业院校获奖总数的12%），北京市教委荣获大赛最佳组织奖。

2. 发挥优质教育资源优势

北京高等教育资源丰富，聚集了近百所高等院校和大批高等教育管理优秀人才，北京高职教育充分利用和发挥首都丰富的优质教育资源优势，将本科高等院校中富有管理经验和领导才能的优秀人才和青年学者充实到高等职业院校，提升高职院校办学管理水平，实现高起点、高水平发展高职教育。

整合融通优质高中、高职、本科资源，采取国外、国内两种培养计划，实施高中阶段基础文化课教育、职业技能教育和本科专业教育7年（"2+3+2"）贯通培养，提升北京高职人才培养水平，提升高端竞争力。

3. **契合产业发展的办学布局**

北京利用以行业办学为主、多元办学的体制优势，基本形成了工、农、商、医、科技、政法、体育、艺术等行业特色鲜明的高职院校办学格局；鼓励高职院校在远郊区县、经济开发区、科技园区设校发展，形成了与北京城市功能定位和经济发展相适应的高职院校空间布局，促进了高职院校与区域融合发展，为北京经济发展、学习型城市建设和市民终身教育提供了有效服务；围绕北京市重点发展产业和产业转移升级调整专业布局，明确专业调整思路，鼓励和支持高职院校增设与北京重点发展产业相关的专业，减少或取消设置限制类、淘汰类产业相关专业，初步形成了与现代制造业、高新技术产业、现代服务业、都市农业、创意文化产业等重点发展产业相适应、与"三、二、一"产业结构相匹配、各具特色的专业发展格局。

4. **强有力的政府财政支持**

北京市在全国率先提出了坚持教育优先发展、保证教育投入占地区生产总值4%的目标，对高职教育的发展也给予高度重视，高职教育的公共财政投入全国领先，2010年高职院校生均经费投入已接近2万元。地方普通高职高专院校生均教育经费支出和生均预算内教育支出有关数据显示，北京领先于津、冀，且远高全国平均水平。强有力的政策支持和经费投入，使高职教育发展具备了坚实的财力保障，有力地促进了高职院校基础建设和人才培养。

（二）天津高职教育特色

1. **秉承深厚的职业教育传统**

近代，天津首开中国实业教育先河，创办中国第一所北洋电报学堂。此后，以培养海军人才、陆军和铁路人才、工业技术人才以及财会人才为目标的北洋水师学堂、北洋武备学堂、北洋工业学堂、天津中等商业学堂相继在天津开办。新中国成立初期，天津就确立了新中国职业教育新学制，随着第一所半工半读学校在天津国棉一厂诞生,半工半读教育制度在天津兴起。深厚的职业教育传统,为天津高职教育发展积累了丰富的经验,奠定了良好的基础。

2. 国家职业教育示范区建设提升办学水平

2005年,教育部与天津市人民政府共建了全国第一个国家职业教育改革试验区,2010年升级为国家职业教育改革创新示范区。2016年,教育部与天津市人民政府共建"国家现代职业教育改革创新示范区"签字。从国家职业教育改革试验区,到国家职业教育改革创新示范区,再到国家现代职业教育改革创新示范区,连续三个5年"示范区"建设,有力提升了天津高职教育的发展空间和发展水平,也为高职院校间资源共享和效益辐射创设了条件。

3. "全国职业院校技能大赛"扩大影响力

创办于2008年的全国职业院校技能大赛,是我国职业教育领域的最高赛事。全国职业技能大赛自创办以来已经连续多年在天津举办,天津作为竞赛主赛区,通过高水平地组织和参与大赛,积极推动和促进天津高职教育发展,提升了天津职业教育在全国的影响力,大赛也成为天津的职业教育品牌。

4. 企业办学为主的体制结构特色

天津由行业、企业举办的高职院校有22所,其中,行业举办院校9所,占天津高职院校总数的1/3;企业举办院校13所,占天津高职院校总数的1/2。行业、企业成为天津高职教育办学主体,这一体制结构有力地促进了高职教育与经济发展、产业发展的紧密结合。

(三)河北高职教育特色

1. 良好的农村职业教育基础

作为农业大省,河北省有着非常成功的农村职业教育发展经验,农科教结合、三教统筹、县级农村职教中心办学模式极大地推动了农村职业教育的发展;"新农村建设双带头人培养工程""送教下乡"等为培育新型农民、提高农民职业技能发挥了重要作用并在全国产生深远影响。

2. 广阔的发展空间和发展机遇

目前，河北正处于城市化进程和产业转型升级发展期，河北积极利用环渤海、环首都区位优势和京津冀都市圈、新型城市群发展机遇，加快城市化进程。适应经济发展重点和优势产业，河北高职教育面临着广阔的发展空间、发展环境和发展机遇。

3. 规模化、集约化、连锁化发展

2014年，河北省提出通过职业教育规模化、集约化、连锁化，推动全省职业教育实现特色化、品牌化。制定并出台六条促进举措：建立校际联席会、董事会、理事会，形成具有职教特色的现代学校制度；实现校际设备、师资、信息、科研、教学、实习等优势互补、资源共享；成立跨校的实践教学研究中心组，在相同层次职业院校间统一培养目标、教学管理制度、实验实习要求、职业岗位能力体系标准、考核标准，实现人才培养规范化；重视学生文化底蕴培养，把文化素质培养纳入质量管理体系，制定相关课程、教材；与用人单位共同制定职业岗位能力体系标准和考核标准；吸纳用人单位、社会成员参与职业教育质量评估，形成以用人单位为主导的三方评价机制。①

三　京津冀高职教育协同发展面临矛盾与影响

分析高职教育基本特征和经济发展阶段性特点对京津冀高职教育协同发展的影响，尝试探究京津冀协同发展中的某些困境之根源，以便更好地把握京津冀合作发展、和谐共生的本质。

（一）高职教育基本特征与京津冀高职教育协同发展的矛盾

区域性和职业性是高等职业教育的重要特征，它决定着高职教育的发展方向和发展方式，也影响着京津冀高职教育地区间协同发展。

---

① 杨占苍，《河北六举措促进职教发展　推动实现职教特色化品牌化》，中国教育新闻网—中国教育报，www.jyb.cn，2014年11月10日。

1. 高职教育区域性特征要求

高职教育的区域性特征反映了其与区域经济相互依存的共生关系，它要求高等职业教育必须协调好与区域经济的关系，做到学校教育结构与区域经济结构相统一，培养目标、办学规模、人才规格、专业与课程设置要随着区域经济的发展变化而调整，为多样性的区域经济发展提供多样化的服务。以此为基础，高职院校的管理体制、经费投入以及人才技术服务都要面向本地区，服务本地区，体现地方特色。

与高职教育的区域性要求相适应，我国大部分高职院校以地方办学为主，专业与当地产业匹配度、毕业生本地就业率等成为评价高职院校办学水平和社会服务能力的重要指标，这种基于行政区划的属地办学、属地管理、属地服务，事权在地方的管理体制以及制度政策，与京津冀跨行政区域（大区域）的协同发展之间存在一定的矛盾。此外，高职教育的区域性发展要求其专业设置与地区产业紧密结合，人才培养与地区产业结构和发展水平紧密相关，面向地方产业设置专业与服务京津冀大区域发展之间也会存在一定的矛盾。遵循高职教育区域性特征的规律要求，"打破一亩三分地"有效推进京津冀在高职领域的协同发展面临新挑战。

2. 高职教育职业性特征要求

高职教育职业性特征要求高等职业教育必须以就业为导向，以提高学生职业技术水平为目的。教学计划制订以职业岗位群需要为依据；培养目标和人才规格以职业能力分析为基础；依据高职学生应具备的职业道德、职业知识和职业能力组织教学活动。

地区间的经济发展水平、产业结构以及职业岗位差异对高职教育人才培养规格、所应具备的能力和素质等提出不同的要求。京津冀地区间的经济发展水平、产业结构和职业岗位差异较大，高职教育针对本地区行业企业的职业岗位发展进行人才培养与服务京津冀大区域发展之间形成矛盾。

（二）经济发展阶段性特点对京津冀高职教育协同发展的影响

高等职业教育与经济发展的伴生性发展规律，决定了区域经济发展对各地高等职业教育及其协同发展具有重要影响。尤其是京津冀经济发展的梯次性、互补性和共生性直接影响了三地高职教育协同发展的内容和方式。

1. 经济发展梯次性阶段特征影响

京津冀区域社会经济发展梯次性特征明显，依据世界银行相关标准，北京市、天津市已经达到富裕国家的城市水平，河北省则处于中等收入水平。从产业结构看，2015年，北京、天津、河北第三产业比重分别为79.8%、52.2%和40.2%，三地经济社会发展存在较大差距；从经济类型看，北京市服务型经济占据主导地位，形成现代制造业、现代服务业、高新技术产业、都市型农业、创意文化产业等重点发展产业和"三、二、一"产业结构；天津市以工业为主，形成了航空航天、石油化工、装备制造、电子信息、生物医药、新能源新材料、国防科技、轻工纺织八大优势产业；河北省农业比重较高，超过全国平均水平。三地经济发展的不均衡以及产业结构差异，直接影响着高职教育专业结构和人才培养类型。

2. 经济发展互补性阶段特征影响

经济互补性是地区间在比较优势中获得收益的前提。北京市具有丰富的教育、科技和文化资源优势，天津市具有航运、物流和制造业优势，河北省具有土地、劳动力等成本优势，三地经济在发展过程中具有一定的互补性。与经济发展的互补性相适应，京津冀高等职业教育也呈现出互补优势，北京高职教育体量小，注重品质发展，具有良好的办学基础条件和扎实的办学作风；天津是职业教育强市，具有深厚的历史积淀、良好的校企合作办学传统和优质资源平台；河北高职教育体量大，生源丰富，未来具有较大的发展空间和前景。互补性为京津冀地区间相互借力发展创造了条件，地区之间的互补性可以有效缓解区域发展中本地要素资源的约束，为区域发展提供持续动力，高职教育互补性形成的效益辐射与外溢是高职院校协同发展中需要考虑的重要方面。

3. 经济发展共生性阶段特征影响

经济发展的共生性指地区间的相互依赖性，共生性具有跨域流动特征。京津冀环抱式的地理环境和裹挟式的区位布局，使京津冀环境资源、人力资源的共生性更加凸显。京津冀共生性突出体现在水、空气等环境和环保事业的"同呼吸、共命运"方面，对于京津冀高等职业教育而言，共生性突出表现为高职人才在地区间的自由流动性。北京、天津由于其中心城市地位而形成了"人才虹吸"现象，使两者成为人才单向流入地，河北高职毕业生在北京、天津的就业需求，又造成了河北高职教育专业发展与其地区经济结构的疏离。这在某种角度上讲，恰恰是人才稀缺的河北对京津两市给予的支持和付出，这不仅体现为京津对地区高层次人才的吸引，还反映为面向生产、服务、管理一线的技术技能人才在京津的就业选择。这也导致河北高职毕业生在京津的就业需求与河北产业发展对高职毕业生的需求错位发展，表现为河北省高职教育专业结构与其产业结构匹配度低于京津两地。受毕业生京津就业优势引导，一些河北高职院校更愿意按照京津两地需求开设专业和开展订单培养。

四　推进京津冀高职教育协同发展的策略思考

本部分从国家宏观统筹、省市主责定位、院校主体地位以及社会监督保障等方面，围绕政府政策制度完善、体制机制构建、院校实施落实、社会监督保障等内容，提出了深入推进京津冀高职教育协同发展的策略建议。

（一）宏观统筹：京津冀高职教育协同发展中的国家责任

推动京津冀协同发展是一项国家战略，其实施关联北京、天津、河北两个直辖市、一个省级行政管辖区域，中央宏观统筹机制非常重要。已有的京津冀协同发展策略相关研究对这一点都给予了高度关注。京津冀高职教育由于行政隶属关系而面临着地区性、机制性制约，要改变这一现状，则需要国家宏观政策引导、组织机构保障、国家经费支持、国家项目带动，以及国家统筹协调作用的发挥。

1. 完善京津冀高职教育协同发展宏观政策

国家宏观政策是京津冀高职教育协同发展的顶层制度内容。2015 年，

《京津冀协同发展规划纲要》《京津冀协同发展交通一体化规划》先后发布；2016年，全国第一个跨省市区域规划《"十三五"时期京津冀国民经济和社会发展规划》印发实施。一系列重要指导性文件的颁布体现了国家层面对京津冀协同发展的宏观政策指导。京津冀高职教育协同发展要符合京津冀协同发展总体规划要求，制定京津冀高职教育协同发展专项规划，同时教育部等有关部委在其发布的相关政策规划中应将京津冀高职教育发展作为专题内容给予重点关注和支持。

2. 将京津冀高职教育发展纳入国家项目给予支持

考虑到京津冀高职教育全局性、综合性问题，应从国家层面给予其支持建设。设立京津冀高职教育协同发展创新试验区建设项目，由教育部有关部门牵头组织，在国家层面推动跨地区集团办学、异地合作办学、联合招生等，统筹推进京津冀高职教育协同发展；依托现有国家级改革项目，强化京津冀高职教育协同发展任务和职责。以天津"国家现代职业教育改革创新示范区"建设为例，示范区首先应将北京、河北高等职业教育纳入建设总体规划，提倡共同参与、共享成果、共同提升；示范区的引领、辐射作用首先应辐射到京津冀区域职业教育发展；建立"省部共建"新平台，在政策、资金、项目、人才培养、专业建设等多方面给予支持。

3. 设立跨地区补偿机制和国家专项补偿资金

按照京津冀协同发展总体规划和新的城市发展定位、京津冀产业新布局，各地区高职教育招生范围、专业结构、服务重心等都需进行重大调整，服从协同发展大局，一些地区和院校也会面临"放弃小我利益、顾全大局发展"的选择，国家应建立跨地区补偿机制、联合招生补偿机制，设立国家专项补偿资金对此予以补偿性支持；同时，将专项扶贫资金向"环京津贫困带"农村职业教育和外地来京（津）务工人员技能培训倾斜，有效提升经济基础薄弱地区劳动者素质和大量流入京津地区一线劳动者的技术技能水平，这对于维护京津地区经济、社会、政治稳定也将发挥积极作用。

（二）主责定位：京津冀高职教育协同发展中的省市责任

高职教育区域性特征规律要求高职院校办学要立足区域、服务区域，"高职教育事权在地方"的办学体制特征决定了地区政府在推进京津冀高职教育协同发展中具有主责地位。主责定位不仅要求地区政府在促进京津冀高职教育协同发展中承担主要责任，还要求各地区政府把促进高职教育与地区经济社会协调发展作为首要任务，以此作为落实京津冀协调发展规划总体目标的基础。

1. 服务地区发展与促进京津冀协调发展有效结合

服务本地区产业发展，明确高职教育办学定位。精准定位是实现京津冀高职教育协同发展的基础，高职教育必须明确服务地区经济社会发展的办学定位。京津冀协同发展中，三区域各有定位。各地区政府必须围绕北京"四个中心"，天津、河北"三区一基地"的京津冀城市发展定位和地区产业规划来制订各省市高职教育发展规划，确定地区高职院校办学定位和服务对象。地区政府通过政策引导、项目支持、制度保障，鼓励地区高职院校为城市发展和地区产业发展培养高水平紧缺人才。

服从京津冀协同发展大局，制定高职教育调整政策。有序疏解北京非首都功能、优化提升首都核心功能、解决北京"大城市病"问题，是京津冀协同发展的首要任务。在疏解北京非首都功能过程中，北京调控人口规模，严控增量、疏解存量，大批低端、低效益、低附加值、低辐射产业面临转型升级；解决北京"大城市病"，改善首都区域环境，河北也将对钢铁、煤炭、焦化等高污染企业采取关停并转等措施，京津冀高职教育专业发展面临重大调整，高职教育招生就业政策面临新变化。服从京津冀协调发展大局，制定相关调整政策，积极主动引导和促进高职教育转型发展是地区政府的重要职责。各地区根据产业转型发展制定高职教育限制发展专业目录和高职专业转型调整计划，建立分期分批、逐步退出机制。

2. 地区政府主导搭建平台推动地区间全方位合作

地区政府平台建设是促进京津冀高职教育实现协同发展的基础。强化京津冀高职教育各自优势的引领作用，整合现有合作模式和资源，制订系列合作发展计划，全面推进京津冀高职教育协同发展。实施京津冀高职院校联合办学计划，开展合作办学、优质资源共享、学分学历互认，以及课程开发、科研项目、资格证书认证合作等；实施高职教师合作交流计划，开展教师联合培养培训，建立京津冀高职专家库、名师工作站，开展教师互聘、教师联合教研等；实施高职学生联合学习计划，开展京津冀高职院校学生交流学习、联合培养；实施高职教育与企业合作计划：建立跨区域校企合作、建立联合共享实习实训基地、联合企业实施订单培养、聘任企业人员兼职教师；实施京津冀高职信息共享资源、共享平台建设计划，把京津冀地区高职院校在长期办学过程中积累的大量文献信息资源整合起来，建成特色数据库，实现信息资源共享、优质教学资源共享、毕业生就业信息共享。

（三）主体地位：京津冀高职教育协同发展中的院校责任

政府是区域合作的政策制定者，高校是区域合作的政策实施者。政策落实、项目落地是京津冀协同发展的重点和难点，高职院校在京津冀高职教育协同发展中起着举足轻重的作用，确立高职院校在京津冀高职教育协同发展中的主体地位，充分调动高职院校的积极性、主动性，激发高职院校办学活力和创新发展能力是推进协同发展的关键。

1. 明确主体地位，提升办学水平

抓住国家、省市全面推进京津冀协同发展国家战略的良好契机，京津冀高职院校主动结合京津冀协同发展目标要求，认真分析学校基础资源、特色优势以及短板，寻找合作发展途径和突破点，寻求政府相关项目支持和社会参与合作。示范院校发挥已有资源优势，牵头组织相关领域合作计划，发挥示范引领作用和辐射作用，提升领域内影响力；厘清办学短板，主动寻求合作支持，加入协同发展联盟组织，获得交流提高的机会和资源，实现办学水平整体提升。

2. 制订切实可行的协同发展教育行动计划

近年来，在各项政策的推动下，京津冀协同发展活动全面展开。京津冀

协同发展论坛、研讨交流活动广泛开展;各种形式的京津冀合作组织、联盟、团体相继组建;不同层次、不同领域一系列合作框架协议陆续签署。京津冀协同发展进入全面实施阶段。建立京津冀教育协同发展工作推动机制,制订切实可行的行动计划和实施方案,扎实推进各项计划落地实施。

(四)监督保障:京津冀高职教育协同发展中的社会责任

京津冀高职教育协同发展需重视发挥社会组织的桥梁和纽带作用,引入第三方评估机制,强化社会监督作用,实现政府、学校、社会多层次、良性互动。

1. 发挥社会组织纽带作用,促进各项政策落地实施

社会组织是政府与市场的桥梁和纽带,其社会资源动员和组织能力是政府能力的有效补充,社会组织的"第三方责任"是实现"政府有为"和"市场有效"的前提。京津冀高职教育协同发展需要重视发挥社会组织的桥梁和纽带作用,调动社会力量积极参与,推动政府各项政策落地实施,尤其在跨区域产教融合、跨区域校企合作以及促进京津冀高职教育社会资源共享等方面发挥积极作用。

2. 引入第三方评估机制,强化社会监督作用

教育部《关于深入推进教育管办评分离 促进政府职能转变的若干意见》(教政法〔2015〕5号)明确推进管办评分离,构建政府、学校、社会之间的良性互动机制,有效提高政府效能、激发学校办学活力、调动社会力量支持教育事业发展的积极性。京津冀高职教育协同发展引入第三方评估机制,加强政策评价和项目评估,发挥专业评估组织的监督保障作用,专门监督与社会监督相结合。依据《信息公开条例》的规定,将京津冀协同发展有关计划和项目实施情况及时向社会公开公布,接受民众监督,社会民众对相关政策计划实施进展情况和成效进行监督、评价,让三地民众真正参与到协同发展过程中并发挥积极的监督保障作用。

B.7
京津冀协同发展战略下中小学教育合作研究

尹玉玲*

摘　要：《京津冀协同发展规划纲要》提出京津冀协同发展的主要任务是疏解北京非首都功能。教育作为基本公共服务领域，也在非首都功能疏解的范围之内。实现教育合作是京津冀协同发展战略下的必然之举。从现实来看，京津冀三地基础教育水平存在较大差距，加快教育合作，是缩小三地教育水平差距的当务之急。当前基础教育阶段中小学的教育合作，要寻求并锁定三方的需求和共同利益结合点，共同设计重点环节，先行推进容易实施的部分，从易到难。囿于基础教育属地管理体制，教育资源的合作成为跨区域发展的新看点。名校办分校、对口合作、集团化办学、联合办学、共建校区或特色课程、组建京津冀学校联盟、数字化教学资源共建共享、管理人员和教师互相挂职、开展教育教学科研合作等多种合作方式正在进行。实施中存在的诸多问题，如政府顶层设计和整体规划缺乏、合作协议实施不到位、合作形式单一化和短视化等需要在进一步推进京津冀中小学校教育合作中得到解决和完善：三地做好教育协同发展理念下的中小学学校发展规划；探索京津冀基础教育协同发展的有效模式；积极鼓励大学、企业及社会力量的参与；推进教育资源共享和教育一

---

* 尹玉玲，北京教育科学研究院教育发展研究中心副研究员，主要研究领域为教育政策，目前重点关注名校办分校、教育管办评分离、教育集团化办学等。

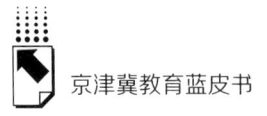

体化服务;创新体制机制加快政策统筹协调。

关键词: 京津冀协同　基础教育　合作办学

自2015年国家发布《京津冀协同发展规划纲要》(以下简称《纲要》)以来,京津冀三地围绕协同发展战略分别签署了《京冀两地教育协同发展对话与协作机制框架协议》及教育合作框架协议,为三地教育协同发展做好了顶层设计。但三地如何优化教育资源布局、推动公共教育服务均衡化、实现教育优势互补、整体提升京津冀地区的基础教育现代化水平和影响力,成为教育业界人士关注的焦点。

一　京津冀协同发展战略下三地教育合作的基础

(一)政治基础:《纲要》的要求

《纲要》规定京津冀协同发展的主要任务是疏解北京非首都功能,主要目标是通过功能疏解,到2030年,首都核心功能更加优化,京津冀区域一体化格局基本形成。

部分教育、医疗和培训机构等社会公共服务功能,也在非首都功能疏解的范围之内。教育事业是社会事业的重要组成部分,因此,在统筹推进协同发展时,要"统筹教育事业发展"。《纲要》强调提出要"依托京津教育优势,完善区域教育合作机制,优化教育资源布局,发挥优质教育资源辐射带动作用,帮助河北提高教育水平"。《纲要》还特别对高等教育领域要组建"京津冀高等学校联盟",职业教育领域要"推动京津冀职业教育统筹发展"等方面提出了纲领性的统筹方向。可以看出,实现教育合作是京津冀协同发展战略下的必然之举。

《纲要》还提出:"促进基本公共服务均等化是有序疏解北京非首都功

能的重要前提和京津冀协同发展的本质要求。要发挥政府引导作用，引入市场机制，促进优质公共服务资源均衡配置，合力推进社会事业发展，逐步提高公共服务均等化水平。"从教育的属性来看，这里的基本公共服务主要指向义务教育（中小学）。义务教育具有强烈的本地属性之刚性，不易展开跨地区的深度合作，也不适宜成为首都教育的疏解对象，其发展前景主要是在师资、信息设备等资源条件达到一定水平的基础上，促进三地优质教育资源的共享。因此，我们谈京津冀协同发展战略下的中小学教育合作，更多的是基础教育领域优质教育资源的共建共享。

（二）现实基础：京津冀三地基础教育水平存在较大差距

通常我们讲合作，有两种情况：一种是你无我有，另一种是你有我优。要缩小两者的差距，就需要通过合作来扶持、给予、共享，才能最终达到两者水平均衡的目标。京津冀协同发展的一个着力点是公共服务一体化，包括教育、医疗、文化等，而这正是河北与北京、天津差距最大的地方。在基本教育服务领域，北京、天津与河北之间存在明显的差异。这从三个地区的义务教育生均公共财政预算教育事业费和义务教育专任教师的学历水平等统计指标中就可以看出。京、津的义务教育生均公共财政预算教育事业费显著高于河北。2015年北京的小学生均公共财政预算教育事业费是河北的约3.5倍，初中生均公共财政预算教育事业费是河北的约4.2倍。2015年天津的小学生均公共财政预算教育事业费是河北的约2.7倍，初中生均公共财政预算教育事业费是河北的约3倍。京、津义务教育专任教师中本科及以上学历者所占比例与河北差距很大。2015年北京小学专任教师中本科及以上学历者所占比例与河北相差47个百分点，初中专任教师中本科及以上学历者所占比例与河北相差17.8个百分点。2015年天津小学专任教师中本科及以上学历者所占比例与河北相差28.3个百分点，初中专任教师中本科及以上学历者所占比例与河北相差12.7个百分点。再从京津冀每百平方公里分布的学校数来看，2014年天津地区每百平方公里分布的基础教育机构数量最多，其中幼儿园、小学和普通中学的学校数分别是16个、7个和4个，而河北

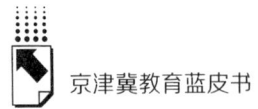

省每百平方公里分布的幼儿园有 6 个、小学有 7 个、普通中学有 2 个，是三地中最少的。要想疏解北京的非首都核心功能、控制人口规模、引导人口向河北流动，最基础的还是教育，尤其是基础教育。因此，加快教育合作，是缩小河北与京、津教育水平差距的当务之急。

（三）经验基础：京津冀三地基础教育合作的历史

在京津冀协同发展国家重大战略提出之前，京津冀三省市已在社会保障、医疗卫生、教育合作等方面进行了有益探索实践，积累了一定的经验。在基础教育领域，京冀两地也早已有着千丝万缕的联系，一些教育合作业已尝试开展，如河北师范大学与京津冀三地教育管理部门通力合作，服务京津冀三地基础教育的发展。自 2006 年以来，为实现面向农村实践型师资的培养目标，河北师范大学有效实施了 21 期共计 26000 余人的顶岗实习支教，面向被顶岗教师同期开展实效性置换培训，特别是"国培计划"实施以来，共完成包括 3 个学段 19 个学科 13000 余名农村中小学和幼儿教师的置换研修，密切了河北师范大学与京、津两地基础教育的合作。河北省承德市与北京师范大学开展多角度的战略合作。早在 2013 年 10 月，承德市人民政府与北京师范大学签订了《战略合作框架协议》和《合作办学协议》。根据相关协议，两地共建的中国基础教育质量评价与提升协同创新中心、教育部遥感科学国家重点实验室试验场、北京师范大学莫言写作中心、艺术创作中心在承德落地，双方还合建了"北京师范大学承德附属学校"，这些举措有效地将北京师范大学的教育资源优势转化成为河北学校发展的巨大动力，有力地提升了河北省基础教育的办学质量。因此，依托前期两地已有的教育合作基础，乘着京津冀协同发展国家战略的东风，京津冀三地基础教育合作还是大有文章可做的。

二 京津冀协同发展战略下中小学教育合作的结合点和重点

京津冀协同发展战略下，三地进行教育公共服务领域合作的目的，就是要紧密围绕国家发展的重大战略目标和需求，打破以往"各做各的事"的局面，积极探索新的体制机制，突破行政壁垒，真正把科教文化资源动员起来、集中起来。对于基础教育阶段中小学的教育合作，要寻求并锁定三方的需求和共同利益结合点，共同设计重点环节，先行推进容易实施的部分，从易到难。北京、天津的基础教育有着丰富的优质资源，名校名师创造了基础教育在全国的领先地位。但是受地域限制，很多名校的发展空间不足，如果京津冀协同发展战略下三地有机会开展教育合作，则是扩大教育影响力、寻求更大发展空间的好机遇，可以更好地发挥京津地区优质教育资源的辐射作用。而从河北来看，其基础教育发展薄弱，需要在京、津优质教育资源的引领和带动下，加快提高河北基本公共教育服务水平，促进京津冀区域基础教育优质、均衡发展，进而为河北承接首都非核心功能的疏解提供条件。

基于这样的结合点，囿于基础教育属地管理的体制，三地中小学教育合作并不需要面面俱到，而需要有所为、有所不为。因此，在京津冀基础教育协同发展框架下谈中小学教育合作的重点，主要是优质教育资源的输出，如京津名校的办学理念和管理模式、课程资源、优质教师资源和教学科研资源等。

三　京津冀中小学教育合作的具体实施

自《京津冀协同发展规划纲要》提出以来，三地就怎样推进教育、科研合作进行过多次研讨，并逐步在教育实践中推进实施。与以前的合作内容和合作深度相比，现在大中小学的转出层次和教育资源的转出频率、密度都有了明显的提升。教育资源的合作成为跨区域发展的新看点，多种合作方式，如名校办分校、集团化办学、联合办学、开展区域教育联盟和项目合作等正在如火如荼地进行。

（一）名校办分校

从目前来看，三地的教育合作以举办名校分校的形式比较多，而且，主要表现为京冀之间的合作办学。现在已经在河北建成的名校分校主要有北京市八一学校保定分校（九年一贯制学校）、北京八中固安分校（十二年一贯制学校）、北京五中大厂分校（九年一贯制寄宿学校）、北京景山学校曹妃甸分校等，此外，唐山迁安第六实验小学成为北京第二实验小学教育集团成员。

从这些学校的实际运转来看，有的已经建立了比较好的合作机制。例如，北京五中分校大厂分校，其在学校管理上实行理事会负责制。理事会理事长由原北京五中分校校长杨春林担任，理事会成员对学校运营方式、学校办学理念、课程设置和师资管理等事宜负责。学校小学部和初中部的课程教材采用五中分校的做法，小学部选用景山版教材，并把北京市及东城区的教育改革成果充分体现在课程设置上；初中部教材选用人教版教材，并把北京五中分校国家课程校本化的做法和课程建设成果也完全移植过来。为了打造好的教师队伍，五中分校大厂分校一方面聘请五中分校本部专家教师对新进教师进行指导、培训，另一方面也送出各学科的老师，每周到五中分校本部听课学习。而且，学校融合多处教学资源，为教师专业发展提供平台。河北大厂地区和北京东城区的教研活动都对学校教师开放。还比如，北京八中固安分校，它也在教师队伍建设、课程设置等方面和北京本校建立了合作关系。固安分校聘请八中优秀专家、教师指导教学，引进八中成熟的校本课程和一系列社团活动。

除公办学校外，北京民办教育机构也纷纷试水河北市场。丰台区三大民办名校进驻保定地区办学。北京实验二小怡海分校、北京八中怡海分校与保定合作，举办的分校包括幼儿园、小学、初中、高中全学段的一体化学校和国际学校；北京红黄蓝儿童教育集团也在保定举办分校，推动两地产业深度合作，扩大办学规模。还有康福外国语学校在河北正定创办的分校，不仅涵盖了从幼儿园到高中的全学段，而且全程体现了学校的英语教学特色，如其幼儿园是国际幼稚园、小学是5~6年制的英语特色小学、初中是2~3年制的国际初中、高中既有英国高中的A-Level课程也有美国高中的AP课程。另外，北大青鸟文教集团与廊坊益田集团共同合作创办的北大附属廊坊益田实验学校，也是一所包括幼儿园、小学、初中、高中全学段的一体化学校。

（二）开展合作办学或联合办学

北京市八一学校保定分校由河北省保定市美术中学与北京市八一学校共同举办，联合培养高层次的美术人才。河北省康保县与北京广渠门中学开展合作办学，签订了《北京市广渠门中学对口帮扶河北省康保县基础教育项目合作协议》，揭牌成立了北京市广渠门中学分校，并在此基础上开展多项教育教学合作项目，如成立教育工作指导站、举办校长论坛、建立教师培训交流合作机制、推进教育资源共建共享、两地教师拜师结对、党员志愿者支教等。

（三）开展校际教育援助和教育帮扶

河北省张家口市的涿鹿县科教局和北京市门头沟区教委就深化教育交流达成合作协议。门头沟选派首批55名教师到涿鹿县矾山中学、赵家蓬中学进行支教；涿鹿县教科局将适时选派所辖部分学校的干部、骨干教师到门头沟区学校学习进修。河北省保定市的蠡县积极组织和引导学校进行与京、津的对接，2015年县城内4所学校已完成与北京优秀学校和机构的对接合作。北京丰台二中与蠡县7所学校进行交流对接，双方就学校管理、环境建设、文化建设、师资建设、教学教研等情况进行深入的交流探讨，并通过示范课、学科交流讲座等形式，为蠡县教育系统带来了全新的管理模式和先进的教学理念。河北省邢台市的平乡县借北京之力谋求发展，双方学校签订了多份对接合作协议。平乡县第一中学、县直第一小学等5所中小学分别与北京师范大学良乡附属中学、北京房山区良乡小学签订了合作对接协议；清华大学暑期扶贫支教队9名大学生志愿者到平乡一中开展暑期扶贫支教活动；北京广渠门中学选派6名骨干教师分两次到平乡二中，对该校教师进行了详细的业务指导；北京良乡五中根据平乡二中的实际情况，以"校长管理水平提升、教师专业化发展、教育科研成果共享、特色活动共建"为帮扶重点，制订帮扶计划推进其办学水平和教育质量的提升。秦皇岛市教育局与北京市海淀区教委签订教育合作框架协议，

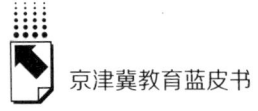

共建"手拉手"学校,开展校长、教师研修和培训工作。该市中小学骨干校长及后备干部已赴京培训三期;秦皇岛市教育局与北京教育学院签订了《建立基础教育校长教师专业发展试验区的合作意向书》,共有610人到北京教育学院集中进行高级研修,160人到北京各名校跟岗培训,聘请北京学科专家及名师到秦皇岛同课异构、专家讲座、评课议课,近4000名教师参加培训。

(四)开展项目合作

以项目促合作。主要有河北的保定、石家庄与北京市东城区、西城区、海淀区、丰台区及天津市河西区建立了合作关系。据统计,保定全市教育系统与京津地区各类对接项目已达108个。例如,保定一中挂牌北京师范大学校园足球研训基地;保定市青年路幼儿园与北京第一幼儿园签约;保定市职教中心分别与北京金隅科技学校、天津市第一商业学校联合办学;保定市女子职业中专学校签约北京市商业学校,并与中国北兰亭艺术中心达成共建协议;保定二中成为"北京新东方英语教学成果转化基地"。此外,人民教育家研究院与鹿泉一中合作,成立"人民教育家研究院石家庄实验学校",该实验学校设在鹿泉区第一中学。据悉,新成立的实验学校,将引进清华附中、人大附中、天津中学等优质资源与鹿泉一中全面对接;将标准配备网络设施,实行WiFi全覆盖,免费为每位学生配备平板电脑,实施"移动学习",通过信息技术实现优质教育资源共享,使三地专家、师生、学生之间可以随时随地、高效、便捷地交流与商讨;为每位学生配备三位导师,即成长导师、学业导师、学术导师,三位导师分工合作,从不同角度引导学生愿学、会学、学好,共同为学生量身定制"人生规划图",助力学生走向成功。该实验学校还每学期安排师生到清华附中、人大附中、天津外国语大学附属学校等实地体验式学习,老师们一起备课、上课、座谈、交流和研讨,学生们体验名校氛围,开阔视野,扩展思维,提高学习动力。截至目前,仅基础教育,三地学校间已有230个合作项目。

（五）开展区域教育联盟

2016年1月，京（大兴）津（北辰）冀（廊坊）三区市教育联盟成立。该联盟的主要任务是在三区市合作开展课题与政策研究，实施干部教师培训，推进教育教学研究与课堂教学改进，促进校际均衡发展，开展体育艺术科技教育等。同时，启动实施"一十百千万"工程，促进京津冀教育协同发展。"一十百千万"工程包括打造合作品牌、干部教师培训、推动学生交流等重点工作。"一"是指一个合作品牌，即京津冀三区市教育合作与发展论坛；"十"是指三方各自选出10所优质中小学、幼儿园、职业学校，组建10个三地优质学校协同发展组；"百"是指三方共同培养和培训100名左右的骨干校长（园长），共同培养100位左右名师（含学科教师、教研员、班主任、团队干部等）；"千"是指推出千节优质示范课。"万"是指通过学校间结对促进三地学生交流规模达到1万人。

四 实施中存在的问题

（一）合作缺少政府的顶层设计和整体规划

从目前京、冀两地的合作来看，主要还是两地学校与学校之间进行的点对点的合作与帮扶，而政府在规划引导、资源配置和政策支持方面的主导作用发挥不明显，在如何激发中小学校和社会资源的积极性、主动性和创造性上，还缺少政府层面的顶层设计和整体规划，由点及面的局面形成还需要很长的路要走。

（二）合作协议实施没有完全到位

虽然京、冀在中小学教师校长培训、建立教育督导协作机制等方面签署了教育合作协议，但在实际中并没有完全按照协议来做。而且有的合作由于

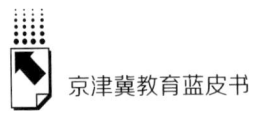

是区县教委牵头，学校自身的积极性和动力并不足，因而大部分的对接合作还仅仅停留在探讨交流的阶段，实际操作比较滞后。

（三）合作形式单一化和短视化

目前合作的步子迈得还不大，属于探路阶段，合作的项目也以交流、援助为主，资源融合才刚刚起步，成效不是很显著。名校办分校这样的办学输出形式在短期也没有形成合适的模式加以推广。未来还需要建立三地合作的稳定机制，让北京的优质基础教育资源能辐射周边河北的中小学，使其基础教育获得可持续发展的能力。

（四）合作内容还有待开发

从合作方来看，目前局限于北京与河北的合作，北京与天津、天津与河北的教育合作启动慢，尤其是天津与河北的合作，因涉及两者对北京教育资源的竞争，目前两地的关系还没有完全理顺。另外，从京、冀的合作内容来看，有些合作还没有开始实施，如干部教师培训挂职、共同开发优质课程资源、联合教研、国际教育交流与合作等。基于北京数字学校，京、冀在数字化优质教育课程资源开发和共享、名师网络研修活动、教育专家指导服务等方面也还没有开展合作。北京的一些优质学校网络资源也没有辐射到河北的中小学，如北京四中网校远程教研推出的"定制"教研服务，旨在为它的合作学校提供更有针对性的教研需求，目前该远程教研服务已经在全国很多地方开展教育交流与教研活动，以提高教师的教研能力和教学水平，但河北并没有中小学被划入其合作学校范围中。又如，北京人大附中在教育资源共享方面积累了成功经验，人大附中打造基础教育联盟，为中西部地区提供数万个小时的课程；开展公益项目双师型活动，通过远程教育，在中西部的180个乡镇学校实现了人大附中教师与当地教师的对接；此外，人大附中成立了联合总校，通过承办、托管、帮扶等方式帮助其他学校提升教育水平。这些措施，都取得了非常好的社会效益。但是，像人大附中等一批优质教育资源在京津冀协同发展中发挥作用还非常有限，有待进一步开发。

五 进一步推进京津冀中小学校教育合作的政策建议

（一）三地做好教育协同发展理念下中小学学校发展规划

三地的教育合作，需要以学校为主体开展和实施。因此，三地在京津冀协同发展的大背景下，在充分了解自身基础教育优劣势的基础上，做好学校发展规划，有利于学校的长远发展。北京、天津的基础教育水平整体较高，而且不少优质中小学有向外输出品牌、扩大影响力的强烈愿望。而河北的基础教育整体水平远远落后于京、津。乘着京津冀教育协同发展的机遇，在"大教育圈"的整体规划下，京、津的优质中小学找到了在河北办分校的发展空间，河北应做好与京、津优质教育资源输出对接的工作，通过借力与京、津的优质中小学合作办学，逐步发展自己基础薄弱的中小学校。

（二）探索京津冀基础教育协同发展的有效模式

早在2015年10月召开的首届"京津冀基础教育高层论坛"上，与会者就围绕"探索京津冀基础教育协同发展模式"主题展开过讨论。要实现京津冀基础教育协同发展这样一个长远的目标，一个重要的前提是河北基础教育的劣势能在北京和天津教育的示范、引领和带动下得到缓解，最终实现优势互补。因此，京津冀基础教育协同发展，不是签几份合作协议、搞几项交流活动和达成几个重大项目就能实现的，而是要把这些合作协议、活动和项目变成实实在在的行动贯穿到合作办学的长效机制中去。在合作模式的探索上，京、津两地要根据河北合作方学校的不同需求和地域特点，开展符合学校发展需要的直营模式、共建模式、托管模式等试点，持续创新服务内容，全面提升服务质量，逐步摸索总结出体现当地特色及与目前阶段相匹配的服务内容，形成标准化的服务项目，通过校长联席会、名师大讲堂、月度季度年度例行专家指导、校际交流等方式促进三地中小学校间资源共享、取长补短、互相交流、互相促进、合作共赢。

（三）积极鼓励大学、企业及社会力量的参与

"十一五"期间，河北师范大学所开展的顶岗实习支教、"国培计划"等工作，为推动京津冀基础教育协同发展起到了很好的示范作用。"十三五"时期，政府要通过政策引导和资金奖励，吸引更多的大学继续深化与京津冀三地教育管理部门的业务合作，为实现京津冀三地基础教育优势互补、互利共赢尽一份力。

在京津冀协同发展过程中，京津冀产业的转移，不仅推动了三地产业的深度合作，也为民办教育机构寻求发展新空间创造了机遇。三地政府应联合制定优惠政策，吸引京、津两地更多的民办教育机构进驻河北开展合作办学项目。

由于京津冀协同发展和非首都核心功能外迁，大量的科教文卫等部门群体新的工作、生活、教育和居住需求产生了。政府应发挥引导作用，引入市场机制，鼓励社会企业发挥行业优势，通过多种方式服务于这一国家战略，促进优质公共服务资源均衡配置，合力推进社会事业发展，尤其是要鼓励社会企业参与教育行业的多个领域以开展全方位合作，发挥自身优势协助三地教育优势互补，尽到企业的社会责任。例如，作为定制生活服务商的众美集团，为顺应国家京津冀一体化及以人为本的新型城镇化政策、服务非首都功能外迁，在其全力打造的涿州（国际）健康教育文化产业园项目中，帮助教育工作者解决居住生活问题，整合优质教育资源为业主提供优质的教育配套，还积极探索孵化教育产业，提供集教育配套、人才输出、市场推广、成果转化于一体的综合服务，推动京津冀三地教育产业良性发展。另外，三地政府还可以通过购买教育服务，引入社会资本，让企业参与到校本特色课程研发，以及学生综合实践活动体验场所、场馆和配套设施建设中去，从而使京津冀地区的中小学生都能受益。

（四）推进教育资源共享和教育一体化服务

京津冀协同发展背景下，医疗系统已开展了一系列改革，如实现三个

"共享"和两个"一体化",包括共享医疗资源、医疗信息和医疗质量管理,病人转诊一体化和医保报销一体化。和医疗一样,教育领域的协同发展,也可以在"共享"和"一体化"上做文章,推进基础教育的三个"共享"和一个"一体化"。三个"共享"指:一是实现网络教育资源共享,三地在各自优质网络教育资源基础上建立京津冀慕课联盟、翻转课堂联盟等,为三地的学校和家庭提供优质教育服务;二是实现教育人才共享,通过培训协同,三地共享干部教师培训资源,制定人才共有合用政策,三地共享教育人才资源;三是实现科研资源共享,三地教研、科研部门加强交流与合作,共同开展多种形式的教科研项目及科研活动。一个"一体化"指三地教育质量监测评估一体化。通过合作,实现三地中小学学校教育质量指标体系和评估标准的一体化,逐步缩小京津冀基础教育发展差距。

(五)创新体制机制,加快政策统筹协调

要促进京津冀教育的合作发展,关键是创新体制机制。三地教育保障能力差距明显,需要构建超越行政区划的管理体制,统筹协调实现区属教育向区域教育迈进。共建"京津冀基础教育合作共同体",打破传统地方主义框架的限制与束缚,构建更加高效的协同机制,推进北京中心城区优质基础教育资源向周边津、冀地区辐射,推动一体化学校、集团学校、联盟学校在课程教学、文化建设、师资队伍等方面的资源共建共享,力促三方每年各有10所优质中小学、幼儿园、职业学校组成学校结对发展共同体。

参考文献

[1] 张力:《京津冀教育协同发展的基础与前景》,《天津市教科院学报》2015年第6期。

[2] 李政、曹浩文:《实现京津冀基础教育协同发展任重道远》,《教育快报》(北京教科院内刊),2016年。

[3] 高兵:《京津冀教育一体化还需政府推一把》,《中国教育报》2016年3月22

日。

［4］《首届京津冀基础教育高层论坛在冀举行》，http://www.heb.chinanews.com/zxjzkhb/20151025321279.shtml，2015年10月25日。

［5］《京津冀教育协同如何跳出"雷锋式帮扶"》，《中国教育报》2016年12月14日。

［6］《加速教育一体化京冀建立教育协同发展机制》，http://www.hebtv.com/2015/1031/117504.shtml，2015年10月31日。

［7］《河北教工委副书记挂职北京谈感受称教育不能协同发展》，《北京晚报》2016年3月1日，http://www.toutiao.com/i6256912573803790850/。

［8］《专家献策促京津冀教育协同发展》，http://www.tianjinwe.com/edu/xwzx/201603/t20160328_975740.html，2016年03月26日。

专题篇
Special Topics

B.8
京津冀教育发展现状及其对教育协同发展的启示

曹浩文 李 政*

摘 要: 《京津冀协同发展规划纲要》为京津冀协同发展指明了方向。深入了解京津冀三地教育发展的现状、差距和问题所在,对于找准京津冀教育协同发展的着力点和利益结合点具有重要意义。对京津冀三地经济和人口发展情况进行分析表明,三地的经济发展水平、产业结构、人均收支水平、人口数量及结构和分布等都存在较大差异,给教育协同发展带来困难。对京津冀三地教育事业发展情况进行分析表明,河北基础教育阶段学生总数多且乡村学生占比高;河北基础教育阶段专

---

* 曹浩文,北京教育科学研究院教育发展研究中心助理研究员;李政,北京教育科学研究院教育发展研究中心副研究员。

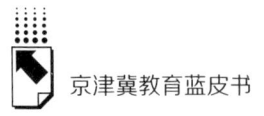

任教师学历水平明显低于京津两地，生师比高于京津，学前教育生师比差距最大；河北中等职业学校"双师型"教师占比不高，但毕业生获得"双证书"的比例高，北京的情况正好相反；北京央属高校、本科高校多，北京的研究生在校生数占比高，成人本专科在校生数将逐步得到控制，河北普通专科在校生占比高。对京津冀三地教育经费投入情况进行分析表明，河北正在以较大力度追赶京津，但河北与京津的差距仍然很大。针对京津冀三地教育发展的现状与差距，本研究提出了一些对策建议。

关键词： 京津冀教育　教育协同发展　区域教育一体化

京津冀协同发展是党中央、国务院在新的历史时期做出的重大战略部署。《京津冀协同发展规划纲要》为京津冀协同发展确立了近期、中期和远期目标。在公共服务建设方面，京津冀协同发展的目标分别是到2017年"有序疏解北京非首都功能取得明显进展"，到2020年"公共服务共建共享取得积极成效，协同发展机制有效运转，区域内发展差距趋于缩小，初步形成京津冀协同发展、互利共赢新局面"，到2030年"京津冀区域一体化格局基本形成……公共服务水平趋于均衡"。教育是一项重要的公共服务，京津冀教育发展的现状如何、三地之间的差距有多大、差距主要体现在哪些方面、距离教育均衡发展目标还有多远等，这些问题亟待仔细梳理和研究。本报告旨在通过对京津冀教育发展现状进行数据分析，全面呈现京津冀教育发展的现状及其差异，进而厘清京津冀教育协同发展的重点和难点所在，并提出对策建议。

本报告的结构安排如下：首先对京津冀三地经济和人口发展现状进行分析；其次对京津冀三地教育事业发展现状进行分析；再次，对京津冀三地教育经费投入情况进行分析；最后提出对策建议。如无特殊说明，本研究的数据来源于《中国统计年鉴（2016）》[①]和教育部官方网站上的"2015年教育统计数据"，以反映京津冀教育发展的最新情况。

一 京津冀三地经济和人口发展情况

北京和天津作为我国的两个直辖市，河北作为一个拥有11个地级市的省，三地的经济发展水平、人口数量和结构等存在天然的差异。深刻认识这些差异，有助于了解三地教育发展的背景。

（一）人均地区生产总值：天津最高，京津遥遥领先于河北，而且差距逐年扩大

经济发展水平对教育事业发展的规模和速度等具有直接影响。如图1所示，天津的人均地区生产总值最高，且北京和天津的人均地区生产总值远远高于河北。2015年天津和北京的人均地区生产总值分别为107960元和106497元，而河北仅为40255元，天津是河北的约2.7倍。而且，从2011到2015年，河北与京津的人均地区生产总值差距不但没有缩小，反而呈现逐年扩大的趋势。

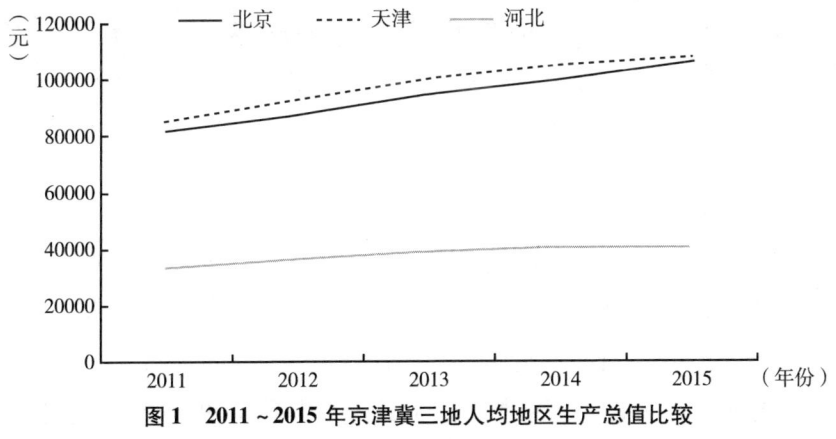

图1 2011~2015年京津冀三地人均地区生产总值比较

---

① 中华人民共和国国家统计局：《中国统计年鉴（2016）》，中国统计出版社，2016。

（二）产业结构：北京三产发达，天津二产与三产基本持平，河北一产比重较高

产业结构对基础教育的地域分布、高等教育和职业教育的学科专业结构产生影响。如图2所示，京津冀三地产业结构存在较大差异。北京已经实现"三二一"的产业格局，第三产业比重高达79.7%，第一产业比重仅为0.6%。天津基本呈现第二产业和第三产业"平分天下"的格局，分别占比46.6%和52.2%。而河北的第一产业比重仍然较高，为11.5%，第三产业比重明显落后于京津，仅为40.2%。

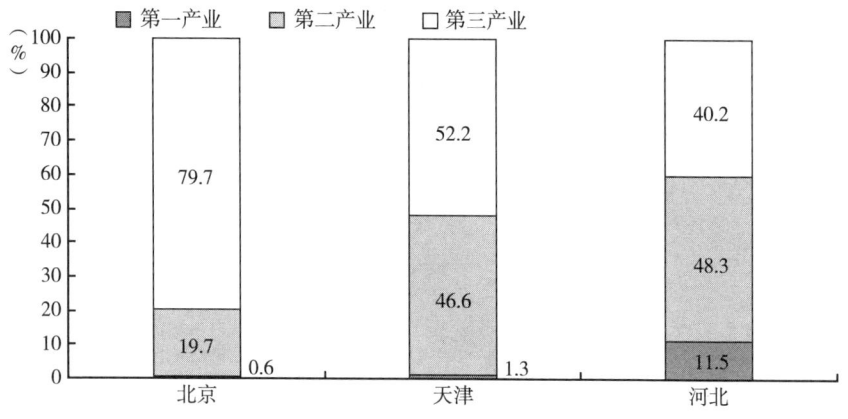

图2　2015年京津冀三地产业结构比较

（三）人均收支情况：北京最高，天津其次，北京约为河北的2.7倍

人均收支水平影响家庭的教育投入。如图3所示，京津冀三地人均收支情况存在较大差异。不论是人均可支配收入、人均消费支出，还是人均教育文化娱乐消费支出，北京都是最高，天津其次，河北与京津的差距很大。以人均可支配收入为例，北京为48458元，天津为31291.4元，河北仅为18118.1元，北京是河北的约2.7倍。同样，北京的人均消费支出和人均教育文化娱乐消费支出分别为河北的约2.6倍和2.7倍。

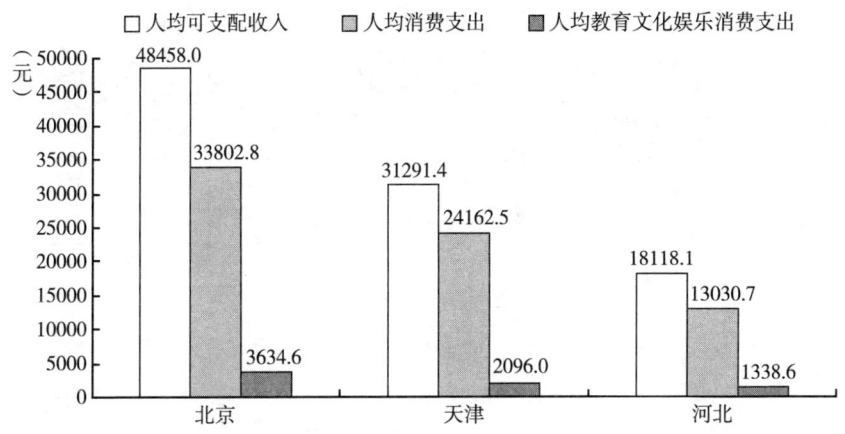

图3 2015年京津冀三地人均收支情况比较

（四）人口数量、结构和分布：河北人口数量庞大，总抚养比高，且农村人口占比高，京津人口总抚养比低，城镇人口占比高

人口规模、结构和分布等是影响教育发展的重要变量。就人口总量而言，河北人口数量庞大，2015年人口总数达到7425万人，北京和天津的人口数量明显少于河北，河北是天津的约4.8倍。

就人口结构而言，河北的人口总抚养比[①]最高，达到39.7，北京和天津的人口总抚养比明显低于河北，分别为26.2和25.7。2015年全国人口总抚养比为37.0，河北人口总抚养比高于全国平均水平。大量青壮年劳动力流入，降低了京津的人口总抚养比。相反，大量剩余劳动力流出导致河北总抚养比偏高。而且，河北籍流动人口的流入地主要为京津。数据显示，河北籍流动人口占北京流动人口总数的比重最高。2010年第六次人口普查数据显示，河北籍来京人口占北京常住流动人口总数的22.1%。可见，河北为北京输出了大量青壮年劳动力，为北京的经济社会建设做出了重要贡献。

---

① 人口抚养比指总体人口中非劳动年龄人口数与劳动年龄人口数的比例，它说明每100名劳动年龄人口大致要负担多少名非劳动年龄人口。总抚养比越低，人口红利越高。

就人口的城乡分布而言,京津城镇人口比重很高,分别达到86.5%和82.6%。河北的城镇人口比重明显低于京津,仅为51.3%,略低于全国平均水平(56.1%)(见表1)。

表1 2015年京津冀三地人口数量、结构和分布情况比较

地区	人口数量(万人)	总抚养比	城镇人口比重(%)
北京	2171	26.2	86.5
天津	1547	25.7	82.6
河北	7425	39.7	51.3

综上所述,京津冀三地的人均地区生产总值、产业结构、人均收支水平以及人口情况等都存在较大差异。总体而言,京津的经济发展水平、产业结构、人均收支水平、人口结构和城镇化水平都明显优于河北,河北经济发展相对落后、产业结构较为落后、人均收支水平低、人口数量庞大且总抚养比高、农村人口占比高。这些因素导致京津冀三地教育发展的背景差异较大,为京津冀教育协同发展,进而实现三地"公务服务水平趋于均衡"目标增加了难度。

二 京津冀三地教育事业发展情况

本报告首先介绍京津冀三地教育事业发展的总体规模,然后分别介绍京津冀三地基础教育、中等职业教育和高等教育的发展情况。

(一)教育总体规模:三地基础教育在校生数约占全国的7%,研究生在校生数占全国的1/5多

表2呈现了京津冀三地各级各类教育在校生数情况。就京津冀三地各级各类教育在校生数占全国相应层级(或类别)教育在校生总数比例而言,学前教育、小学、初中、高中所占比例均在7%左右。中职在校生数所占比例略低,约为4.9%。普通本专科在校生数所占比例略高,约为8.7%。研

究生在校生数所占比例最高,占到全国研究生在校生总数的约21.1%(1/5多)。可见,京津冀区域是全国研究生培养的重要区域。

就各级各类教育在校生数在三地的内部构成来看,学前教育、小学、初中、中职、高中都表现出河北所占比例最高,均占80%左右。普通本专科在校生数河北约占51.4%,北京约占26.3%,天津约占22.3%,即河北、北京、天津大致呈现2∶1∶1的局面。研究生在校生数的内部构成最为特别,北京约占76.9%,天津约占13.2%,河北约占9.9%。可以说,研究生在校生数在三地的分布情况呈现出与基础教育和中等职业教育完全相反的情况。可见,北京的高等教育吸引了来自全国各地的大量生源,尤其是北京的研究生培养在京津冀区域乃至全国都占有重要的位置,这与北京建设"全国科技创新中心"的城市战略定位一致。

表2 2015年京津冀三地各级各类教育在校生数

单位:万,%

地 区	学前教育	小学	初中	中职	高中	普通本专科	研究生
北 京	39.4 (13.3)	85.0 (11.5)	28.3 (9.8)	9.6 (11.9)	16.9 (11.3)	60.4 (26.3)	31.0 (76.9)
天 津	25.3 (8.5)	60.2 (8.1)	26.1 (9.0)	9.8 (12.1)	16.6 (11.1)	51.3 (22.3)	5.3 (13.2)
河 北	231.7 (78.2)	596.2 (80.4)	236.1 (81.3)	61.3 (76.0)	115.8 (77.6)	117.9 (51.4)	4.0 (9.9)
合 计	296.4	741.5	290.6	80.7	149.3	229.6	40.3
占全国比例	6.9	7.7	6.7	4.9	6.3	8.7	21.1

注:括号内数据为当地各级各类教育在校生数占京津冀相应层级或类别教育在校生总数的比重。

(二)义务教育阶段在校生总数及其城乡分布:河北学生总数多,而且乡村学生占比高,京津乡村学生占比很小

京津冀三地人口总量存在很大差别,反映在教育领域,河北义务教育阶段在校生总数达到832.4万人,而北京和天津分别为113.4万人和86.4万人，河北是天津的约9.6倍（见图4）。

更重要的是，三地义务教育阶段在校生数的城乡分布存在很大差别。① 京津的乡村学生占比很小，而河北的乡村学生占比达到33.7%，即约1/3的河北义务教育阶段在校生分布在乡村。河北乡村地区义务教育阶段在校生数比京津两地义务教育阶段在校生数之和还要多得多。乡村一直是我国公共教育服务的短板和薄弱环节。未来，要让拥有如此庞大数量乡村义务教育的河北追赶京津大都市的义务教育发展水平，任务相当艰巨。

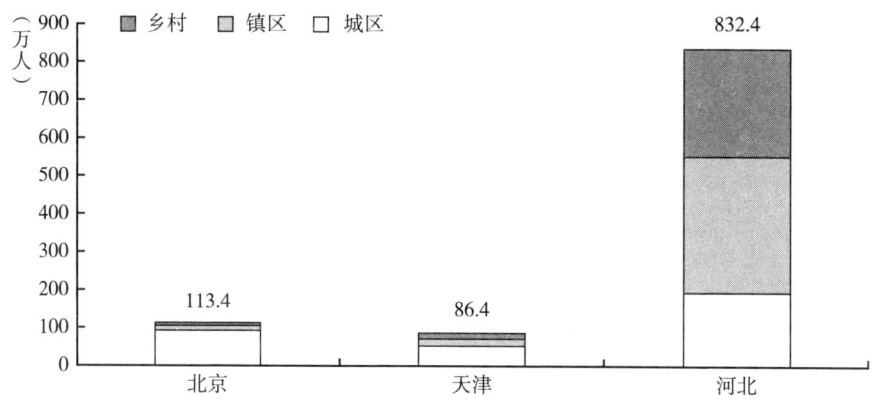

图4　2015年京津冀三地义务教育阶段在校生数及其城乡分布比较

（三）基础教育阶段专任教师的学历水平：河北与京津专任教师中本科及以上学历者所占比例相差较大

发展教育，教师是关键。如表3所示，河北与京津基础教育阶段专任教师的学历水平差距很大。河北学前教育、小学和初中专任教师中本科及以上学历者所占比例与京津两地高值相比分别相差31.6、47.0、17.8个百分点，河北普通高中专任教师中研究生学历者所占比例与北京相差14.4个百分点，河北普通高中专任教师中研究生学历者所占比例很低。未来，要缩小河北与

---

① 由于学前教育和普通高中的在校生数城乡分布情况数据不可得，所以此处只汇报义务教育阶段在校生数的城乡分布。

京津基础教育发展水平之间的差距，提升河北基础教育阶段师资队伍水平是关键环节和重要切入点。

表3 2015年京津冀三地基础教育专任教师学历水平比较

单位：%

地 区	本科及以上学历者所占比例			研究生学历者所占比例
	学前教育	小学	初中	普通高中
北 京	38.8	87.5	98.2	19.2
天 津	49.6	68.8	93.1	11.8
河 北	18.0	40.5	80.4	4.8
最高值−最低值(百分点)	31.6	47.0	17.8	14.4

（四）基础教育生师比：河北基础教育各阶段生师比都高于京津，其中学前教育生师比差距最大，而且河北学前教育生师比没有达到教育部要求

生师比可以反映教师数量的充足程度。生师比数值越低，表明平均每位教师所教的学生越少，老师有更多的精力去关注每一个学生，有助于取得更好的教育效果。如表4所示，河北基础教育各阶段的生师比都高于北京、天津，河北与北京学前教育、小学、初中和普通高中生师比分别相差9.2、3.2、5.0和5.6。

学前教育的生师比差距最大。2013年教育部印发的《幼儿园教职工配备标准（暂行）》规定，全日制幼儿园保教人员与幼儿比为1∶7～1∶9，半日制幼儿园保教人员与幼儿比为1∶11～1∶13。保教人员包括专任教师和保育员。为了便于与教育部规定的学前教育师资配备标准进行比较，表4中的学前教育生师比使用的是在园幼儿数与保教人员数（而非在园幼儿数与专任教师数）的比例。可见，河北的学前教育生师比明显偏高，天津的学前教育生师比也略高（除非天津大部分幼儿园都为半日制，天津学前教育生师比才能达到教育部标准）。未来，随着"全面二孩"政策实施，学龄人口数增加，解决学前教育师资队伍短缺问题迫在眉睫。

由于教育部对中小学阶段的生师比没有明确要求①，所以本报告将京津冀三地中小学阶段的生师比与全国平均水平进行比较。可见，除了普通高中以外，河北基础教育其他阶段的生师比都高于全国平均水平，京津基础教育各阶段生师比都低于全国平均水平。

表4 2015年京津冀三地基础教育各阶段生师比比较

地区	学前教育	小学	初中	普通高中
北京	8.5	14.4	8.6	8.0
天津	12.4	15.0	9.9	10.2
河北	17.7	17.6	13.6	13.6
最高值－最低值	9.2	3.2	5.0	5.6
全国平均水平	15.9	17.1	12.4	14.0

（五）中等职业学校"双师型"教师比例以及获得"双证书"的毕业生占比：天津两个比例都最高，河北"双师型"教师少但毕业生获得"双证书"的比例高，北京与之相反

"双师型"是指同时具备教师资格和行业能力资格，从事职业教育工作的教师。中等职业学校"双师型"教师比例，是指职业教育中具备行业能力资格的教师所占比重。它体现了职业教育的师资水平，可以在一定程度上反映职业教育的质量以及职业学校培养学生职业技能的能力。如表5所示，天津中等职业学校专任教师中"双师型"教师所占比例最高，达到33.5%，北京其次，为30.7%，河北最低，为19.8%，天津高出河北13.7个百分点。

与"双师型"教师比例相对应，中等职业学校毕业生获得"双证书"

---

① 《中央编办 教育部 财政部关于统一城乡中小学教职工编制标准的通知》（中央编办发〔2014〕72号），将县镇、农村中小学教职工编制标准统一到城市标准，即高中教职工与学生比为1:12.5、初中为1:13.5、小学为1:19。但此标准规定的是教职工与学生比，本研究认为生师比（即学生数与专任教师数，而非教职工总数）的比例更有意义。表4中小学、初中、普通高中均为生师比。

（同时获得毕业证书和职业资格证书）的比例可以反映学校的育人质量和学生的就业能力。如表5所示，天津中等职业学校毕业生数最少，"双证书"获取率最高，达到80.3%；河北中等职业学校毕业生数最多，达到25.4万人，"双证书"获取率较高，达到76.0%；北京中等职业学校毕业生数少，获取"双证书"的比例低，仅为68.5%。天津、河北分别比北京高出11.8和7.5个百分点。

将"双师型"教师比例与毕业生获得"双证书"的比例相结合来看可以发现，天津中等职业学校的"双师型"教师比例和毕业生获得"双证书"比例都是最高；河北"双师型"教师比例明显偏低，但毕业生获得"双证书"的比例较高；北京"双师型"教师比例较高，但毕业生获得"双证书"的比例偏低。对于北京中等职业学校毕业生获得"双证书"的比例偏低的原因，还需要进一步深入研究。

表5　2015年京津冀三地中等职业学校"双师型"教师及获得"双证书"的毕业生情况比较

地区	"双师型"教师比例（%）	毕业生数（万人）	获得"双证书"的毕业生所占比例（%）
北京	30.7	4.1	68.5
天津	33.5	3.1	80.3
河北	19.8	25.4	76.0

注："双师型"教师比例数据来源于《2014年全国教育事业发展简明统计分析》，为2014年数据。

（六）普通高校数及高等教育在校生数层次结构：北京央属高校、本科高校多，河北和天津的本科高校和专科高校各占一半；北京的研究生在校生数占比高，成人本专科在校生数将逐步得到控制；河北普通专科在校生占比高

一个地区的普通高校数量以及不同层次、不同类型的普通高校数量可以反映该地区拥有的高等教育资源情况。如表6所示，河北拥有的普通高校数量最多，达到118所，北京次之，为91所，天津最少，为55所。河北普通

高校数量是天津的2倍多。就不同的举办者而言，北京的央属高校数量最多，达到37所，占到全国央属高校总数的31.4%。河北和天津的央属高校较少，分别为4所和3所。就不同层次而言，北京以本科高校为主，本科高校占到普通高校总数的72.5%；天津的本科高校占比略高于专科高校，前者占比52.7%；河北的本科高校与专科高校数量接近。

表6 2015年京津冀三地普通高校数比较

单位：所，%

地区	普通高校	央属高校	本科高校	专科高校	本科高校所占比重
北京	91	37	66	25	72.5
天津	55	3	29	26	52.7
河北	118	4	58	60	49.2

更进一步，图5呈现了京津冀三地高等教育在校生数的层次分布。① 可见，三地高等教育在校生的主体都为普通本科生。不过，北京的研究生在校生数占比很高，达到27.6%。这与北京建设"全国科技创新中心"的城市战略定位一致。同时，北京的成人本专科在校生数占比也较高，达到18.7%。

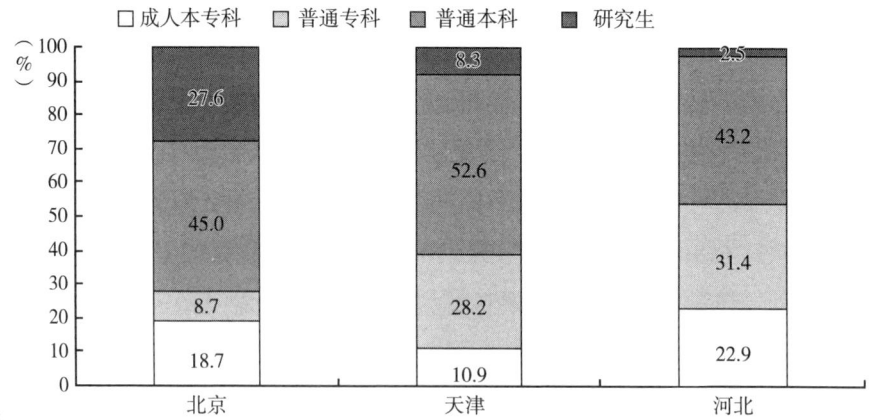

图5 2015年京津冀三地高等教育在校生数层次分布比较

---

① 注意图5与表2的区别。图5描绘的是京津冀三地各自内部高等教育在校生数的层次分布，而表2描绘的是高等教育在校生数在京津冀三地之间的分布。

《北京市新增产业的禁止和限制目录（2015年版）》明确要求"不再扩大普通高等学校成人教育、网络教育、自考助学的面授教育规模，不再新增招收京外生源的成人教育机构和办学功能"。《北京市"十三五"时期教育改革和发展规划（2016~2020年）》也提出要逐步压缩成人教育规模。可以预见，未来北京的成人本专科在校生数将逐步减少。河北普通专科在校生占比较高，达到31.4%；研究生在校生占比很低，仅为2.5%。

三 京津冀三地教育经费投入情况

本报告主要通过公共财政教育支出增长情况、生均公共财政预算教育事业费、生均公共财政预算公用经费三个方面反映京津冀三地教育经费投入情况。

（一）公共财政教育支出增长情况：河北教育投入努力程度很高，北京和天津公共财政教育支出增长慢于财政经常性收入增长

如表7所示，就公共财政教育支出总量而言，河北最高，为1001.1亿元。但是，北京一个直辖市的公共财政教育支出相当于河北全省公共财政教育支出的84.6%。

就公共财政教育支出占公共财政支出的比例而言，河北最高，达到17.8%，北京和天津分别为14.8%和14.4%。2015年全国公共财政教育支出占公共财政支出的比例为14.7%。可见，河北高于全国平均水平，北京刚刚达到全国平均水平，而天津低于全国平均水平。

2015年河北公共财政教育支出比上年增长18.0%，增长幅度很大。相比之下，2015年天津公共财政教育支出比上年减少14.5%，2015年北京公共财政教育支出比上年增长0.2%。河北的增长幅度最大。

相反的是，2015年河北财政经常性收入相比上年增长仅3.0%，北京和天津分别增长19.1%和6.2%。因此，河北公共财政教育支出比财政经常性收入增长幅度高出15个百分点。而天津、北京的公共财政教育支出比财政

经常性收入增长幅度分别低了20.7和18.9个百分点。《中华人民共和国教育法》明确提出了教育经费的"三个增长"要求，其一是"各级人民政府教育财政拨款的增长应当高于财政经常性收入的增长"。从表7可以看出，北京和天津的公共财政教育支出都没有达到上述要求，河北的公共财政教育支出增长不仅比财政经常性收入增长高，而且高出15个百分点。

表7 2015年京津冀三地公共财政教育支出增长情况

地区	公共财政教育支出（亿元）	公共财政教育支出占公共财政支出比例（%）	公共财政教育支出比上年增长（%）	财政经常性收入比上年增长（%）	公共财政教育支出与财政经常性收入增长幅度比较（百分点）
北京	847.4	14.8	0.2	19.1	-18.9
天津	464.2	14.4	-14.5	6.2	-20.7
河北	1001.1	17.8	18.0	3.0	15.0

（二）生均公共财政预算教育事业费：河北正在以较大力度追赶，但河北与京津的差距仍然很大

生均公共财政预算教育事业费是政府部门为教育活动专门拨付的财政性资金，可以反映教育经费保障的充足性。如表8所示，就绝对值而言，京津的各级各类教育生均公共财政预算教育事业费显著高于河北。2015年北京的普通小学、普通初中、普通高中、中等职业学校和普通高等学校生均公共财政预算教育事业费分别是河北的约3.5倍、4.2倍、4.2倍、2.9倍和4.4倍。河北与京津各级各类教育生均公共财政预算教育事业费差距很大。

就增长率而言，河北各级各类教育生均公共财政预算教育事业费增长最快，2015年普通小学、普通初中、普通高中、中等职业学校和普通高等学校生均公共财政预算教育事业费分别增长了26.2%、23.3%、29.0%、49.5%和12.5%，明显高于京津的增长幅度。可见，河北各级各类教育生均公共财政预算教育事业费正在努力缩小与京津的差距。但是仍应注意到，尽管河北大幅提高了各级各类教育生均公共财政预算教育事业费，它与京津

的差距依然很大。尤其是普通初中、中等职业学校和普通高等学校的生均公共财政预算教育事业费差距不但没有缩小，反而扩大了。

以普通小学为例，假设北京未来继续保持2015年的增长率（1.4%），而河北必须保证平均每年增长10%，才能在2030年基本赶上北京的生均公共财政预算教育事业费水平（北京2030年为29266.5元，河北2030年为28207.7元）。但在2015年增长26.2%的基础上，要让河北普通小学生均公共财政预算教育事业费在2016~2030年保持年均10%的增长率，非常难以实现。未来，要想缩小河北与京津教育公共服务水平之间的差距，努力缩小生均公共财政预算教育事业费的差距是不可回避的问题。然而，在河北与京津经济发展水平、财政收入水平差距很大的背景下，缩小生均公共财政预算教育事业费的差距是一道难题。

表8 京津冀三地各级各类教育生均公共财政预算教育事业费比较

单位：元，%

地区	普通小学			普通初中			普通高中		
	2014年	2015年	增长率	2014年	2015年	增长率	2014年	2015年	增长率
北京	23441.8	23757.5	1.4	36507.2	40443.7	10.8	40748.3	42192.7	3.5
天津	17233.9	18128.2	5.2	26956.4	28208.7	4.7	30090.1	32848.1	9.2
河北	5349.1	6752.7	26.2	7749.4	9557.8	23.3	7748.2	9992.1	29.0
最高值-最低值	18092.7	17004.8	24.8	28757.8	30886.0	12.5	33000.1	32200.6	25.5

地区	中等职业学校			普通高等学校		
	2014年	2015年	增长率	2014年	2015年	增长率
北京	28765.5	34433.4	19.7	58548.4	61344.0	4.8
天津	22753.1	26481.0	16.4	18668.0	20415.3	9.4
河北	8031.6	12007.4	49.5	12292.6	13828.7	12.5
最高值-最低值	20733.9	22425.8	29.8	46255.8	47515.3	7.7

（三）生均公共财政预算公用经费：河北正在以较大力度追赶，但河北与京津的差距仍然很大

公用经费是满足学校教育教学活动正常进行以及整个学校的正常运转

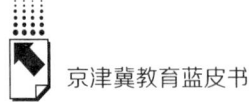

而消耗的物力、人力所产生的费用。如表9所示，就绝对值而言，北京的各级各类教育生均公共财政预算公用经费显著高于天津和河北。2015年北京的普通小学、普通初中、普通高中、中等职业学校和普通高等学校生均公共财政预算公用经费分别是河北的约5.5倍、6.3倍、5.7倍、3.8倍和4.5倍。河北、天津与北京各级各类教育生均公共财政预算教育公用经费差距很大。

就增长率而言，河北的各级各类教育生均公共财政预算公用经费增长最快，2015年普通小学、普通初中、普通高中、中等职业学校和普通高等学校生均公共财政预算公用经费分别增长了23.0%、19.5%、18.4%、61.6%和9.8%，明显高于京津的增长幅度。可见，河北各级各类教育生均公共财政预算公用经费正在努力缩小与京津的差距。但是仍应注意到，尽管河北大幅提高了各级各类教育生均公共财政预算公用经费，它与京津的差距依然很大。未来，要想缩小河北与京津义务教育发展水平之间的差距，努力缩小生均公共财政预算公用经费的差距是题中应有之义。在河北与京津经济发展水平、财政收入水平差距很大的背景下，缩小生均公共财政预算公用经费的差距，需要系统思考与提前谋划。

表9　京津冀三地各级各类教育生均公共财政预算公用经费比较

单位：元，%

地区	普通小学			普通初中			普通高中		
	2014年	2015年	增长率	2014年	2015年	增长率	2014年	2015年	增长率
北京	9951.0	9753.4	-2.0	14127.6	15945.1	12.9	16716.1	14807.4	-11.4
天津	3968.9	4361.4	9.9	6134.4	6356.9	3.6	10411.5	10677.9	2.6
河北	1439.3	1770.6	23.0	2121.1	2533.7	19.5	2207.9	2613.7	18.4
最高值-最低值	8511.7	7982.8	25.0	12006.5	13411.4	6.6	14508.2	12193.7	29.8

地区	中等职业学校			普通高等学校		
	2014年	2015年	增长率	2014年	2015年	增长率
北京	13473.1	14945.7	10.9	34711.0	32147.3	-7.4
天津	5918.0	7882.2	33.2	10224.7	10847.9	6.1
河北	2435.1	3935.0	61.6	6520.7	7162.2	9.8
最高值-最低值	11038.0	11010.6	50.7	28190.3	24985.1	17.2

进一步将生均公共财政预算教育事业费与生均公共财政预算公用经费进行比较可以发现,后者的地区差距更大(2015年北京的普通小学、普通初中、普通高中、中等职业学校和普通高等学校生均公共财政预算教育事业费分别是河北的约3.5倍、4.2倍、4.2倍、2.9倍和4.4倍,而生均公共财政预算公用经费分别是河北的约5.5倍、6.3倍、5.7倍、3.8倍和4.5倍)。未来,需要提高河北各级各类教育公共财政预算公用经费水平,缩小它与京津的差距。对比2015年河北生均公共财政预算教育事业费与生均公共财政预算公用经费的增长率可以发现,除了中等职业学校以外,其他各阶段教育生均公共财政预算教育事业费的增长率都高于生均公共财政预算公用经费。可见,生均公共财政预算教育事业费的增长主要来源于人员经费的增长(教育事业费分为人员经费和公用经费),公用经费的增长速度落后于人员经费的增长速度。

四 结论与启示

本报告运用最新数据,对京津冀三地经济和人口发展情况、教育事业发展情况以及教育经费投入情况进行了细致描述和比较分析,力求呈现京津冀三地教育发展的最新现状,揭示京津冀三地教育发展的具体差异,并厘清教育协同发展的重点和难点所在。通过研究发现,就教育总体规模而言,三地基础教育在校生数约占全国的7%,研究生在校生数占全国的1/5多;就义务教育而言,河北学生总数多,而且乡村学生占比高,京津乡村学生占比很小;就基础教育阶段专任教师的学历水平而言,河北与京津专任教师中本科及以上学历者所占比例相差较大;就基础教育生师比而言,河北基础教育各阶段生师比都高于京津,其中学前教育生师比差距最大,而且河北学前教育生师比没有达到教育部要求;就中等职业学校"双师型"教师比例以及获得"双证书"的毕业生占比而言,天津两个比例都最高,河北"双师型"教师少但毕业生获得"双证书"的比例高,北京与之相反;就普通高校数及高等教育在校生层次结构而言,北京央属高校、本科高校多,河北与天津

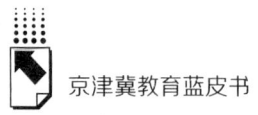

的本科高校和专科高校各占一半,北京的研究生在校生占比高,成人本专科在校生数将逐步得到控制,河北普通专科在校生占比高;就教育经费投入而言,河北正在以较大力度追赶京津,但差距仍然很大。本报告还得出如下启示。

(一)中央和三地政府需要从京津冀协同发展的战略高度认识教育协同发展的意义

教育协同发展不仅是京津冀协同发展的内在要求,还能为京津冀协同发展提供助力。新的时代背景下,教育作为一项重要的公共服务,尤其是优质教育作为一项社会稀缺资源,其资源配置、质量提升、布局优化对于引导人口合理分布具有重要意义。以首钢外迁为例,4000多名职工往返于相距200多公里的北京石景山和河北曹妃甸,虽然越来越多的职工选择在当地购置房产,但子女教育问题仍是他们难以真正安家的原因之一,只能夫妻一方留在北京陪孩子,另一方两地奔波。① 一项针对全国220个地级市的实证研究同样表明,劳动力选择流向某个城市,不仅为了获得该城市更高的工资水平和就业机会,还为了享受该城市的基础教育和医疗等公共服务。长期流动的劳动力更会选择流向公共服务好的城市。② 因此,推动京津冀三地教育协同发展,不仅有助于实现三地教育公共服务水平趋于均衡的目标,同时也能促进北京非首都功能疏解,推进北京非首都功能在整个京津冀区域内优化布局。中央和三地各级政府应该从京津冀协同发展的战略高度来认识教育协同发展的意义,并深刻认识三地教育发展的现状以及巨大差距,为缩小差距、促进教育公共服务水平趋于均衡提前谋划和制定对策。

---

① 高靓:《京津冀教育协同如何跳出"雷锋式帮扶"》,《中国教育报》2016年12月14日第4版。
② 夏怡然、陆铭:《城市间的"孟母三迁"——公共服务影响劳动力流向的经验研究》,《管理世界》2015年第10期,第78~90页。

（二）加快河北城镇化发展的步伐，同时加大对河北乡村教育的扶持力度

京津冀基础教育实现均衡发展，必须补足河北乡村教育的短板。《京津冀协同发展规划纲要》对河北省的功能定位是建设"三区一基地"，其中之一就是要建设"新型城镇化与城乡统筹示范区"。一方面，河北要以此为契机，大力推进新型城镇化建设，转移一批人口在城市落户，进而带动一批适龄人口在城市上学；另一方面，加大中央和京津对河北乡村教育的定向扶持力度，建立稳定长效的精准帮扶机制，创新城乡发展一体化体制机制，不断缩小城乡教育发展差距。

（三）多措并举，提升河北基础教育阶段师资队伍水平

鼓励优秀大学毕业生到河北中小学校任教，对于毕业后去河北任教的大学生，可向他们提供在京津中小学任教的"同城待遇"，在河北任教若干年限后，优先支持他们回京津高校继续深造学习。鼓励京津地区的名师名校长、优秀教师和管理团队到河北进行2~3年的支教，把京津的先进教学理念和管理理念输入河北。组织河北的教师和教育管理者"扎根"北京的优质中小学校，进行浸入式学习。河北需要提前认识到生育政策变化对学前教育师资的冲击，加大对学前教育师资的培养和培训力度。

（四）京津冀三地职业教育和高等教育要实现优势互补和错位发展

虽然在基础教育阶段，河北多项指标都落后于京津，表现出河北基础教育整体水平与京津相比还存在较大差距。但是就中等职业教育而言，河北表现出明显的比较优势。河北中等职业学校"双师型"教师比例较低，但毕业生获得"双证书"的比例很高。北京的情况正好与之相反。北京中等职业学校有必要学习和借鉴河北经验。京津冀三地职业教育和高等教育的学科专业、层次结构等需要结合三地的产业布局，在京津冀区域内重新调整和优

化。建立区域内教师信息资源库、毕业生就业信息共享平台、教学设备设施共享平台等,实现三地资源的整合和共享。

(五)中央和京津要担当起帮助河北实现教育跨越式发展的责任

河北公共教育服务水平提高,中央和京津都能从中受益。中央和京津应按照一定的分担比例,合作设立教育协同发展专项资金,并将资金优先用于支持河北提升义务教育阶段教师水平、改造薄弱学校、开展教育协同发展项目等。在一部分地区选择一批重点项目先行试点,探索可复制和推广的经验,逐步扩展到整个京津冀地区。目前,河北已经在加大教育投入力度方面做出努力。对于河北自身加大义务教育的投入、努力缩小与京津差距的投入,中央应给予一定的配套支持。河北在加大人员经费投入的同时,也要提高公用经费的支出标准。

(六)对京津冀教育发展现状进行持续监测,为政策制定和调整提供追踪式建议

中央和京津冀三地应合作制定《京津冀教育协同发展规划》,明确教育协同发展的时间表和路线图。同时,在时间表和路线图的指导下,对京津冀三地教育发展的现状进行持续监测,以判断三地教育是否朝向"公共服务水平趋于均衡"的目标推进,为及时改进和调整政策提供建议。借助较为有影响力的平台,定期发布京津冀教育协同发展进展报告,吸引社会参与对京津冀教育协同发展进行评价。

B.9
京津冀教育协同发展评估指标体系研究

雷 虹*

摘 要: 本报告以京津冀教育协同发展评估指标体系构建为主题,首先从探讨京津冀教育协同发展的评估模式定位入手;其次对京津冀教育协同发展目标及其评估重点进行分析,将目标分为疏解性目标和发展性目标两大类,并对每一类所涉及的若干重点领域的路径与评估重点做了进一步梳理。在上述基础上,对京津冀教育协同发展评估指标体系提出初步框架,并对分阶段监测与评估的重点、指标评估标准的设定、指标测度方法、研究局限性做了简要探讨。

关键词: 京津冀 教育协同 评估 指标体系

京津冀地区因其独特的地理位置、雄厚的工业基础、强大的科技与教育实力,被视为我国创新驱动经济增长的新引擎。"十二五"时期,京津冀协同发展上升为国家重大发展战略,教育协同发展是该战略的重要组成部分。京津冀三地教育发展水平参差不齐,特别是河北省与京津两地水平悬殊,要实现协同发展难度很大。为了切实、有效地推进京津冀教育协同发展,开展对京津冀教育协同发展的监测与评估研究必不可少,但目前这方面还鲜有学

---

* 雷虹,北京教育科学研究院教育发展研究中心助理研究员,主要研究领域为教育规划及其监测评估、教育政策分析。

者涉猎。本报告试图在简要探讨京津冀教育协同发展评估模式的基础上，对京津冀教育协同发展评估指标体系的构建提出初步框架，以期促进相关研究与实践的不断深入。

一 京津冀教育协同发展评估模式探讨

（一）评估模式多样性及其主要影响因素

学界对评估的界定多种多样，综合分析各种较有代表性的定义，可将评估理解为针对某一对象的程度或价值，进行获取和运用其描述性与判断性信息的一种过程。① 当评估作为一种公共管理核心工具来使用时，其主要目的包括增加对实践活动的了解、引导决策的制定、优化方案的实施、强化绩效的问责、促进评估经验的传播等，但并非每一次评估都要实现所有目的，而是根据实际情况有所选择。

评估模式是指评估者依据其自身信念与经验，对评估所采取的理想化或示范式的建构方式。② 评估模式与评估者对评估的理解以及对评估对象的认知密切相关。目前学界较为系统的评估模式有二十多种，其背后的理论基础、价值取向和方法不尽相同。众多模式的产生恰恰反映出人们对评估中一系列问题的争论以及试图改进评估效果的尝试，诸如：评估是否必须与既定目标进行比较，能否不受目标限制；评估应重视结果还是过程；评估是否要引入决策者、参与者的看法，何者为主导，评估者自身的看法又处于什么地位；评估是否必须由评估者对事实做出价值判断，抑或这一价值判断可交由决策者或参与者甚至消费者做出；评估中是否只有运用量化方法才更准确、科学；等等。事实上，各种评估模式之间的界限并非泾渭分明，当前评估发

---

① Daniel L. Stufflebeam, George F. Madaus and Thomas Kellaghan：《评估模型》，苏锦丽等译，北京大学出版社，2007，第323页。
② Daniel L. Stufflebeam, George F. Madaus and Thomas Kellaghan：《评估模型》，苏锦丽等译，北京大学出版社，2007，第323页。

展的主要趋势之一就表现为：随着社会日益多元化，评估也越来越重视多元性和包容性，各种评估模式非但不是对评估实践的固化，反而为其提供了更多的可能性，实践中可根据具体需求融合任何适切的理论、价值观、方法或技术，从而增强评估的灵活性和有效性。

对于社会公共项目①评估而言，目标导向评估、管理导向评估、参与者导向评估是最具代表性的三大类模式。目标导向评估和管理导向评估均属于典型的功利取向，其中，目标导向评估因简单、易懂、易执行，强调以既定目标衡量项目成效而被广泛使用；管理导向评估的优点是更多地从帮助决策者做出决策的角度出发，致力于促进执行中的项目进行持续性改进。参与者导向评估则属于多元取向，主张可将项目参与者引入评估过程，通过案例研究、实地调查等多种不同方法掌握更为丰富的事实，呈现项目的复杂动态性，不以项目的既定目的为重。随着评估的发展，功利和多元这两种取向的融合趋势日益明显。

在实践中，到底该如何选择和建构所需的评估模式呢？其影响因素很多，本报告认为以下几方面尤为重要。

其一，评估内容特征。评估者要评估的项目越重要、越庞大、越复杂，其项目理论越成熟（即项目的目标和路径明确而具体，因果关系合理），就必然越注重对既有目标和路径的参照。

其二，评估客体特征。如果评估主要针对政府这种具有强势政治地位并主导项目设计与运行的客体，那么评估通常会更多地重视政府这一决策方的意志和需求，体现出明显的管理导向型倾向。

其三，评估目的特征。如果评估目的以问责为主，则应开展总结性评估，并突出对目标的比较以及考核性判断；如果评估目的在于促进项目的实施、改善项目的设计与程序，则描述运行过程优缺点、展现需求与困难的形成性评估将成为评估者的主要选择。

---

① 项目（program）是为特定目标所设定的、有组织的若干行动的集合。社会公共项目是由政府直接或间接提供的、利用政府财政资源的、旨在改善社会整体或某一群体福利的项目。

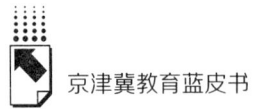

其四，项目所处阶段特征。如果项目处于执行过程中，特别是运行初期阶段，此时评估应重点关注项目运行信息，进行过程性评估；如果项目处于末期或已取得重要成果，可更多关注成效，进行结果性评估。

其五，评估数据信息特征。评估数据信息易于获取，评估者可采取较为复杂的、多元化的评估方式；如果评估信息不易获取，评估者更倾向于采取较为简便易行的评估方式。

（二）京津冀教育协同发展评估模式定位

中共中央政治局于2015年4月30日审议通过了《京津冀协同发展规划纲要》（以下简称《纲要》）。《纲要》的远期目标直指15年后的2030年。本报告主要围绕《纲要》中涉及的京津冀教育协同发展部署开展评估体系建构研究。

就《纲要》的战略属性而言，它属于党中央、国务院在新的历史条件下做出的国家级重大战略部署，其发展目标及路径是经过深入研究与审慎决策确定的，也是现实工作中须遵循的重要依据。京津冀教育协同发展评估必须关注规划目标的达成情况，因此评估指标体系的建构将以目标导向模式为基础。

从评估目的来看，由于目前还处于《纲要》这一长期战略规划的执行初期阶段，规划的目标、路径和结果预设还比较粗线条，在此阶段开展评估指标体系研究最核心的目的不在于对结果进行评估，而是要为京津冀三地政府乃至中央政府决策机构提供《纲要》中关于京津冀教育协同发展相关规划的重要执行信息，从而为进一步明确规划的具体目标、路径、结果，改进规划的设计与实施，提供决策支持。因此，在建构评估指标体系时应借助管理导向模式，同时此阶段进行的评估研究也更具有过程性评估的特质。

京津冀教育协同发展是一个非常复杂、艰巨的系统工程，尤其需要众多利益相关者的鼎力协作，因此，本研究有必要吸纳参与者导向模式的有益元素。

二 京津冀教育协同发展目标及其评估重点分析

《纲要》中提及京津冀协同发展的目标是：近期到2017年，有序疏解北京非首都功能取得明显进展，在符合协同发展目标且现实急需、具备条件、取得共识的交通一体化、生态环境保护、产业升级转移等重点领域率先取得突破，深化改革、创新驱动、试点示范有序推进，协同发展取得显著成效。中期到2020年，北京市常住人口控制在2300万人以内，北京"大城市病"等突出问题得到缓解；区域一体化交通网络基本形成，生态环境质量得到有效改善，产业联动发展取得重大进展；公共服务共建共享取得积极成效，协同发展机制有效运转，区域内发展差距趋于缩小，初步形成京津冀协同发展、互利共赢新局面。远期到2030年，首都核心功能更加优化，京津冀区域一体化格局基本形成，区域经济结构更加合理，生态环境质量总体良好，公共服务水平趋于均衡，成为具有较强国际竞争力和影响力的重要区域，在引领和支撑全国经济社会发展中发挥更大作用。[1]

上述目标是确定京津冀教育协同发展目标的主要指针。总体而言，该目标可分解为旨在缓解北京"大城市病"的教育资源疏解性目标和促进三地教育公共服务共建共享的发展性目标。《纲要》中，教育事业只是作为社会公共服务的一部分被提及，并未进一步给出评估所需要的具体目标，况且通常在项目或规划开始阶段，其目标和交付成果可能都比较粗略，随着项目或规划的进展，目标通常会变得更为具体并逐渐聚焦。所以，本报告必须依据《纲要》中的宏观目标和路径，结合具体实践的发展状况，对京津冀教育协同发展更具体的目标和路径进行简要分析，从而为评估指标体系的建构提供重要的参照系。

---

[1] http://www.hebqhdsgt.gov.cn/gtzyj/front/6048.htm.

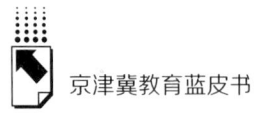

（一）疏解性目标及其评估重点分析

有序疏解北京的非首都功能是全面落实京津冀协同发展重大国家战略的一个关键环节，其中，部分教育公共服务功能的有序疏解是四个重点领域之一。

就目标而言，《纲要》本来预设2017年有序疏解北京非首都功能取得明显进展，但从教育领域的推进状况看，至少要到2020年甚至2025年才会有明显进展。这是因为教育资源，特别是高等教育资源的疏解涉及大量设施的建设以及学生、教师的相应调整和安置等一系列复杂情况，从谋划到实施再到完成通常需要比较长的周期。

在路径上，突出表现为主要采取控制增量与疏解存量一体两翼相互促进的方式。其一，严控新增教育机构和规模。严控在京高等学校办学规模，严禁在京审批或升格新的高等教育单位，严禁城六区高等学校在原址扩大占地面积、增加建设规模，不再扩大并逐步减少在京高等学校招生规模，大幅压缩中等职业教育和成人教育规模。其二，把教育资源调整疏解与教育体制综合改革结合起来，推动部分市属高校本科教育、职业教育资源有序迁出，老校区向研究生培养基地、研发创新基地和重要智库转型。①

1. 在京高等学校疏解工作的评估重点

在京高等学校疏解工作的评估重点主要集中在以下几方面。

其一，办学规模严控。主要包括招生数、在校生数、学校数、占地面积（城六区原校址）、建筑面积（城六区原校址）等要做到只减不增。

其二，空间布局调整。主要包括按照政府相关规划要求，需要完全迁出北京市或城六区的学校数及在校生数、部分迁出（院系搬迁、办分校、联合办学）的学校数及在校生数能否如期实现。

2. 在京中等职业学校疏解工作的评估重点

在京中等职业学校疏解工作的评估重点主要集中在以下几方面。

---

① 《2015年北京市政府重点工作情况汇编之有序疏解非首都功能篇》，http://www.beijing.gov.cn/sy/2016lh/2015zdgzqkhb/t1421839.htm。

其一，办学规模缩减。主要包括招生数和在校生数要做到逐步减少，学校数、占地面积、建筑面积等至少要做到不增加。

其二，空间布局调整。主要包括按照政府相关规划要求，完成相应的学校搬迁工作，涉及迁出北京市或城六区的学校数及在校生数、部分迁出（搬迁、办分校、联合办学）的学校数及在校生数等指标。

3.在京成人教育疏解工作的评估重点

成人教育规模要实现大幅压缩，必须对多种成人教育方式进行调控，其中包括普通高等学校成人教育、网络教育、自考助学等在京面授教育办学规模，特别是以招收京外生源为主的成人教育机构数量不能增加。因此，评估重点在于关注招生数、在校生数、机构数、占地面积、建筑面积是否均明显减少。

（二）发展性目标及其评估重点分析

按《纲要》的目标设想，中期到2020年，教育公共服务共建共享取得积极成效，协同发展机制有效运转，区域内发展差距趋于缩小，初步形成京津冀协同发展、互利共赢新局面。远期到2030年，教育公共服务水平趋于均衡，京津冀区域一体化格局基本形成。

上述任务的达成显然需要教育内外部一系列相关要素的顺畅流动以及重组。通常人们认为教育的基本要素包括教育者（教师）与受教育者（学生）、教育内容与教育物资。教育内容是将学生与教师联系在一起的中介，更是教育过程中需要传递的最重要的信息要素，其常见载体为教材、课程以及其他教育活动。教育物资可划分为开展教育活动的场所与设备设施、教育媒体以及教育辅助手段。就京津冀这种范围较广、情况非常复杂的教育协同发展而言，应主要促进易于跨地域产生溢出效应和趋向帕累托改进的要素的流动，因此教育优势地区如何帮助教育弱势地区提高其教师和教育管理者的专业水平，教育优势地区如何将发展教育的知识、技术、经验传递给弱势地区尤为重要。成本高昂的校舍等不动产以及随之产生的人力资本的空间移动不应成为首选，除非其比前述要素流动的正效应更强。实践中京津冀之间的教育要素流动难度非常大，面临诸多显性和隐性的壁垒，缺乏有效的三地协同发展统筹协调机制以及一些政策出台后常常没有相应的配套政策做支撑是突出问题，因此体制机制的改革和完善是推动京津冀教育协同发展最重要的保障和先决条件。有鉴于此，本报告认为协同发展长效机制的建设水平、师资和教育管理者专业水准的提升状况、其他教育资源的共建共享、协同发展结果是京津冀教育协同发展评估的四个主要维度。

1. 基础教育协同发展路径及评估重点

在基础教育，特别是作为基本公共教育服务的义务教育方面，面对三地共建共享、教育公共服务水平趋于均衡的宏观发展目标，主要任务是在义务教育高位均衡发展的政策框架下，充分发挥北京和天津优质教育资源的辐射作用，带动河北省实现跨越式发展，明显缩小河北与京津两地的差距。由于基础教育的属地管理属性较强，学生普遍就近入学，不同地区的课程和教材也有所不同，各地的文化特征与积淀存在差异，并且北京地区自身基础教育阶段师资数量也较为紧张，因此，基础教育阶段三地协同发展的主要途径不应以异地办学这种硬件空间位移的方式为主，而应以优质数字教育资源的共建共享、校外教育资源的共建共享、京津两地帮扶河北省基础教育教师与校长专业能力提升为主。此外，还要强化制度建设，突出制度创新。评估重点设定如下。

（1）协同发展长效机制建设水平：重点关注三地基础教育省级横向协调与中央—地方纵向协调相结合的协同机制是否建立健全，如顶层设计是否完备与合理、三地规划是否有效对接、重大项目能否共同推进、重大矛盾能否有效解决等；三地基础教育合作交流机制及其保障机制是否建立健全，如每推出重大的合作交流举措时，是否有详尽的、切实可行的制度设计出台以及相应的配套政策能否及时跟进。

（2）师资专业素质提升状况：重点关注三地基础教育教师学历提升状况（本科学历、研究生学历各自提升状况及其差距），重点关注河北省的变化情况，特别是"环京津贫困带"各县基础教育（特别是义务教育）教师学历提升状况；京津两地培训的河北省教师和教育管理人员（校长等）的数量或比例。

（3）优质基础教育资源共建共享状况：重点关注三地基础教育优质数

字资源共享情况（资源规模、受益群体规模、满意度），校外教育资源共享情况（资源规模和受益群体规模、满意度）；三地开展的各种形式的跨省合作办学（包括教育集团、学校联盟、结对帮扶、委托管理、开办分校等）数量；三地在课程实施与管理、教学改革、考试评价、教研科研、教育管理等方面的合作情况（项目数和受益群体规模、满意度）。

（4）协同发展结果：重点关注三地生均基础教育公共经费的差异系数；三地基础教育阶段教育质量监测情况。

2. 职业教育协同发展路径及评估重点

相比基础教育，京津冀职业教育协同发展更强调三地如何取长补短、融合发展，探索跨地区优化学校布局和专业布局，加快构建与产业发展相适应的现代职业教育体系。评估重点设定如下。

（1）协同发展长效机制建设水平：重点关注三地职业教育省级横向协调与中央—地方纵向协调相结合的协同机制是否建立健全；三地职业教育合作交流机制及其保障机制是否建立健全。与基础教育相比，职业教育协同发展更需要处理好政府与市场的关系、学校和企业的关系、学校定位与产业发展的关系以及学校与职教集团的关系。

（2）师资专业素质提升情况：重点关注三地职业教育师资学历提升情况、"双师型"教师比例、教师和教育管理人员（校长等）交流情况、培训情况（培训项目数量、培训人数、满意度）。

（3）优质教育资源共建共享状况：重点关注跨省组建职业教育集团的情况；职教园区、设施设备、实训基地、技能鉴定站、合作企业、优质数字资源共建共享情况（参与机构数、服务人次、合作满意度）；技术技能人才以及高端技能人才联合培养情况（培养规模、满意度）。

（4）与京津冀产业布局调整和升级的契合度：重点关注专业布局调整情况；重点专业招生规模。

（5）协同发展结果：重点关注学生就业率、学生的岗位适应性。

3. 高等教育协同发展路径及评估重点

在高等教育领域，三地协同发展需加强人才培养结构的跨区域整体优化,增强项目成果转化为生产力的有效性。因此,必须扶持三地高校共建特色学科,组建高等学校联盟,积极推进优质教学科研资源共享,全面提升教育国际化水平。评估重点设定如下。

(1) 协同发展长效机制建设水平:重点关注三地高等教育省级横向协调与中央—地方纵向协调相结合的协同机制是否建立健全;三地高等教育合作交流机制及其保障机制是否建立健全。促进协同育人、协同创新是机制建设的核心所在。

(2) 师资专业素质提升情况:重点关注三地高校教师和教育管理人员合作交流情况与培训情况(项目数量、人数、满意度)。

(3) 优质教育资源共建共享状况:重点关注跨省组建高校联盟情况;三地高校先进设备资源、实习实践基地共享情况(服务人次、满意度);优质数字资源共建共享情况(参与机构数、服务人次、合作满意度);跨省协同育人情况(人数、满意度)、拔尖创新人才培养情况(人数、满意度);高等教育国际化情况(协同利用京外优质教育资源情况、来华留学生规模、京津冀高等教育资源境外交流情况)。

(4) 与京津冀产业布局调整和升级的契合度:重点关注学科和专业布局调整情况;重点学科专业的招生情况。

(5) 协同发展结果:重点关注高等学校学生就业率;高等学校知识产权授权数;高等学校科技成果获奖数;高等学校科研成果转化率。

4. 继续教育协同发展路径及评估重点

继续教育是区域协同发展大有可为的领域,更需要统筹利用可能利用的各种教育资源,努力构建时时可学、处处可学、人人可学的学习型社会。以"互联网+"为代表的信息技术的应用无疑是首选,辅之以学习成果积累、认证与转换等一系列制度的探索。评估重点设定如下。

(1) 协同发展长效机制建设水平:重点关注三地继续教育省级横向协调与中央—地方纵向协调相结合的协同机制是否建立健全;三地继续教育合作交流机制及其保障机制是否建立健全。促进继续教育新型载体(或平台)建设,促进学习成果积累、认证与转换等是制度和机制建设的主要导向。

（2）师资专业素质提升情况：重点关注三地继续教育教师和教育管理人员合作交流情况与培训情况（项目数量、人数、满意度）。

（3）优质教育资源共建共享状况：重点关注优质数字资源共建共享情况（参与机构数、服务人次、合作满意度）。

（4）协同发展结果：重点关注继续教育参与率、继续教育满意度。

三　京津冀教育协同发展评估指标体系建构

（一）构建原则

1.突出重点原则

对于京津冀教育协同发展这种非常复杂的规划而言，其内部蕴含的数据信息是海量的，但一个指标体系不可能囊括全部，在人力、物力、财力、时间有限的情况下，尽可能选取最核心的内容进行监测和评价。本报告以问题为导向，主要关注发展中存在的主要问题和重点举措的实施，因此并未按全面性原则来选取指标，力求能够保持各指标的敏感度。

2.可获取性原则

本研究所有指标数据都应该能够获取。首先，尽可能使用现有统计数据，并注意保持统计口径一致，以国家级和省级统计年鉴的数据为主；其次，如果仅限于现有统计数据，此评估指标的选取余地将非常小，很难满足决策需求，因此不可避免地要选取一些需要通过调查获取数据的指标。

3.前瞻性原则

京津冀教育协同发展是一个长期的过程，《纲要》的时间跨度为15年，如果选取指标时仅限于目前统计系统能提供的数据指标，则将大大降低这一评估指标体系的效用。因此，本报告从国家战略的角度看待京津冀教育未来的发展，重点放在对未来发展趋势的基本判断上，选取指标时不完全局限于现有的常见数据指标。

4.非综合性原则

由于京津冀教育协同发展规划的实施刚刚起步，未来尚存在诸多不确定性，此时如果采取多指标综合评价的策略，拟定高度综合化的指数来反映京津冀教育协同发展状况，将不利于呈现和挖掘执行过程中的各种问题与进行归因分析。为了便于实践的改进和决策优化，以及后续评估研究的进一步深入开展，本报告所进行的京津冀教育协同发展评估指标体系建构并不强调所有指标体系的高度拟合。

（二）指标体系

本指标体系的建构，以目标导向和问题导向为基础，以管理导向中的过程性评估为框架，吸取了参与者导向评估中重视项目参与者意见反馈的经验，具体见表1。

表1 京津冀教育协同发展评估指标体系初步框架

一级指标	二级指标	三级指标	备注
疏解性指标	高等教育	办学规模控制状况	招生数；在校生数；学校数；占地面积(北京城六区原校址)；建筑面积(城六区原校址)	逆向指标（只减不增）；约束性指标
		空间布局调整状况	完全迁出校数及在校生数；部分迁出(院系搬迁、办分校、联合办学)校数及在校生数	约束性指标
	中等职业教育	办学规模控制状况	招生数；在校生数；学校数；占地面积；建筑面积	逆向指标（只减不增）；约束性指标
		空间布局调整状况	完全迁出校数及在校生数；部分迁出(搬迁、办分校、联合办学)校数及在校生数	约束性指标
	成人教育	办学规模控制状况	招生数；在校生数；机构数；占地面积；建筑面积	逆向指标（明显减少）；约束性指标

续表

一级指标	二级指标	三级指标	备注
发展性指标	基础教育	长效机制建设水平	省级横向协调与中央—地方纵向协调相结合的协同机制是否建立健全； 合作交流机制及其保障机制是否建立健全 (主要表现为：顶层设计是否完备与合理、三地规划是否有效对接、重大项目能否共同推进、重大矛盾能否有效解决等；每推出重大的合作交流举措时，是否有详尽的、切实可行的制度设计出台以及相应的配套政策能否及时跟进)	预期性指标
		师资专业素质提升状况	三地教师学历提升状况(本科学历、研究生学历各自提升状况及其差距，重点关注河北省变化情况；河北省"环京津贫困带"各县基础教育(特别是义务教育)教师学历提升状况；京津两地培训的河北省基础教育教师数量或比例	预期性指标
		优质教育资源共建共享状况	基础教育优质数字资源共享情况(资源规模、受益群体规模、满意度)； 校外教育资源共享情况(资源规模、受益群体规模、满意度)； 三地开展的各种形式跨省合作办学(包括教育集团、学校联盟、结对帮扶、委托管理、开办分校等)数量； 三地在课程实施与管理、教学改革、考试评价、教研科研等方面的合作情况(项目数和受益群体规模、满意度)	预期性指标
		协同发展结果	基础教育生均公共经费的差异系数； 三地基础教育阶段教育质量监测情况(既要三地彼此对比，还应各地与自身的历史数据进行对比)	预期性指标
	职业教育	长效机制建设水平	省级横向协调与中央—地方纵向协调相结合的协同机制是否建立健全； 合作交流机制及其保障机制是否建立健全 (主要表现为：顶层设计是否完备与合理、三地规划是否有效对接、重大项目能否共同推进、重大矛盾能否有效解决等；每推出重大的合作交流举措时，是否有详尽的、切实可行的制度设计出台以及相应的配套政策能否及时跟进)	预期性指标
		师资专业素质提升状况	三地职业教育师资学历提升情况； "双师型"教师比例； 教师和教育管理人员(校长等)交流情况、培训情况(培训项目数量、培训人数、满意度)	预期性指标

续表

一级指标	二级指标	三级指标	备注
发展性指标	职业教育	优质教育资源共建共享状况	跨省组建职业教育集团的情况； 职教园区、设施设备、实训基地、技能鉴定站、合作企业、优质数字资源共建共享情况（参与机构数、服务人次、合作满意度）； 三地技术技能人才和高端技能人才联合培养情况（培养规模、满意度）	预期性指标
		与京津冀产业布局调整和升级的契合度	专业布局调整情况； 重点专业的招生情况	预期性指标
		协同发展结果	职业学校学生就业率； 职业教育学生的岗位适应性（可选取部分企业进行调查）	预期性指标
	高等教育	长效机制建设水平	省级横向协调与中央—地方纵向协调相结合的协同机制是否建立健全； 合作交流机制及其保障机制是否建立健全 （主要表现为：顶层设计是否完备与合理、三地规划是否有效对接、重大项目能否共同推进、重大矛盾能否有效解决等；每推出重大的合作交流举措时，是否有详尽的、切实可行的制度设计出台以及相应的配套政策能否及时跟进）	预期性指标
		师资专业素质提升状况	三地高校教师、教育管理人员（校长等）合作交流与培训情况（项目数、人数、满意度）	预期性指标
		优质教育资源共建共享状况	跨省组建高校联盟情况； 三地高校先进设备资源、实习实践基地共建共享情况（服务人次、满意度）； 优质数字资源共建共享情况（参与机构数、服务人次、合作满意度）； 跨省协同育人情况（人数、满意度）； 拔尖创新人才培养情况（人数、满意度）； 高等教育国际化情况（协同利用京外优质教育资源情况、来华留学生规模、京津冀高等教育资源境外交流情况）	预期性指标
		与京津冀产业布局调整和升级的契合度	学科和专业布局调整情况； 重点学科、专业的招生情况 （结合三地在整体协同创新体系中的分工定位）	预期性指标

续表

一级指标	二级指标	三级指标	备注
发展性指标	高等教育	协同发展结果	高等学校学生就业率； 高等学校知识产权授权数； 高等学校科技成果获奖数； 高等学校科研成果转化率	预期性指标
发展性指标	继续教育	长效机制建设水平	省级横向协调与中央—地方纵向协调相结合的协同机制是否建立健全； 合作交流机制及其保障机制是否建立健全（主要表现为：顶层设计是否完备与合理、三地规划是否有效对接、重大项目能否共同推进、重大矛盾能否有效解决等；每推出重大的合作交流举措时，是否有详尽的、切实可行的制度设计出台以及相应的配套政策能否及时跟进）	预期性指标
发展性指标	继续教育	师资专业素质提升状况	三地继续教育教师和教育管理人员合作交流情况与培训情况（项目数量、人数、满意度）	预期性指标
发展性指标	继续教育	优质教育资源共建共享状况	优质数字资源共建共享情况（参与机构数、服务人次、合作满意度）	预期性指标
发展性指标	继续教育	协同发展结果	继续教育参与率； 继续教育满意度	预期性指标

由于京津冀教育协同发展是分阶段逐步推进的过程，每个阶段会有自身的重点任务和环节，故指标体系中的各指标也并非均需开展全时段重点监测和评估，结合具体情况可开展分时段重点监测和评估。例如，疏解性目标对应的指标可在初期和中期作为重点任务进行监测和评估，发展性目标对应的指标可在中期和后期作为重点任务进行监测和评估；原来有较好基础、进展较快的项目可在初期做重点监测和评估，难度大的改革、初创项目可在中期和后期作为重点任务进行监测和评估。此外，还可结合每年的重点任务开展年度性专项评估。

指标体系评估标准的构建，主要分三种情况：一是目前已经明确数量标准的，参照该标准；二是目前没有明确标准的，如果后续政府出台的相关规划和政策中设定了相关标准，参照该标准；三是目前无明确标准，如果政府出台的相应文件中没给出标准或只给出很模糊的标准，则在研究和对政府决策机构、相关执行机构调研的基础上，自行设定标准。

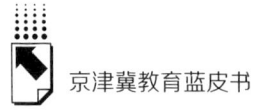

（三）对测度方法的探讨

指标体系中的指标从测度方法上可分为如下三大类。

其一，有权威统计数据做支撑的指标。在本指标体系中，大量指标源于我国现有的统计指标系统，此类指标通常具有年度性的、比较权威的原始统计数据做支撑。研究者可使用原始统计数据或对原始统计数据进行一定的加工。

其二，尚无常规性统计数据做支撑，但未来政府有可能进行该类数据生产的指标。例如，国家已推出义务教育质量监测方案并将在实施中不断完善，如果能切实开展就可为本研究中三地基础教育质量水平的比较提供重要参考数据。

其三，无常规统计性数据支撑，根据需要进行调查以获取数据的指标。其中，有一部分数据如果在三地建立起相应的协同调查平台，即可定期更新相应的数据并汇总，如师资交流和培训人数；三地组建的高校联盟、职业教育集团、基础教育合作办学项目等。还有一类是评估者必须适时开展相应的抽样调查才能获得数据的指标，如各种满意度的数据、反映长效机制建设水平的数据。

（四）研究局限性

任何一项评价研究，特别是社会项目评估研究都有较大的局限性。京津冀教育协同发展才刚刚起步，目前相关规划尚未发布，许多政策细节还不清晰，京津冀教育协同发展未来所面临的问题也将具有高度不确定性，困难重重，需要在理论与实践的探索和学习中不断总结经验、开拓创新。本研究也属于一个全新的尝试，还处于初步探索阶段。此外，当前能支撑京津冀教育协同发展监测与评估的统计体系还远不健全，在数据收集与公开方面存在各种不完备和不规范，三地的数据共享和协同生产平台缺失。这些状况使得本研究所建构的京津冀教育协同发展评估指标体系还存在诸多局限性，随着持续的跟进式研究，其适用性将不断提升。

B.10
"互联网+"背景下京津冀教育协同发展信息平台研究

朱庆环*

摘　要： "互联网+"背景下，利用信息化扩大优质教育资源覆盖面是国际社会的普遍经验，也是贯彻中央文件精神的必然要求，更是缩小区域、城乡、校际差距的有效路径。"互联网+教育"是推动区域教育协同发展的突破口，北京数字学校为京津冀教育协同发展信息平台建设提供了较好的探索，建议加强区域教育资源数据库平台和教育管理信息化平台建设，建立京津冀教育基础数据库，建立多渠道筹措平台建设经费保障机制。

关键词： 互联网+　京津冀　教育协同　信息平台

信息化是当今时代的重要发展趋势，也是实现现代化的必然选择。互联网的开放性和包容性使得优质教育资源的供给不再稀缺。在"互联网+"的背景下，信息化成为扩大优质教育资源、缩小区域教育差距、促进区域教育协同发展的突破口和切入点。《国家信息化发展战略纲要》明确提出"实施以信息化推动京津冀协同发展、信息化带动长江经济带发展行动计划"。将信息化置于促进区域协调发展中的重要支撑位置。本研究在对"互联

---

* 朱庆环，北京教育科学研究院教育发展研究中心助理研究员，主要从事教育现代化和区域教育发展方面的研究。

网+教育"概念厘清的基础上，探讨建立区域教育协同发展信息平台的重要性和必要性，分析区域教育协同发展信息平台建设的理论可能和实践进展，最后从平台体系建设、教育基础数据库建设和经费来源多渠道等方面提出推进京津冀教育协同发展信息平台建设的建议。

一 "互联网+教育"的内涵

随着"互联网+"上升到国家战略，"互联网+"在各个领域的应用成为热点，"互联网+教育"成为热门话题。但是，人们对"互联网+教育"的理解存在一些认识误区需要厘清。

首先，有人认为，"互联网+教育"就是教育信息化。"互联网+"的内涵根本上不同于传统意义的信息化，或者说，互联网重新定义了信息化。一般来说，信息化被定义为信息通信技术不断应用深化的过程。由于传统信息和数据缺乏流动性，数据在组织之间、部门之间、地域之间难以分享，信息化效应难以发挥。"互联网+"的本质是传统产业的在线化、数据化。在线化的数据具有较强的流动性，可以突破部门或企业内部的封闭，随时在协作主体之间以最低的成本流动和交换。互联网天然具备的全球开放、平等、透明的特性，使得信息和数据的潜力被激发，转为生产力，成为社会财富增长的源泉。可以说，"互联网+教育"是在教育信息化的基础上发展而来的，都是教育信息化的高级形态。

其次，有人认为，"互联网+教育"就是"教育+互联网"。在"互联网+教育"的话语中，"互联网"不只是工具，还是渠道，是平台，更是一种思维方式。"互联网+教育"不是简单地在传统教育的基础上硬性套上互联网，而是把互联网的理念和思维渗透到教育的方方面面，催生出新的教育模式和教育方法。互联网的作用不仅仅局限于传统的课件演示、网络课堂和教育管理系统信息化等，而是从"育人"的根本目的出发，重新考虑互联网的作用。将"互联网+教育"理解为"教育+互联网"实际上窄化了"互联网+教育"的内涵。

最后，在看待"互联网+教育"与传统教育的关系时，有人认为，"互联网+教育"会颠覆或取代传统教育。实际上，"互联网+教育"是线上教育和线下教育的有机结合，"互联网+教育"与传统教育的关系不是颠覆而是互补，"互联网+"着眼的是增量改革而不是存量改革。因此，教育领域应该以互联网的思维和心态积极拥抱"互联网+"。

二 建设区域教育协同发展信息平台的重要性和必要性

（一）利用信息化扩大优质资源共享是国际社会的普遍经验

以云计算技术为基础搭建教育云平台，对促进优质资源共享，提升教育信息化发展水平，助力教育改革和创新具有重要作用，是世界教育信息化基础设施建设的未来趋势。2015年世界经济论坛发布的《教育新愿景：释放技术的潜能》认为全球在释放技术的潜力方面还处于初级阶段，发挥技术在促进优质教育资源共享方面作用的潜力较大。无独有偶，《全球信息技术报告2015》也建议将发展信息技术以缓解普遍存在的数字鸿沟、扩大教育机会作为缓解贫困的重要路径。

在实践层面，慕课、翻转课堂、可汗学院就是成功探索。以慕课为例，慕课以规模大、开放性、网络化、个性化、参与性及优质教育资源的易获得性等优势，为学习者提供了一个新的知识获取渠道和学习模式，成为网络时代人们学习的新途径。慕课的目标是"任何人在任何时候、任何地方能学到任何知识"。慕课正是以其独特的开放性将世界上最优质的教育资源传播到地球上的任何角落，突破时空限制，以低成本和高效率扩大了优质教育资源的覆盖面，对于提高学习者享受优质高等教育的学习机会具有重要作用。再如，可汗学院作为一家非营利性教育机构，利用网络进行免费授课，让知识服务的提供者从单一的学校教师转向社会上的每个人，在一定程度上有利于缓解师资紧张的问题。

（二）利用信息化扩大优质教育资源共享是贯彻中央文件的必然要求

党的十八大以来，中央陆续出台了包括"互联网+"行动计划、促进大数据发展行动纲要等在内的一系列政策文件，将信息化提升到国家战略的高度，显示了中央对信息化工作的重视程度，也为教育信息化提供了良好的发展机遇。2014年11月16日，《构建利用信息化手段扩大优质教育资源覆盖面有效机制的实施方案》的出台为未来6年的中国教育信息化绘制了一幅清晰的"施工图"，方案从短期、中期和长期提出了教育信息化2015年、2017年和2020年的发展目标。2015年7月，《国务院关于积极推进"互联网+"行动的指导意见》明确要求"鼓励学校利用数字教育资源及教育服务平台，逐步探索网络化教育新模式"。2016年6月7日印发的《教育信息化"十三五"规划》强调"不断扩大优质教育资源覆盖面，有效提升教育信息化促进教育公平、提高教育质量的能力"。2016年7月印发的《国家信息化发展战略纲要》明确提出"完善教育信息基础设施和公共服务平台，推进优质数字教育资源共建共享和均衡配置，建立适应教育模式变革的网络学习空间，缩小区域、城乡、校际差距"。从国家战略高度明确了信息化在缩小区域、城乡、校际数字差距，扩大优质教育资源覆盖面上的作用。2016年12月15日国务院印发的《"十三五"国家信息化规划》明确提出"实施在线教育普惠行动，到2020年，基本建成数字教育资源公共服务体系，形成覆盖全国、多级分布、互联互通的数字教育资源云服务体系"。可以说，从《国家信息化发展战略纲要》到《"十三五"国家信息化规划》，我国出台的信息化发展的政策也从纲领性文件逐步走向具体的行动指南，信息化任务也逐步走向细化落实。党的十八届五中全会对教育信息化提出了明确的要求："要构建利用信息化手段扩大优质教育资源覆盖面的有效机制，逐步缩小区域、城乡、校际差距。"习近平总书记也多次对教育信息化工作做出论述和批示，为教育信息化的工作指明了目标、方向和途径。

（三）利用信息化扩大优质教育资源共享是缩小区域教育差距的有效路径

提高教育质量和促进教育公平是当前我国教育发展的两大主题。目前，我国教育资源短缺的问题已基本解决，但优质教育资源短缺的问题依然突出，同时，有限的优质教育资源在区域、城乡和学校之间存在明显差距，优质数字资源造成了"数字鸿沟"。如果按照常规途径解决，需要一个相当长的过程。互联网的普及和发展为解决优质教育资源短缺、满足人民群众对优质教育资源的迫切需要提供了有利条件。教育信息化能够利用"互联网＋"的优势，以较低的成本，将优质教育资源数字化，并依托公共信息基础设施，让农村、贫困和边远地区快速高效地共享优质教育资源，提高农村、贫困和边远地区的教育质量，从整体上促进教育公平。

三 区域教育协同发展信息平台建设的理论依据和实践探索

（一）"互联网＋"是推动区域教育协同发展的突破口

在大数据时代，互联网技术的发展为实现精准扶贫提供了坚实的技术基础，大数据应用能够揭示传统技术方式难以展现的关联关系，建立基于数据的决策机制和管理机制，实现基于大数据的精准协同，推动构建区域协同发展长效机制，为区域协同发展奠定坚实基础。通过研究区域教育发展数据建立模型，提高对数据的分析和应用，区域教育协同发展变得更加透明、高效、精准和全面。大数据协同可以有效地解决我国长期以来协同发展中普遍存在的协同主体不清晰、协同内容错位、协同方式单一、协同资金有限等诸多问题。大数据已成为提升区域治理能力的新途径，在区域协同发展中充分应用大数据的呼声越来越高，要切实高效推进区域协同发展，必须充分发挥网络信息平台在区域协同发展中的作用。随着"互联网＋"、大数据上升为国家战略,"互联网+区域协同"成为缩小区域差距的重要引擎和有力抓手。推动"互联网+区域协同",充分利用大数据、物联网、云计算、移动互联网等信息化手段,助力区域协同发展,将互联网思维转化为加快区域协同发展的不竭动力,不断开辟区域协同发展的新路子、提高协同发展的精准度。

我国教育改革发展取得了很大成就,但在区域之间、城乡之间、学校之间存在较大差距,教育均衡发展的压力越来越大。政府也采取了一系列的措施,如校长教师轮岗交流制度、名校办分校、集团化办学、学区化管理、就近入学、优质高中名额分配计划等,但是校长教师轮岗交流存在教师参与积极性不高、优秀教师流失、交流成本太大、保障措施不到位等一系列问题,名校办分校、集团化办学等办学方式改革又存在优质教育资源相对不足、优质资源存在稀释可能、法人定位不清晰等一系列问题,教育均衡发展的推进相对缓慢。互联网的发展正在颠覆传统的发展模式,众多传统企业运用互联网创造奇迹为深化教育领域综合改革提供了参考,运用"互联网+"推进教育改革成为一种选项,运用"互联网+"推进解决区域、城乡和校际教育发展不均衡的问题成为可能。新形势下,要抓住"互联网+"的机遇实现"弯道超车"促进区域教育均衡、协调发展。

(二)区域教育协同发展信息平台建设的实践探索

在实践层面,教育信息化在促进区域教育资源共享方面也进行了一些探索。以北京数字学校为例,自2012年以来,北京数字学校逐步开发并上线了近2万节在线课程资源,覆盖小学一年级到高中三年级,为学生在线同步学习提供支持。目前,北京数字学校云课堂上线了同步课程、微课、主题课程、阅读课程、创新实验等课程,通过北京数字学校网络平台和歌华有线电视平台两个渠道开放,供学校教师和学生使用。① 为学生自学、教师备课、课堂教学和实施混合式教学提供了良好的使用体验。除了面向教师和学生,

---

① 《北京数字学校云课堂使用简介》,http://www.bdschool.cn/news/20161201.html,2016年12月1日/2017年1月7日。

北京数字学校还面向家长开通了北京数字学校父母学院，面向家长构建家庭教育经验学习、交流、分享平台。北京数字学校依托现代信息技术，通过优质教育资源数字化建设，为义务教育阶段中小学校学生和家长提供全科数字化名师授课资源，实现义务教育阶段名师同步课程资源，促进优质教育资源共享。

北京数字学校在服务北京教育的同时，在促进京津冀教育协同发展方面也进行了一些探索。自2013年以来，共组织了三届"京津冀微课大赛"，第四届大赛的微课征集活动正在进行中。微课和微课应用案例征集活动对于引导京津冀地区教师共同学习新课程理念，进一步转变教育教学观念，促进教育信息化深入课堂教学改革具有重要作用。从京津冀区域发展态势来看，北京地区教育信息化发展领先，对教育发展的支撑作用和经济发展的支持作用已初步显现。要充分利用信息化手段，充分发挥北京优质教育资源的覆盖面和辐射作用，让优质教育资源惠及天津、河北的师生。北京数字学校的共建共享，不仅有利于确保音乐、美术、英语等学科课程得以开齐开足，同时也有利于解决语文、数学等学科的教学法问题，更有利于解决心理健康安全和生命教育等薄弱学科建设问题。开展在线教育服务，将北京数字学校的使用对象覆盖到京津冀三地，让更多学生享受优质在线课程和在线辅导服务，收获更多的获得感。从这个意义上说，北京数字学校对于完善京津冀区域教育治理机制和协同机制，实现区域教育优质均衡发展具有重要作用。

此外，在发挥好北京数字学校这一基础教育阶段教育资源平台的同时，要发挥好国家开放大学在促进京津冀高等教育、职业教育和继续教育协同发展中的作用。

四 推进京津冀教育协同发展信息平台建设的建议

（一）建立健全区域教育协同发展资源平台和管理服务平台

北京数字学校和国家开放大学在未来京津冀教育协同发展中可以大有作

为，但这两个平台对京津冀的开放还在探索中，平台建设表现出碎片化特征，还需要建立质量更高、系统性更强、有政府支持的跨区域协同发展信息平台体系。

一是构建覆盖各级各类教育的优质数字教育资源平台。其一，打破硬件壁垒，降低生机比，加强信息化基础设施建设，确保有足够的数字设备和信息环境供学生使用。其二，打破资源壁垒，建设基础教育数字教育资源，通过"一课一名师"和"一师一优课"活动，让每位学生都有机会利用信息技术和优质数字资源上好每一堂课。建设特色明显的职业教育资源库，开展数字化职业教育实训基地建设试点，优先建设重点产业发展需要的特色虚拟仿真实训中心。加强优质教育资源、教育期刊资源和教育数据资源的开放和共享，为教师、科研人员和学生提供便利。其三，打破制度壁垒，促进优质高教资源共享，探索建立跨校网上选课学习和学分互认的新机制。加强数据挖掘、分析，提高网络课程的设计和组织，提高课程质量，同时变革认证模式，鼓励利用信息技术打通正规和非正规教育的认证评估渠道。

二是建立教育管理公共服务平台。其一，建立电子教育管理系统。构建教师管理系统，为每一名教师建立相关电子档案；构建学生管理系统，为每一名学生建立全国唯一电子档案；构建教育行政管理系统，为每一所学校及其资产建立电子档案。其二，建立就业信息平台。建立毕业生求职意愿信息数据库和用人单位岗位需求信息数据库，实现精准推送就业服务。加强京津冀大中专院校毕业生就业信息交流，建立大中专院校毕业生就业信息互通机制，实现大中专院校毕业生就业信息的网络链接。

（二）建立京津冀教育基础数据库

从国际视野来看，世界各国普遍重视信息基础设施建设。美国的教育资源门户网站和英国的全国学习网络不仅搜集了大量的教育数据、教育资源，同时增加了搜索功能，为欧美乃至全球的教师、学生和家长提供了大量的教育资源，同时也提升了整个社会的信息化程度。

充分发挥互联网大数据在区域协同发展中的重要作用，需要做好顶层设计，加强教育大数据平台的整体规划、设计和建设。就京津冀而言，建立京津冀教育基础数据库，实现协同发展全程信息化管理，为提出三地实际的综合协同规划提供科学依据。通过平台数据的综合分析利用，实现协同发展内容、形式、管理和评价的全流程信息化。其一，数据采集。信息平台的建设不能有硬件没有软件，有软件没有数据，数据是信息平台的核心。必须加强基础数据的采集，理顺动态情况数据报送关系，推动多元数据资源深度开发，构建准确及时、关联融合的数据资源体系。其二，数据更新。建设合理实用的数据保障中心、保障节点和数据库，达成数据多元采集报送、实时动态更新、多级联动保障。运用准确实时的教育数据，支持辅助决策系统高效运行，辅助准确研判态势。其三，数据整合。目前的政府网站以信息发布为主，"互联网+"把这些相对独立的数据连接起来变成交互式网络平台，使网络不再是简单的信息发布窗口，而是汇集各种信息的交互式平台。其四，数据共享。区域协同发展，前提是发展要素的协作同步。历史和现实证明，没有今天的信息技术的发展，教育资源共建共享只能是一句空话。但是，如果没有良好的机制保障，优质资源共建共享无法落地，也无法走得更远，从这个意义上说，机制建设是共建共享的重要保障。要达成协作同步，基础在机制规则，手段在硬件联通，核心在数据共享。尽管数据共享已达成共识，但由于各种藩篱的掣肘，各地区、各部门的数据共享较少。推倒形形色色的藩篱，需要构建统一规范、要素齐全的标准体系，制定法规制度、明确数据共享原则，培育数据共享机制。整合各地政府、各部门教育数据保障系统，设计共享数据的分类项目，明确共享数据的要求、方法和使用权限。建立区域教育信息网络互联互通与共建共享机制，构建区域教育信息共享平台，推进教育信息资源的开发、共享和利用，加快区域教育信息化进程。

要发挥好"互联网+"和大数据在京津冀协同发展中的重要作用，建议成立京津冀教育基础数据库建设领导小组，负责教育基础数据库的顶层设计。

（三）建立多渠道筹措信息化经费机制

信息化建设离不开大量的资金支持。增加信息化平台的资金投入，必须采取多种渠道、多种方式。建议设立国家教育信息化资金，把教育信息化纳入国家财政支持预算之中，保证一定比例的资金用于信息化建设；同时，地方政府也要从同级财政中拨出专款用于教育信息化建设；运用市场机制，通过政府购买服务等方式，引导社会、个人和企业等社会力量增加对教育信息化的投资。

参考文献

［1］ 曾鸣等：《读懂互联网＋》，中信出版社，2015。
［2］ 王治成：《"互联网＋教育"能改变什么》，《中国教育报》2015年6月1日。
［3］ 张进宝、黄荣怀、经倩霞：《国际教育信息化发展研究主要结论》，《世界教育信息》2015年第14期。
［4］ 黄蔚：《国际教育信息化翻开新的一页》，《中国教育报》2015年6月16日。
［5］ 任丽、叶冉青：《慕课促进信息化时代的教育革新》，《世界教育信息》2015年第9期。
［6］ 《北京数字学校云课堂使用简介》，http：//www.bdschool.cn/news/20161201.html，2016年12月1日/2017年1月7日。
［7］ 杨蕴敏、张茹、张霞、夏卫红：《国外教育信息化经验的借鉴》，《世界教育信息》2007年第12期。

地 区 篇

Regional Reports

B.11
北京市教育资源疏解平台建设研究

高 兵 唐一鹏*

摘　要： 在京津冀协同发展背景下,"四个中心"的城市定位明确了首都北京的功能。配合非首都功能的疏解,首都教育资源疏解在国家和区域发展大局中的角色十分重要。在京津冀协同发展战略背景下,首都教育首先要明确自身功能定位,其次要在合理范围内疏解不符合功能定位的教育资源,并在疏解的同时与外界资源交换,以实现教育升级和内涵发展。教育资源疏解要根据教育对人口的吸引力,率先疏解中央院校;随着首都经济产业结构调整的步伐,疏解相应专业;根据首都环境资源的承载力,疏解增量教育资源;根据首都教育发展水平,疏解低层次资源。构建积极、完善、有效的政策平

---

* 高兵,北京教育科学研究院教育发展研究中心副主任、副研究员;唐一鹏,首都师范大学教育学院讲师。

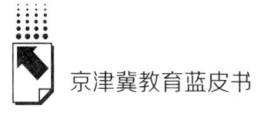

台,搭建统一、开放、共赢的项目平台,建立标准、公正、高效的监督平台。

关键词: 京津冀协同 资源疏解 平台建设

自习近平总书记对京津冀协同发展提出要求以来,特别是习总书记考察北京,对北京发展提出战略性指示以来,北京市委市政府深入学习贯彻习总书记系列重要讲话精神,对合理定位首都城市发展战略、加强首都核心功能、疏解非核心功能、促进京津冀协同发展做出了系列部署。在此背景下,围绕"四个中心"的首都城市功能定位,疏解非首都功能,探索一条内涵集约发展的新路径,是一项系统而复杂的工程。教育是城市发展的关键支撑,无论是首都城市发展内涵提升还是外延拓展,都有赖于教育作用和效能的提高。研究京津冀协同战略下的首都教育问题,核心是要明确首都教育的定位,关键是要疏解非首都功能,本质是要推动三地教育协同发展,整体提升区域教育实力。配合非首都功能的疏解,首都教育能做些什么?在国家和区域发展大局中的"角色"和"职责"是什么?这些是不能回避的问题。

一 疏解首都教育资源的必要性和关键点

当前首都处于工业化中后期向知识经济社会迈进的进程,社会经济发展水平、公共服务水平和民生保障水平位于全国前列,首都在京津冀区域协调发展中理应发挥核心引领和带动作用。与此同时,交通拥堵、人口膨胀、空气污染等一系列问题成为制约首都可持续发展的主要因素,与首都建设世界一流宜居之都的城市发展目标还有很大差距。

(一)必要性

教育功能按照与城市发展定位的匹配度可以分为过度匹配型、适度匹配型和轻度匹配型。过度匹配型,指城市学位供给规模不断扩大以满足流动人口教育需求,城市环境资源承载能力已经不能充分满足教育发展需求;城市拥有丰富的教育类型、学科专业设置重复度高,人才培养类型不能适应本市经济发展需求,造成部分资源浪费。适度匹配型是一种理想类型,指城市学位供给规模能较好地满足本市人口教育需求,城市环境资源承载能力适度满足教育发展需求;教育类型多元可选,能较好地满足不同群体的需求,人才培养类型适应本市经济发展需求。轻度匹配型是指城市学位供给能力仍有待挖潜,城市环境资源承载能力能够充分满足教育发展需求;教育类型有待丰富,人才培养类型单一,还不适应本市经济发展需求。

按照教育与城市发展的匹配度分类,首都属于教育功能过度匹配城市,这种过度匹配透支了教育的已有优势,无限制地满足城市发展的各种教育需求,反而造成人口集聚、教育资源短期内紧缺、教育发展受限制,办学活力不足,人才结构不合理等,城市的可持续发展能力弱。因此,需要调整经济结构和空间结构,探索出一种区域优化发展的新模式。京津冀区域协同发展战略下,疏解非首都功能有其必要性。首先,首都未来的发展定位是放在京津冀区域下整体考虑的,首都相对于京津冀区域具有开放性。其次,首都发展系统具有非平衡性,资源要素过度集中。最后,首都通过疏解部分产业和功能与外界进行资源要素交换,需要明确自身发展定位,确保城市可持续发展。为使首都从无序状态逐步走向有序状态,必须要有合适的切入点和推动力,即配合城市战略定位,以疏解非首都功能为突破口,合理有序疏解部分教育功能,调整教育层次、结构、规模,提供相应的政策支持,推动形成新的稳定有序结构(见图1)。

(二)关键点

按照《京津冀协同发展规划纲要》战略部署中的近期目标,京津冀协同发展的关键环节和重中之重就是有序疏解北京非首都功能。当前非首都功能主要有四类,分别是一般性制造业、区域性批发市场和物流、部分教育医

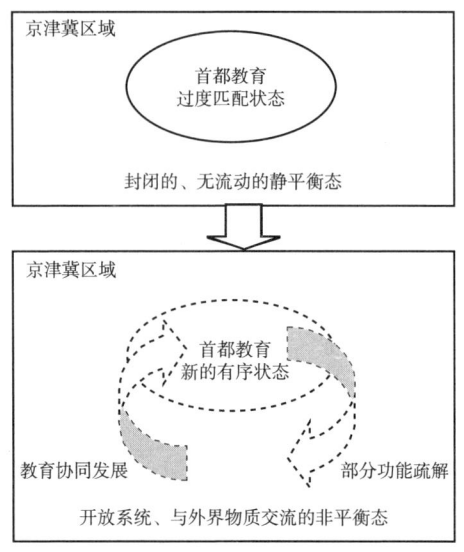

图 1　首都教育功能疏解与教育协同发展运作的关系

疗服务功能和部分行政事业性服务机构。① 对于教育来说，疏解首都教育资源要注意以下几个关键点，才能促成首都教育乃至区域教育的有序升级（见图 2）。

一是有利于转型升级，办"高精尖"的首都教育。北京教育要打造京津冀区域的"高精尖"品质，服务北京建设国际一流和谐宜居之都的战略定位。所谓高，就是人均受教育程度高，城市文明程度和人的文明素质高。所谓精，就是教育发展的硬件水平和软件实力（师资水平、教育治理能力）都能够达到世界发达城市水平，教育的国际影响力强。所谓尖，就是教育的社会贡献力强、产学研一体化水平先进，是创新型、综合型人才和高端创新中心的聚集地，是教育智库和国际教育交往活动的聚集地。

二是有利于腾挪空间，提升首都资源承载力。2015 年北京市常住人口 2170.5 万人，各级各类学校在校生数 373.42 万人，教职工 36.66 万人，教

---

① 张晓凤、吕昱江：《北京市发改委刘伯正解析"非首都功能"》，http://news.hexun.com/2016-03-14/182746130.html，2016 年 3 月 14 日。

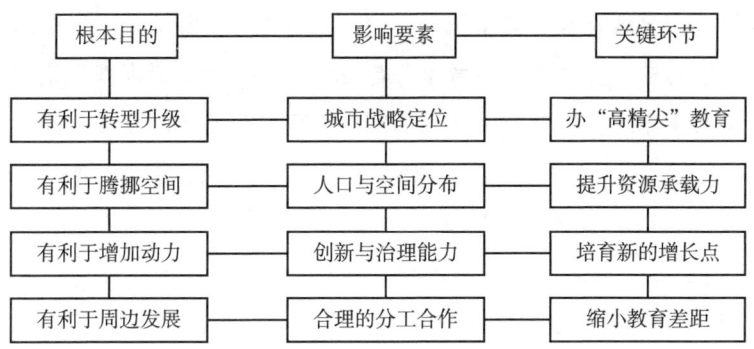

图 2　疏解首都教育资源的根本目的、影响要素和关键环节

育人口约占城市总人口的19%。其中，高等教育在校生数约占各级各类学校在校生数的51%。从全国范围来看，高等教育（含网络本专科生）每十万人口在校生数北京最多，超过8000人，其中，成人本专科、网络本专科生占比约50%。如果从疏解聚人多的产业、办高精尖教育的角度考虑，高等教育中的部分资源就需要疏解。

三是有利于增加动力，培育新的教育增长点。首都教育必须高度重视"以科学创新为引领"，这是首都全面贯彻落实十八届五中全会"五大发展理念"和"四个中心"城市战略定位的必然要求。未来首都教育可持续发展的动力来源于系统思考和科学统筹，把一系列创新有机衔接起来，形成推动教育创新发展的强大合力，促进首都教育现代化向更高水平迈进。

四是有利于周边发展，缩小区域教育差距。区域教育协同发展的核心是发挥首都教育的引领和辐射带动作用，切入点是疏解部分教育资源。首都教育资源要与首都定位相结合，疏解与北京限制和控制发展产业相关的教育资源，而这些被疏解的资源可以成为天津和河北教育的新增长点。

总之，在知识经济时代，教育的重要地位不仅在于它是促进人力资本增加、推动经济发展的重要动力，更在于它是改变个人命运、推动社会进步的重要途径。首都教育资源是全国最具竞争力的优势资源，是城市发展的关键支撑，在推动实施北京城市总体规划中居于重要地位。当前首都教育发展体现出三个基本趋势，一是教育系统从封闭式向开放式发展转型，教育系统向

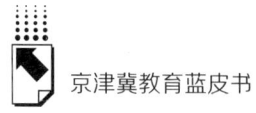

区域开放、向全球开放、向系统外开放;二是教育资源从单一供给向多元供给转型,多元社会主体参与教育服务与发展;三是教育要素现代化向体系现代化转型,建立现代教育治理体系即实现教育系统的有序发展。因此,根据首都"四个中心"的城市发展战略需要以及首都教育发展趋势,疏解教育资源应该考虑从"分流"和"放权"两个维度着手,推进人才培养"分流"、区域功能"分流"和机制体制"放权",调整首都教育功能的增进方向,实现"升级版"的首都教育。

二 首都教育有序升级的前提和基础

(一)首都教育有序升级的前提:明确功能定位

北京是国际上教育比较发达的都市之一,教育功能是首都城市发展的关键支撑,无论是提升首都城市内涵发展还是拓展首都城市外延发展,都有赖于教育效能的提升。然而,近年来制约和困扰首都教育进一步发展的热点、难点、瓶颈问题日益凸显。首都教育系统需要在开放交流的体系下理顺教育功能定位,在新的有序状态下,明确应承载的功能,剔除不必要功能,使教育要素从无序过渡到发展有序、目标明确的状态中(见图3)。配合城市发展战略定位,首都教育功能可以划分为四种,首先是服务全国的教育功能,其次是服务首都的教育功能,再次是服务各功能区的教育功能,最后是服务周边区域的教育功能。每种教育功能都有相应的服务任务。

1. 首都教育在全国承担引领和示范功能

北京为全国的政治中心,首都教育代表中国教育发展的形象,在全国具有引领和示范作用。鉴于首都教育在全国的重要地位,首都教育发展在推进教育公平、提升教育质量、促进教育开放、激发教育创新和活力等方面的要求更高;首都教育要建成具有全球影响力和全国示范效应的基地,需进一步夯实发展基础,科学规划教育空间布局,营造现代教育治理环境,以内涵发展为重点,提升首都教育领域竞争力。

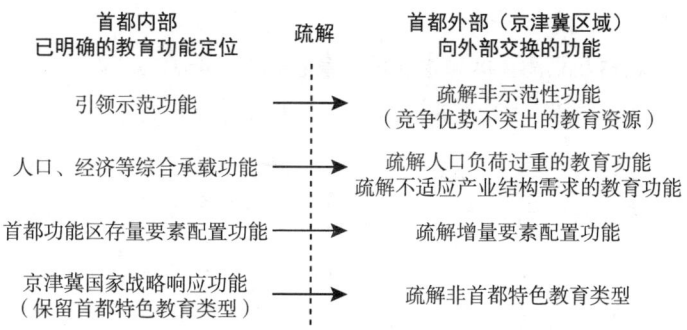

图3 首都教育功能定位与被疏解功能示意

2. 首都教育在全市展现综合承载功能

随着首都人口大规模聚集,环境资源承载力趋于极限,城市的宜居性面临严峻挑战。教育作为首都中最突出、最具优势的资源,要遵循城市定位的需求,发挥对城市建设的促进作用。"政治中心"需要教育培养高政治素养人才、社会主义建设者和接班人,"文化中心"需要传承与创新中华优秀传统文化,培养德才兼备、具有"北京精神"的北京人,"国际交往中心"要求建成优质多元的国际化人才培养体系,培养跨文化沟通能力和国际竞争能力较高的人才,"科技创新中心"需要培养高精尖创新人才,建设世界一流宜居城市需要营造高品质的人文教育环境。相应的,教育要紧密结合城市功能定位,培养具有首都特质的人才。

3. 首都教育在功能区中展现资源要素配置功能

《北京市国民经济和社会发展第十三个五年规划纲要》将首都城市功能区由过去的四类改分为三类,分别是中心城区(城六区)、平原地区和山区,各类功能区在服务保障首都城市功能定位中承担不同的任务,因此,各类功能区的教育服务体系和要素配置会有所区别。契合功能区发展需求的中心城区以努力扩大优质教育的覆盖面,做强、做细优质教育为主;城六区以外的平原地区教育需努力适应城市发展新区的产业结构调整和人口结构变动,以提升教育资源供给能力和提高教育质量为主。山区仍以改善办学条件、增强师资水平,逐步缩小城乡教育发展差距为主,形成具有地域特色的教育。

4. 首都教育在京津冀区域中展现国家战略响应能力

北京作为全国教育的排头兵得益于中央资源聚集,中央部属院校学科设置需求面向全国,以专业门类齐全的高品质综合性研究型大学为主。在推动京津冀协同发展战略过程中,中央部属教育资源需率先示范,针对三地社会经济发展水平和城市发展定位辐射优质资源,更好地服务和引领京津冀区域的经济社会发展。相应的,北京市属高校依据自身特点与职能做好分类,实现北京市属高校结构优化,走适应首都城市发展需求的特色化道路。

(二)首都教育有序升级的基础:破解功能过度匹配

疏解首都教育的目的,是解决当前城市发展出现的人口过快增长与资源承载负担过重的矛盾。当前,在首都基础教育领域,教育资源供给不能满足人口增长需求;在职业教育领域,学校办学与产业布局不符;在高等教育领域,专业重复设置等问题突出。解决这一系列问题的主要办法是将不符合首都城市定位的教育资源向外疏解,实现教育要素与外界能量进行交换,保持首都教育系统自身的活力和健康。

1. 人口急速膨胀导致基础教育规模供给过度匹配

第六次全国人口普查数据显示,北京常住外来人口中,河北省人口占22.1%,领先其他地区。外来人口不断涌入不仅令教育资源更加紧张,而且令教育不均衡问题更加突出。2011~2014年,北京市各级教育外省市学生逐步增加,幼儿园借读生从7.91万人增至10.16万人,占在校生总数的27.43%;小学借读生从28.91万人增至36.85万人,占在校生总数的44.88%;初中借读生从8.08万人增至10.23万人,占在校生总数的33.36%;普通高中借读生从1.72万人增至1.86万人,占在校生总数的10.48%。近年来,北京市教育公共服务职能进一步强化,教育资源供给能力大幅提高,努力做到关注每个学生的全面发展。然而,随着城市外来人口快速增长以及城乡一体化发展进一步加快,首都优质教育资源供需矛盾和教育资源配置不尽合理的问题依然存在,城区激增的学生数量对教育资源存量产生了稀释效应，首都需要同步解决"有学上"和"上好学"的问题。首都教育"升级"发展要坚持公平与质量并重，特别重视分析进城务工人员随迁子女不断增加与北京市户籍学龄人口高峰到来产生的叠加影响，在保障农民工随迁子女受教育机会的同时，根据首都城市人口调控目标，合理布局新增教育资源，引导人口向城市发展新区合理流动。

2. 产业布局调整导致职业教育类型供给过度匹配

未来北京产业布局和发展的方向将突出高端化、服务化、聚集化、融合化、低碳化，致力高端引领、创新驱动、绿色低碳的产业发展模式，因此在职业教育的专业设置和人才素质培养上都提出了新的要求。近年来，北京市中等职业教育生均公共财政预算公用经费已经超过1万元，远高于我国其他地区，但是中职学校的规模和招生人数却逐年萎缩。2011~2014年，北京市中等职业教育招生数从7.9万人下降到4.46万人，下降率为43.54%；在校生数从21.38万人下降到16.71万人，下降率为21.84%；而生均公共财政预算公用经费从9096.94元提高到13473.07元，增长率为48.11%。中等职业教育的经费投入与产出规模的矛盾，一方面说明北京中职教育对学生的吸引力十分有限，另一方面，部分行业技能型人才紧缺而职业学校难以供给，职业学校毕业生能力和素质与企业需求仍有差距。首都职业教育的专业结构和发展重心需要结合京津冀区域发展规划进行合理调整。对于不符合首都城市功能的专业要撤并，对限制性发展产业所涉及的专业要撤销；在业已形成的以财经类、电子信息类、制造类、文化教育类、公共事业类五大专业为主导的专业格局下，重点支持面向信息服务、金融服务、商务服务等优势高端服务业的专业发展；重点加强一批紧缺人才的专业设置与人才培养，如养老、社区服务等。①

3. 忽视特色发展导致高等教育专业设置重复匹配

首都高校的专业门类齐全，支撑战略新兴产业和首都社会发展急需的专

---

① 柳燕君、吕良燕：《京津冀协同发展背景下北京市高职学院专业设置结构分析》，《中国职业技术教育》2015年第25期，第51~52页。

业设置不足。由于一些专业投资成本少、运转便捷,一批学校忽视自身办学方向和发展特色开展专业低水平重复建设。全国高校新增专业一览表显示,2010年度经教育部备案或审批同意设置的高等学校本科专业中,京津冀地区高校新增本科专业154个,其中工学专业53个、文学专业41个、理学专业21个、管理学专业16个、教育学专业9个、历史学专业4个、法学专业3个、农学专业3个。① 虽然新增的文科类专业与理工科专业数量相当,但是在新增的文科类专业中,重复设置的专业较多,如商务英语就有4所高校同时增设;一些专门类型学校开设与本校特色相去较远的专业,如农业类大学开设文秘教育专业、金融保险专业,理工类大学开设小语种专业等。

实际上,各专业在区域社会需求和自身发展规律等方面存在差异性,重复设置专业势必导致有限的资源向这一专业集中,而影响到对其他专业的更好的支持。高校专业重复设置导致过度输出与产业结构不契合的人力资源,造成人才浪费。"985工程"和"211工程"学校主要是中央高校,北京是中央高校集中地区,其他地方的中央部属院校寥寥无几。这种中央高校和地方高校在空间上的分布差异以及综合实力的差距,不利于中央高校和地方高校的合作,也不能更好地适应区域经济发展与产业结构优化升级的需要。

三 首都教育资源处于疏解的初级阶段

(一)首都教育资源仍主要集中在城六区

从各级各类学校的在校生分布来看,城六区(首都功能核心区和城市功能拓展区)集中了全市一半以上的学龄人口。城六区小学、初中、普通高中和职业高中在校生在全市的占比分别是59.22%、60.04%、61.90%和

---

① 高兵:《耗散结构理论视角下首都教育功能疏解研究》,《国家教育行政学院学报》2016年第10期,第72~77页。

57.22%。其中,城市功能拓展区的学龄人口数量最多,小学、初中、普通高中和职业高中在校生数在全市占比均为最高,分别是44.85%、43.52%、39.61%和33.14%(见表1)。

表1 2015年北京市不同城市功能区在校生数量分布

单位:人,%

地区	小学		初中		普通高中		职业高中	
	在校生数	占比	在校生数	占比	在校生数	占比	在校生数	占比
首都功能核心区	122224	14.37	46815	16.52	37768	22.29	4431	24.08
城市功能拓展区	381344	44.85	123312	43.52	67097	39.61	6098	33.14
城市发展新区	266297	31.32	82320	29.05	43496	25.67	4009	21.79
生态涵养发展区	80456	9.46	30919	10.91	21051	12.43	3862	20.99

从高校数量分布来看,北京市共有高校91所,其中,城六区拥有62所高校,约占全市的68.13%,以中央部属高校本科及以上层次居多。北京市共有中央部属高校37所,其中城六区集中了34所,约占所有中央部属高校的91.90%。而北京市属高校仅有28所位于城六区,约占所有北京市属高校的51.85%。大部分高校主要集中在城六区中的海淀区,共有33所,其中22所为中央部属高校。首都核心功能区共有6所高校,其中5所为中央部属高校(见表2)。

表2 2016年北京高校数量分布

单位:所

北京市			按主管部门分		按层次分	
			中央	地方	本科	专科
总数		91	37	54	66	25
首都功能核心区	东城区	2	2	0	2	0
	西城区	4	3	1	3	1
城市功能拓展区	朝阳区	13	5	8	9	4
	丰台区	6	1	5	4	2
	石景山区	4	1	3	3	1
	海淀区	33	22	11	31	2

续表

北京市			按主管部门分		按层次分	
			中央	地方	本科	专科
城市发展新区	房山区	3	0	3	0	3
	通州区	5	0	5	1	4
	顺义区	1	0	1	1	0
	昌平区	10	3	7	6	4
	大兴区	8	0	8	5	3
生态涵养发展区	门头沟区	0	0	0	0	0
	怀柔区	1	0	1	0	1
	平谷区	0	0	0	0	0
	密云区	0	0	0	0	0
	延庆区	1	0	1	1	0

（二）首都教育资源总体呈现向周边疏解的趋势

从各级各类学校的在校生在各区分布的变动趋势来看，首都功能核心区的学龄人口比重呈现微降。2011～2015年小学阶段在校生整体呈增长趋势，但是首都核心功能区、城市功能拓展区的小学在校生在全市的占比都有所下降，城市发展新区、生态涵养区的小学在校生比例有所上升。2011～2015年初中阶段在校生整体呈下降趋势，但是城市功能拓展区、城市发展新区初中阶段在校生比例有所上升。2011～2015年普通高中阶段在校生整体呈下降趋势，但是城市功能拓展区普通高中阶段在校生比例有所上升。2011～2015年职业高中在校生数量呈大幅下降趋势，但是首都核心功能区、生态涵养区的在校生比例相对上升（见表3）。总的看来，首都功能核心区的中小学在校生比例从2011年16.74%下降到15.98%，城市功能拓展区的中小学在校生比例从2011年的42.40%上升到43.73%，城市发展新区的中小学在校生比例从2011年的28.66%上升到29.98%，生态涵养区的中小学在校生比例从2011年的12.21%下降到10.31%。也就是说，中小学在校生的空间分布呈现从城市中心区向城市中间地带渗入，城市边缘区向城市中间地带集中的趋势。

表3 2011年、2015年北京市不同城市功能区在校生数量分布

单位：人，%

年份	学生分布		首都功能核心区	城市功能拓展区	城市发展新区	生态涵养发展区
2011	小学	在校生数	99682	306334	200062	74379
		占比	14.65	45.02	29.40	10.93
2015	小学	在校生数	122224	381344	266297	80456
		占比	14.37	44.85	31.32	9.46
2011	初中	在校生数	53006	123744	85039	40480
		占比	17.54	40.94	28.13	13.39
2015	初中	在校生数	46815	123312	82320	30919
		占比	16.52	43.52	29.05	10.91
2011	普通高中	在校生数	44238	72601	52158	26075
		占比	22.68	37.22	26.74	13.37
2015	普通高中	在校生数	37768	67097	43496	21051
		占比	22.29	39.61	25.67	12.43
2011	职业高中	在校生数	10459	22576	17744	10294
		占比	17.13	36.97	29.05	16.86
2015	职业高中	在校生数	4431	6098	4009	3862
		占比	24.08	33.14	21.79	20.99

从高校数量分布的变动趋势来看，教育资源疏解主要表现为北京市属高校由城六区向外迁出。2009~2016年北京市共新增高校4所，中央部属高校和北京市属高校分别增加2所，均为本科院校，其中，中央部属高校新增的2所本科学校落户海淀区。7年间，仅有一所中央部属高校迁出首都功能核心区。从学校主管部门分类来看，2009~2016年城六区市属高校的数量从32所下降到28所，市属高校更多地向城市发展新区和生态涵养区疏解；而中央部属高校的数量从32所增加到34所。从办学层次分类来看，2009~2016年城六区本科院校的数量从49所增加到51所；专科院校的数量从15所下降到10所，专科院校更多地向城市发展新区疏解（见表4）。总的来看，北京高校的空间分布呈现从城六区向外疏解的趋势，疏解的对象以市属院校和专科层次院校为主。

表4 2009年、2016年北京高校数量分布

单位：所

区域		2009年	2016年	按主管部门分				按层次分			
				中央		地方		本科		专科	
				2009年	2016年	2009年	2016年	2009年	2016年	2009年	2016年
总数		87	91	35	37	52	54	62	66	25	25
首都功能核心区	东城区	3	2	3	2	0	0	2	2	1	0
	西城区	4	4	3	3	1	1	4	3	0	1
城市功能拓展区	朝阳区	19	13	6	5	13	8	13	9	6	4
	丰台区	5	6	1	1	4	5	3	4	2	2
	石景山区	3	4	0	1	3	3	2	3	1	1
	海淀区	30	33	19	22	11	11	25	31	5	2
城市发展新区	房山区	1	3	0	0	1	3	0	0	1	3
	通州区	3	5	0	0	3	5	2	1	1	4
	顺义区	2	1	0	0	2	1	1	1	1	0
	昌平区	10	10	3	3	7	7	5	6	5	4
	大兴区	5	8	0	0	5	8	5	5	0	3
生态涵养发展区	门头沟区	0	0	0	0	0	0	0	0	0	0
	怀柔区	1	1	0	0	1	1	0	0	1	1
	平谷区	0	0	0	0	0	0	0	0	0	0
	密云区	0	0	0	0	0	0	0	0	0	0
	延庆区	0	1	0	0	0	1	0	1	0	0

四 首都教育资源疏解的主要任务

虽然数据显示，首都教育资源总体呈现向周边疏解的趋势，但是首都教育资源仍主要集中在城六区，首都教育资源处于疏解的初级阶段，且疏解的方向和思路有待进一步调整，具体建议如下。

（一）根据教育对人口的吸引力，中央院校疏解较市属院校疏解更为有效

2015年北京市高等教育（研究生、普通本专科、成人本专科）招生达

到32.28万人，其中，中央部门招生21.1万人，约是地方部门招生的1.9倍。同时，在北京的16万"蚁族"中有三成毕业于"211工程"重点高校。可见，中央部属高校比市属高校更符合"聚人多、占地多"的特点。对于京津冀区域高等教育资源配置，应发挥政府的主导作用，首先将过度聚集的中央部属院校资源向外疏解，展现中央院校对国家战略的响应能力。

（二）随着首都经济产业结构调整的步伐，专业疏解较院校疏解更为有效

各地区院校应配合京津冀产业结构调整，以经济社会发展需求为依据，重点发展相关学科和专业。目前，京津冀区域已经形成了以京津塘高速公路沿线城市群为依托的各类开发区和高新技术产业密集区。在教育上，应当根据沿线产业发展，形成产学研结合的高端人才培养模式，营造与产业链相适应的教育创新环境，着力发展相关学科和专业，为京津冀区域发展提供高端人才和智库。从资源要素的调配考虑，配合产业转移和结构调整疏解相关专业，比疏解学校更为有效，也更为可行。因此，根据经济产业结构调整的步伐疏解相关专业更能展现首都教育的资源要素配置能力。

（三）根据首都环境资源的承载力，向中心城区以外疏解增量教育资源更为有效

2014年，北京市政府公布了《北京市新增产业的禁止和限制目录（2014年版）》（以下简称《目录》），目的是缓解首都环境资源承载压力、加快构建"高精尖"的经济结构，《目录》规定，不再扩大高校和中职学校的教育规模和新增教育用地。面对政策限制和实际需求，首都教育资源要考虑向城六区以外的平原地区和山区调整，非基础教育新增资源只能考虑在异地发展和扩充。随着首都中心城区人口以及大量流动人口向新区迁移、全面二孩政策放开，首都基础教育学龄人口的教育供给面临新的挑战，仍然需要投放大量的新增教育资源才能达到首都教育追求公平、质量的发展目标。目前来看，中心城区教育资源供不应求，平原地区教育资源配套有待完善，远

郊区县面积大、人口密度低，依然具有较强的教育消化能力。因此，优质增量资源要向城六区以外的区域投放，更有助于引导人口疏解；存量资源优化调整，更有助于提升首都教育的综合承载能力。

（四）根据首都教育发展水平，低层次资源疏解更符合城市功能定位

北京高等教育大而全既表现为高校学科专业齐备，也表现为不同教育层次的在校生规模大，高等教育规模与京津冀其他城市的差距不断扩大，特别是研究生和成人本专科生规模悬殊。北京发展定位为科技创新中心，发展高端新型智能产业，就要疏解低端产业，改变目前北京高等教育不分主次的发展理念，尊重首都的发展定位、需求和教育规律，集中力量先行建设高等教育的优势领域。加大研究生及以上教育的培养力度，为区域产业发展提供高精尖人才；向外疏解京外生源的成人本专科教育、网络本专科教育，利用本市高等职业教育消化吸收本地成人本专科教育需求。

五　搭建首都教育资源疏解平台

正如协同发展是一个阶段性过程一样，疏解非首都教育功能也是一个阶段性过程，不仅需要宏观政策的引导和支持，还需要有具体的项目依托，以促进疏解工作的顺利实施。此外，作为一个涉及政府、社会、学校三大主体的系统性工程，疏解非首都教育功能还需要一个良好的协调和监督机制。因此，我们认为，为了保障北京非首都教育功能的顺利疏解，必须从"政策制度""合作项目""监督措施"三大方面构建"政策平台""项目平台""监督平台"，为疏解非首都教育功能提供有力支撑。

（一）构建积极、完善、有效的政策平台

疏解非首都教育功能是一项系统性工程，不仅牵涉到北京、天津、河北三地教育资源的输出与对接问题，而且涉及三地在招生、用地、师资、设施

等各个方面的协调，因此，没有强大的政策作为牵引，不形成一个具有向心力的政策平台，就无法完成非首都教育功能的疏解工作。政策平台要敢于突破固有思维，努力形成政策合力，特别要注意一些在疏解过程中出现的特殊群体，比如，目前在北京和河北之间已经出现所谓的"候鸟学生"——由于户籍的原因，他们平时在河北上学，周末才回到在北京工作的父母身边。随着北京落户政策的不断紧缩，此类学生群体也会逐渐壮大，必须协调北京和河北两地的教育资源进行综合治理和解决。

在学校空间布局方面，三地也可以尝试围绕"环北京"的空间发展方向进行调整布局，引导北京的部分优质高等教育和基础教育资源逐步向环北京地区扩散，有利于疏解北京主城区教育资源过分拥堵的情况。当然，空间布局的调整有赖于财政政策方面的大力支持。在此方面，北京和河北之间可以尝试建立地方对地方的转移支付平台，持续对已疏解的教育机构和单位进行扶持，以适当减轻承接地的财政负担。

政策平台的搭建，需要依靠三地政府的相互支持和协调，而这样一个具有牵引作用的政策平台，至少需要具备三个方面的特征：积极、完善和有效。

（1）积极

政策平台是起到支撑和牵引作用的，因此必须具有较高的积极性，不能做"事后诸葛亮"，而应当为疏解工作创造有利条件，促进疏解工作的发生。从政策实施的角度来看，积极的政策平台有两点含义，一是要充分调动被疏解学校的积极性；二是要主动安置被疏解的学校。非首都教育功能的疏解难点在于，地处北京的学校大多不愿意主动"走出去"，即便是一些在北京发展十分受限的学校也是如此。所以，一方面，要在政策上引导这些被疏解学校形成正确的认识，即被疏解并不是因为学校不重要，而是为了谋求更大的发展。另一方面，为了鼓励这些学校"走出去"，还需要事先创造具有吸引力的政策条件，让被疏解的学校切实感受到疏解后的政策红利。

（2）完善

好的政策必须瞻前顾后、上下衔接，具有较高的完整性。同样，好的政策平台也必须具有完善的政策措施，使得疏解工作各个阶段的利益都能够得到协调和兼顾。从疏解工作的阶段性来看，政策平台至少应当包括疏解前、疏解中、疏解后相关政策的制定，才能够保证整个疏解工作的顺利实施。在疏解前阶段，政策应当让被疏解的学校有方向感，争取最大理解，不搞突然袭击、生拉硬拽；在疏解中阶段，政策应当能够协调被疏解学校与承接地的关系问题，特别是师资的调配和教职工的安置问题；在疏解后阶段，政策要持续跟进，不能像龙卷风一样来了就走，要尽可能保障被疏解学校的切身利益。

（3）有效

政策的制定是为了实施，是为了推动疏解工作的顺利进行。政策是否能够得到有效实施，不仅关系到北京自身的教育发展问题，也关系到天津、河北两地的教育发展问题。因此，政策平台一定要注意政策制定的有效性和积极意义，不能为了疏解而疏解，这样只会给三地的教育均衡发展带来更为严重的问题。有效的政策平台要依托有效的政策制定和实施，需要全面考虑三地之间的教育资源现状，力争做到优势互补、良性循环。

（二）搭建统一、开放、共赢的项目平台

政策是宏观环境的塑造，而项目则是推动非首都教育功能疏解的重要抓手，如何将北京、天津、河北三地拧成一股绳，就有赖于优良的项目规划和设计。北京具有丰富而优质的教育资源，不少北京的大、中、小学都已经与河北的学校达成了对口援建的协议。但是，这些项目大多是零散的、自发的，缺乏统一管理，不利于北京进行有指向性的教育资源疏解。有关部门应该考虑建立统一的京津冀教育合作项目管理平台，将教师、后勤、管理人员的交流统一纳入平台管理，同时针对各级各类学校开放不同类型的合作项目。在基础教育阶段，可以通过项目平台鼓励北京市知名中、小学在河北开办分校；在高等教育阶段，可以尝试建立京津冀高校联盟，通过学分银行、数字资源共享等方式加强三地高校之间在教学与科研上的交流，不断分散驻京高校生源；在职业教育阶段，可以鼓励北京的中职中专、高职高专开展异地办学，在品牌建立之后逐步外迁。

着眼于疏解非首都教育功能的特殊性，项目平台建设不仅具有较高的复杂性，而且必须具备统一、开放和共赢等特性，才能真正达到以疏解首都教育功能为契机带动三地教育发展的目的。

(1) 统一

京津冀教育合作项目管理平台首先要坚持统一管理。此处的"统一"大致有两方面含义，第一个方面是指凡是涉及京津冀协同的教育合作项目，应该被纳入项目平台进行管理；第二个方面是指，项目牵涉单位应该结成"一致行动人"，保证项目进展过程中始终采取一致的行动。对于第一个方面，目前三地之间的教育合作交流已经非常频繁，但是由于缺乏统一管理，并没有形成一个合力，也没有能够切实地为疏解非首都教育功能做出贡献，更多的是北京在起示范带头作用。将三地之间各级各类学校的大规模合作项目纳入统一管理，有利于鼓励三地之间互通有无，也可以避免重复建设带来的资金浪费。对于第二个方面，主要是考虑到项目牵涉单位所拥有的资金、人力等可能有所差别，有时北京的学校认为非常简单的工作，到了河北却要面临重大困难。因此，需要所有项目合作单位将资源汇聚到平台中，通过统一的平台来解决相应的问题和困难。

(2) 开放

项目平台的开放性不仅意味着项目的参与者可以具有最广泛的多元性，也意味着平台中的项目始终是根据疏解进程的发展而不断动态调整的。开放意味着最广泛的参与，也意味着参与主体的多元化。对于项目平台来说，其主体应该由政府（主要是三地的教育主管部门）牵头，但项目的参与者不仅可以是高校、中小学，也可以是科研单位、第三方机构、社会团队等。只有将最广泛、最多元的参与者纳入平台中来，才能为平台带来更大的活力。同时，开放也意味着平台中的项目不是固定的，更不会是终身的，而是根据京津冀教育协同发展的进程而不断调整的。因为，京津冀协同发展不是一蹴而就的，而是一个循序渐进的过程。同样，疏解非首都教育功能作为协同发展的重要议题，也需要一个过程，并且在此过程的不同阶段，会出现不同的挑战。这一个阶段的项目未必适用于下一个阶段的任务，因此，退出机制的建立能够更好地保障项目平台的高效运行。

(3) 共赢

平台的搭建有多个主体，就必然有利益分割，因此必须重视利益在各主体之间分配的相对公平性，否则容易造成项目平台的运行困难。因此，必须坚持合作共赢的原则，才能够保证项目平台的合理建立和平稳运行。具体来说，此处的共赢有多层含义，首先是平台中各管理主体之间的共赢，然后是项目中各参与单位之间的共赢。在疏解非首都功能上，北京必然处于核心位置，但是，在项目平台中不仅要考虑北京，也要兼顾天津、河北在资源分配上的利益，保证管理权限的内在一致性。对于平台中的项目来说，项目各参与单位之间应该保持一个利益的平衡，不搞"强买强卖"，不搞"保护主义"，真正围绕疏解非首都教育功能开展协同攻关。

(三) 建立标准、公正、高效的监督平台

疏解非首都教育功能，既要有"政策平台"的牵引，又要有"项目平台"作为抓手，此外，还需要"监督平台"来进行动态监测。监督平台的建立关系到疏解非首都教育功能这个系统工程的实施效果和实际成效，对于政策平台和项目平台都具有支撑作用。

对于监督平台的建立，必须牢牢抓住疏解人口、服务协同这个核心，时刻与政策平台和项目平台紧密结合，动态评价政策的实施效果以及项目的实施进展。因此，一个完善的监督平台应该具备评价、监测、反馈等功能构成。比如，北京作为科技中心，其产业发展会逐步迈向高精尖，而一些传统的工业（以及相应的人口）将会面临疏解。对此，监督平台就要做好人口监测和预测工作，实时汇报人口变动，并将相关结果及时反馈给有关部门。

考虑到监督平台的重要功能和支撑性作用，监督平台必须同时具备完善评价的标准，同时能够秉持一个公正的态度，并且能够对出现的问题给予及时而有效的反馈。因此，监督平台应该具有标准性、公正性、有效性三个基本特点。

（1）标准

监督平台要建立在一定的标准之上。无论是评价还是监测，都不能离开相应的标准（或者说评价指标体系）。有了标准才可以照章办事，才能够让政策的力量大于个人权威的力量。当然，监督平台的标准不仅来源于自身，更来源于政策平台和项目平台中的相关文件。监督平台的标准不能凭空虚设，而应该根据政策平台和项目平台的需要统一设定，以保证标准的一致性和可用性。

（2）公正

监督平台在某种意义上与第三方监管具有异曲同工之处，它不会直接参与到政策制定和项目实施之中，但是会跟进政策的实施和项目的推进。因此，监督平台必须时时刻刻保持公正，能够客观地处理政策实施和项目推进中发生的异常情况，并做好相应的应对和处理工作。

（3）高效

监督工作是一项长期而艰难的工作，其关键在于评价和反馈工作的有效性。为了大力推动非首都教育功能的疏解工作，必然会选择政策试点、项目先行的做法，而监督往往成为"事后"评价，不仅浪费了资源，而且大大降低了监督工作的效率和效益。监督要具有效率，就必须注重过程性，能够及时发现问题并予以处理。比如，三地政府可以考虑建立京津冀教育协同预警机制，统一监测与京津冀教育协同发展有关的政策和项目落实情况，对每个政策和项目进行评级，对评级在预警线以下的政策和项目进行重点督导。

参考文献

［1］连玉明：《首都战略定位：京津冀协同发展中的北京之路》，当代中国出版社，2015。

［2］北京市经济社会发展政策研究基地编《首都发展研究报告（2014）——京津冀协同发展》，首都经济贸易大学出版社，2015。

［3］刘文华：《耗散结构理论及其哲学意义》，《国内哲学动态》1986年第2期。

［4］ Fratzscher W., Stephan K., "Waste Energy Usage and Entropy Economy", *Energy* (13) 2003.

［5］ 张晓凤、吕昱江：《北京市发改委刘伯正解析"非首都功能"》，http：//news.hexun.com/2016-03-14/182746130.html，2016-03-14/2016-05-11。

［6］ 柳燕君、吕良燕：《京津冀协同发展背景下北京市高职学院专业设置结构分析》，《中国职业技术教育》2015年第25期。

［7］ 高兵：《耗散结构理论视角下首都教育功能疏解研究》，《国家教育行政学院学报》2016年第10期。

B.12
天津市教育资源联动平台建设研究

王毓珣　王　颖*

摘　要： 在京津冀教育协同发展的宏观背景下，建立天津市教育资源联动平台是多主体教育协同发展的需要，是京津教育双城联动的需要，是区域教育规划以及教育政策制定的需要。明晰天津市教育资源联动平台的概念：教育资源联动属于双城联动与辐射河北联动、近期目标与远期目标联动、政府配置与市场配置联动、府内配置与府间配置联动的多重联动。建设平台的阻力包括：属地思维的局限、联动机构的缺乏、教育规划的滞后、法律法规的限制、发展基点的制约、有效机制的缺失等。建设平台需要采取系统思维的引领、联动机构的统领、教育规划的先行、联动平台的搭建、综合教改的实验、联动发展的布局、有效机制的建立等切实可行的举措。

关键词： 天津市　教育资源　联动平台　京津冀协同发展

京津冀协同发展是党中央、国务院在全面奔向小康社会的历史进程中做出的一项重大战略决策。在《京津冀协同发展规划纲要》中，天津定位及任务是：全国先进制造研发基地、北方国际航运核心区、金融创新运营示范区、改革开放先行区。北京和天津是京津冀协同发展的引擎，天津承担双城

---

* 王毓珣，天津市教育科学研究院科研处处长、研究员；王颖，天津市教育科学研究院副研究员。

联动的任务。京津双城联动不仅包括交通、通信、经济等的联动，而且包括教育联动；不仅包括京津联动，还包括辐射河北。全面推进教育联动是京津冀教育协同发展规划中赋予天津的历史使命与重大任务。然而，自2015年4月30日《京津冀协同发展规划纲要》审议通过以来，天津教育虽然积极承接北京疏解的教育资源，主动辐射河北教育发展，但是由于没有搭建起天津市教育资源联动平台，最终教育联动成效较低。因此，建设天津市教育资源联动平台十分迫切与必要。

一 天津市教育资源联动平台建设的意义

（一）多主体教育协同发展需要教育资源联动平台建设

众所周知，京津冀教育协同发展是属于多主体的教育协同发展，这其中至少包括北京、天津，还辐射河北，加之京津教育联动属于京津冀教育协同发展这一重大战略决策的下位概念，因此，在京津冀教育协同发展过程中，教育部必须发挥统合作用。事实上，教育部也正在牵头制定"京津冀教育协同发展规划纲要"，并有可能于2017年年底出台。此外，京津冀教育协同发展又必须服从《京津冀协同发展规划纲要》以及继后出台的由十二届全国人大四次会议审议通过的《国民经济和社会发展第十三个五年规划纲要》、由国家发改委出台的《"十三五"时期京津冀国民经济和社会发展规划》。可见，京津冀教育协同发展涉及的主体是多层面的，上至中共中央、国务院、全国人大以及国家发改委、教育部等，中至京津冀，下至各区县以及各级各类学校等。很难想象，如此多层面、多主体的教育协同发展，假如没有教育资源联动平台建设，怎么可能科学、有序地展开。

（二）京津教育双城联动需要教育资源联动平台建设

《京津冀协同发展规划纲要》在城市定位与任务中，不仅明确北京和天津是京津冀协同发展的引擎，天津承担双城联动的任务，而且进一步解读双城联动就是要进一步强化京津联动，全方位拓展合作广度和深度，加快实现同城化发展，共同发挥高端引领和辐射带动作用。《国民经济和社会发展第十三个五年规划纲要》不仅专列第三十八章推动京津冀协同发展，而且在第五节中专门论及"优化教育资源布局，鼓励高等学校共建、资源共享，推动职业教育统筹发展"。《"十三五"时期京津冀国民经济和社会发展规划》则进一步明确了天津及天津教育在协同发展中的联动定位。在京津冀教育协同发展中，天津必须加强京津联动，逐渐走向同城化发展，共同发挥对河北教育的高端引领与辐射带动作用。据教育部2014年统计，京津双城各辖16个市辖地级区，河北则下辖11个省辖地级市（45个市辖县级区、19个县级市、101个县、6个自治县）。京津冀教育基本情况见表1。

表1 京津冀教育基本情况（2014）

各级各类教育情况		北京	天津	河北	合计	平均
普通小学	学校数(所)	1040	842	12529	14411	—
	在校生(人)	821152	573187	5642864	7037203	—
	生均公用经费(元)	9950.95	3968.87	1439.30	—	5119.71
	生均教育经费(元)	23441.78	17233.85	5349.05	—	15341.56
普通初中	学校数(所)	337	326	2391	3054	—
	在校生(人)	306789	267214	2288195	2862198	—
	生均公用经费(元)	14127.01	6134.37	2121.14	—	7460.84
	生均教育经费(元)	36507.21	26956.43	7749.39	—	23737.68
普通高中	学校数(所)	306	181	567	1054	—
	在校生(人)	177554	169606	1104076	1451236	—
	生均公用经费(元)	16716.08	10411.54	2207.91	—	9778.51
	生均教育经费(元)	40748.25	30090.12	7748.15	—	26195.51
中等职业学校	学校数(所)	94	80	631	805	—
	在校生(人)	126019	93841	655366	875226	—
	生均公用经费(元)	13473.07	5918.03	2435.11	—	7275.40
	生均教育经费(元)	28765.51	22753.14	8031.58	—	19850.08
普通高等学校	学校数(所)	89(25)	55(26)	118(60)	262(111)	—
	在校生(人)	232386	139279	356649	728314	—
	生均公用经费(元)	34710.96	10224.68	6520.68	—	17152.11
	生均教育经费(元)	58548.41	18667.98	12292.61	—	29836.33

注：①本表依据教育部发展规划司《2014年教育统计各地基本情况》《教育部 国家统计局 财政部关于2014年全国教育经费执行情况统计公告》而制。
②括号前面数字为普通高等院校（含高职）数，括号内为高职院校数。

表1显示，京津双城各级教育生均教育经费，尤其是生均公用经费均较高。在财政各自为政的情况下，达成双城联动非常困难，走向同城化则更难。假如再将辐射河北考虑在内，以32个地级区辐射与拉动171个县级区、市、县可谓任重而道远。当下，京津冀区域内有的区县教育行政部门以及学校参与京津冀教育协同发展的热情非常高涨。例如，北京市大兴区、天津市北辰区、河北省廊坊市在京举行了京（大兴）津（北辰）冀（廊坊）三区市教育联盟合作协议签约暨"一十百千万"①工程启动仪式。②再如，北京工商大学、天津商业大学、河北经贸大学三所高校成立了"经济学学科协同创新联盟"，建立学科、专业、科研、人才、资源对接机制；③由京津冀三地共同组建的"京津冀职业教育协同发展研究中心"成立，并落户天津。④然而，这种自然形态的教育协同发展既难以实现京津联动，又难以达成辐射服务河北的重任。因此，教育资源联动平台建设必须早日列入议事日程。

（三）区域教育规划以及教育政策制定需要教育资源联动平台建设

目前涉及京津双城教育联动的规划，一是国家层面规划。包括《京津冀协同发展规划纲要》《国民经济和社会发展第十三个五年规划纲要》《"十三五"时期京津冀国民经济和社会发展规划》三大规划。二是省直辖市层面的规划。北京有《中共北京市委北京市人民政府关于贯彻〈京津冀协同

---

① "一"即打造京（大兴）津（北辰）冀（廊坊）三区市教育合作与发展论坛活动品牌，每年研究一个共性问题、召开一次主席团会议、举行一次校长论坛、举办一次教师论坛、举办一次校外教育论坛、举办一次教育党建论坛。"十"即搭建十个学校间协同发展共同体，合力推出三地优质教育品牌。"百"即合作培养百名教育领军人才，包括100名左右的骨干校长（园长）和100位左右的名师（含学科教师、教研员、班主任、团队干部等）。"千"即借助教育信息化平台，推出1000节优质示范课。"万"即三方资源共享、平台共建、赛事共办，通过轮流举办"联盟杯"学生"艺术节""科技节""体育节""校园足球节"等邀请赛，或通过学校间结对，组织学生游学互访、走进社会大课堂等，促进三地学生交流达到1万人次。
② 贺迎春：《京津冀所属三区市将推动万名学生交流》，http://edu.people.com.cn/n1/2016/0128/c1006-28093848.html。
③ 张雁：《京津冀"经济学学科协同创新联盟"成立》，《光明日报》2016年4月27日。
④ 张雯婧：《京津冀职教协同发展研究中心落户天津》，《天津日报》2016年2月25日。

发展规划纲要〉的意见》《北京市国民经济与社会发展第十三个五年规划纲要》《北京市"十三五"时期教育改革和发展规划（2016～2020年）》等；天津有《天津市贯彻落实〈京津冀协同发展规划纲要〉实施方案（2015～2020年）》《天津市国民经济与社会发展第十三个五年规划纲要》《天津教育综合改革方案（2016～2020年）》等；河北有《河北省委、省政府关于贯彻落实〈京津冀协同发展规划纲要〉的实施意见》《河北省国民经济与社会发展第十三个五年规划纲要》。上述规划，除了国家层面的规划外，省、直辖市层面的规划虽然都谈到或专章论及京津冀协同发展以及教育协同发展问题，但是由于受属地思维的影响，一方面考虑规划与规划之间联动的非常少，另一方面考虑教育资源联动的更少。建设教育资源联动平台十分迫切与必要。

二 天津市教育资源联动平台建设的概念与特征

（一）概念

1. 教育资源及配置

何谓教育资源？《教育大辞典》的解释是："教育过程所占用、使用和消耗的人力、物力和财力资源。即教育人力资源、物力资源和财力资源的总和。"① 应指出的是，这一定义忽略了教育信息资源、教育时间资源与教育空间资源。使用教育资源需要进行资源配置。所谓资源配置，是指"资源在不同用途之间的分配"。② 可见，教育资源配置，就是对教育人力、物力、财力、信息、时间与空间资源在不同用途之间进行的分配布置。天津教育资源联动属于如何对京津的教育人力资源、教育物力资源、财力资源、信息资源、时间资源与空间资源等进行优化配置的问题。

2. 联动平台

"联动"一词本为数控机床用语，是指数控系统中能够联动的两个或两

---

① 顾明远主编《教育大辞典》（增订合订本），上海教育出版社，1998，第799页。
② 干春晖：《资源配置与企业兼并》，上海财经大学出版社，1997。

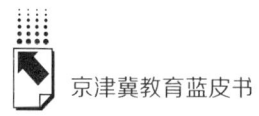

个以上的轴,在一个轴运动时,另外的轴也随之做匀速或周期运动,以保证准确无误地进给。《现代汉语词典》对联动的解读为:"若干个相关联的事物,一个运动或变化时,其他的也跟着运动或变化。"① 可见,联动是联合行动的合称。只不过本文中使用的"联动"一词,是指京津教育在联动发展中必须做到配合默契,达成疏解与承接有效对接,并对河北教育发展产生辐射与带动作用。

《现代汉语词典》解读:"平台,泛指进行某项工作所需要的环境或条件。"② 依此推理,教育资源联动平台,就是在某一特定区域内,为了实现对教育人力、物力、财力、信息、时间与空间等存量资源与增量教育资源的优化配置而搭建的便于准确无误地联合行动的公共服务环境或条件。

3. 天津教育资源联动平台

为了达成京津教育资源联动的近期与远期目标,天津始终围绕北京疏解各种教育资源的需要,从政策制度推进、合作项目落实、监督措施保障等方面,形成以政府配置为主、市场配置为辅,构建的既有利于京津教育准确无误联合行动,又有助于辐射服务河北教育发展的公共服务环境或条件。这一平台既包括实体的联动机制,又包括虚拟的网络平台。在天津教育资源联动平台中,天津教育联动轴必须伴随北京教育疏解轴运动做匀速运动,河北承接轴也应伴随京津联动而匀速转动。

应特别指出的是,天津市教育资源联动平台属于京津冀教育资源平台体系中的一个子平台。它与北京市教育资源疏解平台、河北省教育资源承接平台共同构成了京津冀教育资源协同发展平台体系。

(二)特征

1. 双城联动与辐射河北联动

在京津冀教育协同发展中,北京和天津是引擎,天津担任双城联动的任

---

① 《现代汉语词典》第6版,商务印书馆,2012。
② 《现代汉语词典》第6版,商务印书馆,2012。

务。打个比喻，京津冀教育协同发展就像是一架双引擎飞机，京津是京津冀教育协同发展的两个重要引擎，只有京津做到双城联动，而不是一个转动另一个不转动，或一个转得快另一个转得慢，才能推动京津冀教育协同发展这一双引擎飞机翱翔于蓝天，朝着协同发展的短期与长期目标直线飞行。这就要求天津必须勇于担负起双城联动的重任，着力打造教育资源联动平台，为进一步强化京津教育双城联动，全方位拓展合作广度和深度，加快实现同城化发展，在京津冀教育协同发展中共同发挥高端引领和辐射带动作用做出贡献。这就要求京津两地必须明确本地定位，北京的定位是：高教高地，"瘦身健体"、合作增能、输出带动、整合引领；天津的定位是：职教高地，承接疏解、双城联动、先行先试、走向同城，进而在教育资源联动过程中必须做好输入与输出的联动、疏解与承接的联动。联动的理想境界是京津走向同城化，并在京津联动过程中共同形成对河北强大的辐射力与带动力，达成京津冀教育协同发展的目标。

2. **近期目标与长期目标联动**

京津冀协同发展的近期目标是解决北京大城市病问题，解决京津冀雾霾等污染问题，解决三地各自为政、同质发展问题，解决过度倚重第一、第二产业发展问题；长期目标是建成以首都为核心的世界级城市群、区域整体协同发展改革引领区、全国创新驱动经济增长新引擎、生态修复环境改善示范区。与之相适应，京津冀教育协同发展的近期目标是围绕北京人口疏解重构京津冀教育空间布局，早日率先基本实现教育现代化、率先基本形成学习型社会、率先进入人力资源强区行列，为实现京津冀协同发展目标提供强有力的人才支撑与智力支持；长期目标是建成世界一流的教育城市群，为京津冀协同发展和"中国梦"的实现提供永续动力。京津教育资源联动的短期目标是做到疏解与承接无缝对接，实现京津教育双城联动；长期目标是不断拓展合作广度与深度，加快实现京津教育同城化发展。

3. **政府配置与市场配置联动**

与长三角与珠三角以市场配置为主形成城市群相比，京津冀教育协同发展更多地需要以政府配置为主。这是因为市场配置已经使京津两地形成了一大一小两个教育磁场,对周边地区尤其是河北省的教育人力资源等产生了巨大的吸引力,同时北京这个大教育磁场又对天津这个小教育磁场的教育人力资源产生一定的吸引力,形成了颇为复杂的磁场效应。这种磁场效应不仅形成了环京津教育贫困带,而且相对影响了天津教育发展速度与质量。加之,北京有的区为了迅速提升本区的教育质量,加大了政府配置的力度,以解决进京指标、家属工作、子女入学或就业等为条件,面向全国引进教育人才。天津则以普通高等院校毕业这一学历门槛+学校接收为条件吸纳教育人才。这就在无形中加大了磁场效应。京津教育联动属于溢出现象,不宜采取与市场配置呈正相关的磁场效应,而宜采取与政府配置呈正相关的虹吸效应。也就是说,在京津教育联动中必须加大政府配置的力度,将磁场效应逐渐转为虹吸效应,想方设法把北京拟溢出的教育资源通过联动这一管子导流到京郊,根据京津冀协同发展定位、产业发展需要等,适合导流到天津的导流到天津去,适合导流到河北的导流到河北去。

4. 府内配置与府间配置联动

政府配置分为两种。一是府内配置。即政府在自己的管辖范围内,借助行政权力进行的教育资源配置。这一配置相对简单易行。例如,《北京市"十三五"时期教育改革和发展规划(2016~2020年)》已经清晰勾勒出了未来五年北京府内教育资源配置指导思想:总量控制、存量优化与增量限制。针对高等教育,不再扩大高等教育办学规模,不再新设立或新升格普通高等学校,高等教育学校不再新增占地面积;城六区高等教育不再校内扩建;不再扩大普通高等学校成人教育、网络教育、自考助学的面授教育规模;扎实推进良乡、沙河高教园区建设,支持入驻高校本科生基本教学功能和部分实验室迁入,老校区向研究生培养基地、研发创新基地和重要智库转型。二是府间配置。这主要指同级政府之间,通过行政协同对教育资源进行区间调整。这一配置相对复杂难行。例如,北京市人民政府就提出支持在京中央高校和市属高校通过整体搬迁、办分校、联合办学等多种方式向郊区或河北、天津转移疏解。这就要求天津做好联动、河北做好承接北京疏解教育资源的充分准备。

京津联动既属于府间配置，也属于府内配置。府间配置不仅需要天津积极承接北京转移疏解的教育资源，而且需要天津从教育规划的对表、教育政策的同行、教育改革的同步、合作项目的落实、监督措施的共举等方方面面加强与北京的联系，形成全方位联动机制，进而逐渐走向同城化。府内配置要求天津市必须统筹规划决定由哪个区或哪个高校来承接北京转移疏解的哪些教育资源，避免出现一哄而上、无序争抢的乱局。

三 天津市教育资源联动平台建设的阻力

（一）属地思维的局限

属地思维源于属地管理。所谓属地，就是管辖范围。属地管理，就是对自己管辖范围内的管理对象，按标准和要求进行的组织、协调、领导和控制等。属地思维，就是基于自己的管辖范围思考问题的一种方式。根据属地管理的权限，京津分属两个行政区域。伴随京津城际高铁、京沪高铁的运行以及第二条京津城际高铁的建设，京津虽然早已经进入半小时交通圈，来往于京津之间甚至比从北京市区到郊区还快，但是由于京津双城毕竟在管理上属于两大直辖市，两地各自为政，甚至教育竞争大于教育合作的态势。此外，这种属地管理思维还在京津两市下辖的区县政府之间甚至乡镇之间展开。"见利一哄而上，见害一哄而散"。这种站在本地的立场思考问题的属地思维已经成为影响京津教育联动以及京津冀教育协同发展的最大阻力。

（二）协同机构的缺乏

截至今日，无论是京津教育联动还是京津冀教育协同发展都还没有统一而明确的协同机构。我们只在《京津冀协同发展规划纲要》中找到了首都是京津冀协同发展核心、天津承担双城联动的任务之话语。事实上，天津虽然被委以双城联动的重任，但京津联动首先是北京这一疏解轴必须要动，天津这一联动轴才能做同步匀速运动。目前的状况是京津联动和京津冀协同发展虽然呼声挺高,但是尚无协同机构。作为京津联动与京津冀协同发展一部分的京津教育联动及京津冀教育协同发展,更是一直处在无人管理的自发状态。教育部虽是全国教育行政管理机关,但是没有相关文件明确其在京津教育联动与京津冀教育协同发展中的领导地位。可以想象,一个没有统一协同机构的京津教育联动怎么能产生"1+1>2"的合力?又怎样发挥京津教育联动之力共同引领与辐射河北省教育的发展,怎样形成"2+1>3"的合力。

(三)教育规划的滞后

"规划先行,谋正后动"是管理界公认的管理准则,也是京津能否完成教育联动、京津冀教育能否达成协同发展的关键所在。目前,关于京津冀协同发展的三个规划《京津冀协同发展规划纲要》《国民经济和社会发展第十三个五年规划纲要》《"十三五"时期京津冀国民经济和社会发展规划》虽然已经相继出台,然而攸关京津教育联动与京津冀教育协同发展质量优劣、效果好坏的"京津冀教育协同发展规划纲要"仍在漫长的制定过程中。这就在某种程度上制约了京津冀三地相应规划实施办法的制定,影响了北京教育资源疏解规划、天津教育资源联动规划与河北教育资源承接规划的出台。也就是说,相对滞后的京津冀教育协同发展规划,不仅制约了京津教育双城联动的发展进程,而且影响了京津冀教育协同发展的前行速度。

(四)法律法规的限制

目前与教育相关的法律主要有:《中华人民共和国教育法》《中华人民共和国义务教育法》《中华人民共和国职业教育法》《中华人民共和国高等教育法》等。其中,有些条文限制了京津教育联动以及京津冀教育协同发展。例如,教育基本法《教育法》第十四条明确规定"国务院和地方各级人民政府根据分级管理、分工负责的原则,领导和管理教育工作。中等及中等以下教育在国务院领导下,由地方人民政府管理。高等教育由国务院和省、自治区、直辖市人民政府管理";第十五条明确规定"国务院教育行政部门主管全国教育工作,统筹规划、协调管理全国的教育事业。县级以上地方各级人民政府教育行政部门主管本行政区域内的教育工作。县级以上各级人民政府其他有关部门在各自的职责范围内,负责有关的教育工作"。上述条文在某种程度上限制了京津教育联动与京津冀教育协同发展。因为无论是学前教育、义务教育、高中阶段教育,还是高等教育、职业教育、特殊教育、终身教育,都明确了属地管理的原则。只有部分高校属于国务院下设教育部或其他部委管理。这就直接涉及一个问题:北京疏解至津冀的教育资源——人、财、物、信、时、空等未来属于谁管?怎么管?假如不突破这些法律法规,京津教育资源联动和京津冀教育发展寸步难行。

(五)发展基点的制约

京津两地虽然都是直辖市,然而京津教育总体发展水平尤其是两地教育经费投入仍然存在较大差距。由表1可见,在生均公用经费方面北京与天津存在巨大差距,与北京相比,天津普通小学仅为其39.88%,普通初中为其43.42%,普通高中为其62.28%,中职为其43.92%,普通高校为其29.46%。在生均教育经费方面,两地差距虽然小一些,但也并不乐观。与北京相比,天津普通小学仅为其73.52%,普通初中为其73.84%,普通高中为其73.84%,中职为其79.10%,普通高校为其31.88%。这种情况假如依据现行《教育法》中"两个提高"与"三个增长"不断提高与增长,则两地的差距有可能不是不断缩小而是持续拉大。同为直辖市,京津在生均公用经费与生均教育经费上竟然存在这样大的差距,这无疑在某种程度上制约着京津教育联动。而教育体量巨大的河北更低,也就是说北京与河北在生均公用经费与生均教育经费上差距更大,京津教育联动以及京津冀教育协同发展必须正视并基于这些差距才有可能有序运行。

(六)有效机制的缺失

目前,无论是京津教育联动,还是京津冀教育协同发展,都没有形成有效机制。所谓京津教育资源联动有效机制,就是为了达成京津教育联动的目标而对北京、天津教育联动系统的组成要素及其结构关系和系统运行中各要素间相互作用的过程及方式的详细规定。归纳起来，京津教育联动或京津冀教育协同发展的有效机制至少应包括目标联动机制、政策联动机制、协调联动机制、资源联动机制、科研联动机制、监控联动机制等。然而，这些有效机制迄今仍处于缺失之中。这势必导致自然形态的京津教育联动或京津冀教育协同发展暴露出合作意向多、合作协议多、落实落地少、监督措施少等问题。

四 天津市教育资源联动平台建设的举措

天津市教育资源联动平台建设必须遵循目标同向、统筹兼顾、合作共赢、错位发展、重点突破等原则，[①] 在下述几个联动上有序进行。

（一）系统思维的引领

所谓系统思维，"就是把认识对象作为系统，从系统和要素、要素和要素、系统和环境的相互联系、相互作用中综合地考察认识对象的一种思维方法"。[②] 系统思维具有整体性、结构性、立体性、动态性、综合性等特征。系统思维要求把京津联动作为一项系统工程，并使京津联动逐渐趋于最优化。所谓系统工程，是指为了达到系统优化的目的而对系统的构成要素、组织结构、信息流动和控制机构等进行分析与设计的技术。系统工程是系统思维的具体化。无论京津教育资源联动平台建设，还是京津冀教育协同发展，均需要把京津冀教育作为一个整体去看待，通过京津教育资源联动，拉动京津冀教育协同发展。这就要求京津冀三地的领导者必须打破属地思维，树立系统思维，把京津教育联动以及京津冀教育协同发展作为系统工程、当作一盘棋去下，认真处理好本地与京津教育资源联动的关系、本地与京津冀教育

[①] 王毓珣：《京津冀教育协同发展原则刍议》，《北京教育》（高教）2016年第6期。
[②] 《系统思维》，http://baike.baidu.com/2016 - 10 - 20。

协同发展的关系。只有如此，这种联动或协同才能产生强大的联动及协同合力，最终把京津建成教育同城化地区、把京津冀建成拥有世界一流教育的城市群以及利益或命运的共同体。

系统思维要求京津地区必须对教育统一进行布局调整，北京应做高等教育的高地。天津应做职业教育的高地及中外合作办学的高地。基础教育则应重在教育资源共建共享上下功夫，尤其是在提升线上教育资源联动上多下力气。此外，既然是联动，就要求双方加强人员互通、要素流动，逐渐走向政策联动、举措联动、治理联动，共同谱写社会主义教育现代化的双城记。

（二）联动机构的统领

天津教育资源联动平台的构建必须建立联动机构。因为该联动机构属于二级机构，所以建议在教育部专设京津冀教育协同发展领导小组，负责京津冀教育协同发展的顶层设计、区域协调、整体规划、经费筹措、平台构建、重大决策、政策对接、执行推动、协调考核等。京津冀教育协同发展领导小组下设三个办公室：教育资源疏解办公室，主要负责统筹北京教育资源疏解工作，搭建北京教育资源疏解平台；教育资源联动办公室，主要负责统筹天津教育资源联动工作，搭建天津教育资源联动平台；教育资源承接办公室，主要负责河北教育资源承接工作，搭建河北教育资源承接平台。建议这三个办公室采取一体两翼方式设置，即一个设在京津冀教育协同领导小组办公场所，另一个分设于三地的教育行政部门。京津冀教育协同发展领导小组的成员应由教育部部长或副部长任组长，北京、天津与河北教育主管部门的一把手任副组长，分别具体负责北京教育资源疏解、天津教育资源联动、河北教育资源承接的工作。京津冀教育协同发展领导小组办公经费可以由财政部拨付，也可由三地按比例支付。同时，还可以通过设立京津冀教育协同发展基金会募集，也可以通过特设京津冀协同发展银行筹集，以确保领导小组的工作能够顺利实施。

天津教育资源联动办公室主任应由天津市教育委员会主任担任，副主任由天津市教委常务副主任、北京市教委常务副主任、河北省教育厅常务副厅

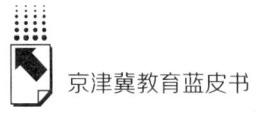

长担任。该办公室在三个地点办公：一为天津市教委，二为北京市教委，三为河北省教育厅，具体负责三地教育资源联动工作。

（三）教育规划的先行

习近平总书记说："规划科学是最大的效益，规划失误是最大的浪费，规划折腾是最大的忌讳。"[①] 京津教育资源联动与京津冀教育协同发展也需要科学规划先行。因此，京津冀教育协同发展领导小组的当务之急是在国家《京津冀协同发展规划纲要》《国民经济和社会发展第十三个五年规划纲要》《"十三五"时期京津冀国民经济和社会发展规划》三大规划的统领下，基于三地人口、社会、经济（产业布局）与教育发展的需要，抓紧制定"京津冀教育协同发展规划纲要"，全面统筹规划京津冀三地教育协同发展蓝图，包括发展目标、指导思想、原则、任务及项目、保障等，并进而在这一规划的统领下联合制定"北京教育资源疏解规划""天津教育资源联动规划""河北教育资源承接规划"。

其中，"天津教育资源联动规划"的制定既要注意合纵：上与国家层面的各项相关规划对表，下与各区县的相关规划无缝对接；又要注意连横：疏解、联动与承接三个规划必须完美对接，避免在北京疏解教育资源时发生下述无序局面——若是优质教育资源，津冀各地闻风争抢，若是中质教育资源，津冀各地讨价还价，若是劣质教育资源，津冀各地无人问津。

（四）联动平台的搭建

鉴于当下尚无京津冀教育协同发展平台，京津冀教育协同发展领导小组尚未成立的现实，建议京津冀三地教育行政部门首先各自搭建自己负责的平台。天津市教育委员会的任务是搭建天津教育资源联动平台。特别应该指出的是，天津在搭建教育资源联动平台时务必考虑将来与京津冀教育协同发展

[①] 《习近平在北京考察》，http://news.xinhuanet.com/politics/2014 - 02/26/c_ 119519301. htm，2016年11月1日。

这一大平台，以及与北京教育资源疏解平台、河北教育资源承接平台的对接问题。也就是说，天津教育资源联动平台的定位是京津冀教育协同发展这一大平台下的子平台。这一子平台将来必须能够与京津冀教育协同发展平台实现完美对接，与北京疏解平台与河北承接平台实现有序联动。因此，建议在子平台搭建之前，最好能够以平台搭建为主题召开京津冀教育协同发展联席会议，基于先链接、再对接的搭建路线，形成搭建共识，然后再进行子平台搭建，以便将来京津冀教育协同发展这一大平台建立时能够实现与教育资源联动平台无缝对接，以及两个子平台的有效联动，最终达成事半功倍的成效。

（五）综合教改的实验

鉴于部分现行的教育法律法规的限制，建议京津冀三地联合申报教育部综合教育改革实验区，取得先行先试的特权。鉴于京津冀之间在生均公用经费、生均教育经费，尤其是教师工资待遇方面存在的差距，建议采取近期、中期与远期相结合的联动策略。近期，鉴于属地管理的羁绊，可采取飞地策略这一权宜之计。何谓飞地？《现代汉语词典》解读："飞地，指位居甲地区而行政上隶属乙地区的土地。"[①] 百度百科则从另一角度界定："飞地，一种特殊的人文地理现象，指隶属于某一行政区管辖但不与本区毗连的土地。"[②] 事实上，由于历史的原因，京津冀在历史上已经存在一些飞地。例如，北京设于天津宁河区的飞地：占地115平方公里的清河农场；河北设于天津红桥的飞地：河北工业大学；天津设于河北涉县的飞地：占地5平方公里的天津天铁冶金集团有限公司。在京津冀协同发展进程中，飞地经济已经成为京津冀突破体制机制桎梏、加快区域产业转承的重要探索。

建议教育飞地的建设与管理可以采取三步走：第一步，设置教育飞地，这是为北京外迁疏解的教育资源实行的一种过渡性的管理策略。无论教育飞地设在天津还是设在河北，均继续由北京管理。第二步，立足"共建、共

---

① 《现代汉语词典》第6版，商务印书馆，2012。
② 《飞地》，http：//baike.baidu.com/2016－10－23。

管、共收、共支、共享"的原则,重点解决财税体制创新问题,财为财政,解决的是支的问题,重在解决谁来支、怎么支与支多少的问题。税为税收,解决的是收的问题,重在解决谁来收、怎么收与收多少的问题。第三步,从长远的角度考虑,京津教育资源联动需要在教育空间布局上进行统筹规划,错位发展,逐渐缩小差距,实现同城化发展。

案例 滨海中关村科技园

由天津滨海新区与中关村合办的滨海中关村科技园,按照"创新引领、市场主导、政府推动、互利共赢"的原则,以北塘企业园为起步区与核心区,建设高端创新要素聚集、产业特色鲜明、可持续发展的国际一流科技研发和成果转化园区。该区域将聚集国家发展战略需要,面向未来和前沿领域,共同构建前沿高地,为整个国家转型升级发展发挥引领带动作用。具体方向主要聚焦在新一代信息技术,如大数据、人工智能等智能化的领域,以及一些颠覆性的原创新材料、前沿生物技术、智能制造、装备创新等领域。这一园区在空间区域上,打破两市各自"一亩三分地",跨区域合作;在行政管理上,成立滨海-中关村科技园管委会,由双方共同管理,不定行政级别,不定单位性质,新区赋予园区管委会最大范围管理决策自主权,把北京的科技创新资源和天津的先进制造优势紧密结合起来,培育一批以企业集团、科技园区为载体的创新实体,引导中关村的创新资源向滨海新区辐射转移,使更多的科技成果在天津落地生根、开花结果。[①]

(六)联动发展的布局

京津教育联动发展的布局既要重视京津教育联动,又要重视京津冀教育协同发展。因此,本部分统筹兼顾了京津冀三地各级各类教育的协同发展布

---

① 张晶晶:《滨海-中关村科技园落户北塘打造一流科研园区》,http://news.enorth.com.cn/system/2016/10/08/031209235.shtml,2016年10月23日。

局问题。首先，在高等教育方面，重点是与京津冀区域空间布局相协调、与产业结构相适应、与京津冀协同发展需求相结合的高等教育资源空间布局。其中，重点有二。一是抱团发展。建议京津冀同质高校组建教育联盟，通过目标共定、师生交流、课程互选、自主选学、弹性学制、MOOC、人才互通、校际互聘、跨校指导、联合培养、协同育人、联合智库、学分互认、管理互惠、混合教学、图书联盟、联合攻关、资源共享等手段，形成教育合力，提升综合实力。中长期建议通过专业合并、学校重组等追求教育教学效益最优化。二是错位发展。错位发展的长远目标是打破属地界限，构建起一体化的京津冀高等教育系统。近期目标是：基于北京的定位，其发展重点是双一流建设、产业产品孵化基地建设；基于天津的定位，其发展重点是海外教育特区建设、大学产业园区与高新区建设；基于河北的定位，其发展重点是建设大学本科教育园区，吸纳北京高校通过整体搬迁、办分校、联合办学等方式转移疏解至河北。

其次，在职业教育方面，重点与产业布局相对接。重点在于：一是共建职教集团。基于京津冀不同的发展定位，充分整合京津冀的职教资源，北京的职教集团重在服务政治中心、文化中心、国际交往中心与科技创新中心的需要。天津的职教集团重在服务先进制造研发基地、北方国际航运中心、金融创新运营示范区、改革开放先行区的需要。河北的职教集团重在服务现代商贸物流重要基地、产业转型升级试验区、新型城镇化与城乡统筹示范区、京津冀生态环境支撑区建设的需要。二是通过一校三区、联招合办、MOOC联盟、中职—高职—本科—专业硕士无缝衔接机制、双师共享、学分互认、实训基地共享、技能大赛合办等方式实现职教联动。三是鉴于天津职教相对比较发达的现实，以及教育部把天津作为国家现代职业教育改革创新示范区的实际，在京津教育联动中应该把天津作为京津冀职业教育的高地。

最后，在基础教育方面，重点是与人口布局相协调。京津冀教育资源联动重在建立干部教师交流挂职培训、考试招生、课程教材、综合教改、教研科研、骨干教师手拉手、合作研究、"三名"工作室、名校办分校、名校集团、创新人才培养、督导评估、质量监测、图书信息、数字教育资源、优秀

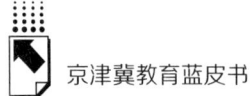

办学或教学经验推广、素质教育基地、社会实践基地、志愿者服务体系、定向帮扶、O2O教学、学业质量评价、综合素质测评等联动发展,构建起京津冀教育基本公共服务均等化联动机制。

应特别指出的是,天津市教育委员会非常重视京津教育资源联动问题,并在下述方案中围绕工作推动机制、合作机制进行了规划。

《天津市教育综合改革方案(2016~2020年)》的联动政策[①]

……

7. 建立京津冀教育协同发展工作推进机制

建立京津冀教育协同发展组织协调机制。建立京津冀教育协同发展联席会议制度,定期组织三地教育行政管理部门共商教育协同发展重大问题,共同制定相关政策措施。

建立首都教育资源疏解对接机制。发挥海河教育园区、健康产业园、高校科技创新成果转化中心及高校聚集区的资源优势,积极承接首都优质教育资源增量向天津转移。在滨海新区、武清、静海、宁河、宝坻、蓟州6个区分别规划2平方公里的预留用地,用于承接首都教育资源转移。积极推动国家大学创新园区建设。积极争取国家重大科技攻关项目、国家重点实验室、工程中心和人文社科基地建设向天津倾斜。

建立京津冀教育基本公共服务均等化促进机制。优化各区首都功能承接平台教育资源配置,吸引首都名校在津办分校,允许首都转移企事业单位人员子女享受原户籍地就学政策。采取定向援助、对口支援和对口帮扶等多种方式,支持河北省加快提升教育基本公共服务水平。

建立京津冀教育协同发展重大决策支持服务机制。针对京津冀教育协同发展重大战略问题、政策问题和路径问题开展协同研究,对京津冀教育协同发展的重大项目、重大政策和重大决策进行咨询论证,提供支持服务。

[①] 天津市教育委员会:《天津市教育综合改革方案(2016~2020年)》,http://www.tjmec.gov.cn/how.jsp?informationid=201609071438267638&classid=2009072211253 19196,2016年10月31日。

8. 创新京津冀教育协同发展合作机制

建立京津冀高校协同创新机制。鼓励三地高水平大学、应用技术型大学建立创新发展联盟，支持相关高校间的学分互认、跨校选课，探索合作培养、交叉培养学生的有效路径。支持三地高校联合设立重大研究课题，在绿色交通、清洁能源、资源高效利用、水环境治理、战略性新兴产业等领域开展联合攻关。支持三地高校联合开展科技创新成果推广应用和转化。

建立京津冀教育资源开放共享机制。建立三地相对统一的学校、教师、学生评价标准及综合素质评价办法。建立三地高校图书馆联盟，实现教材、数据、图书文献资源共享。建立三地高校重点实验室和大型仪器设备开放共享机制。建立三地各类素质教育基地、大学生实习实践基地、职业教育实训基地等教育资源共建共享机制。实施三地教师、校长异地挂职交流计划，建立师资合作培养培训新机制。

建立京津冀技术技能人才联合培养机制。依托海河教育园区，牵头组建京津冀先进制造业职教集团，深化产教融合，联合培养高端技术技能人才。建立三地职业教育学习成果互通互认制度。探索三地中职、高职、应用型本科及专业学位研究生培养衔接机制，重点推进三地中职、高职衔接。建立三地职业院校招生计划联合会商制度，消除跨区域高职招生计划壁垒。

此外，在特殊教育、家庭教育、社区教育、老年教育等领域也应重视联动与协同发展。

（七）有效机制的建立

"机制"一词原指机器的构造与动作原理，主要指机器的部件、结构及其各个部件的作用关系等。教育资源联动机制，就是京津教育资源的组成要素、结构及其各要素间的相互作用及联合运动关系。建立京津教育资源联动有效机制的意义在于将京津教育要素按照一定的结构关系、运行方向、运行路线、运行速度和运行力度等，科学、有序、高效地运转起来，从而促进京津各级各类教育功能得到充分发挥，教育工作得到有序高效运转。

归纳起来,教育资源联动的有效机制包括:一是目标联动机制。"目标是一种由方向、大小和作用点三要素构成的向量"。① 目标联动机制要求京津在教育资源联动中必须朝着京津教育联动的近期与远期目标以及京津冀教育协同发展的近期与远期目标,同向联动,合力向前。

二是政策联动机制。要求京津教育行政部门出台的教育政策只要涉及两地教育资源联动问题的务必共同考虑、联合行动,其理想的状态是共研合用。这颇类似于现在京津小型汽车限号。假如天津市区不与北京市区限号一致,势必会出现小型汽车出了北京市区进不了天津市区的怪现象。因此,京津联动和京津冀教育协同发展可以考虑共建教育综合改革实验区,在创新人才培养、考试招生改革、社会服务、学校制度、合作督评、课程改革、教材选订、教研科研、数字学校、空中课堂与慕课等政策方面进行更深层次的联合行动。

三是协调联动机制。要求京津教育管理者在日常工作中必须加强信息交流互通,妥善处理好各种关系,尽量减少摩擦,调动各方面联动的积极性与创造性。例如,京津在制定本地区"十三五"教育事业发展规划以及相关教育政策时不仅应该加强沟通与交流,而且天津还要主动与北京疏解教育资源的规划、政策等进行对表,并依据北京→天津的顺序依次发布。当然,这一协调联动机制还应顾及与河北的联动,以便发挥辐射与带动作用。

四是资源联动机制。要求京津打破"我建我享"的属地思维与机制,树立教育资源共建共享的资源联动机制。这里所说的教育资源包括:线下教育资源与线上教育资源。在线上教育资源方面,现有的北京数字学校、清华大学的学堂在线、天津开放学堂、职教慕课等均应拿出来,让京津分享、京津冀共享,并以此为基础逐渐建立起共建共享的机制。在线下教育资源方面,京津冀也应该把各自的优质教育资源拿出来共享。例如,天津的未来教育家奠基工程与优秀教学校长培养工程就非常有特色,而且成效显著,类似这样的培养项目应该拿出来,同时招收北京及河北的校长、老师参加,充分

---

① 王毓珣:《大学生思想政治教育有效机制研究》,《思想政治教育》2009 年第 6 期。

发挥优质教育资源的辐射带动作用；北京的名校长工作室、名班主任工作室、名师工作室在全国的影响都很大，可以考虑适当招收天津与河北的校长、班主任及教师加入。

五是科学研究机制。天津教育资源联动平台作为京津冀教育协同发展平台的子平台之一需要由天津教科院挑头成立天津教育资源联动研究中心。主任由天津教科院院长兼任，中心聘请教育部国家教育发展研究中心、中国教科院、教育部职教中心、教育部基础教育课程中心、北师大、首都师大、天津师大、河北师大、北京教科院、河北教科所等的知名专家为兼职研究员，通过高端论坛、规划撰写、主题调研、决策建议等，为京津以及京津冀教育资源联动提供强有力的智力支撑。

六是监控联动机制。天津教育资源联动平台必须在京津冀教育协同发展领导小组的直接领导下，通过对天津教育资源联动的定期监督，收集有关教育资源联动质量方面的信息，科学分析教育资源联动是否存在问题、是否达到了预定目标，以便有关管理部门及时进行纠正与调控，不断稳步提高天津教育资源联动工作质量。

B.13
河北省教育资源承接平台建设研究

马振行*

摘 要： 河北省教育资源承接平台建设，既是京津冀教育协同发展的需要，也是河北省教育事业发展的内在需求，是缩小河北与京津教育发展差距，实现省域内、京津冀大区域均衡发展，促进京津冀教育协同发展的重要举措。应明确河北教育资源承接平台建设的意义，充分认识河北教育发展与京津存在的差距和自身发展的需求，厘清河北构建教育资源承接平台的思路，在京津冀各级各类教育协同发展的实践基础上，搭建"互联网+教育"资源平台，重构省域内教学研究系统，实现教研转型升级，助推京津冀教育协同发展。

关键词： 河北省 教育资源 承接平台 京津冀教育协同发展

2015年4月，《京津冀协同发展规划纲要》（以下简称《纲要》）审议通过，标志着京津冀协同发展上升为国家战略，这是党中央、国务院在实现两个百年宏伟目标、指引中国实现现代化进程中做出的一项重大战略决策，是继"珠三角""长三角"区域发展战略的进一步深入。依照《京津冀协同发展规划纲要》，京津冀整体定位是"以首都为核心的世界级城市群、区域整体协同发展改革引领区、全国创新驱动经济增长新引擎、生态修复环境改善示范区"，河北省的定位和任务为"全国现代商贸物流重要基地、产业转

---

* 马振行，河北省教育科学研究所所长。

型升级试验区、新型城镇化与城乡统筹示范区、京津冀生态环境支撑区"。《纲要》颁布之前，河北省就承接北京疏解非首都职能、积极承接产业转移、深化改革开放、加快建设开放型河北做出了重大举措，以河北省人民政府名义下发了《河北省关于进一步扩大开放承接产业转移的实施意见》（冀政〔2010〕51号），开始了助推京津冀协同发展、承接京津产业转移的探索。对于教育行业，河北自然也担负着承接京津两地优质教育资源的责任和功能。但目前河北承接京津优质教育资源平台尚未搭建起，致使有效承接、利用京津两地优质教育资源的成效甚微。为促进河北教育快速发展，缩小与京津两地教育发展的差距，有力助推京津冀大区域教育协同发展，建设河北省优质教育资源承接平台十分迫切和必要。

一 河北省教育资源承接平台建设的意义

建设河北省教育资源承接平台的根本目的，是缩小河北在京津冀大区域内教育发展的差距，实现河北省教育的快速高效发展，从而提升京津冀区域整体实力。

（一）河北教育资源承接平台建设的政策依据

伴随着经济社会发展进步与法制的健全，社会公平越来越得到人们的关注，人们对教育公平的认识水平也显著提高。

《中共中央关于构建社会主义和谐社会若干重大问题的决定》明确指出："坚持教育优先发展，促进教育公平。"《国家中长期教育改革与发展纲要》《国家教育发展"十三五"规划纲要》提出"把促进公平作为国家基本教育政策。教育公平是社会公平的重要基础。教育公平的关键是机会公平，基本要求是保障公民依法享有受教育的权利，重点是促进义务教育均衡发展和扶持困难群体，根本措施是合理配置教育资源，向农村地区、边远贫困地区和民族地区倾斜，加快缩小教育差距。教育公平的主要责任在政府，全社会要共同促进教育公平。"《国务院关于统筹推进县域内城乡义务教育

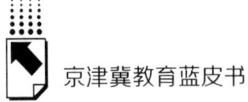

一体化改革发展的若干意见》（国发〔2016〕40号）又针对县域内城乡义务教育发展提出专门指导意见。这些重要思想和方针为河北省优质资源承接平台建设提供了可靠的政策保障。

（二）京津冀大区域协同发展，需要河北建设优质教育资源承接平台

京津冀教育协同发展涉及京津冀三方主体的教育协同发展。在京津冀一体化发展格局中，河北具有特殊的地理位置、丰富的办学用地资源以及充足的生源等优势，但存在经费投入不足、省域内办学水平差异较大等问题。而京津具有优质的教育资源，发达的高等教育资源集聚，特色优势的中小学幼儿园集中。三地在教育资源方面的自由流动性不足，政策引导推动力不足，京津优质资源对河北的辐射、促进和带动作用没有得到充分的发挥，优势互补、合作共赢的局面尚未形成。

而河北存在的这种差距以及这种区域教育发展基础的不均衡，直接影响着大区域发展的整体水平和竞争力的提升，这就需要河北必须在承接京津优质教育资源方面做出整体谋划和设计，实现快速发展，助推京津冀大区域教育协同发展。

（三）省域教育发展规划制定及区域教育协同发展体制机制建设需要教育资源承接平台建设

京津冀协同发展，既要有国家层面的规划，也应有京津冀三地省域层面的规划。但在省域教育发展规划中，有关三地协同发展整体规划，包括疏解、联动、承接等方面，未有整体的规划设计，有关三地如何协同发展，也未建立健全的体制机制。究其原因，影响京津冀一体化协同发展的是结构性和体制性障碍。相较于拥有优越的政策条件和更多发展机遇的北京、天津两个直辖市，就如何承接京津两地教育资源，河北在《河北省国民经济与社会发展第十三个五年规划纲要》和《河北省教育事业第十三个五年规划》中也少有设计和规划。由此，对于河北来说，整体谋划，建立健全机制，高

效承接京津教育资源，拉近与京津两地差距，建设教育资源承接平台显得尤为迫切和必要。

二 河北构建教育资源承接平台的思路

（一）整体思路

按照"一体两翼四原则"整体框架设计，即以平台建设为主体，以实体平台建设和网络平台建设为两翼支撑，遵循"理念引领，创新驱动；整体设计，逐步深入；政策保障，健全机制；共建共享，个性发展"四项建设原则，构建京津冀教育协同平台，聚集本地教育资源、承接京津优质教育资源，实现资源共享、协同发展。

（二）基本原则

1. 理念引领，创新驱动

"创新、协调、绿色、开放、共享"五大发展理念是党中央在科学研判和积极应对中国经济社会发展新常态的条件下，对马克思主义发展观的继承与发展，是中国特色社会主义理论体系和马克思主义发展观的最新理论成果，是全党全国各族人民决胜全面建成小康社会的行动指南。所以，五大发展理念是构建京津冀教育协同发展平台和河北教育资源承接平台的思想和理论基础。

2. 整体设计，逐步深入

京津冀教育协同发展平台，是京津冀教育协同发展的重要组成部分，应贯穿于三地教育发展的整个过程，同时应该是一个不断完善的动态调整的平台。既需要整体的设计，又需要在过程中不断丰富和完善，以实现合作共享、共赢的协同发展的目的。河北教育资源承接平台建设也需要从政策制定、制度保障、运行机制健全等诸多方面做好整体谋划。

3. 健全机制，政策保障

国家或区域制度的基本表现形式是法律、法规和政策等。坚持政策引领，制定京津冀区域协调发展相关配套政策是保证合作开展并得到实质性推进的主要依据和保障。因此，体制改革、机制创新和健全是协调发展的前提和基础。

4. 共建共享，个性发展

京津冀三地在政府、教育行政部门的政策引导下，对平台建设进行宏观指导、整体调度和经费保障；三地省际、区域间、校际根据自身教育教学发展的实际情况和发展需求，自主灵活地主动寻求合作协同契机，遵循"优势互补、共建共享、突出特色、协同发展"的原则，进行平台建设。河北教育资源承接平台建设，既服从于京津冀教育协同发展平台建设的总体要求，还应该基于自身实际，突出引进、整合、共享的特色，实现承接平台建设的个性发展。

（三）教育资源承接平台的政策、机制保障体系设计

顶层设计机制。因涉及人力、物力、财力等各种投入，承接平台建设需要建立顶层设计机制，需要政府和教育行政部门调控，做出整体规划，并建立健全本区域教育发展相关的规章制度，以促进、协调、调动和监督区域内各主体的协同合作，形成教育优质资源有效承接及与京津两地的合作共赢的局面。

协调联动机制：京津冀三地不仅要打破行政区划阻隔，还要打破资源、人才、科研成果等资源壁垒，发展三地区域、学校间横向联合，形成京津冀信息互通、资源共享，既需要搭建省域内的承接平台，又需要创设协同联动机制。

资源共享机制：京津冀三地各个协同主体之间通过共享平台进行跨区域、跨部门的资源共享，包括省级政府、教育行政部门、市级区域、学校之间在政策引导、经费投入、教育教学资源整合和应用等方面建立优势互补、互惠互利、共享共建机制。

激励监督机制：区域各方协同发展的积极性和主动性的调动，平等协作、互利互赢的合作态势的形成，促进和增强区域合作、校际合作、协同发展的活力，都需要有监测、考核、激励、监督机制。

京津冀教育系统各层次协调机制：包括建立健全京津冀三地教育系统高层领导定期沟通机制、重大决策协商机制、教育政务信息互通机制、基层协调机制等。

（四）主要内容

搭建河北省承接京津优质教育资源平台，应建立在京津冀协同发展的探索和实践的基础上，不断完善已有的区域、学校之间合作协同发展的实体平台，还应配合"互联网＋教育"战略，借助教育信息技术搭建跨区域优质教育资源共享共建网络平台。

三 河北教育资源承接平台建设的内在需求及实体承接平台建设实践

京津冀教育协同发展过程中，河北教育资源承接平台建设源于三地教育存在的巨大差距。与京津两地教育发展相比，河北教育发展存在的差距显而易见，这也正是河北教育资源承接平台建设的内在需求。

（一）河北与京津教育发展情况对比

河北是教育大省，但非教育强省。与京津教育发展情况相比，河北省在生均财政投入、义务教育阶段区域间发展布局、义务教育均衡发展水平、中高等院校优质教育资源、高等教育总体发展水平及层次结构等方面存在很大的差距。

表1显示，在高等教育领域，京津冀地区的优质高校资源几乎都分布在京津两市。与京津相比，河北省在京津冀区域内是高等教育的"洼地"。仅以"985工程"高校和"211工程"高校数量为例，北京市作为全国高等教育中心，2013年拥有26所"211工程"高校和8所"985工程"高校；天津拥有2所"985工程"高校和4所"211工程"高校；而河北仅有1所"211工程"高校——河北工业大学，但其办学地点位于天津市，河北地域范围内没有"985工程"高校或"211工程"高校，凸显出京津冀三地区域内教育资源丰富但不均衡的特点。

在基础教育领域，北京、天津两市已基本实现教育现代化，涌现出一大批全国闻名的优质幼儿园、小学与中学，而河北省则鲜有能够在全国叫得响

表1　京津冀高等教育规模、学校情况（2013年）

单位：所

高校分类	北京	天津	河北
"985工程"高校	8	2	0
"211工程"高校	26	4	1
民办高校	84	23	56
成人高校	19		7
职业院校	—	27	53
专科院校	—		61
重点中等职业学校	—	112	636

的优质特色学校；中小学校布局不协调也成为区域教育发展的障碍，成为构建京津冀教育协同发展平台的要求，更成为河北承接京津两地基础教育优质资源的内在要求。由表2津冀每百平方公里分布的学校数来看，2014年天津地区每百平方公里分布的幼儿园、小学和普通中学的学校数分别是16所、7所和4所；河北省每百平方公里分布幼儿园6所、小学7所、普通中学2所。各级学校在空间布局方面存在进一步调整的问题，更反映出河北的差距。

表2　津冀基础教育优质学校布局情况（2014年）

单位：所

区域	幼儿园	小学	普通中学	合计
天津	16	7	4	27
河北	6	7	2	15

注：以上数据为每百平方公里学校分布数量。

对河北省义务教育阶段教师队伍素质现状的调查更能凸显河北义务教育阶段师资的匮乏和存在的问题。

河北省曾对义务教育阶段的教师队伍素质进行了一次调查。该调查涉及全省11个市的36个县（区），以1~9年级各学科专任教师为调查对象，调查内容主要包括教师的年龄结构、教龄结构、学历结构、职称结构。

1．教师的年龄结构

从图1中可知，30岁及以下的教师占到教师总数的23.84%，31~40岁的教师占到48.94%，41~50岁的教师占到20.93%，51岁及以上的教师只占6.30%。

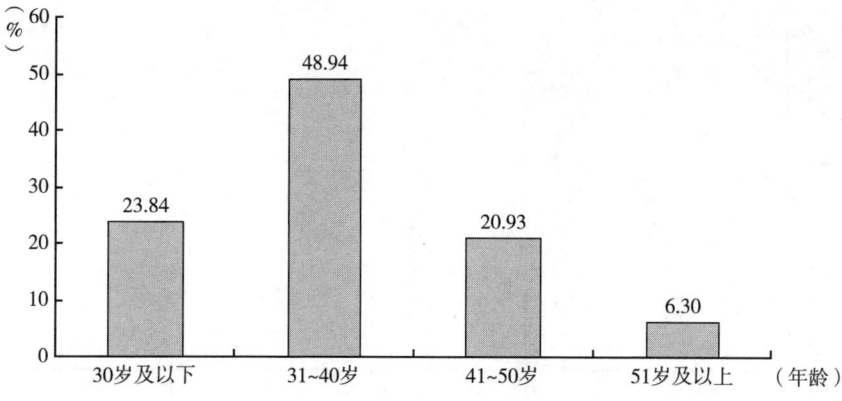

图 1　教师年龄结构

2. 教师的教龄结构

从图 2 中可以看出，教龄在 5 年以下的教师占 10.37%，教龄为 6~10 年的教师占 17.49%，教龄为 11~15 年的教师占 31.26%，教龄为 16~20 年的教师占 16.90%，教龄在 21 年及以上的教师占 23.98%。

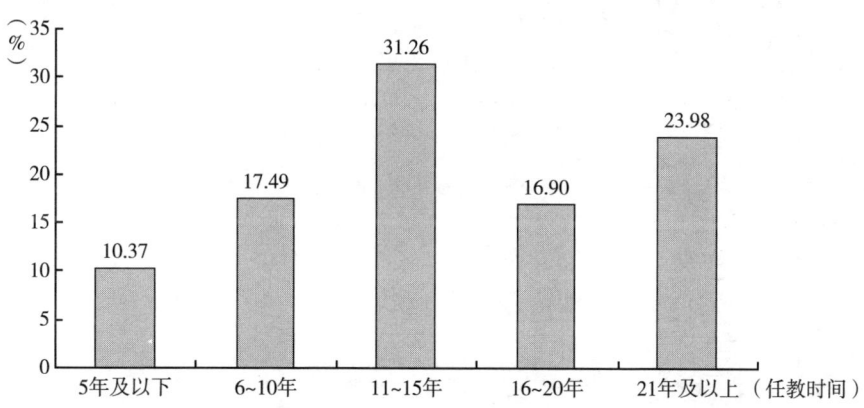

图 2　教师教龄结构

3. 教师的学历结构

（1）初始学历情况

受调查教师的初始学历情况见图 3。

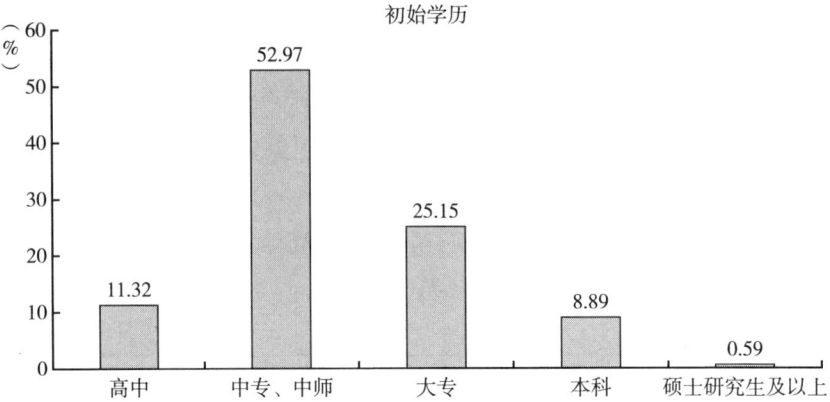

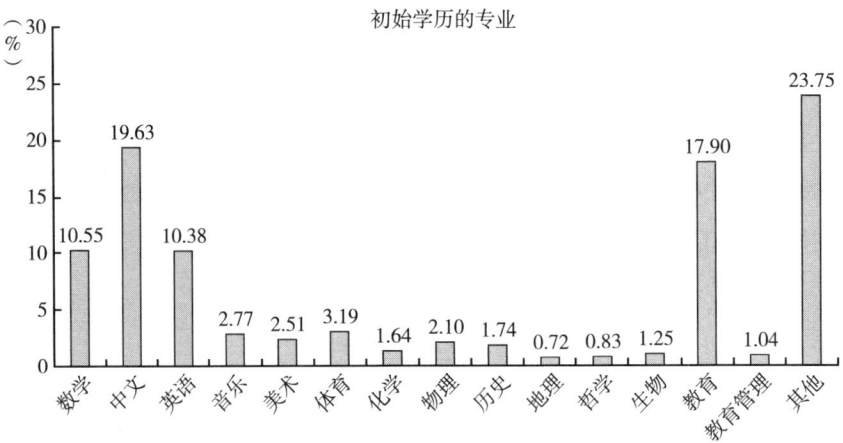

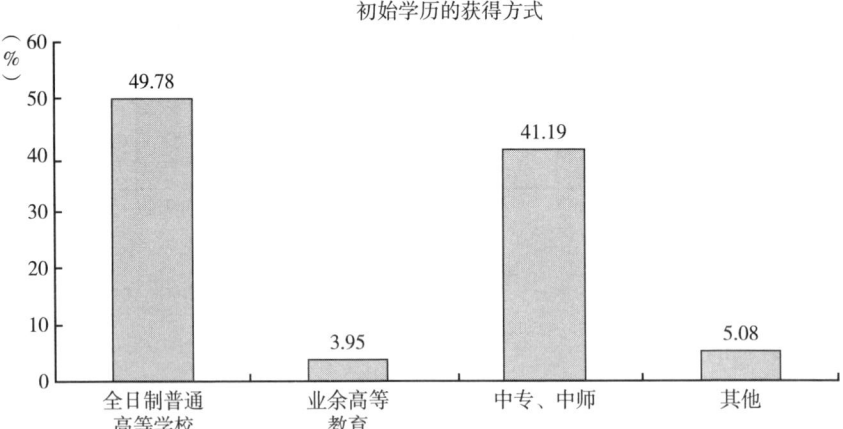

图3 教师初始学历情况

（2）最终学历的情况

受调查教师的最终学历情况见图4。

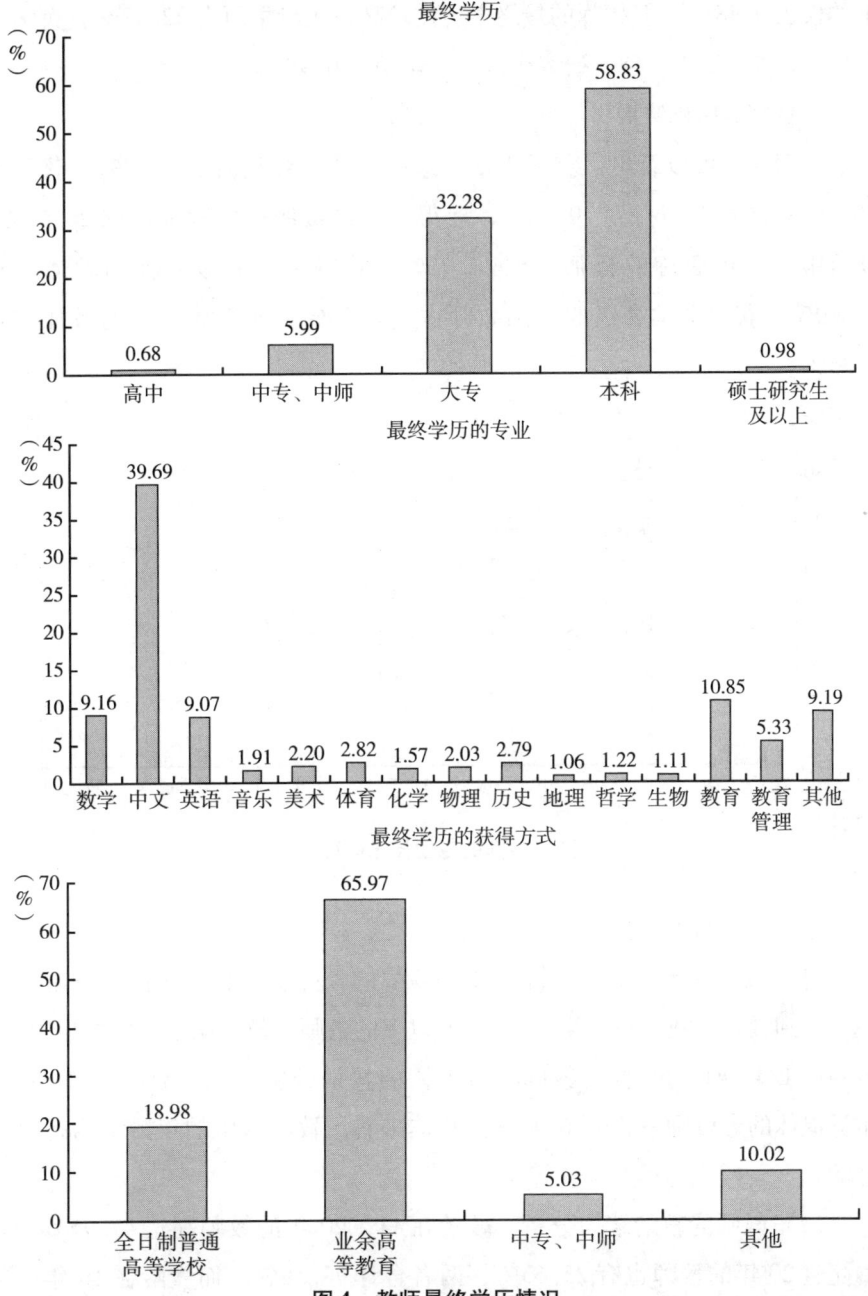

图4 教师最终学历情况

从学历方面看,教师的初始学历有一半以上集中于中专和中师院校,占到52.97%,高中毕业占11.32%;初始学历为大专的占25.15%,本科及以上的仅占9.48%。但教师的最终学历比较高,大专学历占32.28%,大学本科学历占58.83%,硕士研究生及以上学历占0.98%。

4. **教师的职称结构**

从图5中可以看出,获得小学二级职称的教师只占到1.90%,获得小学一级职称的教师占到29.56%,获得小学高级职称的教师占到24.57%;获得中学二级职称的教师占到17.96%,获得中学一级职称的教师占到16.10%,获得中学高级职称的教师占到4.56%,而暂无职称的教师占到5.35%。

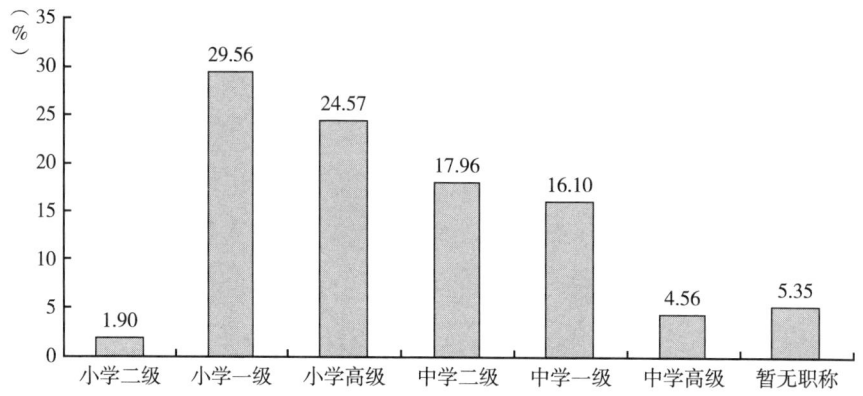

图5 教师的专业技术职称情况

综上,我们可以得出如下结论。

(1) 教师的年龄结构分析。31~40岁的教师属于教师队伍中的中流砥柱,占到教师总数的近一半,而30岁以下的教师是教师队伍中的新生力量,占到近1/4,41~50岁的教师具有丰富的教学经验,占总数的20%左右,年近退休的老教师只占到6.41%。整体来看,教师队伍的年龄结构是比较好的。

(2) 教师的教龄结构分析。教龄在11~20年的教师高达47.95%,教龄超过20年的教师也有23.63%,两者合计71.58%。而教龄在10年以下的教师只有 27.16%。师资的主体部分是具有较长教龄的教师。这一方面说明学校的教师整体上具有较为丰富的教学经验，另一方面也表明这些教师的教育理念和教学行为（尤其是教学行为）趋于定型，要做出改变和创新可能存在一定的难度。

（3）教师的学历结构分析。从调查结果分析可以看出，河北省中小学教师的学历达标已有显著提高，高中和中师、中专学历的教师占比已经很少。多数教师通过继续教育获得了大专以上的学历，河北省中小学教师的学历达标率已有显著提高。

（4）教师的职称结构分析。从调查数据中可以看出，教师的职称层次总体中等偏上。但高级教师的比例偏低，教师群体中高层次的拔尖人才比较缺乏，另外还有一些教师暂无职称。

从以上几个方面调查分析看，河北省义务教育阶段教师队伍存在着地域差异、城乡差异，特别是农村师资力量薄弱、教师队伍结构失衡、素质不高等问题。

（二）河北各级各类教育领域的有益探索

近年来，在京津冀教育协同发展背景下，河北在承接京津优质教育资源的方面，各级各类教育都做出了有益探索，有力地促进了不同教育思想、教育理念、教育教学经验的交流，推动了河北教育的快速发展。

1. 高等教育领域

高等教育领域教育资源实体平台建设，在省级层面制定相关政策、宏观指导和整体调度下，进行了有益探索，主要形式有组建"京津冀名校联盟"、建立京津冀大学群、共建华北教师培训基地、开放京津冀高校的图书馆资源、实现图书课程等资源共享等。

2. 职业教育领域

在天津举行"京津冀协同发展现代职业教育·现代服务业产教对接会"，形成了京津冀三地职业教育初步的框架协议，推出了职业教育发展的四项运行机制和五大举措。河北应借此契机，高效承接京津职业教育优质资

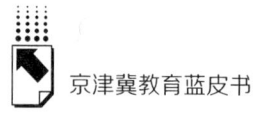

源,加快本地职业教育发展。

四项运行机制包括:"京津冀协同发展现代职业教育与现代服务业"对话机制、"京津冀一体化现代服务业"区域项目协同创新机制、"京津冀一体化现代服务业"科学研究区域共研机制、"京津冀一体化现代服务业"校企合作区域联动机制。

五大举措包括:共建"京津冀一体化"人力资源需求信息共用共享平台、共建"京津冀一体化"产教融合校企合作区域性平台、共育"京津冀一体化"现代服务业创新创业型人才、共建"京津冀一体化"师资与学生交流交换平台、共建"京津冀一体化"现代服务业区域性研究平台。

实体操作行动有:组建"京津冀职业教育协同发展研究中心"、建立京津冀职业教育集团、进行职教招考制度改革试验、开展和深化职业教育校际合作等。

(三)基础教育领域

京津冀三地就基础教育领域协同发展进行的实质性探索包括:举办京津冀基础教育高层论坛、共建"京津冀基础教育合作共同体"和创办分校、开展结对帮扶的实践。近几年,河北省临近京津的廊坊、唐山、保定等市主动融入京津冀基础教育协同发展,承接京津两地基础教育优质资源,与京津两地中小学名校牵手,以三地创办分校、结对帮扶等形式,深度合作,协同发展。

北京与河北廊坊市固安、大厂等县合作,创办北京八中固安分校、北京五中大厂分校等,吸收北京学校典型经验,移植其课改措施,在师资培养、教育教学研究、课程开发设置等方面共享首都课程成果;北京广渠门中学与河北张家口市康保县第一中学、保定市雄县第一中学签订结对帮扶协议,与唐山四中结为手拉手合作学校,实现在课堂教学、校本教研、考试分析等方面的对接;唐山市借地利之便,积极、主动,坚持"走出去、请进来"的思路对接京津教育,先后有新华西道小学、第二实验小学、培智学校分别与京津优质学校签订合作协议,还以市教育局名义与北京就优质数字化教育资源共享与合作达成共识,并开展了合作。

四 "互联网+"区域教育优质资源承接共享平台建设的构想

京津冀大区域教育不均衡的主要表现在于三地之间局域发展存在的差距，前文已经论述。河北省域内教育发展不均衡主要表现在两个方面，一是城乡教育的不均衡，二是校际的不均衡。而教育信息技术具有可以突破空间、时间和主体限制的优势，有利于促进优质教育资源的共享，带动区域内教育的均衡发展。2015年，国务院印发《关于积极推进"互联网+"行动的指导意见》，"互联网+"成为经济社会创新发展的主要驱动力量，"互联网+"时代到来。《教育部2016年工作要点》进一步强调要"加快推动信息技术与教育教学融合创新发展"。以互联网为核心的现代信息技术普及为教育公平的推进、实现区域教育均衡发展，创造了条件。借助互联网等现代信息技术，整合区域教育资源，引进京津两地优质教育资源，构建区域网络共建共享和承接平台，实现省域内教育均衡发展。

"互联网+"区域教育优质资源承接共享平台建设，根本目的在于基于河北省不同区域（市县）、学校教育发展的实际，解决京津优质资源在河北省的落地问题。这关系到省市县区各级政府的宏观调控和管理，还关系到资源建设标准、各运用主体的自主性发展及优质资源的应用等问题。

（一）有效的宏观调控

这里所说的宏观调控是针对省、市、县三级教育行政部门在"互联网+"区域教育优质资源承接共享平台体系中的作用而言的。为避免省域内教育资源重复研发造成人、财、物的浪费，省、市、县三级教育行政部门要制定有关平台建设的政策调控措施，鼓励学校和广大教师积极参与到平台建设中，共建共享；同时，与京津两地教育行政部门共建协同发展和共享机制，与两地建立平台衔接，从而实现全省范围内教育资源的合理规划。省、市、县三级教育行政部门充分利用政策、法规、行政等手段，对关系和影响教育资源共享共建的主要因素进行调节和控制，平衡、优化省、市、县优质特色教育资源以及各学校主体教育资源的分配，建立和谐稳定、动态发展的省域内教育资源共享共建平台。这方面包括以下主要内容。

省级教育行政部门和教育科研管理部门，结合河北教育发展规划，与京津两地订立优质资源共享机制，建立配套的区域教育资源发展机制；在充分调查和分析各市教育发展特色的基础上，指导、协调各市资源建设内容和发展方式；构建"互联网＋"区域教育优质资源承接共享平台，制定资源建设的规范、进程和优质教育资源标准；制定和出台相关政策，鼓励学校和教师自主研发优质教育资源，提高其教育信息资源共建共享的积极性。

（二）规范的质量标准

目前，不仅是河北省，即便在全国范围内，对于教育资源都存在缺乏标准化、规范化和兼容性的问题，在自身资源建设与采购过程中，区域间也存在技术标准偏差、标准不一的问题。这些问题，不仅是教育资源的浪费问题，更主要的是在区域教育资源平台建设中会增加技术难度、影响教育资源质量。由此，为避免全省范围内、各区域间和各区域内部教育信息资源分散，难以介入、整合和利用等问题对平台体系构建的不利影响，制定规范的教育信息资源质量标准，是平台建设中的一个重要环节。区域教育资源的质量标准，应遵照教育信息化资源技术标准，对各区域、学校、教师上传的教育资源分类方法和技术标准进行统一、规范，确定教育资源整合的流程和组织方法，提高资源的检索效率和利用率。在平台建设初始阶段，组织专门的技术培训是十分必要的；也可以在网上提供各种模板、设计规格、教案的编制要求，供各市县、学校的老师参考，提高平台资源检索查阅的利用效率。

（三）适时的质量监控

教育信息资源的共享是建立在优质资源的基础之上的，只有优质的资源才能促成有效的推广和运用，才能实现真正的共享。所以，在保证教育资源的质量、整合方面，必须从教育资源的源头上抓起。由此，必须对教育资源质量适时监控。针对这一方面，"互联网+"区域教育优质资源承接共享平台建设，应制定教育资源准入、资源评价和质量监控制度，对资源开发的主体（教师、科研人员）进行培训、培养、资格认定；对教育资源自身质量制定标准和条件，对上传的资源制定准入制度；对平台中的教育资源制定评价制度，引入行政领导、教科研专家、学生、教师等多方的适时的动态评价，及时实现教育资源的更新、淘汰，确保教育信息资源的优质性。

（四）规范的管理服务

"互联网+"区域教育优质资源承接共享平台建设，涉及多方主体，包括省内的各级教育行政部门、教研部门、学校和教师，还包括京津两地相关部门和单位。为保障平台发挥应有的作用，规范化的管理、优质的服务，也是很重要的环节。为实现区域教育信息资源的规范化管理，提供便捷、优质的服务，要制定相应的管理服务机制。比如，原创资源认证管理制度，对于上传教育资源，通过审核、试用合格的资源作者要颁布相关证明；优质资源应用推荐服务制度，对于访问量高、评价好的资源，可向用户进行推荐，以供更多的用户更方便地共享这些优质资源；名师、骨干教师工作室制度，充分发挥"河北学科名师"和"名师工作室"示范、引领和辐射作用，开辟专栏，定期进行网上"点对点""面对面"的指导。

（五）鲜明的特色优势

"互联网+"区域教育优质资源承接共享平台建设，涉及河北与京津两地的大区域合作，省域内涉及省、市、县、校四级建设主体的协调联动。省级教育资源主管部门引导和推动各市、县、校建设承接京津优质教育资源平台，对下属各区域学校在平台建设中进行政策导向和宏观调控。各区域及学校在平台建设中，应立足于本区域、本学校的实际条件，对自身资源特色进行准确定位，一方面符合整体平台的建设设计，另一方面也要突出区域特色和学校特色，在栏目、板块设置方面，突出应用和实用性。

（六）及时的表彰激励

"互联网＋"区域教育优质资源承接共享平台建设，关键在于优质资源的共享。为鼓励各方主体，尤其是一线教师积极参与教育资源的共建共享，应建立相应的表彰奖励机制。这方面包括原创教育资源投稿录用、申报、表彰奖励等机制和办法。原创资源投稿录用机制，包括原创资源的投稿及录用流程，精品资源、优质资源评审标准等，对获得录用的原创资源颁发原创证书，对经过长期教育教学实践检验、作用显著的优秀资源颁发荣誉证书。

五 重构省域内教研系统，实现区域教研转型升级，助推京津冀基础教育协同研究平台建设

教学研究工作是基础教育的重要组成部分，是深化课程改革、提高教育教学质量的重要保障。教学研究系统，是受教育行政部门委托，对中小学课程建设与实施、教学改革、考试评价改革等方面进行研究、指导和服务的专业机构，是联系学校和教育行政部门的纽带。长期以来，河北省教学研究系统切实履行教育教学业务管理职能，广泛开展基础教育课程研究指导工作，在开发课程资源、优化教学过程、监控教学质量、促进教法改革、服务教师发展等方面做了大量工作，为提高教育教学质量发挥了不可替代的重要作用。

但是，面对贯彻落实十八届五中全会提出的"以提高发展质量和效益为中心"的新发展理念，以及适应全面建成小康社会、全球教育竞争和实现教育现代化对人才的新要求，实现"立德树人"根本任务，培养学生社会责任感、创新精神、实践能力等对教学研究工作提出的任务要求，河北省的教学研究工作还存在亟待加强和改进的问题。例如，整体规划和体制机制亟待加强和完善，教学研究的观念、方法落后，课程教学管理保障体系较为薄弱，国家课程方案尚未得到全面有效地执行，地方课程建设有待完善，部分教师的教育观念、知识储备、教学方式与实施新课程的要求存在差距；以

学科考试成绩为衡量学生发展和教师工作成效唯一标准的评价观念和做法尚未得到根本转变；教研工作机制和队伍建设有待加强，教学资源建设和专业服务尚不到位；农村地区教研工作相对薄弱；等等。其中，单从河北教师、教研员队伍素质现状来看，就可以看到亟待加强和改进的必要。根据对河北省县（区）教研员素质现状的调查与分析，可以看到河北省基层教研员在教育观念、学历层次、专业职称结构对称程度、业务能力和科研能力等方面，存在诸多问题。而这些问题对于深化课程改革、提升教育质量、实现教研转型来说，都是极为不利的因素。

针对以上教学研究工作面临的新要求、新挑战，构建以提高质量为核心，以核心素养为纲，以服务决策和服务学校、服务教师成长为基本任务的新型省域内教学研究工作体系，实现全省教研工作在指导思想、目标任务和运行机制上的转型升级，助推京津冀基础教育研究协同发展，是河北省新阶段教学研究工作必须加强和改进的必然选择，也是实现大区域内基础教育均衡发展的基本路径。

（一）厘清职责，明确省市县三级教研部门的功能定位

省级教学研究机构，省级教育决策的理论支持和科学研究机构。开展基础教育课程改革研究；组织开展教育整体改革试验或引进推广国内优秀教育研究成果；指导各地开展教学研究工作，管理省级教育科学研究课题；开展中小学校教育教学质量监测；组织对地、县两级教学研究机构评估；组织全省性教学评优工作；对全省教研员和中小学教师开展专项培训，组织开发地方课程以及优质的课程资源。

市级教学研究机构。加强对区域内基础教育的教学研究；配合省级教学研究机构开展教学改革试验或推广优秀教育研究成果；指导县（市、区）开展教学研究工作；管理本级教育教学研究课题；组织对本地区中小学教师的业务培训，指导学校开发校本课程。

县（市、区）教学研究机构。加强对本地中小学的教学业务指导，帮助教师改进教学方法，转变学生学习方式，着力提高教学效率，切实减轻学

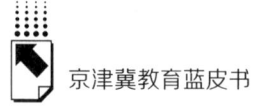

生负担；积极开展各科课程标准、教材和教学实践研究，落实三级课程的教学要求；主动配合上级教学研究机构开展教育现状调查和教育改革试验；承担或指导中小学开展小课题研究。

（二）规范管理，建立健全教学研究工作的管理制度

建立教研工作的督导制度。省市县三级教研部门要根据各自的工作定位全面研究三级教研工作标准，建立教研工作督导制度，落实省级教研部门对市县两级教研工作的督导任务、市级教研部门对县级教研工作的督导任务、县级教研部门对学校教研工作的督导任务，年终完成督导报告。

建立重点研究项目汇报验收制度。省市县三级教研部门要按照项目研究规划紧密跟踪重点项目的研究过程，对不同的研究项目提出研究目标和时间节点任务，建立中期汇报验收和结项汇报验收制度，撰写项目研究报告。

建立教研工作基础数据收集与研究制度。研究反映区域教研工作成就和发展情况的基础数据框架，制定教研工作基础数据收集与研究制度，市县校三级教研部门要按时完成数据的收集整理上报工作，省市县三级教研部门要对上报数据进行逐级的数据整理分析，撰写数据分析报告，形成河北省教研工作发展报告，并将报告报送省市县三级教育行政部门和教研部门。

（三）区域协同，建立省域内教研协同联动机制

省级教研部门要提出针对重大项目研究、三级课程的开发与实施研究、教学视导与教学模式研究、教学评价与质量监测研究、教学基础数据研究的年度工作任务，建立全省教学研究工作的联动协调机制，全面提升全省教学研究工作的顶层设计水平，创新教研新格局，提高各层面教研工作效益。市级教研部门要充分发挥上接下连的教学研究工作职能，着重提升区域教学研究水平，做好上下连接、横向互动的教学研究工作。县级教研部门要重点关注课程实施、教学实施、评价监测的具体工作，借力联动机制，全面提升教学研究效益，为省市两级提供基础研究数据和实践经验。

（四）夯实基础，创新教师、教研队伍管理机制

构建研究与培训于一体的教师培养模式，促进教师的专业发展。全省教研部门在总结新课程教师培训工作经验的基础上，从教师的实际需求出发，研究开发旨在提升教师专业素养和引导帮助教师解决新课程实施中问题的培训研修课程，创新培训内容和形式，努力提高培训研修的针对性和实效性。

注重课题研究，提高教师科研素质。课题研究是教师专业成长的有效载体。在全省营造浓厚的教学研究氛围，各级教研部门要引导、帮助教师对在教育教学实践中发现的问题与困惑进行筛选归类，提倡教师在中观、微观层次选择小课题、微课题进行研究，可以学科组、年级组、教研组为单位开展研究，也可以在区域范围内开展集体攻关，教研部门要对研究的方法、过程进行全面指导，并将研究成果及时推广应用到教学实践中。通过课题研究切实解决教育教学中的问题，促使教师获得专业发展，实现教育科研价值的有效转化。

创新教研队伍配备体制。建立教学理论、课程建设、教学管理等研究领域的综合教学研究队伍。以重点学科和薄弱学科为重点，配齐学科教研的专/兼职队伍。坚持以学生成长为中心，以研究团组为主要形态，进行功能组合和学段学科组合，提高教研员队伍在推进教学改革中的效益。

创新教研队伍激励机制。建立教研员业务提升和褒奖机制。积极开展教研员的业务培训和实践锻炼，不断提高研判指导教学实践水平。鼓励教研员围绕现实问题开展理论研究和教学指导。通过课题资助、外派进修、职务晋升等方式，激励基层教研员提高水平，早出成果。

创新教研队伍管理方式。建立教研员准入机制、考核机制和交流机制。学科教研员应来自教学一线，具有指导教学活动的能力。制定教研工作规程，明确教研任务，确定工作方式，厘清教研标准。要引入竞争手段，建立教研员轮岗交流制度，确保教研队伍的业务领导能力不断提高。

（五）搭建平台，构建教研资源共享机制

建立数字化网络教研的长效机制。鉴于河北省地域宽广、区域教育

形态差别大、区域教研水平不均衡、实地教研难以有效覆盖的现实问题，省市县三级教研部门都要建立健全数字化网络教研的长效机制。大力建设针对教师教育和教学研究的网络平台，建立教师教育课程资源平台，建立教学研究资源平台，建立学生学习资源平台，打造教师教育、教学研究与学生学习共融的网络研究机制，探索并构建京津冀教学研究联动的网络平台。省市县三级在未来三年内全面建成纵向省市县校四级教学研究活动互通、横向区域教研活动互联的教学研究数字化平台，形成线上、线下教研互补的新型教研格局。充分利用现代信息技术，构建动态、开放、互助的区域教研、校本教研新模式，拓展教研功能，创新教研方式，实现教学资源的有效整合利用，提高教研工作水平和效益，更好地为教育教学服务。

建立教研资源库。探索促进信息技术与课程教学改革深度融合的有效方式，开展数字化课程环境和学习方式变革的研究，探索满足学生个性化学习需求的有效资源供给方式。梳理教研发展的脉络，广泛搜集、整理国内外有关教研、课程、教学、评价等领域的理论研究与实践资源，逐步建立以政策咨询研究为主要内容、以实证研究和数据分析为研究策略的政策研究资源库，建立以课程建设、课程规划和课程辅助资源为主要内容的课程信息资源库，建立以教师深度教学研究为主要内容的教学研究资源库，建立以教学评价和教学质量分析为主要内容的教学评价资源库，将各级教研机构打造成当地资源建设中心，建立大系统资源共享机制，全面形成具有河北特色的教学研究与管理实施资源，发挥资源库的学习功能。

（六）拓宽渠道，建立新型教研经费保障机制

省市县三级教研部门都要根据教研转型后的教学研究工作定位和制定任务，科学规划教研工作，确定教学研究经费的合理需求，做好年度教研规划与论证工作，并依此做好年度教研工作预算，合理增加经费额度。要针对区域内重大教育前沿问题和教学研究的热点问题，展开多维度论证，合理提出教研专项研究任务，申请设立研究专项资金。要不断提升系统研究水平，提

升教学研究服务意识，对外公布本机构的研究能力清单，建设供需双向的自主选择平台，做好系统内的委托项目研究工作。

参考文献

［1］《京津冀协同发展规划纲要》。
［2］《关于积极推进"互联网+"行动的指导意见》。
［3］《教育部2016年工作要点》。
［4］《河北省关于进一步扩大开放承接产业转移的实施意见》（冀政〔2010〕51号）。
［5］《河北省教育事业第十三个五年规划》。

经 验 篇

Experience Reports

B.14 国际区域教育协同发展的理论与机制研究

汤术峰*

摘　要： 随着京津冀区域协同发展战略的不断推进，教育作为政府提供的公共服务的主要方面，在京津冀区域发展中面临新的挑战和要求。本报告以系统论和协同论为理论依据，以美国区域高等教育联盟和欧洲高等教育区建设为实践参照，就推进京津冀教育协同发展提出如下观点：一是明确功能定位、加强顶层设计，以系统性思维统筹区域教育协同发展；二是建立开放灵活、多元主体参与的政策协调和协商机制，保障区域教育协调发展；三是采取循序渐进、分类推进的实施策略，促进区域教育协同的有效推进。

关键词： 区域教育　协同发展　机制研究

---

* 汤术峰，北京教育科学研究院教育发展研究中心助理研究员。

伴随着世界经济的区域化和全球化发展，人力资源、物质资源和信息资源等生产要素在国家和区域间流动日益频繁，区域一体化和全球化趋势成为影响国家和区域经济社会发展的重要因素之一。在此背景下，中央适时推进主体功能区和京津冀协同发展等国家重大发展战略，以区域协同发展为突破口构建区域发展新模式。2015年国家颁布的《京津冀协同发展规划纲要》进一步明确了在这一新的发展模式下京津冀区域发展的原则和主要目标。其中明确提出"着力推动公共服务共建共享，着力加快市场一体化进程"，强调到2030年，"首都核心功能更加优化，京津冀区域一体化格局基本形成，区域经济结构更加合理，生态环境质量总体良好，公共服务水平趋于均衡"。① 教育作为国民经济和社会发展的重要一环，作为政府提供的公共服务的主要方面，在京津冀区域发展中面临新的挑战和要求，协同发展京津冀三地教育成为应对上述要求和挑战的必然选择。为此，进一步厘清和把握区域教育协同发展的基本理论和方法，探索区域教育发展的体制机制在当前显得更加重要，同时，立足国际视野，探讨发达国家和地区在推进区域教育协同和一体化发展方面的先进理念和成功经验，有利于我们进一步深化对区域教育发展的理解，明晰教育协同发展的路径选择。

一 区域教育协同的理论基础

（一）区域协同相关理论

1. 系统论与区域教育协同

系统论（Systems theory）的基本方法，就是把所研究和处理的对象作为一个系统，分析系统的结构和功能，研究系统、要素、环境三者的相互关系和变动的规律性，并优化系统观点看问题。作为一种指导思想，系统论要求

---

① 《到2030年京津冀区域一体化格局基本形成》，http://news.xinhuanet.com/mrdx/2015-08/24/c_134548082.htm。

把事物当作一个整体或系统来考察，同时强调系统的整体性、有机关联性、动态性、有序性和目的性。按照系统论指导，京津冀区域协同发展要求将京津冀区域作为一个整体系统，运用科学有效的管理机制，促进区域内经济、产业、人口、教育、文化、医疗和行政等各要素的相互作用，实现京津冀区域发展要素的整体协同，进而实现区域整体均衡、优质和可持续发展。以系统思维为指导，京津冀三地正经历着经济发展模式、产业结构的深度调整，同时，与之相关的社会公共服务领域的协同也逐渐展开，三地已经在交通、环保、养老服务等公共服务和管理领域开展相关协同和一体化建设。教育作为区域系统中的重要要素，在区域协同发展中必然要与其他要素进行互动，与系统的整体发展相融合。在这一过程中，京津冀三地作为区域教育协同的主体，在协同中既有各自教育发展的特性、各自所面临的问题，同时又需要面对新形势下服务区域经济社会一体化、促进教育均衡优质发展的共同挑战。因此，要始终以系统思维贯穿三地教育协同发展，具体来说，一是要以全局角度分析区域教育与区域经济社会发展的关系，明确宏观政策、地方政府、政府现有发展资源等要素在协同发展中的作用，特别是要分析政府、市场、学校在京津冀区域协同中的互动关系，进一步明确京津冀区域教育在区域经济社会发展中的功能定位；二是要认真分析三地教育各自的发展现状和阶段性特征，比较分析三地教育的优势和问题，认清教育协同发展的基础条件，找准教育协同发展的难点和突破口；三是要探索教育促进区域经济社会发展的有效体制机制，探索通过与外部环境互动促进教育自身发展的有效途径，实现区域内教育与社会的融合发展。

2. 协同理论与区域教育协同

作为系统论的重要分支理论，德国学者哈肯（Hermann Haken）提出的协同理论是以系统理论为基础，基于多学科研究发展起来的一门新兴学科。协同论是研究不同事物共同特征及其协同机理的新兴学科。它着重探讨各种系统从无序变为有序时的相似性。协同论认为，千差万别的系统，尽管其属性不同，但在整个环境中，各个系统间存在着相互影响而又相互合作的关系。受协同理论的影响，现代社会公共管理中发展出一种新的公共管理理论——协同治理（Collaborative governance）。协同治理是为应对现代社会公共管理中出现的新问题而发展的理论，是协同理论在社会管理中的延伸。联合国全球治理委员会将协同治理定义为：覆盖公共和私人机构以及个人管理其共同事务的全部行动及过程。在这个过程中，各方的利益和冲突得到调和，并产生合作。这个过程既建立在现有的机构和具有法律约束力的体制之上，也离不开非正式的协商与和解。[①] 区域协同治理是政府及社会组织应对区域内社会公共管理事务，组织利益相关方共同参与相关事务的管理，由各利益方共同承担公共责任的社会管理模式，是一种多元利益相关者参与公共事务的治理活动。协同治理基于互惠原则开展跨边界的工作，解决单一组织难以解决的问题，进而实现共同目标。[②] 与此相似的区域协同发展理论是以区域发展理论为基础、以区域之间的相互关系为研究对象，进而探讨多区域互动发展的新型发展模式的相关理论。基于协同理论，区域教育协同发展既包含区域教育治理又涉及区域教育发展。区域教育治理侧重解决涉及区域内公共教育事务的管理问题，以问题解决为导向，强调区域内各政府及各部门之间的协同，由区域内各地方政府承担区域教育治理的主体责任。区域教育发展则更多的是面向区域整体发展。强调区域内各政府和各利益相关主体共同参与推进教育发展，如推进区域教育交流与合作、推进校企合作等。区别于传统的教育发展模式，区域教育协同更强调教育发展的主体多元性、区域协同性和目标融合性。

（二）基于系统论和协同理论的区域教育协同发展

1. 以系统思维统筹考虑区域教育发展

推进京津冀教育协同发展，以系统论为指导，强调在构建三地教育协同发展的顶层设计中，要以整体协同发展的目标为导向，用全局性的思维统筹考虑京津冀三地教育发展对整个区域经济社会发展的功能性作用和新形势下

---

① Defarges P. M., *La gouvernance*, Que sais-je, No. 3676, PUF, 2003, pp. 45–46.
② 闫亭豫：《国外协同治理研究及对我国的启示》，《江西社会科学》2015年第7期，第246页。

外部环境对三地教育发展的新要求,即外部环境与整个区域教育的关系,以及三地教育之间的关系和教育内部各要素在区域协同背景下的变化关系。具体来说,一是要统一思想,充分发挥中央政府在区域发展中的统筹和指导作用。认真贯彻落实《京津冀协同发展规划纲要》的顶层设计要求,加强对教育外部因素的统筹协调,按照习近平总书记对推进京津冀发展的七点要求,"整体推进三地市场一体化进程,下决心破除限制资本、技术、产权、人才、劳动力等生产要素自由流动和优化配置的各种体制机制障碍,推动各种要素按照市场规律在区域内自由流动和优化配置"。[①] 二是在推进区域教育协同发展中,以一体化思维考虑教育与区域经济社会协调联动发展、整体推进三地各级各类教育均衡协调发展。在高等教育和职业教育领域,以融合发展为目标,结合三地区域经济特征和产业结构特点,在学校空间布局、学科专业设置、学生就业服务、后勤供给服务等方面统筹规划,建立统一的京津冀高等教育和职业教育区域联盟体系。在基础教育领域,以均衡发展为目标,在经费投入体制机制创新、办学条件标准化建设、师资队伍培养、课程标准化建设、学生学业成就监测评估、促进教学科研深度交流等方面进行政策统筹安排,探索建立统一的京津冀基础教育标准化公共服务体系,推进区域教育的均衡发展。

2. 以协同推进构建区域教育发展的有效模式

以协同理论为指导推进京津冀教育协同发展,就是要推进与教育相关的各类社会资源要素——"人才、资本、技术、信息"之间的深度合作和协调一致,以及推进各类要素协调合作的各种权利的有效运行,建立一种有效促进教育协同发展的路径和模式。协同治理理论对京津冀教育协同发展的指导意义在于以下两点。一是通过协同治理实现教育资源的有效配置。协同治理强调区域内或跨区域教育主体在国家和区域利益下协同合作,优势互补,互利共赢,进而实现知识、资本、学生、师资在区域内的流动和最优配置,

---

① 《打破"一亩三分地"习近平就京津冀协同发展提七点要求》,http://news.xinhuanet.com/politics/2014-02/27/c_119538131.htm。

形成一个有机联系的区域教育合作网络，以此促进区域内整体教育发展水平的提高，为区域经济社会发展提供人才保障和智力支撑。二是京津冀区域教育的协同发展作为区域性的公共事务，需要各地行政管理部门摒弃传统的行政管理思维，以开放的心态，吸纳区域内更多的政府部门和非政府部门利益相关者参与到公共政策决策和公共事务管理中来，形成公共权力由单一行政部门向多利益相关者的渗透。就区域教育发展而言，上述理论强调要调动教育管理部门、学校、科研部门、公众等更多利益相关主体参与到教育政策制定和教育活动中来，以更具代表性的民主参与和专业化管理推进科学化决策，进而推进区域教育治理能力的提升。

二　区域教育合作的国际经验

自20世纪80年代以来，伴随着全球化和区域一体化的进一步发展，地区之间、国家之间的区域教育合作交流日益频繁。与此同时，基于上述理论，欧美等发达国家和地区在推进其区域教育发展中开展了一系列的教育实践，其中美国的区域高等教育合作和欧洲的高等教育区建设最具代表性。美国的高等教育区域合作体现了在国家范围内各区域教育协同发展的典型模式，具有鲜明的区域协同性和自主性特征。欧洲高等教育区建设则是跨国区域教育融合模式的典型代表，体现出政策的灵活性、协商性和协同推进的层次性。

（一）以区域协同性和自主性为特征的美国区域高等教育合作

美国高等教育的区域合作基于两个方面因素的影响。一是高等学校高度自治的传统，高校间合作没有区域行政管理权力的限制和束缚，高校自身有很大的自主权开展对外合作。二是各高校之间的差异和各州高等教育系统之间的差异，以及高校自身发展和适应区域教育发展的需求奠定了美国高等教育区域合作的基础，由此衍生出两种主要的高等教育区域合作模式。

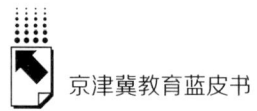

1. 自主联合—追求共同价值目标：区域高校/高等教育联盟（Commission on Higher Education）

美国的区域高等教育联盟多由相邻区域的高等学校相互联合组建，区域内的各高校以促进学术发展、提高教学质量、提升管理效能等共同的价值追求为目标，通过建立高校联盟促进学校之间的合作与交流，以应对发展中面临的共同问题，同时促进自身院校的改进，提升区域高等教育的整体发展水平。高校通过联盟可以共享成员之间的教学学术资源和管理服务资源，为学生和教职员工的学习和生活提供更多更优质的服务。同时，通过交流与合作，高校之间产生学习借鉴和竞争效应，促进高校在学术及教学专业能力、管理和后勤保障水平等各方面的提升。此外，美国高等教育联盟还普遍发展出多元目标取向，涵盖跨校注册与学生交换、联合物资采购、图书馆与信息共享、教职员互聘及其专业培训、校际交通、校园危机处理、高等教育质量提升及与区域的互动联结等多个领域，因此区域高等教育联盟在美国也被称为"多目的"（multi-purpose）联盟。[①] 比较有代表性的区域高等教育联盟包括：西纽约高等教育联盟（WNYCHE），由纽约州布法罗市的21所高等学校组成；俄亥俄州东北高等教育联盟（NOCHE），由该州东北部16个郡的27所学校构成。

在组织架构方面，作为实体组织的区域高等教育联盟，一般由作为最高决策层的理事会、作为中间层的执行主任及其领导的联盟行政技术部门、作为第三层的项目委员会构成。理事会是决策与权力机构，负责制定联盟的发展规划和财政等重大政策，同时还负责组织机构的人员安排，包括对联盟执行主任的选聘并指派各个项目委员会的主席。在经费方面，各联盟都有独立预算，经费来源基于联盟会员制所收缴的会费。此外，项目服务的有偿收费，来自政府、企业、公共事业部门等的外部资金也是其收入的重要来源。

---

① 陈立、刘剑虹：《美国区域高等教育联盟的现状与特征》，《宁波大学学报》（教育科学版）2014年第5期，第21页。

2. 政府主导—推进资源共建共享：州际高等教育协定（Interstate Compact on Higher Education）

作为一种高等教育协调与合作机制，美国相关州政府通过协商达成相关协定，并建立州际教育行政协调机构——州际高等教育委员会来协调各州高等教育的发展。与高等教育联盟不同，州际高等教育委员会是一种由州政府主导的教育合作协调机构，州政府是教育合作与协调的主导者，州长通常是州际高等教育合作与协调的发起者和参与者，其他主要成员也由州长任命，委员会的经费也主要由各州政府拨款提供。其目的就是通过州际合作实现区域高等教育资源的共享和互补，提高资源使用效率；帮助解决州际高等教育的矛盾和争端；扩大高等教育入学机会，为区域居民服务；帮助制定和实施区域性高等教育政策。① 目前，美国分不同区域有四个大的州际高等教育委员会：南部区域教育委员会（SREB）、西部州际高等教育委员会（WICHE）、新英格兰高等教育委员会（NEBHE）、中西部高等教育委员会（MHEC）。各委员会成员由每个成员州推选的代表组成。

州际高等教育协定对促进美国区域高等教育发展和提升高等教育对区域经济社会的贡献都发挥了重要作用。下面以西部州际高等教育委员会为例，简单说明其发挥的作用。WICHE 是一个区域性、非营利性组织，其成员包括 15 个西部成员州。以 2011 年该委员会工作计划为例，主要包括：提高区域内学生接受高等教育的机会，开展以降低学生高等教育经费负担为目的的学生交换项目，该项目帮助西部地区学生以较低的成本就学于区域内任何一所大学；财政分析项目，对高校和教育基金进行财政分析，发布经费的使用信息；此外，还提供学龄人口升学预测分析、人才培养资助、技术创新等项目，为政府、学校和学生提供各类服务。②

---

① 彭红玉、张应强：《美国州际高等教育协调与合作机制及其启示》，《高等教育研究》2014 年第 4 期，第 103 页。
② WICHE. askWICHE, http：//www.wiche.edu/askWICHE, 11/25/2015.

（二）以国际化和一体化为特征的欧洲区域高等教育合作

欧洲是较早推进区域高等教育国际化和一体化的地区之一，与世界其他地区相比，欧洲高等教育呈现出较高的国际化和一体化发展水平。在区域教育合作领域，欧盟经过几十年的发展，通过构建区域学位结构框架、建立高等教育质量保障体系、实施区域学分制、推行终身学习政策、推进学生和教育的流动等一系列协同发展政策，逐步建立起了欧洲高等教育区制度。欧洲的高等教育区建设极大地推动了欧洲高等教育学校的发展，对区域内高等教育的标准化和国际化水平提升产生了积极的促进作用，对区域内高等教育质量提升、区域教育一体化、教育与经济社会的融合做出了贡献。

1. 分段推进"博洛尼亚进程"，探索跨区域高等教育合作模式

以"博洛尼亚进程"为主要推动力的欧洲高等教育区域一体化建设经过了一个从准备阶段到实施行动阶段以及后续发展阶段的历史过程，从1987年启动"欧洲大学生流动行动计划"（"伊拉斯谟计划"）到1998年《索邦宣言》呼吁建设一个开放的欧洲高等教育区，再到1999年签署《博洛尼亚宣言》，正式启动高等教育一体化进程，再到2005年通过《卑尔根公报》明确建立欧洲高等教育质量保障体系、学习资格框架、学分体系和学时互认制度，到最近2015年《埃里温公报》发布，强调完善内部质量保障机制，通过了《欧洲高等教育区质量保障标准和指导方针》和《欧洲学分积累和转换系统》等文件，整个高等教育区建设发展到现在经历了近30年的历程。通过分段推进，使各成员国在教育发展中有充足的时间认识、理解、协调、实施直至达成承诺的目标。

2. 分层构建区域高等教育合作框架体系

在欧洲高等教育区的建设中，各国通过由点到面、由易到难的推进策略，采取由促进交流合作到建立标准体系，由高等教育到终身教育的实施路径，分层次构建了区域学位结构框架，建立了高等教育质量保障体系，实施区域学分制、终身学习资格框架，逐步建立起一个覆盖全部教育阶段的全方位、多层次欧洲高等教育合作框架体系。

(1) 构建区域学位结构框架

为促进欧洲区域内学生的流动、增加学习机会、提高教学质量、加强高校与劳动力市场的联系,欧洲高等教育区按照相关标准,以建立各类学位资格的分类标准为基础确立了高等教育资格框架目标,开发了欧洲职业教育与培训质量保证参考框架,以此促进高等院校和职业院校开发基于该框架的课程模块和课程标准,提高区域内高等教育的兼容性,促进人员流动,提升欧洲高等教育的国际化水平。

(2) 建立高等教育质量保障体系

随着"博洛尼亚进程"的深入推进,欧盟将建立高等教育质量保障体系、提高高等教育质量作为欧洲高等教育区建设的核心任务。2005年《卑尔根公报》通过的欧洲高等教育质量保障体系确立了高等教育质量保障标准。主要内容包括三个方面:内部质量保障标准、外部质量保障标准和外部质量保障机构自身评估标准。内部质量保障主要通过机构内部评价、资格证书授予、监控与周期性评价、师生评价、信息系统评价等方式;外部质量保障则通过评估、认证、审计、注册、排行和协商论坛等方式。

(3) 实施区域学分制

区域内高等教育的学分转换和互认是推动学生自由流动和促进教育评价的标准化重要手段,是推进区域教育一体化的基础。为此,欧洲开发和推广使用欧洲学分累计和转换系统(European Credit Accumulation and Transfer System,ECTS),为成员国学生在各国高校学习提供服务。该系统采用统一学分标准,对学时、课程学分、学习评价确定相关标准,同时配合各国对学习成就的要求,形成一套完备且灵活的学分累计转换和认定体系,使区域内的高等教育学生能够实现跨国、跨校和学习阶段灵活选择的学习,促进了学生的流动,推进了区域内高等教育的融合发展。

(4) 确立终身学习资格框架

自2001年《布拉格公报》将终身教育纳入欧洲高等教育开始,欧盟将实施终身教育战略作为欧洲高等教育区建设的重要组成部分。2008年通过的欧洲终身学习资格框架(European Qualification Framework for Lifelong

Learning)进一步推动了欧盟终身教育的整体发展。该框架融合校内教育和校外教育,将从基础教育到职业教育、高等教育、职业培训的教育阶段按照知识水平和技能水平的不同划分为八个等级,并设定了严格的等级评价标准,为各国在教育和职业培训方面的资格认证提供权威的参照依据。框架的建立和实施推进了欧洲终身教育的进程,促进了各国人员工作和学习的广泛流动,为推进各国教育体系融合、促进就业发挥了积极的作用。

3. 协商共治,灵活管理,构建开放式区域协调机制

从上述欧洲高等教育区建立的过程和包含的内容来看,高等教育区的建立是一个渐进的过程,其成员由最初的几个发起国逐渐扩展到整个欧盟,其合作的内容也从人员交流逐渐扩展到学位结构统一、质量标准统一。其中的开放式协商和协调机制在推进区域教育一体化中发挥着关键的作用。开放式协调机制(The Open Method of Coordination, OMC)是欧盟内部政府部门在协调区域治理中的一种常见方法,也是欧盟在社会政策领域加强成员国政策协调性和一致性的一种重要工作机制。开放式协调机制的基本模式是:在确定政策议题后由政策提议方(通常是初步达成一致意见的几个国家)提出议题和政策目标的基本方向,之后吸纳更多的行为主体(对该议题有利益诉求的国家)参与政策制定过程,加强彼此间的合作,并经常性和制度化地对政策执行、目标调整进行评估和监督,进而促使各国在政策领域中的实践和程序趋同,从而实现该政策在区域内的整体协同推进。相对于欧盟法案的制定来说,开放式协调机制是一种软性的政府间协商机制,其协商程序和结果并不具有如法案一样的硬性约束,但这一机制能够使政策目标的设定充分考虑各成员国之间经济社会发展的差异性和体制的多样性,为政策实施提供充分的灵活性。最早确立以开放式协调机制处理相关议题的文件是2000年欧盟的"里斯本战略","里斯本战略"在提出今后10年欧洲的发展目标和实现目标的途径上指出,全方位引进开放式协调机制,并加强欧洲理事会的指导和协调作用。该战略把开放式协调机制引入了社会政策领域并使其得到广泛的实践应用。在欧洲实现一体化发展的进程中,欧盟始终遵循推行核心原则和尊重成员国具体情况相平衡的原则。核心原则通过欧盟议会、欧洲

理事会等相关机构确立和维护。而在一些非核心和非至关重要的政策领域，欧盟更加注重以开放式协调的方式引导成员国政府以自主原则进行协商对话，以渐进的方式实现各国政策目标的趋同。上述欧盟高等教育区的建立过程就是运用开放式协调法这一协商机制的典型案例。

三 对推进京津冀区域协同发展的启示

（一）统筹发展：建立京津教育发展的系统性思维

1. 进一步明确京津冀区域教育在区域经济社会发展中的功能定位

从国际经验来看，区域教育协同的目标需要紧紧围绕整个区域协同发展的目标定位。其中主要包括为区域经济社会发展提供人才支撑和智力支持，也包含教育系统的自身发展目标定位，即欧美国家和地区区域教育协同目标更多是聚焦于服务区域均衡发展和教育的自身发展。京津冀区域协同发展除包含有上述目标外，其首要目标是疏解首都非核心功能。因此，京津冀教育协同的功能定位既有人才培养服务功能，发挥教育的基础性和先导性作用，也需要有自身的疏解及为疏解的产业和人口服务的功能，发挥教育的适用性作用。因此，京津冀教育协同的目标具有多重性和复杂性的特征。其次要认真分析三地教育协同发展的基础条件，比较分析三地教育的优势和问题，认清各自教育的发展现状和阶段性特征。总之，只有明确了上述教育的功能定位，认清了三地教育发展的阶段性特征，三地政府才能明确教育协同的发展方向，找准教育协同发展的难点和突破口，进而合理有效地统筹各类资源促进教育的协同发展。

2. 加强顶层设计，推进京津冀区域教育发展整体规划的研制实施

随着国家层面的京津冀教育协同发展规划的出台，京津冀区域的整体规划顶层设计已经成型。在这一总体规划指导下，推进教育的协同发展，迫切需要更加具体的相关政策配套设计。此外，教育作为属地性管理较强的公共服务，其行政管理权限属于地方政府，三地教育协同发展涉及的利益分配和

权力让渡等问题很难通过地方政府协调解决。因此，要统筹京津冀三地教育协同发展，必然需要中央政府层面制定相关教育规划并督促实施。通过顶层设计和规划，聚焦教育协同发展的重点和难点问题，尤其是与京津冀协同发展密切相关的教育布局结构、教育财政投入、人员流动、协同领导体制等问题，着力破除区域协同发展的体制性障碍。

（二）开放协调：建立开放式区域协调机制

1.建立灵活开放的三地政策协调机制

借鉴欧盟的区域政策协调机制探索建立京津冀三地政策协调机制。三地的协同发展基础是对教育发展的共识，这种共识有赖于协同中三地的利益共享、互利共赢。因此，为达成各项政策，推进教育协同发展，京津冀三地政府部门迫切需要建立一套成熟有效的协商共治机制。例如，设立多职能部门参与的综合性协商机构，定期召开三地教育政策联席会，互派人员交流挂职，开展三地政策和规划研制交流研讨，建立教育资源信息共享平台等。根据各地的实际情况采取灵活开放的政策实施和推进策略，开展双边和多边交流合作。

2.完善多元主体参与的协同保障机制

按照新公共管理理论，公共政策的科学制定和有效实施需要更多社会团体和公众的参与，建立一个多元体主体参与、责任共担、利益共享的区域协同治理体系，为区域协同发展建立有效的保障机制。政府应以开放、包容的心态，吸纳区域内更多非政府部门的利益相关者参与到公共政策决策和公共事务管理中来，形成公共权力由单一行政部门向多利益相关者的渗透。同时，注重发挥市场对资源配置的决定性作用，促进学校、科研部门、行业协会参与区域教育协同，鼓励区域内面向市场需求和学校自身发展需求的校企合作、校校合作，让更多利益相关主体参与到教育政策制定和教育交流合作行动中来，以更具代表性的民主参与和专业化管理推进科学化决策，推进京津冀教育协同发展。

(三)循序渐进:实施分层推进协同策略

京津冀教育协同发展作为一项复杂的系统性工程,受到教育内外部因素及区域整体协同水平的影响,在推进过程中必然会面临诸多障碍。在制定目标和推进政策实施中,应遵循由易到难、由点到面的渐进策略,对各级各类教育进行分类指导,分层推进。例如,在高等教育和职业教育阶段,可以借鉴欧盟推进高等教育区的经验,在探索建立京津冀高等教育和职业教育一体化发展的目标框架下,按照不同类型和层次推进建立区域教育联盟。在人才培养、学术交流、科研公关、人才流动、后勤保障服务等方面开展基于联盟的深度合作。在联盟融合相对成熟的基础上,再进一步推进政策层面的协同:探索建立联盟校直至区域间不同类型学校间的学分互认转换标准、职业资格标准和质量保障体系;在推进学校与企业等社会机构开展产学研合作的基础上,按照产业布局和社会需求,优化学校空间布局,促进区域内教育资源与经济社会的深度融合。基础教育领域,以均衡发展为目标,在经费投入体制机制创新、办学条件标准化建设、师资队伍培养、课程标准化建设、学生学业成就监测评估、促进教学科研深度交流等方面进行政策统筹安排,探索建立统一的京津冀基础教育标准化公共服务体系,推进区域教育的均衡发展。

参考文献

[1] 赵文华:《高等教育系统论》,广西师范大学出版社,2001。
[2] 高兵:《京津冀教育协同发展战略探究》,知识产权出版社,2016。
[3] 王得新:《我国区域协同发展的协同学分析——兼论京津冀协同发展》,《河北经贸大学学报》2016年第3期。
[4] 桑锦龙:《推进京津冀教育协同发展的战略性思考》,《教育科学研究》2016年第4期。
[5] 孟繁华、劳凯声:《京津冀教育协同发展的挑战与应对》,《中国教育报》2015

年1月9日。

［6］陈立、刘剑虹：《美国区域高等教育联盟的现状与特征》，《宁波大学学报》（教育科学版）2014年第5期。

［7］周满生、褚艾晶：《成就、挑战与展望——欧洲高等教育区质量保证十年发展回顾》，《北京大学教育评论》2011年第2期。

B.15
国内区域教育协同发展的实践研究

——基于长三角和珠三角的分析

朱庆环*

摘　要： 通过系统梳理长三角和珠三角教育协同发展的进展发现，国内区域教育协同发展主要集中在签署合作协议、搭建交流平台和开展交流活动上，主要存在有共识没落实、制度瓶颈阻碍深层合作、环境建设难以支撑教育合作等问题。长三角和珠三角在区域教育发展中体现出的顺应经济一体化的呼唤、中央的政策支持和地方政府的大胆探索相结合、地方高层的互访交流和民间的积极交流相结合、逐步推进的协作策略等典型经验对推进京津冀教育协同发展具有重要的现实意义。建议正确处理政府与市场的关系，更多发挥中央政府在跨省区域教育协同发展中的统筹力度，逐步建立区域协同发展的公共治理机制。

关键词： 区域教育　教育协同　长三角　珠三角

区域一体化是世界经济发展的重要趋势之一，它要求区域内各地区根据发展基础和地域分工，充分发挥地区优势，在全区域内优化配置生产要素，以提高区域经济总体效益。区域经济一体化对人才的培养、流动和优化提出

---

* 朱庆环，北京教育科学研究院教育发展研究中心助理研究员，主要从事教育现代化和区域教育发展方面的研究。

了新的要求，而区域教育规划相对落后，区域内教育资源流动存在体制性障碍，不利于教育资源的优化配置和跨越式发展，无法适应经济一体化的要求，在此背景下，区域教育一体化被提上议事日程。《国家中长期教育改革和发展规划纲要（2010～2020年）》提出，"整体部署教育改革试验，统筹区域协调发展""统筹推进教育综合改革，促进教育区域协作，提高教育服务经济社会发展的水平""探索省际教育协作改革试点，建立跨地区教育协作机制"，将区域教育协同发展提高到国家发展的战略高度。

在国内，长三角和珠三角是典型的两大区域城市圈。其中，长三角是指上海市、江苏省和浙江省，具体包括以上海市和江苏省的南京、苏州、无锡、常州、镇江、扬州、泰州、南通，浙江省的杭州、宁波、湖州、嘉兴、绍兴、舟山、台州16个城市为核心的两省一市。鉴于安徽省于2012年加入到长三角区域合作，本研究也将安徽省纳入长三角的区域范畴。珠三角的界定有狭义和广义两种，狭义上的珠三角是指以广州、深圳、珠海、佛山、江门、东莞、中山、惠州和肇庆等城市为主体，辐射泛珠江三角洲的区域。广义上的珠三角是指"泛珠三角区域"，主要包括福建、江西、湖南、广东、广西、海南、四川、贵州、云南9个省区和香港、澳门两个特别行政区（简称"9+2"），本研究采用"泛珠三角区域"的界定。本研究以长三角和珠三角为例，系统梳理区域教育协同发展的研究成果、工作经验和实践探索，分析比较国内区域教育协同发展的模型及运行机制，为促进区域教育有效合作凝聚共识，为加快推动区域教育协同发展提供理论依据和实践支撑。

一 长三角教育协同发展的实践进展

（一）长三角教育协作的发展历程

长三角教育合作自2003年初起步，共经历了"思想统一、项目启动、制度合作、全面推进"4个阶段。

1. 第一阶段：思想统一阶段

在思想统一阶段，苏浙沪两省一市共同签署教育合作协议（见表1），标志着长三角地区教育合作开始了实质性启动。在协议中，三地教育部门达成多项合作意向，涉及基础教育与高等教育的方方面面。可以说，该协议的签署，既是三地共同利益的选择，也是三省市党委和政府共同做出的一项战略决策，更是中国教育改革突破体制性障碍的一次试点，在一定程度上凝聚了合作共识，对于进一步推进长三角地区教育资源共享、共同建设教育高地、谱写教育合作新篇章具有重要意义。

表1 思想统一阶段的实践进展

时间	协议	内容
2003年10月	苏浙沪教育合作协议	建立交流合作的组织和工作机制，及时交流双方的教育信息和经济社会发展情况；定期举行教育合作交流活动，举办各级、各类教育发展的学术研讨；推进优质教育资源共享，扩大优质教育资源的辐射力；共同探索中小学课程教材改革和中学、高考改革制度，共同开展教师培训；共同鼓励高校积极开展校际教学合作，推动学分互认、师资互聘、联合办学、联合攻关等；共同使用青少年素质教育基地；加强高校毕业生就业合作，建立高校毕业生就业信息平台，扩大高校就业市场开放程度

2. 第二阶段：项目启动阶段

在合作内容上，资源共享是相对容易开展的活动。教育资源共享成为教育自身发展的迫切需要，城市间开展教育合作与联盟，在更大区域范围内共享教育资源，可有效促进各地教育的健康、持续发展。在项目启动阶段，三地签署了一系列有关资源共享的全领域、多方位的协议（见表2）。从涉及领域来说，既有硬件方面的办学基地的共享，又有软件方面的人才的共享；既有传统课程资源的共享，又有数字资源的共享；既有基础教育和高等教育阶段的共享，也有职业教育和继续教育阶段的共享。从横向上看，涉及硬件、课程资源、数字资源等全领域资源的共享；从纵向上看，在某一方面的共享随着时间是逐步加深的，如人才的共享，从人才开发一体化的正式启动，到外语口译等资格的正式通用，再到三地联手举办师资专场招聘会,其合作领域向中职教育和成人教育拓展的同时,合作深度也在不断加深。

表2 项目启动阶段的实践进展

时间	协议	内容
2003年4月~2004年3月	《长江三角洲人才开发一体化共同宣言》	标志着长江三角洲人才开发一体化正式启动。 长三角人才开发一体化迈出第一步,外语口译、现代物流管理等资格证书在杭州、上海、宁波等六大城市畅通无阻。 苏浙沪三地将合作领域向中职教育和成人教育领域拓展,持上海职业资格证书同样适用于在苏浙求职,再为长三角人才一体化战略添砖加瓦。 沪苏浙三地首次联手举办师资专场招聘会,旨在克服综合性人才招聘存在的目标不明确的缺陷,加强长三角地区教育人才交流的合作,共同为长三角搭建教育人才交流平台
2004年5月	《关于进一步推进长江三角洲区域旅游教育培训合作的实施意见》	是国内首份区域旅游教育合作协议。三地旅游管理部门每年定期召开区域旅游教育联席会议,研究探讨和解决三地在教育培训方面的普遍性问题,促进三地旅游人才队伍的协调发展
2006年11月	《长三角17城市教育资源共享意向书》	经常性地组织课堂教学观摩研讨、成果交流、论文评选等活动,有关证书各市互认;合作体内将组团申报国家级课题或集体攻关已立项的国家级教育科学规划项目;成员单位间将互派研究人员到其他城市进行短期科研活动
2010年	《长三角数字教育资源合作建设协议》《长三角地区中等职业教育实训基地共享框架协议》《长三角基础教研联动发展协议》	涉及基础教育和中职的共享 涉及数字教育资源的共享
2011年4月	《关于长三角高等教育专家资源库建设及共享的协议》《长三角高等学校大型仪器设施共享协议》《关于建立长三角地区高校图书馆联盟的框架协议》《长三角研究生教育创新计划合作协议》《关于共同举办长三角地区国际教育展合作意向书》《长三角高校优秀中青年干部挂职培养合作协议》《长三角地区高校学分互认协议》	涉及仪器设备、高校图书馆等硬件的共享,也涉及专家资源库等软件的共享;涉及国内高校的学分互认,也涉及国际教育

3. 第三阶段：制度合作阶段

在制度合作阶段，三地签署了一系列合作协议，据不完全统计，自 2009 年内建立长三角教育协作会商机制至 2013 年 4 月，先后签署了 10 多项省级教育行政部门合作协议，在共同培养培训教师、共享教育教学资源、共建实验实训基地、共推教育教学改革等方面开展了大量富有成效的合作。单是在 2013 年 4 月举行的第五届长三角教育协作会议上就顺利达成了 6 项省际合作协议、7 项高校校际协议和 2 项地方教育局协议。这一阶段最重要的是 2009 年 3 月"关于建立长三角地区教育协作发展会商机制协议书"的签订，标志着长三角教育协作发展会商机制正式确立，标志着长三角教育的交流与合作由民间层面、非常规状态向行政决策层面、制度化状态转变，从整体上改变了过去零散的、自发的、民间的、随机的、一般性合作状态，开始在机制上将协作会商固定下来。这一阶段的相关实践进展见表 3。

表 3 制度合作阶段的实践进展

时间	协议	内容
2009 年 3 月	关于建立长三角地区教育协作发展会商机制协议书	提出了基础教育、职业教育、高等教育和继续教育领域全方位的合作项目与意向，共同确立长三角地区率先基本实现教育现代化的目标，并呼吁教育部在苏浙沪三地设立和建设"长三角教育综合改革试验区"
2015 年 7 月	《长三角地区加强青少年学生法治教育合作协议》《长三角地区联合推进现代学校制度建设协议》《扶持长三角地区社会力量跨省市办学协议》《长三角地区教育协作项目联合监管协议》	涉及法制教育、现代化学校制度、办学体制

4. 第四阶段：全面推进阶段

在全面推进阶段印发的《关于进一步推进长江三角洲地区教育改革和合作发展的指导意见》是教育部首次就区域教育发展专门出台文件，标志着长三角地区教育协作上升到国家层面，在长三角地区教育改革发展史上具有里程碑的重大意义。该协议具体内容见表 4。

表4 全面推进阶段的实践进展

时间	协议	内容
2014年	《关于进一步推进长江三角洲地区教育改革和合作发展的指导意见》	明确了长三角地区教育协作发展的总体目标、基本原则和重点任务,要求长三角地区率先探索区域教育一体化建设,提升区域教育的整体水平,努力构建区域特点、中国特色、世界水平的区域教育体系

长三角教育协作不同发展阶段的特征见表5。

表5 长三角教育协作发展的特征

发展阶段	协作类型	合作特征
思想统一阶段	思想型	思想上凝聚合作共识
项目启动阶段	资源型	信息、资源的民间的、随机性、零散自发的合作
制度合作阶段	活动型	制度层面的宽领域、全方位的合作协议
全面推进阶段	机制型	国家层面的顶层设计

通过对长三角区域教育协同实践进展的梳理发现,长三角区域协同发展呈现良好的发展态势。

第一,合作平台逐步完善。长三角搭建了一系列合作平台,既有面向主要领导的"两省一市省市长会议制度",又有发展领域的"沪苏浙经济合作与发展座谈会",还有城市群的"长江三角洲十六个城市经济协调会",这些平台既有座谈会性质的,也有协调会性质的,又有制度性的,通过搭建合作平台逐步完善合作意向,将专项合作项目上推向实质操作性阶段。

第二,合作层次逐步拓展。教育合作的层级在两省一市政府层面、各地级市、县级市以及县镇之间跨区合作的途径和机制不断完善,横向上在教师交流、人才流动、实验设备等教育资源共享上不断推进。

第三,合作内容不断丰富。长三角教育协作逐步从资源、人才等要素合作走向师资认证与管理机制、服务机制、保障机制等制度合作。

（二）长三角教育协作面临的问题

通过签订协议，长三角在交通、物流、环保、能源服务等方面进行了全方位合作，产生了广泛的社会影响。但是，相对于其他领域的协作，教育领域的合作总体上还处于启动初期，主要以民间力量和对话沟通为主，政府推进力度相对较小，学校间的交流不够深入，呈现合作零星化、自发性、分散化、层次低、重复高、影响小等特点，教育协作尚未产生应有的协作效应，对区域内经济社会发展和人力资源开发还未产生显著的影响。

第一，教育协同发展有共识，但缺乏有效落实。尽管长三角地区形成了一系列教育合作意向，签署了许多协议，达成了教育联动的基本共识，但大多并没有实质性落实，区域内人民群众多元化的教育需求也没有从中得到很好的满足。究其原因，主要是体制性障碍，尤其是地方保护性法规、行政区划壁垒、政府部门职能界限、教育管理及评价体系不同等因素。各地教育的封闭办学、教育资源使用的画地为牢、地方性的招生政策等，制约着长三角地区教育合作的深入推进。

第二，体制障碍仍然存在，深层合作难以推进。目前，长三角区域在教育观念、人才培养模式、学科教育体系的评估监督和管理体制等方面存在不适应的状况；区域教育管理、多元化办学体制仍不完善，社会资金进入教育领域的渠道没有完全理顺，招生分配和学校内部管理制度的改革有待进一步提高；调动协作主体合作需求的合作动力机制尚未形成；缺乏区域内与产业发展相关的专业设置、人才培养预测及专业调整反馈的动态机制等。为此，需要各级教育行政部门破除来自教育系统内外的、历史的、现实的制度和体制障碍，促进区域政策的协调。

第三，环境建设滞后，难以为教育合作提供有效支撑。目前，推动区域教育协同发展的力量主要来自各级教育行政部门，尚未形成整个社会普遍关心区域教育协同发展的氛围。第一，尚未形成跨区域、跨部门协调一致的协同机制，研究机构尚未建立长期跟踪研究与评价机制。第二，由于长三角地区"产业同构"的现象，加之缺乏协调规划，办学资源呈现同质化的现象，造成办学资源缺乏特色,也造成了教育重复投入和资源浪费。第三,除教育行政部门外的相关利益主体的积极性尚未被完全调动起来,究其原因,一是尚未建立由下而上的激励机制,二是缺少准确反映基层迫切需求的资源共享、合作交流保障机制。

二 珠三角教育协同发展的实践进展

(一)珠三角教育协同发展的历程

珠三角的教育协作先后经历了"顶层设计、制度构建、全面推进"三个阶段。

1. 第一阶段:顶层设计阶段

在顶层设计阶段,珠三角签署了一系列宏观和微观层面的协议,最早于2004年6月签署的《泛珠三角区域合作框架协议》将科教文化作为区域合作十大领域之一。为落实这一框架协议,随后举行的两届泛珠三角区域教育合作与发展会议上,先后签署了6项协议,2006年3月,又制定了《泛珠三角区域合作发展规划纲要(2006~2020)》,对教育发展合作提出了进一步的要求,这些协议为泛珠三角区域教育发展合作提供了制度基础。

表 6 顶层设计阶段的实践进展

时间	协议	内容
2004 年 6 月	《泛珠三角区域合作协议》	将科教文化作为区域合作的十大领域之一
2004 年 7 月~2005 年 7 月	《关于加强泛珠三角区域教育交流合作的框架协议》《泛珠三角区域教师交流合作框架协议》《共建泛珠三角区域教育信息平台合作协议》《泛珠三角区域基础教育课程改革与教学研究项目交流合作框架协议》《泛珠三角区域大学生就业信息资源共享合作协议》《关于粤港澳三地学校缔结姐妹学校事宜的框架协议》	涉及教师交流、信息平台建设、教学交流、就业信息共享等
2006 年 3 月	《泛珠三角区域合作发展规划纲要(2006~2020)》	区域发展的顶层设计,对教育合作发展提出了进一步要求

2. 第二阶段：制度构建阶段

2004年，《泛珠三角区域合作框架协议》提出建立区域合作的组织机构和运作机制，包括建立区域各省区行政首长联席会议制度、建立政府秘书长协调制度、设置日常工作办公室、建立部门衔接制度几个方面。随后，在整体框架下，建立了教育行政首长联席会议制度，以此为常设制度。联席会议由各方轮流承办，每年举办一次，会议主席由承办方担任；建立教育厅办公室主任协调制度，协调推进合作事项的进展，组织编制推进合作发展的专题计划，组织推进具体的合作项目，向年度联席会议提交区域合作进展情况的报告和建议，联席会议制度以及运作机制的建立为泛珠三角区域教育合作提供了组织机制保障。

3. 第三阶段：全面推进阶段

在基础教育领域，主要是东部省区对西部省区的教育扶持工作，如广东实施对口支援广西贫困地区学校工程，到2004年6月，该工程共实施了两期，援助教育资金达1.8亿多元，支援内容包括支援贫困生入学、培训受援学校校长和教师、广东骨干教师到广西支教、教育设施建设等项目。在高等教育领域，建立区域高等学校国家和省级重点学科和实验室；加强科研项目和产学研合作，为区域高等学校科技成果转化提供平台；加强高等学校校际教育交流与合作等。

在教育信息化方面，搭建区域教育信息共享平台，构建信息网络互联互通与共建共享机制，推进教育信息资源的开发、共享和利用；加强高校毕业生就业的信息交流，建立就业信息互通机制。

（二）珠三角教育协同发展存在的主要问题

1. 行政壁垒色彩浓厚成为短板

由于行政区域划分而产生的行政壁垒是珠三角城市圈协同发展的短板。区域基本公共服务的均等化也因此受制，解决之道在于转变政府职能，让外来人口在珠三角享受平等的基本公共服务，促进劳动力在珠三角范围内自由流动。中山市率先实行"入户积分制"，从机制上为劳动力的自由流动扫清了障碍，引领区域协同发展从硬件建设走向软件建设。

2. 缺乏"联盟的力量"

珠三角地区各校之间的科研合作、教育合作大多是民间的合作，官方的合作相对较少。仅有的广州和深圳的教育合作主要停留在合作办学、远程教育、设立教学点等层面。相对于政府力量，珠三角一体化中的市场成熟度更高一些。

三 区域教育协同发展的典型经验、动力机制和治理体系

（一）区域教育协同的典型经验

1. 中央的政策支持和地方政府的大胆探索

在中央政策的支持方面，各地对综合改革试验区的争夺日趋激烈，如天津的国家职业教育改革试验区、湖北的武汉城市圈教育综合改革国家试验区、上海启动了教育综合改革试验区等。通过设置教育综合改革试验区争取先行先试的政策空间，突破省际政策的鸿沟和区域利益的制约，扩大教育自主权成为区域教育发展的宝贵经验。

在地方政府的探索方面，以上海为例，上海早在20世纪90年代争取到自主高考和招生试点，随后又进行省级政府统筹的大胆探索，近年来又全面启动了教育综合改革试验，长三角通过创新区域教育管理体制、改革相关体制、突破现有政策性限制，在不涉及现行行政管理框架的情况下，逐步实现区域教育发展一体化。

2. 地方高层的互访沟通和民间的积极交流

2003年7~8月，新一届上海教育行政部门领导班子对江苏和浙江两省教育改革发展的思路进行了调研，在教育决策层达成打破体制壁垒、进行协作的共识，为实践层面的教育合作奠定了理念基础。苏浙沪三省市的民间交流由来已久，且相当频繁，比如，苏州举行的"中国教育政策论坛"无论

是在操作层面还是在专家层面都充分体现了三地民间力量的合作与共享,为三地政府层面的合作奠定了坚实的实践基础。

3. 逐步推进的协作策略

其一,协作内容上的逐步推进。区域教育的协作先从资源共享开始,逐步向机制合作过渡。以中职教育为例,先从国家限制较少的中职课改领域入手,先行合作,共同开发课程、编发教材,然后过渡到招生考试制度的改革,突破建立在户籍制度基础上的招生制度,增加区域内高校跨省市招生指标,不断深化在招生考试、人才培养和评价体系等制定方面的改革。

其二,协作模式上的逐步推进。协作模式上由自动自发的零散的协作向系统的顶层设计过渡,体现了自下而上的特征。从长三角教育协同发展阶段可以发现,长三角的教育协作从理念层面、资源层面、活动层面和制度层面逐步推进,先统一理念,达成合作共识,然后搭建信息平台、资源平台,通过资源共享、院校交流、师资培训等民间的合作逐步上升到政府间的合作,然后通过国家层面的规划和政策逐步完善合作机制。

其三,协作空间上的逐步推进。2003年,长三角教育协作启动时参与的省份包括江苏、浙江和上海共两省一市。2012年,安徽省正式加入长三角教育协作发展会商机制,参与省份从两省一市扩展到三省一市,在空间上表现出由先行区向覆盖区逐步扩展的趋势。珠三角地区在本省区域协同基础上将范围拓展到包括香港、澳门在内的"9+2"的泛珠三角地区,其也表现出相同的趋势。

(二)区域教育发展的动力机制

1. 政府责任明确,政策支持到位

区域协同发展中要充分发挥政府的统筹协调作用。长三角的教育合作认识到位、态度明确、措施科学、行动有力,该地区教育合作是共同利益的选择。比较而言,珠三角政府对教育合作与协调的态度不明朗,没有从教育入手,只是从人才的使用特别是高级人才的使用入手,制定了一个几乎是"拿来主义"的政策,可以说,珠三角教育合作的着力点还没有放到教育上，政府缺乏促进教育合作的整体性规划与思路，没有明确教育合作的预期目标、推进步骤、合作重点、政策支持等，目前的教育合作更多是不同城市学校之间分散的、自发的、偶然的合作，政府之间的教育合作很少，政府对教育教育合作的配套政策支持不够。

区域教育协同发展需要全方位、多层次的政策支持。就长三角教育协同发展而言，在国家层面，国务院《关于进一步推进长江三角洲地区改革开放和经济社会在的指导意见》和发改委的《长江三角洲地区区域规划》都对长三角的教育合作提出了明确的要求，《国家中长期教育改革和发展规划纲要（2010~2020年）》也提出要加强区域教育合作，说明长三角教育联动发展已经上升为国家战略。在区域层面，上海教委、江苏教育厅、浙江省教育厅共同签订《关于建立长三角地区教育协作发展会商机制的协议书》，标志着区域教育交流与合作，由民间、自发的阶段，走向行政推动与有组织、有计划的制度性阶段。

相比较而言，珠三角教育协同发展缺乏坚实的政策基础。以深圳与广州为例，虽然是省内不同城市之间的合作，但在行政对教育的强大支配下，不同城市的教育之间往往存在明显的行政分割现象，行政区域范围内的教育是封闭的，而不是开放的，两地教育政策各自为政，互不沟通。两地政府出台的现有教育政策的区域合作意向不强，而在现实中开展的区域教育合作则缺乏明确具体的政策规定。

2. 创新体制机制，搭建交流平台

区域一体化是一项系统工程，需要建立专门的组织协调机构承担起交流、协调、规划、管理等职能，创新体制机制，以突破现有行政管理体制的框架。同时，在总的协调组织下，设立一些科研合作、职业资格认证、师生交流等职能管理协调机构，以实现教育管理的一体化。

区域合作平台的数量和质量是合作水平的具体体现，也是合作的重要基础。长三角建立了多主体、多类型的协作平台，平台主办主体覆盖社会团体机构、教育报刊社、社区教育部门、民办教育部门和教研室等，平台类型涉及基础教育、民办教育、课程与教学改革等。这些平台的搭建有利于实现信息交流与经验共享，推动教育实践发展。相比较而言，深圳可用于教育合作的平台数量不多，层级较低，合作平台建设滞后。主要原因在于高校、科研院所的数量太少，国家级、省级重点学科、重点实验室太少等。

3. 合作内容丰富，合作方式恰当

在教育合作内容和合作方式上，长三角教育合作基础较为扎实，合作层面深入到具体的项目和操作方式。长三角教育合作的成功，实现了在更大区域内教育资源的优化配置和利用，特别是三地政府主动介入教育合作领域，通过宏观调控推动合作范围的扩大和不断深入。而珠三角的教育合作还局限在如何吸引人才以及人才的使用上，这也说明在珠三角一些城市的内部，究竟是立足自主培养人才，还是从外部引进人才的争论还没有取得一致意见。长期来看，珠三角单纯依靠引进人才的发展模式已难以为继，由吸引人才的战略合作转向区域内教育部门之间的合作迟早要到来。

4. 适应经济发展，遵循教育规律

区域教育的发展应与当地经济社会发展、产业结构相适应，区域教育协同发展应努力为区域经济发展提供科技引领、人才支撑和社会服务。长三角面临着产业升级，而这依靠的就是科技与创新。因此，应根据人才需求，制定地区人才培养体系，确定到底是培养科技创新人才、专业人才还是技术蓝领。同时，加强院校间及院校与其他机构的合作，打破学校、学科界限，利用高校的师资设备，与地方企业联合，直接为经济服务。

从教育自身来看，区域教育发展应与当地教育资源相适应。长三角地区教育处于全国领先地位，拥有的知名高校及重大科技创新平台、重点学科及特色专业资源，为教育合作及联动提供了重要资源基础。

（三）区域教育协同发展的治理体系

1. 正确处理政府与市场的关系

在区域教育协调发展的动力机制上，要处理好政府与市场的关系。跨省区域协同需要中央政府的统筹协调，表现为政府主导型；而省内区域协同是在省级政府统筹下，更大地发挥市场的作用，是市场主导型。通过对长三角

和珠三角合作机制的梳理发现，长三角的合作是政府主导，珠三角是市场主导，两者都表现出一定的局限性，区域合作机制亟待创新突破。长三角应更多运用市场机制，减少政府的干预，发挥市场作用，政府职能逐步转向创新体制机制、构建服务平台，而珠三角则应更多发挥政府的统筹作用。

跨省区域的合作需要中央政府介入，以完善地方政府政绩的绩效问责与评估制度，避免由于博弈地位不等和本位主义倾向所产生的偏向，防止区域发展目标及政策偏离国家利益。因此，在推进京津冀教育协同发展中，应正确发挥政府与市场在区域协同发展中的作用，由政府协调决定合作主题，同时建立有效的利益相关者诉求渠道。

2. 更好发挥中央政府的统筹协调作用

区域协同发展要求建立统一的区域教育信息共享体系，实现区域教育资源共享。区域内行政关系复杂，为了各自的本位利益，行政保护、条块分割现象较为严重，存在产业结构趋同、招生引资的恶性竞争等问题，跨省的教育一体化任重而道远。可以说，区域教育一体化尚未成为教育的内生需求，政府的外在推动缺乏实质性的利益驱动，经费资助缺乏，实质性举措少。

宏观的政策规划设计和微观的具体实施推进，均需要跨省、跨部门协力配合，需要合理调配相关资源，发挥多主体的积极性，扩大区域发展的系统性协同效应。同时，注重从教育系统外部谋划区域教育发展，综合考虑区域的空间结构、经济水平、社会资源以及科技、文化、人口等其他社会改革要素的需求和作用，促进社会各要素聚集为一个全面优化的系统整体，支撑教育综合改革试验区有效运行。

在教育类别上，区域协同发展涉及基础教育、职业教育和高等教育。其中，跨省区域合作主要集中于高等教育和职业教育，基础教育相对较少。这与教育管理体制有关。基础教育的协同发展主要是省内区域协同，而高等教育、职业教育与经济社会发展和产业升级密切相关，通常需要跨省协同。区域教育协同发展需要建立推动区域合作的高层次组织协调机构，完善区域教育合作协调机制，建立区域教育行业性专业组织，同时明确中央政府的定位，积极发挥推动作用。

3. 建立区域协同发展的公共治理机制

区域教育协同发展不仅需要各级政府部门、教育行政部门、教育科研机构、高校的参与，同时更需要社会、社区的参与，共同探讨教育资源共建共享问题，为推进区域教育和谐发展献计献策。一方面，区域教育协同发展要求高层通过互访交流达成战略联盟，凝聚合作共识，打破体制壁垒，通过合作实现共同利益；另一方面，区域协同发展需要民间通过举办讲座、论坛、咨询会加强民间力量的合作与共享。为此，要争取教育部对区域教育联动发展更有力的支持和指导，为区域教育联动发展指明方向。此外，要充分调动学校、校长、教师、学生的积极性，踊跃参与区域教育合作活动。鼓励教育系统以外的各类社会机构、群体团体参与营造区域教育联动发展的良好社会氛围。通过有效推进本地政府公共服务职能改革，探索省域内跨经济、科技、人事、教育等多部门的协作机制，并形成社会机构、专家学者、师生员工、社会公众等多种力量参与的公共治理模式，为促进区域教育科学发展提供支撑，为形成教育公共治理新机制提供经验。

参考文献

［1］余秀兰：《促进与区域经济的良好互动：长三角教育的应为与难为》，《教育发展研究》2005 年第 17 期。

［2］总课题组：《长三角地区教育联动发展战略研究》，《教育发展研究》2009 年第 Z1 期。

［3］上海课题组：《以共同发展为导向，推动长三角地区教育率先联动》，《教育发展研究》2009 年第 Z1 期。

［4］江苏课题组：《以项目为载体，加快长三角地区教育联动发展》，《教育发展研究》2009 年第 Z1 期。

［5］郁鸿胜、宗传宏、李娜：《上海教育服务长三角战略与对策》，载上海市社会科学界联合会编《生命、知识与文明：上海市社会科学界第七届学术年会文集（2009 年度）哲学·历史·文学学科卷》，上海人民出版社，2009。

［6］宁波课题组：《强化理念和制度接轨，促进长三角教育和谐发展》，《教育发展研究》2009 年第 Z1 期。

［7］薛明扬：《加快长三角教育联动适度超前发展》，《上海教育》2011年第8期。

［8］黄崴、孟卫青：《泛珠三角区域教育发展合作的背景、现状与机制》，《教育研究》2007年第10期。

［9］赖红英：《泛珠三角区域教育合作正式启动》，《中国教育报》2004年7月14日。

［10］农业部农林研究中心：《关于中西部地区农村义务教育中的投资、学费与辍学问题》，http：//www.gx.xinhuanet.com/dtzx/nannin/index.htm/2004－6－26/2015－9－1。

［11］彭国华、钟啸：《珠三角都市圈面临"最后一公里"挑战》，《南方日报》2011年1月14日。

［12］李春红：《长三角、珠三角区域教育合作的比较研究》，《教育理论与实践》2007年第1期。

［13］计琳：《长三角，教育联动共享共赢》，《上海教育》2011年第4B期。

［14］陈国良等：《共建"长三角教育综合改革试验区"研究》，《科学发展》2012年第3期。

［15］共建"长三角教育综合改革试验区"课题组：《推进长三角教育综合改革实现区域教育联动发展》，《教育发展研究》2012年第5期。

B.16 后　记

推进京津冀三地教育的协同发展,不仅是京津冀协同发展的题中要义,还能为京津冀协同发展提供助力。《京津冀协同发展规划纲要》颁布以来,三地教育领域积极开展了许多协同发展的实践,并取得了一定的成效。但是,总体而言,工作的推进过程其实是"摸着石头过河"的。虽然《京津冀协同发展规划纲要》对京津冀协同发展做出了很好的顶层设计,还分别设定了2017年、2020年和2030年的近期、中期和远期目标,但是教育到底如何实现协同发展的,时间表和路线图是什么,如何发挥教育在协同发展中的引导性作用等,这些问题还亟待深入的科学研究和论证。

"十三五"初期是京津冀协同发展战略从顶层规划走向落实的重要开端。为进一步突出教育科学研究为中央和地方决策服务、为京津冀区域教育协同发展服务、为三省市教育发展服务的功能,北京教育科学研究院策划出版了《京津冀教育发展研究报告（2016~2017）》,以期研究和回应京津冀区域教育发展的重大问题,扩大教育科研领域在京津冀协同发展中的影响力。该研究报告作为皮书丛书来设计,本书是"京津冀教育蓝皮书"的第一本。

在编写过程中,编者组织了来自北京、天津、河北三地的教育科研人员参与,希望三地教育科研部门能够进一步深化合作,围绕京津冀教育协同发展面临的基本问题和重大问题开展相关的战略、规范和政策研究,为努力形成京津冀目标同向、措施一体、优势互补、互利共赢的教育发展新格局贡献力量。在此,我们对所有积极参与和支持本研究报告撰写的领导、研究人员表示衷心的感谢!期待三地教育科研人员携手并进,紧紧抓住京津冀协同发展新契机,为促进区域教育向更高水平迈进贡献真知灼见。

由于时间仓促和水平有限,作为一项集体研究成果,本书阐发的观点和

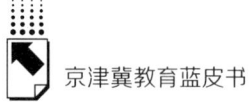

资料的可靠性由相关研究人员负责,并不代表北京教育科学研究院的立场。同时,需要说明的是,虽然本项目的研究人员努力工作,希望本书为关心京津冀教育协同发展的机构和人士提供有益参考,但囿于时间和能力,我们的观点未必完全准确,相关的政策建议不一定切合实际,撰写过程中各章的风格体例也不尽相同,敬请相关专家和广大读者批评指正。

编　者

2017年2月

社会科学文献出版社　　皮书系列

✤ 皮书起源 ✤

"皮书"起源于十七、十八世纪的英国,主要指官方或社会组织正式发表的重要文件或报告,多以"白皮书"命名。在中国,"皮书"这一概念被社会广泛接受,并被成功运作、发展成为一种全新的出版形态,则源于中国社会科学院社会科学文献出版社。

✤ 皮书定义 ✤

皮书是对中国与世界发展状况和热点问题进行年度监测,以专业的角度、专家的视野和实证研究方法,针对某一领域或区域现状与发展态势展开分析和预测,具备原创性、实证性、专业性、连续性、前沿性、时效性等特点的公开出版物,由一系列权威研究报告组成。

✤ 皮书作者 ✤

皮书系列的作者以中国社会科学院、著名高校、地方社会科学院的研究人员为主,多为国内一流研究机构的权威专家学者,他们的看法和观点代表了学界对中国与世界的现实和未来最高水平的解读与分析。

✤ 皮书荣誉 ✤

皮书系列已成为社会科学文献出版社的著名图书品牌和中国社会科学院的知名学术品牌。2016年,皮书系列正式列入"十三五"国家重点出版规划项目;2012~2016年,重点皮书列入中国社会科学院承担的国家哲学社会科学创新工程项目;2017年,55种院外皮书使用"中国社会科学院创新工程学术出版项目"标识。

中国皮书网

发布皮书研创资讯，传播皮书精彩内容
引领皮书出版潮流，打造皮书服务平台

栏目设置

关于皮书：何谓皮书、皮书分类、皮书大事记、皮书荣誉、
　　　　　皮书出版第一人、皮书编辑部
最新资讯：通知公告、新闻动态、媒体聚焦、网站专题、视频直播、下载专区
皮书研创：皮书规范、皮书选题、皮书出版、皮书研究、研创团队
皮书评奖评价：指标体系、皮书评价、皮书评奖
互动专区：皮书说、皮书智库、皮书微博、数据库微博

所获荣誉

2008年、2011年，中国皮书网均在全国新闻出版业网站荣誉评选中获得"最具商业价值网站"称号；

2012年，获得"出版业网站百强"称号。

网库合一

2014年，中国皮书网与皮书数据库端口合一，实现资源共享。更多详情请登录www.pishu.cn。

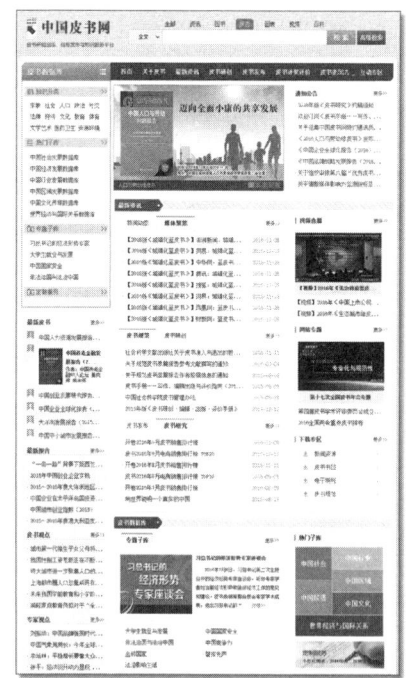

权威报告·热点资讯·特色资源

皮书数据库
ANNUAL REPORT(YEARBOOK) DATABASE

当代中国与世界发展高端智库平台

所获荣誉

- 2016年，入选"国家'十三五'电子出版物出版规划骨干工程"
- 2015年，荣获"搜索中国正能量 点赞2015""创新中国科技创新奖"
- 2013年，荣获"中国出版政府奖·网络出版物奖"提名奖
- 连续多年荣获中国数字出版博览会"数字出版·优秀品牌"奖

成为会员

通过网址www.pishu.com.cn或使用手机扫描二维码进入皮书数据库网站，进行手机号码验证或邮箱验证即可成为皮书数据库会员（建议通过手机号码快速验证注册）。

会员福利

- 使用手机号码首次注册会员可直接获得100元体验金，不需充值即可购买和查看数据库内容（仅限使用手机号码快速注册）。
- 已注册用户购书后可免费获赠100元皮书数据库充值卡。刮开充值卡涂层获取充值密码，登录并进入"会员中心"—"在线充值"—"充值卡充值"，充值成功后即可购买和查看数据库内容。

数据库服务热线：400-008-6695
数据库服务QQ：2475522410
数据库服务邮箱：database@ssap.cn
图书销售热线：010-59367070/7028
图书服务QQ：1265056568
图书服务邮箱：duzhe@ssap.cn

卡号：675739245146

子库介绍
Sub-Database Introduction

中国经济发展数据库

涵盖宏观经济、农业经济、工业经济、产业经济、财政金融、交通旅游、商业贸易、劳动经济、企业经济、房地产经济、城市经济、区域经济等领域，为用户实时了解经济运行态势、把握经济发展规律、洞察经济形势、做出经济决策提供参考和依据。

中国社会发展数据库

全面整合国内外有关中国社会发展的统计数据、深度分析报告、专家解读和热点资讯构建而成的专业学术数据库。涉及宗教、社会、人口、政治、外交、法律、文化、教育、体育、文学艺术、医药卫生、资源环境等多个领域。

中国行业发展数据库

以中国国民经济行业分类为依据，跟踪分析国民经济各行业市场运行状况和政策导向，提供行业发展最前沿的资讯，为用户投资、从业及各种经济决策提供理论基础和实践指导。内容涵盖农业，能源与矿产业，交通运输业，制造业，金融业，房地产业，租赁和商务服务业，科学研究，环境和公共设施管理，居民服务业，教育，卫生和社会保障，文化、体育和娱乐业等100余个行业。

中国区域发展数据库

对特定区域内的经济、社会、文化、法治、资源环境等领域的现状与发展情况进行分析和预测。涵盖中部、西部、东北、西北等地区，长三角、珠三角、黄三角、京津冀、环渤海、合肥经济圈、长株潭城市群、关中一天水经济区、海峡经济区等区域经济体和城市圈，北京、上海、浙江、河南、陕西等34个省份及中国台湾地区。

中国文化传媒数据库

包括文化事业、文化产业、宗教、群众文化、图书馆事业、博物馆事业、档案事业、语言文字、文学、历史地理、新闻传播、广播电视、出版事业、艺术、电影、娱乐等多个子库。

世界经济与国际关系数据库

以皮书系列中涉及世界经济与国际关系的研究成果为基础，全面整合国内外有关世界经济与国际关系的统计数据、深度分析报告、专家解读和热点资讯构建而成的专业学术数据库。包括世界经济、国际政治、世界文化与科技、全球性问题、国际组织与国际法、区域研究等多个子库。

法律声明

"皮书系列"(含蓝皮书、绿皮书、黄皮书)之品牌由社会科学文献出版社最早使用并持续至今,现已被中国图书市场所熟知。"皮书系列"的LOGO(　)与"经济蓝皮书""社会蓝皮书"均已在中华人民共和国国家工商行政管理总局商标局登记注册。"皮书系列"图书的注册商标专用权及封面设计、版式设计的著作权均为社会科学文献出版社所有。未经社会科学文献出版社书面授权许可,任何使用与"皮书系列"图书注册商标、封面设计、版式设计相同或者近似的文字、图形或其组合的行为均系侵权行为。

经作者授权,本书的专有出版权及信息网络传播权为社会科学文献出版社享有。未经社会科学文献出版社书面授权许可,任何就本书内容的复制、发行或以数字形式进行网络传播的行为均系侵权行为。

社会科学文献出版社将通过法律途径追究上述侵权行为的法律责任,维护自身合法权益。

欢迎社会各界人士对侵犯社会科学文献出版社上述权利的侵权行为进行举报。电话:010-59367121,电子邮箱:fawubu@ssap.cn。

社会科学文献出版社

社长致辞

伴随着今冬的第一场雪，2017年很快就要到了。世界每天都在发生着让人眼花缭乱的变化，而唯一不变的，是面向未来无数的可能性。作为个体，如何获取专业信息以备不时之需？作为行政主体或企事业主体，如何提高决策的科学性让这个世界变得更好而不是更糟？原创、实证、专业、前沿、及时、持续，这是1997年"皮书系列"品牌创立的初衷。

1997～2017，从最初一个出版社的学术产品名称到媒体和公众使用频率极高的热点词语，从专业术语到大众话语，从官方文件到独特的出版型态，作为重要的智库成果，"皮书"始终致力于成为海量信息时代的信息过滤器，成为经济社会发展的记录仪，成为政策制定、评估、调整的智力源，社会科学研究的资料集成库。"皮书"的概念不断延展，"皮书"的种类更加丰富，"皮书"的功能日渐完善。

1997～2017，皮书及皮书数据库已成为中国新型智库建设不可或缺的抓手与平台，成为政府、企业和各类社会组织决策的利器，成为人文社科研究最基本的资料库，成为世界系统完整及时认知当代中国的窗口和通道！"皮书"所具有的凝聚力正在形成一种无形的力量，吸引着社会各界关注中国的发展，参与中国的发展。

二十年的"皮书"正值青春，愿每一位皮书人付出的年华与智慧不辜负这个时代！

社会科学文献出版社社长
中国社会学会秘书长

2016年11月

社会科学文献出版社简介

社会科学文献出版社成立于1985年,是直属于中国社会科学院的人文社会科学专业学术出版机构。

成立以来,社科文献依托于中国社会科学院丰厚的学术出版和专家学者资源,坚持"创社科经典,出传世文献"的出版理念和"权威、前沿、原创"的产品定位,逐步走上了智库产品与专业学术成果系列化、规模化、数字化、国际化、市场化发展的经营道路,取得了令人瞩目的成绩。

学术出版 社科文献先后策划出版了"皮书"系列、"列国志"、"社科文献精品译库"、"全球化译丛"、"全面深化改革研究书系"、"近世中国"、"甲骨文"、"中国史话"等一大批既有学术影响又有市场价值的图书品牌和学术品牌,形成了较强的学术出版能力和资源整合能力。2016年社科文献发稿5.5亿字,出版图书2000余种,承印发行中国社会科学院院属期刊72种。

数字出版 凭借着雄厚的出版资源整合能力,社科文献长期以来一直致力于从内容资源和数字平台两个方面实现传统出版的再造,并先后推出了皮书数据库、列国志数据库、中国田野调查数据库等一系列数字产品。2016年数字化加工图书近4000种,文字处理量达10亿字。数字出版已经初步形成了产品设计、内容开发、编辑标引、产品运营、技术支持、营销推广等全流程体系。

国际出版 社科文献通过学术交流和国际书展等方式积极参与国际学术和国际出版的交流合作,努力将中国优秀的人文社会科学研究成果推向世界,从构建国际话语体系的角度推动学术出版国际化。目前已与英、荷、法、德、美、日、韩等国及港澳台地区近40家出版和学术文化机构建立了长期稳定的合作关系。

融合发展 紧紧围绕融合发展战略,社科文献全面布局融合发展和数字化转型升级,成效显著。以核心资源和重点项目为主的社科文献数据库产品群和数字出版体系日臻成熟,"一带一路"系列研究成果与专题数据库、阿拉伯问题研究国别基础库及中阿文化交流数据库平台等项目开启了社科文献向专业知识服务商转型的新篇章,成为行业领先。

此外,社科文献充分利用网络媒体平台,积极与各类媒体合作,并联合大型书店、学术书店、机场书店、网络书店、图书馆,构建起强大的学术图书内容传播平台,学术图书的媒体曝光率居全国之首,图书馆藏率居于全国出版机构前十位。

有温度,有情怀,有视野,更有梦想。未来社科文献将继续坚持专业化学术出版之路不动摇,着力搭建最具影响力的智库产品整合及传播平台、学术资源共享平台,为实现"社科文献梦"奠定坚实基础。

经济类

皮书系列
重点推荐

经 济 类

经济类皮书涵盖宏观经济、城市经济、大区域经济，
提供权威、前沿的分析与预测

经济蓝皮书
2017年中国经济形势分析与预测

李扬/主编　2016年12月出版　定价：89.00元

◆ 本书为总理基金项目，由著名经济学家李扬领衔，联合中国社会科学院等数十家科研机构、国家部委和高等院校的专家共同撰写，系统分析了2016年的中国经济形势并预测2017年我国经济运行情况。

中国省域竞争力蓝皮书
中国省域经济综合竞争力发展报告（2015~2016）

李建平　李闽榕　高燕京/主编　2017年2月出版　估价：198.00元

◆ 本书融多学科的理论为一体，深入追踪研究了省域经济发展与中国国家竞争力的内在关系，为提升中国省域经济综合竞争力提供有价值的决策依据。

城市蓝皮书
中国城市发展报告No.10

潘家华　单菁菁/主编　2017年9月出版　估价：89.00元

◆ 本书是由中国社会科学院城市发展与环境研究中心编著的，多角度、全方位地立体展示了中国城市的发展状况，并对中国城市的未来发展提出了许多建议。该书有强烈的时代感，对中国城市发展实践有重要的参考价值。

经济类

人口与劳动绿皮书
中国人口与劳动问题报告 No.18

蔡昉 张车伟/主编 2017年10月出版 估价：89.00元

◆ 本书为中国社科院人口与劳动经济研究所主编的年度报告，对当前中国人口与劳动形势做了比较全面和系统的深入讨论，为研究我国人口与劳动问题提供了一个专业性的视角。

世界经济黄皮书
2017年世界经济形势分析与预测

张宇燕/主编 2016年12月出版 定价：89.00元

◆ 本书由中国社会科学院世界经济与政治研究所的研究团队撰写，2016年世界经济增速进一步放缓，就业增长放慢。世界经济面临许多重大挑战同时，地缘政治风险、难民危机、大国政治周期、恐怖主义等问题也仍然在影响世界经济的稳定与发展。预计2017年按PPP计算的世界GDP增长率约为3.0%。

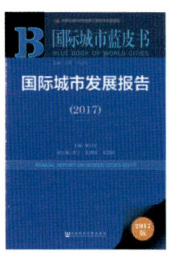

国际城市蓝皮书
国际城市发展报告（2017）

屠启宇/主编 2017年2月出版 估价：89.00元

◆ 本书作者以上海社会科学院从事国际城市研究的学者团队为核心，汇集同济大学、华东师范大学、复旦大学、上海交通大学、南京大学、浙江大学相关城市研究专业学者。立足动态跟踪介绍国际城市发展时间中，最新出现的重大战略、重大理念、重大项目、重大报告和最佳案例。

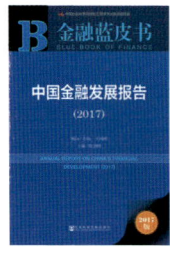

金融蓝皮书
中国金融发展报告（2017）

李扬 王国刚/主编 2017年1月出版 估价：89.00元

◆ 本书由中国社会科学院金融研究所组织编写，概括和分析了2016年中国金融发展和运行中的各方面情况，研讨和评论了2016年发生的主要金融事件，有利于读者了解掌握2016年中国的金融状况，把握2017年中国金融的走势。

农村绿皮书
中国农村经济形势分析与预测（2016~2017）

魏后凯　杜志雄　黄秉信/著　2017年4月出版　估价：89.00元

◆ 本书描述了2016年中国农业农村经济发展的一些主要指标和变化，并对2017年中国农业农村经济形势的一些展望和预测，提出相应的政策建议。

西部蓝皮书
中国西部发展报告（2017）

姚慧琴　徐璋勇/主编　2017年9月出版　估价：89.00元

◆ 本书由西北大学中国西部经济发展研究中心主编，汇集了源自西部本土以及国内研究西部问题的权威专家的第一手资料，对国家实施西部大开发战略进行年度动态跟踪，并对2017年西部经济、社会发展态势进行预测和展望。

经济蓝皮书·夏季号
中国经济增长报告（2016~2017）

李扬/主编　2017年9月出版　估价：98.00元

◆ 中国经济增长报告主要探讨2016~2017年中国经济增长问题，以专业视角解读中国经济增长，力求将其打造成一个研究中国经济增长、服务宏微观各级决策的周期性、权威性读物。

就业蓝皮书
2017年中国本科生就业报告

麦可思研究院/编著　2017年6月出版　估价：98.00元

◆ 本书基于大量的数据和调研，内容翔实，调查独到，分析到位，用数据说话，对我国大学生教育与发展起到了很好的建言献策作用。

皮书系列 重点推荐　社会政法类

社会政法类

社会政法类皮书聚焦社会发展领域的热点、难点问题，提供权威、原创的资讯与视点

社会蓝皮书
2017年中国社会形势分析与预测

李培林　陈光金　张翼／主编　2016年12月出版　定价：89.00元

◆ 本书由中国社会科学院社会学研究所组织研究机构专家、高校学者和政府研究人员撰写，聚焦当下社会热点，对2016年中国社会发展的各个方面内容进行了权威解读，同时对2017年社会形势发展趋势进行了预测。

法治蓝皮书
中国法治发展报告 No.15（2017）

李林　田禾／主编　2017年3月出版　估价：118.00元

◆ 本年度法治蓝皮书回顾总结了2016年度中国法治发展取得的成就和存在的不足，并对2017年中国法治发展形势进行了预测和展望。

社会体制蓝皮书
中国社会体制改革报告 No.5（2017）

龚维斌／主编　2017年4月出版　估价：89.00元

◆ 本书由国家行政学院社会治理研究中心和北京师范大学中国社会管理研究院共同组织编写，主要对2016年社会体制改革情况进行回顾和总结，对2017年的改革走向进行分析，提出相关政策建议。

社会政法类　　皮书系列 重点推荐

社会心态蓝皮书
中国社会心态研究报告（2017）

王俊秀　杨宜音 / 主编　2017 年 12 月出版　估价：89.00 元

◆ 本书是中国社会科学院社会学研究所社会心理研究中心"社会心态蓝皮书课题组"的年度研究成果，运用社会心理学、社会学、经济学、传播学等多种学科的方法进行了调查和研究，对于目前我国社会心态状况有较广泛和深入的揭示。

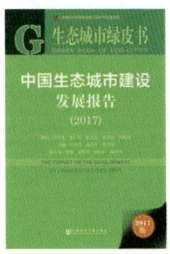

生态城市绿皮书
中国生态城市建设发展报告（2017）

刘举科　孙伟平　胡文臻 / 主编　2017 年 7 月出版　估价：118.00 元

◆ 报告以绿色发展、循环经济、低碳生活、民生宜居为理念，以更新民众观念、提供决策咨询、指导工程实践、引领绿色发展为宗旨，试图探索一条具有中国特色的城市生态文明建设新路。

城市生活质量蓝皮书
中国城市生活质量报告（2017）

中国经济实验研究院 / 主编　2017 年 7 月出版　估价：89.00 元

◆ 本书对全国 35 个城市居民的生活质量主观满意度进行了电话调查，同时对 35 个城市居民的客观生活质量指数进行了计算，为我国城市居民生活质量的提升，提出了针对性的政策建议。

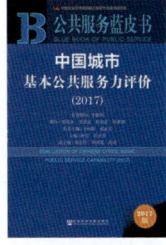

公共服务蓝皮书
中国城市基本公共服务力评价（2017）

钟君　吴正杲 / 主编　2017 年 12 月出版　估价：89.00 元

◆ 中国社会科学院经济与社会建设研究室与华图政信调查组成联合课题组，从 2010 年开始对基本公共服务力进行研究，研创了基本公共服务力评价指标体系，为政府考核公共服务与社会管理工作提供了理论工具。

行业报告类

行业报告类皮书立足重点行业、新兴行业领域，提供及时、前瞻的数据与信息

企业社会责任蓝皮书
中国企业社会责任研究报告（2017）

黄群慧　钟宏武　张蒽　翟利峰 / 著　2017年10月出版　估价：89.00元

◆ 本书剖析了中国企业社会责任在2016～2017年度的最新发展特征，详细解读了省域国有企业在社会责任方面的阶段性特征，生动呈现了国内外优秀企业的社会责任实践。对了解中国企业社会责任履行现状、未来发展，以及推动社会责任建设有重要的参考价值。

新能源汽车蓝皮书
中国新能源汽车产业发展报告（2017）

黄中国汽车技术研究中心　日产（中国）投资有限公司　东风汽车有限公司 / 编著　2017年7月出版　估价：98.00元

◆ 本书对我国2016年新能源汽车产业发展进行了全面系统的分析，并介绍了国外的发展经验。有助于相关机构、行业和社会公众等了解中国新能源汽车产业发展的最新动态，为政府部门出台新能源汽车产业相关政策法规、企业制定相关战略规划，提供必要的借鉴和参考。

杜仲产业绿皮书
中国杜仲橡胶资源与产业发展报告（2016～2017）

杜红岩　胡文臻　俞锐 / 主编　2017年1月出版　估价：85.00元

◆ 本书对2016年来的杜仲产业的发展情况、研究团队在杜仲研究方面取得的重要成果、部分地区杜仲产业发展的具体情况、杜仲新标准的制定情况等进行了较为详细的分析与介绍，使广大关心杜仲产业发展的读者能够及时跟踪产业最新进展。

行业报告类
皮书系列 重点推荐

企业蓝皮书
中国企业绿色发展报告 No.2（2017）
李红玉 朱光辉 / 主编　　2017 年 8 月出版　　估价：89.00 元

◆ 本书深入分析中国企业能源消费、资源利用、绿色金融、绿色产品、绿色管理、信息化、绿色发展政策及绿色文化方面的现状，并对目前存在的问题进行研究，剖析因果，谋划对策。为企业绿色发展提供借鉴，为我国生态文明建设提供支撑。

中国上市公司蓝皮书
中国上市公司发展报告（2017）
张平　王宏淼 / 主编　　2017 年 10 月出版　　估价：98.00 元

◆ 本书由中国社会科学院上市公司研究中心组织编写的，着力于全面、真实、客观反映当前中国上市公司财务状况和价值评估的综合性年度报告。本书详尽分析了 2016 年中国上市公司情况，特别是现实中暴露出的制度性、基础性问题，并对资本市场改革进行了探讨。

资产管理蓝皮书
中国资产管理行业发展报告（2017）
智信资产管理研究院 / 编著　　2017 年 6 月出版　　估价：89.00 元

◆ 中国资产管理行业刚刚兴起，未来将中国金融市场最有看点的行业。本书主要分析了 2016 年度资产管理行业的发展情况，同时对资产管理行业的未来发展做出科学的预测。

体育蓝皮书
中国体育产业发展报告（2017）
阮伟　钟秉枢 / 主编　　2017 年 12 月出版　　估价：89.00 元

◆ 本书运用多种研究方法，在对于体育竞赛业、体育用品业、体育场馆业、体育传媒业等传统产业研究的基础上，紧紧围绕 2016 年体育领域内的各种热点事件进行研究和梳理，进一步拓宽了研究的广度、提升了研究的高度、挖掘了研究的深度。

皮书系列
重点推荐

国别与地区类

 # 国别与地区类

国别与地区类皮书关注全球重点国家与地区，
提供全面、独特的解读与研究

美国蓝皮书
美国研究报告（2017）

郑秉文 黄平 / 主编　2017年6月出版　估价：89.00元

◆ 本书是由中国社会科学院美国所主持完成的研究成果，它回顾了美国2016年的经济、政治形势与外交战略，对2017年以来美国内政外交发生的重大事件及重要政策进行了较为全面的回顾和梳理。

日本蓝皮书
日本研究报告（2017）

杨伯江 / 主编　2017年5月出版　估价：89.00元

◆ 本书对2016年拉丁美洲和加勒比地区诸国的政治、经济、社会、外交等方面的发展情况做了系统介绍，对该地区相关国家的热点及焦点问题进行了总结和分析，并在此基础上对该地区各国2017年的发展前景做出预测。

亚太蓝皮书
亚太地区发展报告（2017）

李向阳 / 主编　2017年3月出版　估价：89.00元

◆ 本书是中国社会科学院亚太与全球战略研究院的集体研究成果。2016年的"亚太蓝皮书"继续关注中国周边环境的变化。该书盘点了2016年亚太地区的焦点和热点问题，为深入了解2016年及未来中国与周边环境的复杂形势提供了重要参考。

国别与地区类　皮书系列 重点推荐

德国蓝皮书
德国发展报告（2017）

郑春荣 / 主编　2017年6月出版　估价：89.00元

◆ 本报告由同济大学德国研究所组织编撰，由该领域的专家学者对德国的政治、经济、社会文化、外交等方面的形势发展情况，进行全面的阐述与分析。

日本经济蓝皮书
日本经济与中日经贸关系研究报告（2017）

王洛林　张季风 / 编著　2017年5月出版　估价：89.00元

◆ 本书系统、详细地介绍了2016年日本经济以及中日经贸关系发展情况，在进行了大量数据分析的基础上，对2017年日本经济以及中日经贸关系的大致发展趋势进行了分析与预测。

俄罗斯黄皮书
俄罗斯发展报告（2017）

李永全 / 编著　2017年7月出版　估价：89.00元

◆ 本书系统介绍了2016年俄罗斯经济政治情况，并对2016年该地区发生的焦点、热点问题进行了分析与回顾；在此基础上，对该地区2017年的发展前景进行了预测。

非洲黄皮书
非洲发展报告No.19（2016～2017）

张宏明 / 主编　2017年8月出版　估价：89.00元

◆ 本书是由中国社会科学院西亚非洲研究所组织编撰的非洲形势年度报告，比较全面、系统地分析了2016年非洲政治形势和热点问题，探讨了非洲经济形势和市场走向，剖析了大国对非洲关系的新动向；此外，还介绍了国内非洲研究的新成果。

皮书系列 重点推荐 地方发展类

地方发展类

地方发展类皮书关注中国各省份、经济区域，提供科学、多元的预判与资政信息

北京蓝皮书
北京公共服务发展报告（2016~2017）
施昌奎/主编　2017年2月出版　估价：89.00元

◆ 本书是由北京市政府职能部门的领导、首都著名高校的教授、知名研究机构的专家共同完成的关于北京市公共服务发展与创新的研究成果。

河南蓝皮书
河南经济发展报告（2017）
张占仓/编著　2017年3月出版　估价：89.00元

◆ 本书以国内外经济发展环境和走向为背景，主要分析当前河南经济形势，预测未来发展趋势，全面反映河南经济发展的最新动态、热点和问题，为地方经济发展和领导决策提供参考。

广州蓝皮书
2017年中国广州经济形势分析与预测
庾建设　陈浩钿　谢博能/主编　2017年7月出版　估价：85.00元

◆ 本书由广州大学与广州市委政策研究室、广州市统计局联合主编，汇集了广州科研团体、高等院校和政府部门诸多经济问题研究专家、学者和实际部门工作者的最新研究成果，是关于广州经济运行情况和相关专题分析、预测的重要参考资料。

 文化传媒类

文化传媒类

文化传媒类皮书透视文化领域、文化产业，探索文化大繁荣、大发展的路径

新媒体蓝皮书

中国新媒体发展报告 No.8（2017）

唐绪军 / 主编　2017年6月出版　估价：89.00元

◆ 本书是由中国社会科学院新闻与传播研究所组织编写的关于新媒体发展的最新年度报告，旨在全面分析中国新媒体的发展现状，解读新媒体的发展趋势，探析新媒体的深刻影响。

移动互联网蓝皮书

中国移动互联网发展报告（2017）

官建文 / 编著　2017年6月出版　估价：89.00元

◆ 本书着眼于对中国移动互联网2016年度的发展情况做深入解析，对未来发展趋势进行预测，力求从不同视角、不同层面全面剖析中国移动互联网发展的现状、年度突破及热点趋势等。

传媒蓝皮书

中国传媒产业发展报告（2017）

崔保国 / 主编　2017年5月出版　估价：98.00元

◆ "传媒蓝皮书"连续十多年跟踪观察和系统研究中国传媒产业发展。本报告在对传媒产业总体以及各细分行业发展状况与趋势进行深入分析基础上，对年度发展热点进行跟踪，剖析新技术引领下的商业模式，对传媒各领域发展趋势、内体经营、传媒投资进行解析，为中国传媒产业正在发生的变革提供前瞻性参考。

经济类

"三农"互联网金融蓝皮书
中国"三农"互联网金融发展报告（2017）
著(编)者：李勇坚 王弢　2017年8月出版 / 估价：98.00元
PSN B-2016-561-1/1

G20国家创新竞争力黄皮书
二十国集团（G20）国家创新竞争力发展报告（2016~2017）
著(编)者：李建平 李闽榕 赵新力 周天勇
2017年8月出版 / 估价：158.00元
PSN Y-2011-229-1/1

产业蓝皮书
中国产业竞争力报告（2017）No.7
著(编)者：张其仔　2017年12月出版 / 估价：98.00元
PSN B-2010-175-1/1

城市创新蓝皮书
中国城市创新报告（2017）
著(编)者：周天勇 旷建伟　2017年11月出版 / 估价：89.00元
PSN B-2013-340-1/1

城市蓝皮书
中国城市发展报告 No.10
著(编)者：潘家华 单菁菁　2017年9月出版 / 估价：89.00元
PSN B-2007-091-1/1

城乡一体化蓝皮书
中国城乡一体化发展报告（2016～2017）
著(编)者：汝信 付崇兰　2017年7月出版 / 估价：85.00元
PSN B-2011-226-1/2

城镇化蓝皮书
中国新型城镇化健康发展报告（2017）
著(编)者：张占斌　2017年8月出版 / 估价：89.00元
PSN B-2014-396-1/1

创新蓝皮书
创新型国家建设报告（2016～2017）
著(编)者：詹正茂　2017年12月出版 / 估价：89.00元
PSN B-2009-140-1/1

创业蓝皮书
中国创业发展报告（2016～2017）
著(编)者：黄群慧 赵卫星 钟宏武等
2017年11月出版 / 估价：89.00元
PSN B-2016-578-1/1

低碳发展蓝皮书
中国低碳发展报告（2016~2017）
著(编)者：齐晔 张希良　2017年3月出版 / 估价：98.00元
PSN B-2011-223-1/1

低碳经济蓝皮书
中国低碳经济发展报告（2017）
著(编)者：薛进军 赵忠秀　2017年6月出版 / 估价：85.00元
PSN B-2011-194-1/1

东北蓝皮书
中国东北地区发展报告（2017）
著(编)者：朱宇 张新颖　2017年12月出版 / 估价：89.00元
PSN B-2006-067-1/1

发展与改革蓝皮书
中国经济发展和体制改革报告No.8
著(编)者：邹东涛 王再文　2017年1月出版 / 估价：98.00元
PSN B-2008-122-1/1

工业化蓝皮书
中国工业化进程报告（2017）
著(编)者：黄群慧　2017年12月出版 / 估价：158.00元
PSN B-2007-095-1/1

管理蓝皮书
中国管理发展报告（2017）
著(编)者：张晓东　2017年10月出版 / 估价：98.00元
PSN B-2014-416-1/1

国际城市蓝皮书
国际城市发展报告（2017）
著(编)者：屠启宇　2017年2月出版 / 估价：89.00元
PSN B-2012-260-1/1

国家创新蓝皮书
中国创新发展报告（2017）
著(编)者：陈劲　2017年12月出版 / 估价：89.00元
PSN B-2014-370-1/1

金融蓝皮书
中国金融发展报告（2017）
著(编)者：王国刚　2017年12月出版 / 估价：89.00元
PSN B-2004-031-1/6

京津冀金融蓝皮书
京津冀金融发展报告（2017）
著(编)者：王爱俭 李向前
2017年3月出版 / 估价：89.00元
PSN B-2016-528-1/1

京津冀蓝皮书
京津冀发展报告（2017）
著(编)者：文魁 祝尔娟　2017年4月出版 / 估价：89.00元
PSN B-2012-262-1/1

经济蓝皮书
2017年中国经济形势分析与预测
著(编)者：李扬　2016年12月出版 / 定价：89.00元
PSN B-1996-001-1/1

经济蓝皮书·春季号
2017年中国经济前景分析
著(编)者：李扬　2017年6月出版 / 估价：89.00元
PSN B-1999-008-1/1

经济蓝皮书·夏季号
中国经济增长报告（2016～2017）
著(编)者：李扬　2017年9月出版 / 估价：98.00元
PSN B-2010-176-1/1

经济信息绿皮书
中国与世界经济发展报告（2017）
著(编)者：杜平　2017年12月出版 / 估价：89.00元
PSN G-2003-023-1/1

就业蓝皮书
2017年中国本科生就业报告
著(编)者：麦可思研究院　2017年6月出版 / 估价：98.00元
PSN B-2009-146-1/2

经济类 — 皮书系列 2017全品种

就业蓝皮书
2017年中国高职高专生就业报告
著(编)者：麦可思研究院　2017年6月出版 / 估价：98.00元
PSN B-2015-472-2/2

科普能力蓝皮书
中国科普能力评价报告（2017）
著(编)者：李富 强李群　2017年8月出版 / 估价：89.00元
PSN B-2016-556-1/1

临空经济蓝皮书
中国临空经济发展报告（2017）
著(编)者：连玉明　2017年9月出版 / 估价：89.00元
PSN B-2014-421-1/1

农村绿皮书
中国农村经济形势分析与预测（2016~2017）
著(编)者：魏后凯 杜志雄 黄秉信
2017年4月出版 / 估价：89.00元
PSN G-1998-003-1/1

农业应对气候变化蓝皮书
气候变化对中国农业影响评估报告 No.3
著(编)者：矫梅燕　2017年8月出版 / 估价：98.00元
PSN B-2014-413-1/1

气候变化绿皮书
应对气候变化报告（2017）
著(编)者：王伟光 郑国光　2017年6月出版 / 估价：89.00元
PSN G-2009-144-1/1

区域蓝皮书
中国区域经济发展报告（2016~2017）
著(编)者：赵弘　2017年6月出版 / 估价：89.00元
PSN B-2004-034-1/1

全球环境竞争力绿皮书
全球环境竞争力报告（2017）
著(编)者：李建平 李闽榕 王金南
2017年12月出版 / 估价：198.00元
PSN G-2013-363-1/1

人口与劳动绿皮书
中国人口与劳动问题报告 No.18
著(编)者：蔡昉 张车伟　2017年11月出版 / 估价：89.00元
PSN G-2000-012-1/1

商务中心区蓝皮书
中国商务中心区发展报告 No.3（2016）
著(编)者：李国红 单菁菁　2017年1月出版 / 估价：89.00元
PSN B-2015-444-1/1

世界经济黄皮书
2017年世界经济形势分析与预测
著(编)者：张宇燕　2016年12月出版 / 定价：89.00元
PSN Y-1999-006-1/1

世界旅游城市绿皮书
世界旅游城市发展报告（2017）
著(编)者：宋宇　2017年1月出版 / 估价：128.00元
PSN G-2014-400-1/1

土地市场蓝皮书
中国农村土地市场发展报告（2016~2017）
著(编)者：李光荣　2017年3月出版 / 估价：89.00元
PSN B-2016-527-1/1

西北蓝皮书
中国西北发展报告（2017）
著(编)者：高建龙　2017年3月出版 / 估价：89.00元
PSN B-2012-261-1/1

西部蓝皮书
中国西部发展报告（2017）
著(编)者：姚慧琴 徐璋勇　2017年9月出版 / 估价：89.00元
PSN B-2005-039-1/1

新型城镇化蓝皮书
新型城镇化发展报告（2017）
著(编)者：李伟 宋敏 沈体雁　2017年3月出版 / 估价：98.00元
PSN B-2014-431-1/1

新兴经济体蓝皮书
金砖国家发展报告（2017）
著(编)者：林跃勤 周文　2017年12月出版 / 估价：89.00元
PSN B-2011-195-1/1

长三角蓝皮书
2017年新常态下深化一体化的长三角
著(编)者：王庆五　2017年12月出版 / 估价：88.00元
PSN B-2005-038-1/1

中部竞争力蓝皮书
中国中部经济社会竞争力报告（2017）
著(编)者：教育部人文社会科学重点研究基地
南昌大学中国中部经济社会发展研究中心
2017年12月出版 / 估价：89.00元
PSN B-2012-276-1/1

中部蓝皮书
中国中部地区发展报告（2017）
著(编)者：宋亚平　2017年12月出版 / 估价：88.00元
PSN B-2007-089-1/1

中国省域竞争力蓝皮书
中国省域经济综合竞争力发展报告（2017）
著(编)者：李建平 李闽榕 高燕京
2017年2月出版 / 估价：198.00元
PSN B-2007-088-1/1

中三角蓝皮书
长江中游城市群发展报告（2017）
著(编)者：秦尊文　2017年9月出版 / 估价：89.00元
PSN B-2014-417-1/1

中小城市绿皮书
中国中小城市发展报告（2017）
著(编)者：中国城市发展学会中小城市经济发展委员会
中国城镇化促进会中小城市发展委员会
《中国中小城市发展报告》编纂委员会
中小城市发展战略研究院
2017年11月出版 / 估价：128.00元
PSN G-2010-161-1/1

中原蓝皮书
中原经济区发展报告（2017）
著(编)者：李英杰　2017年6月出版 / 估价：88.00元
PSN B-2011-192-1/1

自贸区蓝皮书
中国自贸区发展报告（2017）
著(编)者：王力　2017年7月出版 / 估价：89.00元
PSN B-2016-559-1/1

社会政法类

北京蓝皮书
中国社区发展报告（2017）
著(编)者：于燕燕　　2017年2月出版 / 估价：89.00元
PSN B-2007-083-5/8

殡葬绿皮书
中国殡葬事业发展报告（2017）
著(编)者：李伯森　　2017年4月出版 / 估价：158.00元
PSN G-2010-180-1/1

城市管理蓝皮书
中国城市管理报告（2016~2017）
著(编)者：刘林　刘承水　　2017年5月出版 / 估价：158.00元
PSN B-2013-336-1/1

城市生活质量蓝皮书
中国城市生活质量报告（2017）
著(编)者：中国经济实验研究院
2017年7月出版 / 估价：89.00元
PSN B-2013-326-1/1

城市政府能力蓝皮书
中国城市政府公共服务能力评估报告（2017）
著(编)者：何艳玲　　2017年4月出版 / 估价：89.00元
PSN B-2013-338-1/1

慈善蓝皮书
中国慈善发展报告（2017）
著(编)者：杨团　　2017年6月出版 / 估价：89.00元
PSN B-2009-142-1/1

党建蓝皮书
党的建设研究报告No.2（2017）
著(编)者：崔建民　陈东平　　2017年2月出版 / 估价：89.00元
PSN B-2016-524-1/1

地方法治蓝皮书
中国地方法治发展报告No.3（2017）
著(编)者：李林　田禾　　2017年3月出版 / 估价：108.00元
PSN B-2015-442-1/1

法治蓝皮书
中国法治发展报告No.15（2017）
著(编)者：李林　田禾　　2017年3月出版 / 估价：118.00元
PSN B-2004-027-1/1

法治政府蓝皮书
中国法治政府发展报告（2017）
著(编)者：中国政法大学法治政府研究院
2017年2月出版 / 估价：98.00元
PSN B-2015-502-1/2

法治政府蓝皮书
中国法治政府评估报告（2017）
著(编)者：中国政法大学法治政府研究院
2016年11月出版 / 估价：98.00元
PSN B-2016-577-2/2

反腐倡廉蓝皮书
中国反腐倡廉建设报告No.7
著(编)者：张英伟　　2017年12月出版 / 估价：89.00元
PSN B-2012-259-1/1

非传统安全蓝皮书
中国非传统安全研究报告（2016~2017）
著(编)者：余潇枫　魏志江　　2017年6月出版 / 估价：89.00元
PSN B-2012-273-1/1

妇女发展蓝皮书
中国妇女发展报告No.7
著(编)者：王金玲　　2017年9月出版 / 估价：148.00元
PSN B-2006-069-1/1

妇女教育蓝皮书
中国妇女教育发展报告No.4
著(编)者：张李玺　　2017年10月出版 / 估价：78.00元
PSN B-2008-121-1/1

妇女绿皮书
中国性别平等与妇女发展报告（2017）
著(编)者：谭琳　　2017年12月出版 / 估价：99.00元
PSN G-2006-073-1/1

公共服务蓝皮书
中国城市基本公共服务力评价（2017）
著(编)者：钟君　吴正杲　　2017年12月出版 / 估价：89.00元
PSN B-2011-214-1/1

公民科学素质蓝皮书
中国公民科学素质报告（2016~2017）
著(编)者：李群　陈雄　马宗文
2017年1月出版 / 估价：89.00元
PSN B-2014-379-1/1

公共关系蓝皮书
中国公共关系发展报告（2017）
著(编)者：柳斌杰　　2017年11月出版 / 估价：89.00元
PSN B-2016-580-1/1

公益蓝皮书
中国公益慈善发展报告（2017）
著(编)者：朱健刚　　2017年4月出版 / 估价：118.00元
PSN B-2012-283-1/1

国际人才蓝皮书
海外华侨华人专业人士报告（2017）
著(编)者：王辉耀　苗绿　　2017年8月出版 / 估价：89.00元
PSN B-2014-409-4/4

国际人才蓝皮书
中国国际移民报告（2017）
著(编)者：王辉耀　　2017年2月出版 / 估价：89.00元
PSN B-2012-304-3/4

国际人才蓝皮书
中国留学发展报告（2017）No.5
著(编)者：王辉耀　苗绿　　2017年10月出版 / 估价：89.00元
PSN B-2012-244-2/4

海洋社会蓝皮书
中国海洋社会发展报告（2017）
著(编)者：崔凤　宋宁而　　2017年7月出版 / 估价：89.00元
PSN B-2015-478-1/1

社会政法类 皮书系列 2017全品种

行政改革蓝皮书
中国行政体制改革报告（2017）No.6
著（编）者：魏礼群　2017年5月出版 / 估价：98.00元
PSN B-2011-231-1/1

华侨华人蓝皮书
华侨华人研究报告（2017）
著（编）者：贾益民　2017年12月出版 / 估价：128.00元
PSN B-2011-204-1/1

环境竞争力绿皮书
中国省域环境竞争力发展报告（2017）
著（编）者：李建平　李闽榕　王金南
2017年11月出版 / 估价：198.00元
PSN G-2010-165-1/1

环境绿皮书
中国环境发展报告（2017）
著（编）者：刘鉴强　2017年11月出版 / 估价：89.00元
PSN G-2006-048-1/1

基金会蓝皮书
中国基金会发展报告（2016~2017）
著（编）者：中国基金会发展报告课题组
2017年4月出版 / 估价：85.00元
PSN B-2013-368-1/1

基金会绿皮书
中国基金会发展独立研究报告（2017）
著（编）者：基金会中心网　中央民族大学基金会研究中心
2017年6月出版 / 估价：88.00元
PSN G-2011-213-1/1

基金会透明度蓝皮书
中国基金会透明度发展研究报告（2017）
著（编）者：基金会中心网　清华大学廉政与治理研究中心
2017年12月出版 / 估价：89.00元
PSN B-2015-509-1/1

家庭蓝皮书
中国"创建幸福家庭活动"评估报告（2017）
国务院发展研究中心"创建幸福家庭活动评估"课题组著
2017年8月出版 / 估价：89.00元
PSN B-2012-261-1/1

健康城市蓝皮书
中国健康城市建设研究报告（2017）
著（编）者：王鸿春　解树江　盛继洪
2017年9月出版 / 估价：89.00元
PSN B-2016-565-2/2

教师蓝皮书
中国中小学教师发展报告（2017）
著（编）者：曾晓东　鱼霞　2017年6月出版 / 估价：89.00元
PSN B-2012-289-1/1

教育蓝皮书
中国教育发展报告（2017）
著（编）者：杨东平　2017年4月出版 / 估价：89.00元
PSN B-2006-047-1/1

科普蓝皮书
中国基层科普发展报告（2016~2017）
著（编）者：赵立　新陈玲　2017年9月出版 / 估价：89.00元
PSN B-2016-569-3/3

科普蓝皮书
中国科普基础设施发展报告（2017）
著（编）者：任福君　2017年6月出版 / 估价：89.00元
PSN B-2010-174-1/3

科普蓝皮书
中国科普人才发展报告（2017）
著（编）者：郑念　任嵘嵘　2017年4月出版 / 估价：98.00元
PSN B-2015-513-2/3

科学教育蓝皮书
中国科学教育发展报告（2017）
著（编）者：罗晖　王康友　2017年10月出版 / 估价：89.00元
PSN B-2015-487-1/1

劳动保障蓝皮书
中国劳动保障发展报告（2017）
著（编）者：刘燕斌　2017年9月出版 / 估价：188.00元
PSN B-2014-415-1/1

老龄蓝皮书
中国老年宜居环境发展报告（2017）
著（编）者：党俊武　周燕珉　2017年1月出版 / 估价：89.00元
PSN B-2013-320-1/1

连片特困区蓝皮书
中国连片特困区发展报告（2017）
著（编）者：游俊　冷志明　丁建军
2017年3月出版 / 估价：98.00元
PSN B-2013-321-1/1

民间组织蓝皮书
中国民间组织报告（2017）
著（编）者：黄晓勇　2017年12月出版 / 估价：89.00元
PSN B-2008-118-1/1

民调蓝皮书
中国民生调查报告（2017）
著（编）者：谢耘耕　2017年12月出版 / 估价：98.00元
PSN B-2014-398-1/1

民族发展蓝皮书
中国民族发展报告（2017）
著（编）者：郝时远　王延中　王希恩
2017年4月出版 / 估价：98.00元
PSN B-2006-070-1/1

女性生活蓝皮书
中国女性生活状况报告No.11（2017）
著（编）者：韩湘景　2017年10月出版 / 估价：98.00元
PSN B-2006-071-1/1

汽车社会蓝皮书
中国汽车社会发展报告（2017）
著（编）者：王俊秀　2017年1月出版 / 估价：89.00元
PSN B-2011-224-1/1

皮书系列 2017全品种 社会政法类

青年蓝皮书
中国青年发展报告（2017）No.3
著（编）者：廉思 等　2017年4月出版 / 估价：89.00元
PSN B-2013-333-1/1

青少年蓝皮书
中国未成年人互联网运用报告（2017）
著（编）者：李文革 沈杰 李为民
2017年11月出版 / 估价：89.00元
PSN B-2010-156-1/1

青少年体育蓝皮书
中国青少年体育发展报告（2017）
著（编）者：郭建军 杨桦　2017年9月出版 / 估价：89.00元
PSN B-2015-482-1/1

群众体育蓝皮书
中国群众体育发展报告（2017）
著（编）者：刘国永 杨桦　2017年12月出版 / 估价：89.00元
PSN B-2016-519-2/3

人权蓝皮书
中国人权事业发展报告 No.7（2017）
著（编）者：李君如　2017年9月出版 / 估价：98.00元
PSN B-2011-215-1/1

社会保障绿皮书
中国社会保障发展报告（2017）No.9
著（编）者：王延中　2017年4月出版 / 估价：89.00元
PSN G-2001-014-1/1

社会风险评估蓝皮书
风险评估与危机预警评估报告（2017）
著（编）者：唐钧　2017年8月出版 / 估价：85.00元
PSN B-2016-521-1/1

社会工作蓝皮书
中国社会工作发展报告（2017）
著（编）者：民政部社会工作研究中心
2017年8月出版 / 估价：89.00元
PSN B-2009-141-1/1

社会管理蓝皮书
中国社会管理创新报告 No.5
著（编）者：连玉明　2017年11月出版 / 估价：89.00元
PSN B-2012-300-1/1

社会蓝皮书
2017年中国社会形势分析与预测
著（编）者：李培林 陈光金 张翼
2016年12月出版 / 定价：89.00元
PSN B-1998-002-1/1

社会体制蓝皮书
中国社会体制改革报告 No.5（2017）
著（编）者：龚维斌　2017年4月出版 / 估价：89.00元
PSN B-2013-330-1/1

社会心态蓝皮书
中国社会心态研究报告（2017）
著（编）者：王俊秀 杨宜音　2017年12月出版 / 估价：89.00元
PSN B-2011-199-1/1

社会组织蓝皮书
中国社会组织评估发展报告（2017）
著（编）者：徐家良 廖鸿　2017年12月出版 / 估价：89.00元
PSN B-2013-366-1/1

生态城市绿皮书
中国生态城市建设发展报告（2017）
著（编）者：刘举科 孙伟平 胡文臻
2017年9月出版 / 估价：118.00元
PSN G-2012-269-1/1

生态文明绿皮书
中国省域生态文明建设评价报告（ECI 2017）
著（编）者：严耕　2017年12月出版 / 估价：98.00元
PSN G-2010-170-1/1

体育蓝皮书
中国公共体育服务发展报告（2017）
著（编）者：戴健　2017年12月出版 / 估价：89.00元
PSN B-2013-367-2/4

土地整治蓝皮书
中国土地整治发展研究报告 No.4
著（编）者：国土资源部土地整治中心
2017年7月出版 / 估价：89.00元
PSN B-2014-401-1/1

土地政策蓝皮书
中国土地政策研究报告（2017）
著（编）者：高延利 李宪文
2017年12月出版 / 估价：89.00元
PSN B-2015-506-1/1

医改蓝皮书
中国医药卫生体制改革报告（2017）
著（编）者：文学国 房志武　2017年11月出版 / 估价：98.00元
PSN B-2014-432-1/1

医疗卫生绿皮书
中国医疗卫生发展报告 No.7（2017）
著（编）者：申宝忠 韩玉珍　2017年4月出版 / 估价：85.00元
PSN G-2004-033-1/1

应急管理蓝皮书
中国应急管理报告（2017）
著（编）者：宋英华　2017年9月出版 / 估价：98.00元
PSN B-2016-563-1/1

政治参与蓝皮书
中国政治参与报告（2017）
著（编）者：房宁　2017年9月出版 / 估价：118.00元
PSN B-2011-200-1/1

中国农村妇女发展蓝皮书
农村流动女性城市生活发展报告（2017）
著（编）者：谢丽华　2017年12月出版 / 估价：89.00元
PSN B-2014-434-1/1

宗教蓝皮书
中国宗教报告（2017）
著（编）者：邱永辉　2017年4月出版 / 估价：89.00元
PSN B-2008-117-1/1

行业报告类

SUV蓝皮书
中国SUV市场发展报告（2016~2017）
著（编）者：靳军　2017年9月出版 / 估价：89.00元
PSN B-2016-572-1/1

保健蓝皮书
中国保健服务产业发展报告 No.2
著（编）者：中国保健协会　中共中央党校
2017年7月出版 / 估价：198.00元
PSN B-2012-272-3/3

保健蓝皮书
中国保健食品产业发展报告 No.2
著（编）者：中国保健协会
中国社会科学院食品药品产业发展与监管研究中心
2017年7月出版 / 估价：198.00元
PSN B-2012-271-2/3

保健蓝皮书
中国保健用品产业发展报告 No.2
著（编）者：中国保健协会
国务院国有资产监督管理委员会研究中心
2017年3月出版 / 估价：198.00元
PSN B-2012-270-1/3

保险蓝皮书
中国保险业竞争力报告（2017）
著（编）者：项俊波　2017年12月出版 / 估价：99.00元
PSN B-2013-311-1/1

冰雪蓝皮书
中国滑雪产业发展报告（2017）
著（编）者：孙承华　伍斌　魏庆华　张鸿俊
2017年8月出版 / 估价：89.00元
PSN B-2016-560-1/1

彩票蓝皮书
中国彩票发展报告（2017）
著（编）者：益彩基金　2017年4月出版 / 估价：98.00元
PSN B-2015-462-1/1

餐饮产业蓝皮书
中国餐饮产业发展报告（2017）
著（编）者：邢颖　2017年6月出版 / 估价：98.00元
PSN B-2009-151-1/1

测绘地理信息蓝皮书
新常态下的测绘地理信息研究报告（2017）
著（编）者：库热西·买合苏提
2017年12月出版 / 估价：118.00元
PSN B-2009-145-1/1

茶业蓝皮书
中国茶产业发展报告（2017）
著（编）者：杨江帆　李闽榕　2017年10月出版 / 估价：88.00元
PSN B-2010-164-1/1

产权市场蓝皮书
中国产权市场发展报告（2016~2017）
著（编）者：曹和平　2017年5月出版 / 估价：89.00元
PSN B-2009-147-1/1

产业安全蓝皮书
中国出版传媒产业安全报告（2016~2017）
著（编）者：北京印刷学院文化产业安全研究院
2017年3月出版 / 估价：89.00元
PSN B-2014-384-13/14

产业安全蓝皮书
中国文化产业安全报告（2017）
著（编）者：北京印刷学院文化产业安全研究院
2017年12月出版 / 估价：89.00元
PSN B-2014-378-12/14

产业安全蓝皮书
中国新媒体产业安全报告（2017）
著（编）者：北京印刷学院文化产业安全研究院
2017年12月出版 / 估价：89.00元
PSN B-2015-500-14/14

城投蓝皮书
中国城投行业发展报告（2017）
著（编）者：王晨甘　丁伯康　2017年11月出版 / 估价：300.00元
PSN B-2016-514-1/1

电子政务蓝皮书
中国电子政务发展报告（2016~2017）
著（编）者：李季　杜平　2017年7月出版 / 估价：89.00元
PSN B-2003-022-1/1

杜仲产业绿皮书
中国杜仲橡胶资源与产业发展报告（2016~2017）
著（编）者：杜红岩　胡文臻　俞锐
2017年1月出版 / 估价：85.00元
PSN G-2013-350-1/1

房地产蓝皮书
中国房地产发展报告 No.14（2017）
著（编）者：李春华　王业强　2017年5月出版 / 估价：89.00元
PSN B-2004-028-1/1

服务外包蓝皮书
中国服务外包产业发展报告（2017）
著（编）者：王晓红　刘德军
2017年6月出版 / 估价：89.00元
PSN B-2013-331-2/2

服务外包蓝皮书
中国服务外包竞争力报告（2017）
著（编）者：王力　刘春生　黄育华
2017年11月出版 / 估价：85.00元
PSN B-2011-216-1/2

工业和信息化蓝皮书
世界网络安全发展报告（2016~2017）
著（编）者：洪京一　2017年4月出版 / 估价：89.00元
PSN B-2015-452-5/5

工业和信息化蓝皮书
世界信息化发展报告（2016~2017）
著（编）者：洪京一　2017年4月出版 / 估价：89.00元
PSN B-2015-451-4/5

皮书系列 2017全品种 — 行业报告类

工业和信息化蓝皮书
世界信息技术产业发展报告（2016~2017）
著(编)者：洪京一　2017年4月出版 / 估价：89.00元
PSN B-2015-449-2/5

工业和信息化蓝皮书
移动互联网产业发展报告（2016~2017）
著(编)者：洪京一　2017年4月出版 / 估价：89.00元
PSN B-2015-448-1/5

工业和信息化蓝皮书
战略性新兴产业发展报告（2016~2017）
著(编)者：洪京一　2017年4月出版 / 估价：89.00元
PSN B-2015-450-3/5

工业设计蓝皮书
中国工业设计发展报告（2017）
著(编)者：王晓红　于炜　张立群
2017年9月出版 / 估价：138.00元
PSN B-2014-420-1/1

黄金市场蓝皮书
中国商业银行黄金业务发展报告（2016~2017）
著(编)者：平安银行　2017年3月出版 / 估价：98.00元
PSN B-2016-525-1/1

互联网金融蓝皮书
中国互联网金融发展报告（2017）
著(编)者：李东荣　2017年9月出版 / 估价：128.00元
PSN B-2014-374-1/1

互联网医疗蓝皮书
中国互联网医疗发展报告（2017）
著(编)者：宫晓东　2017年9月出版 / 估价：89.00元
PSN B-2016-568-1/1

会展蓝皮书
中外会展业动态评估年度报告（2017）
著(编)者：张敏　2017年1月出版 / 估价：88.00元
PSN B-2013-327-1/1

金融监管蓝皮书
中国金融监管报告（2017）
著(编)者：胡滨　2017年6月出版 / 估价：89.00元
PSN B-2012-281-1/1

金融蓝皮书
中国金融中心发展报告（2017）
著(编)者：王力　黄育华　2017年11月出版 / 估价：85.00元
PSN B-2011-186-6/6

建筑装饰蓝皮书
中国建筑装饰行业发展报告（2017）
著(编)者：刘晓　葛顺道　2017年7月出版 / 估价：198.00元
PSN B-2016-554-1/1

客车蓝皮书
中国客车产业发展报告（2016~2017）
著(编)者：姚蔚　2017年10月出版 / 估价：85.00元
PSN B-2013-361-1/1

旅游安全蓝皮书
中国旅游安全报告（2017）
著(编)者：郑向敏　谢朝武　2017年5月出版 / 估价：128.00元
PSN B-2012-280-1/1

旅游绿皮书
2016~2017年中国旅游发展分析与预测
著(编)者：张广瑞　刘德谦　2017年4月出版 / 估价：89.00元
PSN G-2002-018-1/1

煤炭蓝皮书
中国煤炭工业发展报告（2017）
著(编)者：岳福斌　2017年12月出版 / 估价：85.00元
PSN B-2008-123-1/1

民营企业社会责任蓝皮书
中国民营企业社会责任报告（2017）
著(编)者：中华全国工商业联合会
2017年12月出版 / 估价：89.00元
PSN B-2015-511-1/1

民营医院蓝皮书
中国民营医院发展报告（2017）
著(编)者：庄一强　2017年10月出版 / 估价：85.00元
PSN B-2012-299-1/1

闽商蓝皮书
闽商发展报告（2017）
著(编)者：李闽榕　王日根　林琛
2017年12月出版 / 估价：89.00元
PSN B-2012-298-1/1

能源蓝皮书
中国能源发展报告（2017）
著(编)者：崔民选　王军生　陈义和
2017年10月出版 / 估价：98.00元
PSN B-2006-049-1/1

农产品流通蓝皮书
中国农产品流通产业发展报告（2017）
著(编)者：贾敬敦　张东科　张玉玺　张鹏毅　周伟
2017年1月出版 / 估价：89.00元
PSN B-2012-288-1/1

企业公益蓝皮书
中国企业公益研究报告（2017）
著(编)者：钟宏武　汪杰　顾一　黄晓娟　等
2017年12月出版 / 估价：89.00元
PSN B-2015-501-1/1

企业国际化蓝皮书
中国企业国际化报告（2017）
著(编)者：王辉耀　2017年11月出版 / 估价：98.00元
PSN B-2014-427-1/1

企业蓝皮书
中国企业绿色发展报告No.2（2017）
著(编)者：李红玉　朱光辉　2017年8月出版 / 估价：89.00元
PSN B-2015-481-2/2

企业社会责任蓝皮书
中国企业社会责任研究报告（2017）
著(编)者：黄群慧　钟宏武　张蒽　翟利峰
2017年11月出版 / 估价：89.00元
PSN B-2009-149-1/1

汽车安全蓝皮书
中国汽车安全发展报告（2017）
著(编)者：中国汽车技术研究中心
2017年7月出版 / 估价：89.00元
PSN B-2014-385-1/1

行业报告类　皮书系列 2017全品种

汽车电子商务蓝皮书
中国汽车电子商务发展报告（2017）
著（编）者：中华全国工商业联合会汽车经销商商会
　　　　　　北京易观智库网络科技有限公司
2017年10月出版　估价：128.00元
PSN B-2015-485-1/1

汽车工业蓝皮书
中国汽车工业发展年度报告（2017）
著（编）者：中国汽车工业协会　中国汽车技术研究中心
　　　　　　丰田汽车（中国）投资有限公司
2017年4月出版　估价：128.00元
PSN B-2015-463-1/2

汽车工业蓝皮书
中国汽车零部件产业发展报告（2017）
著（编）者：中国汽车工业协会　中国汽车工程研究院
2017年10月出版　估价：98.00元
PSN B-2016-515-2/2

汽车蓝皮书
中国汽车产业发展报告（2017）
著（编）者：国务院发展研究中心产业经济研究部
　　　　　　中国汽车工程学会　大众汽车集团（中国）
2017年8月出版　估价：98.00元
PSN B-2008-124-1/1

人力资源蓝皮书
中国人力资源发展报告（2017）
著（编）者：余兴安　2017年11月出版　估价：89.00元
PSN B-2012-287-1/1

融资租赁蓝皮书
中国融资租赁业发展报告（2016~2017）
著（编）者：李光荣　王力　2017年8月出版　估价：89.00元
PSN B-2015-443-1/1

商会蓝皮书
中国商会发展报告No.5（2017）
著（编）者：王钦敏　2017年7月出版　估价：89.00元
PSN B-2008-125-1/1

输血服务蓝皮书
中国输血行业发展报告（2017）
著（编）者：朱永明　耿鸿武　2016年8月出版　估价：89.00元
PSN B-2016-583-1/1

上市公司蓝皮书
中国上市公司社会责任信息披露报告（2017）
著（编）者：张旺　张杨　2017年11月出版　估价：89.00元
PSN B-2011-234-1/2

社会责任管理蓝皮书
中国上市公司社会责任能力成熟度报告（2017）No.2
著（编）者：肖红军　王晓光　李伟阳
2017年12月出版　估价：98.00元
PSN B-2015-507-2/2

社会责任管理蓝皮书
中国企业公众透明度报告（2017）No.3
著（编）者：黄速建　熊梦　王晓光　肖红军
2017年1月出版　估价：98.00元
PSN B-2015-440-1/2

食品药品蓝皮书
食品药品安全与监管政策研究报告（2016~2017）
著（编）者：唐民皓　2017年6月出版　估价：89.00元
PSN B-2009-129-1/1

世界能源蓝皮书
世界能源发展报告（2017）
著（编）者：黄晓勇　2017年6月出版　估价：99.00元
PSN B-2013-349-1/1

水利风景区蓝皮书
中国水利风景区发展报告（2017）
著（编）者：谢婵才　兰思仁　2017年5月出版　估价：89.00元
PSN B-2015-480-1/1

私募市场蓝皮书
中国私募股权市场发展报告（2017）
著（编）者：曹和平　2017年12月出版　估价：89.00元
PSN B-2010-162-1/1

碳市场蓝皮书
中国碳市场报告（2017）
著（编）者：定金彪　2017年11月出版　估价：89.00元
PSN B-2014-430-1/1

体育蓝皮书
中国体育产业发展报告（2017）
著（编）者：阮伟　钟秉枢　2017年12月出版　估价：89.00元
PSN B-2010-179-1/4

网络空间安全蓝皮书
中国网络空间安全发展报告（2017）
著（编）者：惠志斌　唐涛　2017年4月出版　估价：89.00元
PSN B-2015-466-1/1

西部金融蓝皮书
中国西部金融发展报告（2017）
著（编）者：李忠民　2017年8月出版　估价：85.00元
PSN B-2010-160-1/1

协会商会蓝皮书
中国行业协会商会发展报告（2017）
著（编）者：景朝阳　李勇　2017年4月出版　估价：99.00元
PSN B-2015-461-1/1

新能源汽车蓝皮书
中国新能源汽车产业发展报告（2017）
著（编）者：中国汽车技术研究中心
　　　　　　日产（中国）投资有限公司　东风汽车有限公司
2017年7月出版　估价：98.00元
PSN B-2013-347-1/1

新三板蓝皮书
中国新三板市场发展报告（2017）
著（编）者：王力　2017年6月出版　估价：89.00元
PSN B-2016-534-1/1

信托市场蓝皮书
中国信托业市场报告（2016~2017）
著（编）者：用益信托工作室
2017年1月出版　估价：198.00元
PSN B-2014-371-1/1

皮书系列 2017全品种 — 行业报告类

信息化蓝皮书
中国信息化形势分析与预测（2016~2017）
著(编)者：周宏仁　2017年8月出版 / 估价：98.00元
PSN B-2010-168-1/1

信用蓝皮书
中国信用发展报告（2017）
著(编)者：章政　田侃　2017年4月出版 / 估价：99.00元
PSN B-2013-328-1/1

休闲绿皮书
2017年中国休闲发展报告
著(编)者：宋瑞　2017年10月出版 / 估价：89.00元
PSN G-2010-158-1/1

休闲体育蓝皮书
中国休闲体育发展报告（2016~2017）
著(编)者：李相如　钟炳枢　2017年10月出版 / 估价：89.00元
PSN G-2016-516-1/1

养老金融蓝皮书
中国养老金融发展报告（2017）
著(编)者：董克用　姚余栋
2017年6月出版 / 估价：89.00元
PSN B-2016-584-1/1

药品流通蓝皮书
中国药品流通行业发展报告（2017）
著(编)者：佘鲁林　温再兴　2017年8月出版 / 估价：158.00元
PSN B-2014-429-1/1

医院蓝皮书
中国医院竞争力报告（2017）
著(编)者：庄一强　曾益新　2017年3月出版 / 估价：128.00元
PSN B-2016-529-1/1

医药蓝皮书
中国中医药产业园战略发展报告（2017）
著(编)者：裴长洪　房书亭　吴滌心
2017年8月出版 / 估价：89.00元
PSN B-2012-305-1/1

邮轮绿皮书
中国邮轮产业发展报告（2017）
著(编)者：汪泓　2017年10月出版 / 估价：89.00元
PSN G-2014-419-1/1

智能养老蓝皮书
中国智能养老产业发展报告（2017）
著(编)者：朱勇　2017年10月出版 / 估价：89.00元
PSN B-2015-488-1/1

债券市场蓝皮书
中国债券市场发展报告（2016~2017）
著(编)者：杨农　2017年10月出版 / 估价：89.00元
PSN B-2016-573-1/1

中国节能汽车蓝皮书
中国节能汽车发展报告（2016~2017）
著(编)者：中国汽车工程研究院股份有限公司
2017年9月出版 / 估价：98.00元
PSN B-2016-566-1/1

中国上市公司蓝皮书
中国上市公司发展报告（2017）
著(编)者：张平　王宏淼
2017年10月出版 / 估价：98.00元
PSN B-2014-414-1/1

中国陶瓷产业蓝皮书
中国陶瓷产业发展报告（2017）
著(编)者：左和平　黄速建　2017年10月出版 / 估价：98.00元
PSN B-2016-574-1/1

中国总部经济蓝皮书
中国总部经济发展报告（2016~2017）
著(编)者：赵弘　2017年9月出版 / 估价：89.00元
PSN B-2005-036-1/1

中医文化蓝皮书
中国中医药文化传播发展报告（2017）
著(编)者：毛嘉陵　2017年7月出版 / 估价：89.00元
PSN B-2015-468-1/1

装备制造业蓝皮书
中国装备制造业发展报告（2017）
著(编)者：徐东华　2017年12月出版 / 估价：148.00元
PSN B-2015-505-1/1

资本市场蓝皮书
中国场外交易市场发展报告（2016~2017）
著(编)者：高峦　2017年3月出版 / 估价：89.00元
PSN B-2009-153-1/1

资产管理蓝皮书
中国资产管理行业发展报告（2017）
著(编)者：智信资产管理研究院
2017年6月出版 / 估价：89.00元
PSN B-2014-407-2/2

文化传媒类

传媒竞争力蓝皮书
中国传媒国际竞争力研究报告（2017）
著(编)者：李本乾　刘强
2017年11月出版 / 估价：148.00元
PSN B-2013-356-1/1

传媒蓝皮书
中国传媒产业发展报告（2017）
著(编)者：崔保国　2017年5月出版 / 估价：98.00元
PSN B-2005-035-1/1

传媒投资蓝皮书
中国传媒投资发展报告（2017）
著(编)者：张向东　谭云明
2017年6月出版 / 估价：128.00元
PSN B-2015-474-1/1

动漫蓝皮书
中国动漫产业发展报告（2017）
著(编)者：卢斌　郑玉明　牛兴侦
2017年9月出版 / 估价：89.00元
PSN B-2011-198-1/1

非物质文化遗产蓝皮书
中国非物质文化遗产发展报告（2017）
著(编)者：陈平　2017年5月出版 / 估价：98.00元
PSN B-2015-469-1/1

广电蓝皮书
中国广播电影电视发展报告（2017）
著(编)者：国家新闻出版广电总局发展研究中心
2017年7月出版 / 估价：98.00元
PSN B-2006-072-1/1

广告主蓝皮书
中国广告主营销传播趋势报告 No.9
著(编)者：黄升民　杜国清　邵华冬　等
2017年10月出版 / 估价：148.00元
PSN B-2005-041-1/1

国际传播蓝皮书
中国国际传播发展报告（2017）
著(编)者：胡正荣　李继东　姬德强
2017年11月出版 / 估价：89.00元
PSN B-2014-408-1/1

纪录片蓝皮书
中国纪录片发展报告（2017）
著(编)者：何苏六　2017年9月出版 / 估价：89.00元
PSN B-2011-222-1/1

科学传播蓝皮书
中国科学传播报告（2017）
著(编)者：詹正茂　2017年7月出版 / 估价：89.00元
PSN B-2008-120-1/1

两岸创意经济蓝皮书
两岸创意经济研究报告（2017）
著(编)者：罗昌智　林咏能
2017年10月出版 / 估价：98.00元
PSN B-2014-437-1/1

两岸文化蓝皮书
两岸文化产业合作发展报告（2017）
著(编)者：胡惠林　李保宗　2017年7月出版 / 估价：89.00元
PSN B-2012-285-1/1

媒介与女性蓝皮书
中国媒介与女性发展报告(2016~2017)
著(编)者：刘利群　2017年9月出版 / 估价：118.00元
PSN B-2013-345-1/1

媒体融合蓝皮书
中国媒体融合发展报告（2017）
著(编)者：梅宁华　宋建武　2017年7月出版 / 估价：89.00元
PSN B-2015-479-1/1

全球传媒蓝皮书
全球传媒发展报告（2017）
著(编)者：胡正荣　李继东　唐晓芬
2017年11月出版 / 估价：89.00元
PSN B-2012-237-1/1

少数民族非遗蓝皮书
中国少数民族非物质文化遗产发展报告（2017）
著(编)者：肖远平（彝）　柴立（满）
2017年8月出版 / 估价：98.00元
PSN B-2015-467-1/1

视听新媒体蓝皮书
中国视听新媒体发展报告（2017）
著(编)者：国家新闻出版广电总局发展研究中心
2017年7月出版 / 估价：98.00元
PSN B-2011-184-1/1

文化创新蓝皮书
中国文化创新报告（2017）No.7
著(编)者：于平　傅才武　2017年7月出版 / 估价：98.00元
PSN B-2009-143-1/1

文化建设蓝皮书
中国文化发展报告（2016~2017）
著(编)者：江畅　孙伟平　戴茂堂
2017年6月出版 / 估价：116.00元
PSN B-2014-392-1/1

文化科技蓝皮书
文化科技创新发展报告（2017）
著(编)者：于平　李凤亮　2017年11月出版 / 估价：89.00元
PSN B-2013-342-1/1

文化蓝皮书
中国公共文化服务发展报告（2017）
著(编)者：刘新成　张永新　张旭
2017年12月出版 / 估价：98.00元
PSN B-2007-093-2/10

文化蓝皮书
中国公共文化投入增长测评报告（2017）
著(编)者：王亚南　2017年4月出版 / 估价：89.00元
PSN B-2014-435-10/10

皮书系列 2017全品种

文化传媒类·地方发展类

文化蓝皮书
中国少数民族文化发展报告（2016~2017）
著(编)者：武翠英 张晓明 任乌晶
2017年9月出版 / 估价：89.00元
PSN B-2013-369-9/10

文化蓝皮书
中国文化产业发展报告（2016~2017）
著(编)者：张晓明 王家新 章建刚
2017年2月出版 / 估价：89.00元
PSN B-2002-019-1/10

文化蓝皮书
中国文化产业供需协调检测报告（2017）
著(编)者：王亚南 2017年2月出版 / 估价：89.00元
PSN B-2013-323-8/10

文化蓝皮书
中国文化消费需求景气评价报告（2017）
著(编)者：王亚南 2017年4月出版 / 估价：89.00元
PSN B-2011-236-4/10

文化品牌蓝皮书
中国文化品牌发展报告（2017）
著(编)者：欧阳友权 2017年5月出版 / 估价：98.00元
PSN B-2012-277-1/1

文化遗产蓝皮书
中国文化遗产事业发展报告（2017）
著(编)者：苏杨 张颖岚 王宇飞
2017年8月出版 / 估价：98.00元
PSN B-2008-119-1/1

文学蓝皮书
中国文情报告（2016～2017）
著(编)者：白烨 2017年5月出版 / 估价：49.00元
PSN B-2011-221-1/1

新媒体蓝皮书
中国新媒体发展报告No.8（2017）
著(编)者：唐绪军 2017年6月出版 / 估价：89.00元
PSN B-2010-169-1/1

新媒体社会责任蓝皮书
中国新媒体社会责任研究报告（2017）
著(编)者：钟瑛 2017年11月出版 / 估价：89.00元
PSN B-2014-423-1/1

移动互联网蓝皮书
中国移动互联网发展报告（2017）
著(编)者：官建文 2017年6月出版 / 估价：89.00元
PSN B-2012-282-1/1

舆情蓝皮书
中国社会舆情与危机管理报告（2017）
著(编)者：谢耘耕 2017年9月出版 / 估价：128.00元
PSN B-2011-235-1/1

影视风控蓝皮书
中国影视舆情与风控报告（2017）
著(编)者：司若 2017年4月出版 / 估价：138.00元
PSN B-2016-530-1/1

地方发展类

安徽经济蓝皮书
合芜蚌国家自主创新综合示范区研究报告（2016～2017）
著(编)者：王开玉 2017年11月出版 / 估价：89.00元
PSN B-2014-383-1/1

安徽蓝皮书
安徽社会发展报告（2017）
著(编)者：程桦 2017年4月出版 / 估价：89.00元
PSN B-2013-325-1/1

安徽社会建设蓝皮书
安徽社会建设分析报告（2016~2017）
著(编)者：黄家海 王开玉 蔡宪
2016年4月出版 / 估价：89.00元
PSN B-2013-322-1/1

澳门蓝皮书
澳门经济社会发展报告（2016~2017）
著(编)者：吴志良 郝雨凡 2017年6月出版 / 估价：98.00元
PSN B-2009-138-1/1

北京蓝皮书
北京公共服务发展报告（2016~2017）
著(编)者：施昌奎 2017年2月出版 / 估价：89.00元
PSN B-2008-103-7/8

北京蓝皮书
北京经济发展报告（2016～2017）
著(编)者：杨松 2017年6月出版 / 估价：89.00元
PSN B-2006-054-2/8

北京蓝皮书
北京社会发展报告（2016～2017）
著(编)者：李伟东 2017年6月出版 / 估价：89.00元
PSN B-2006-055-3/8

北京蓝皮书
北京社会治理发展报告（2016～2017）
著(编)者：殷星辰 2017年5月出版 / 估价：89.00元
PSN B-2014-391-8/8

北京蓝皮书
北京文化发展报告（2016～2017）
著(编)者：李建盛 2017年4月出版 / 估价：89.00元
PSN B-2007-082-4/8

北京律师绿皮书
北京律师发展报告No.3（2017）
著(编)者：王隽 2017年7月出版 / 估价：88.00元
PSN G-2012-301-1/1

地方发展类

皮书系列 2017全品种

北京旅游蓝皮书
北京旅游发展报告（2017）
著(编)者：北京旅游学会　2017年1月出版 / 估价：88.00元
PSN B-2011-217-1/1

北京人才蓝皮书
北京人才发展报告（2017）
著(编)者：于淼　2017年12月出版 / 估价：128.00元
PSN B-2011-201-1/1

北京社会心态蓝皮书
北京社会心态分析报告（2016～2017）
著(编)者：北京社会心理研究所
2017年8月出版 / 估价：89.00元
PSN B-2014-422-1/1

北京社会组织管理蓝皮书
北京社会组织发展与管理（2016～2017）
著(编)者：黄江松　2017年4月出版 / 估价：88.00元
PSN B-2015-446-1/1

北京体育蓝皮书
北京体育产业发展报告（2016～2017）
著(编)者：钟秉枢 陈杰 杨铁黎
2017年9月出版 / 估价：89.00元
PSN B-2015-475-1/1

北京养老产业蓝皮书
北京养老产业发展报告（2017）
著(编)者：周明明 冯喜良　2017年8月出版 / 估价：89.00元
PSN B-2015-465-1/1

滨海金融蓝皮书
滨海新区金融发展报告（2017）
著(编)者：王爱俭 张锐钢　2017年12月出版 / 估价：89.00元
PSN B-2014-424-1/1

城乡一体化蓝皮书
中国城乡一体化发展报告·北京卷（2016～2017）
著(编)者：张宝秀 黄序　2017年5月出版 / 估价：89.00元
PSN B-2012-258-2/2

创意城市蓝皮书
北京文化创意产业发展报告（2017）
著(编)者：张京成 王国华　2017年10月出版 / 估价：89.00元
PSN B-2012-263-1/7

创意城市蓝皮书
青岛文化创意产业发展报告（2017）
著(编)者：马达 张丹妮　2017年8月出版 / 估价：89.00元
PSN B-2011-235-1/1

创意城市蓝皮书
天津文化创意产业发展报告（2016～2017）
著(编)者：谢思全　2017年6月出版 / 估价：89.00元
PSN B-2016-537-7/7

创意城市蓝皮书
无锡文化创意产业发展报告（2017）
著(编)者：谭军 张鸣年　2017年10月出版 / 估价：89.00元
PSN B-2013-346-3/7

创意城市蓝皮书
武汉文化创意产业发展报告（2017）
著(编)者：黄永林 陈汉桥　2017年9月出版 / 估价：99.00元
PSN B-2013-354-4/7

创意上海蓝皮书
上海文化创意产业发展报告（2016～2017）
著(编)者：王慧敏 王兴全　2017年8月出版 / 估价：89.00元
PSN B-2016-562-1/1

福建妇女发展蓝皮书
福建省妇女发展报告（2017）
著(编)者：刘群英　2017年11月出版 / 估价：88.00元
PSN B-2011-220-1/1

福建自贸区蓝皮书
中国（福建）自由贸易实验区发展报告（2016～2017）
著(编)者：黄茂兴　2017年4月出版 / 估价：108.00元
PSN B-2017-532-1/1

甘肃蓝皮书
甘肃经济发展分析与预测（2017）
著(编)者：朱智文 罗哲　2017年1月出版 / 估价：89.00元
PSN B-2013-312-1/6

甘肃蓝皮书
甘肃社会发展分析与预测（2017）
著(编)者：安文华 包晓霞 谢增虎
2017年1月出版 / 估价：89.00元
PSN B-2013-313-2/6

甘肃蓝皮书
甘肃文化发展分析与预测（2017）
著(编)者：安文华 周小华　2017年1月出版 / 估价：89.00元
PSN B-2013-314-3/6

甘肃蓝皮书
甘肃县域和农村发展报告（2017）
著(编)者：刘进军 柳民 王建兵
2017年1月出版 / 估价：89.00元
PSN B-2013-316-5/6

甘肃蓝皮书
甘肃舆情分析与预测（2017）
著(编)者：陈双梅 郝树声　2017年1月出版 / 估价：89.00元
PSN B-2013-315-4/6

甘肃蓝皮书
甘肃商贸流通发展报告（2017）
著(编)者：杨志武 王福生 王晓芳
2017年1月出版 / 估价：89.00元
PSN B-2016-523-6/6

广东蓝皮书
广东全面深化改革发展报告（2017）
著(编)者：周林生 涂成林　2017年12月出版 / 估价：89.00元
PSN B-2015-504-3/3

广东蓝皮书
广东社会工作发展报告（2017）
著(编)者：罗观翠　2017年6月出版 / 估价：89.00元
PSN B-2014-402-2/3

广东蓝皮书
广东省电子商务发展报告（2017）
著(编)者：程晓 邓顺国　2017年7月出版 / 估价：89.00元
PSN B-2013-360-1/3

皮书系列 2017全品种 — 地方发展类

广东社会建设蓝皮书
广东省社会建设发展报告（2017）
著(编)者：广东省社会工作委员会
2017年12月出版 / 估价：99.00元
PSN B-2014-436-1/1

广东外经贸蓝皮书
广东对外经济贸易发展研究报告（2016~2017）
著(编)者：陈万灵　2017年8月出版 / 估价：98.00元
PSN B-2012-286-1/1

广西北部湾经济区蓝皮书
广西北部湾经济区开放开发报告（2017）
著(编)者：广西北部湾经济区规划建设管理委员会办公室
　　　　　广西社会科学院广西北部湾发展研究院
2017年2月出版 / 估价：89.00元
PSN B-2010-181-1/1

巩义蓝皮书
巩义经济社会发展报告（2017）
著(编)者：丁同民　朱军　2017年4月出版 / 估价：58.00元
PSN B-2016-533-1/1

广州蓝皮书
2017年中国广州经济形势分析与预测
著(编)者：庾建设　陈浩钿　谢博能
2017年7月出版 / 估价：85.00元
PSN B-2011-185-9/14

广州蓝皮书
2017年中国广州社会形势分析与预测
著(编)者：张强　陈怡霓　杨秦　2017年6月出版 / 估价：85.00元
PSN B-2008-110-5/14

广州蓝皮书
广州城市国际化发展报告（2017）
著(编)者：朱名宏　2017年8月出版 / 估价：79.00元
PSN B-2012-246-11/14

广州蓝皮书
广州创新型城市发展报告（2017）
著(编)者：尹涛　2017年7月出版 / 估价：79.00元
PSN B-2012-247-12/14

广州蓝皮书
广州经济发展报告（2017）
著(编)者：朱名宏　2017年7月出版 / 估价：79.00元
PSN B-2005-040-1/14

广州蓝皮书
广州农村发展报告（2017）
著(编)者：朱名宏　2017年8月出版 / 估价：79.00元
PSN B-2010-167-8/14

广州蓝皮书
广州汽车产业发展报告（2017）
著(编)者：杨再高　冯兴亚　2017年7月出版 / 估价：79.00元
PSN B-2006-066-3/14

广州蓝皮书
广州青年发展报告（2016~2017）
著(编)者：徐柳　张强　2017年9月出版 / 估价：79.00元
PSN B-2013-352-13/14

广州蓝皮书
广州商贸业发展报告（2017）
著(编)者：李江涛　肖振宇　荀振英
2017年7月出版 / 估价：79.00元
PSN B-2012-245-10/14

广州蓝皮书
广州社会保障发展报告（2017）
著(编)者：蔡国萱　2017年8月出版 / 估价：79.00元
PSN B-2014-425-14/14

广州蓝皮书
广州文化创意产业发展报告（2017）
著(编)者：徐咏虹　2017年7月出版 / 估价：79.00元
PSN B-2008-111-6/14

广州蓝皮书
中国广州城市建设与管理发展报告（2017）
著(编)者：董皞　陈小钢　李江涛
2017年7月出版 / 估价：85.00元
PSN B-2007-087-4/14

广州蓝皮书
中国广州科技创新发展报告（2017）
著(编)者：邹采荣　马正勇　陈爽
2017年7月出版 / 估价：79.00元
PSN B-2006-065-2/14

广州蓝皮书
中国广州文化发展报告（2017）
著(编)者：徐俊忠　陆志强　顾涧清
2017年7月出版 / 估价：79.00元
PSN B-2009-134-7/14

贵阳蓝皮书
贵阳城市创新发展报告No.2（白云篇）
著(编)者：连玉明　2017年10月出版 / 估价：89.00元
PSN B-2015-491-3/10

贵阳蓝皮书
贵阳城市创新发展报告No.2（观山湖篇）
著(编)者：连玉明　2017年10月出版 / 估价：89.00元
PSN B-2011-235-1/1

贵阳蓝皮书
贵阳城市创新发展报告No.2（花溪篇）
著(编)者：连玉明　2017年10月出版 / 估价：89.00元
PSN B-2015-490-2/10

贵阳蓝皮书
贵阳城市创新发展报告No.2（开阳篇）
著(编)者：连玉明　2017年10月出版 / 估价：89.00元
PSN B-2015-492-4/10

贵阳蓝皮书
贵阳城市创新发展报告No.2（南明篇）
著(编)者：连玉明　2017年10月出版 / 估价：89.00元
PSN B-2015-496-8/10

贵阳蓝皮书
贵阳城市创新发展报告No.2（清镇篇）
著(编)者：连玉明　2017年10月出版 / 估价：89.00元
PSN B-2015-489-1/10

地方发展类 | 皮书系列 2017全品种

贵阳蓝皮书
贵阳城市创新发展报告No.2（乌当篇）
著（编）者：连玉明　2017年10月出版／估价：89.00元
PSN B-2015-495-7/10

贵阳蓝皮书
贵阳城市创新发展报告No.2（息烽篇）
著（编）者：连玉明　2017年10月出版／估价：89.00元
PSN B-2015-493-5/10

贵阳蓝皮书
贵阳城市创新发展报告No.2（修文篇）
著（编）者：连玉明　2017年10月出版／估价：89.00元
PSN B-2015-494-6/10

贵阳蓝皮书
贵阳城市创新发展报告No.2（云岩篇）
著（编）者：连玉明　2017年10月出版／估价：89.00元
PSN B-2015-498-10/10

贵州房地产蓝皮书
贵州房地产发展报告No.4（2017）
著（编）者：武廷方　2017年7月出版／估价：89.00元
PSN B-2014-426-1/1

贵州蓝皮书
贵州册亨经济社会发展报告（2017）
著（编）者：黄德林　2017年3月出版／估价：89.00元
PSN B-2016-526-8/9

贵州蓝皮书
贵安新区发展报告（2016~2017）
著（编）者：马长青　吴大华　2017年6月出版／估价：89.00元
PSN B-2015-459-4/9

贵州蓝皮书
贵州法治发展报告（2017）
著（编）者：吴大华　2017年5月出版／估价：89.00元
PSN B-2012-254-2/9

贵州蓝皮书
贵州国有企业社会责任发展报告（2016～2017）
著（编）者：郭丽　周航　万强
2017年12月出版／估价：89.00元
PSN B-2015-512-6/9

贵州蓝皮书
贵州民航业发展报告（2017）
著（编）者：申振东　吴大华　2017年10月出版／估价：89.00元
PSN B-2015-471-5/9

贵州蓝皮书
贵州民营经济发展报告（2017）
著（编）者：杨静　吴大华　2017年3月出版／估价：89.00元
PSN B-2016-531-9/9

贵州蓝皮书
贵州人才发展报告（2017）
著（编）者：于杰　吴大华　2017年9月出版／估价：89.00元
PSN B-2014-382-3/9

贵州蓝皮书
贵州社会发展报告（2017）
著（编）者：王兴骥　2017年6月出版／估价：89.00元
PSN B-2010-166-1/9

贵州蓝皮书
贵州国家级开放创新平台发展报告（2017）
著（编）者：申晓庆　吴大华　李泓
2017年6月出版／估价：89.00元
PSN B-2016-518-1/9

海淀蓝皮书
海淀区文化和科技融合发展报告（2017）
著（编）者：陈名杰　孟景伟　2017年5月出版／估价：85.00元
PSN B-2013-329-1/1

杭州都市圈蓝皮书
杭州都市圈发展报告（2017）
著（编）者：沈翔　戚建国　2017年5月出版／估价：128.00元
PSN B-2012-302-1/1

杭州蓝皮书
杭州妇女发展报告（2017）
著（编）者：魏颖　2017年6月出版／估价：89.00元
PSN B-2014-403-1/1

河北经济蓝皮书
河北省经济发展报告（2017）
著（编）者：马树强　金浩　张贵
2017年4月出版／估价：89.00元
PSN B-2014-380-1/1

河北蓝皮书
河北经济社会发展报告（2017）
著（编）者：郭金平　2017年1月出版／估价：89.00元
PSN B-2014-372-1/1

河北食品药品安全蓝皮书
河北食品药品安全研究报告（2017）
著（编）者：丁锦霞　2017年6月出版／估价：89.00元
PSN B-2015-473-1/1

河南经济蓝皮书
2017年河南经济形势分析与预测
著（编）者：胡五岳　2017年2月出版／估价：89.00元
PSN B-2007-086-1/1

河南蓝皮书
2017年河南社会形势分析与预测
著（编）者：刘道兴　牛苏林　2017年4月出版／估价89.00元
PSN B-2005-043-1/8

河南蓝皮书
河南城市发展报告（2017）
著（编）者：张占仓　王建国　2017年5月出版／估价：89.00元
PSN B-2009-131-3/8

河南蓝皮书
河南法治发展报告（2017）
著（编）者：丁同民　张林海　2017年5月出版／估价：89.00元
PSN B-2014-376-6/8

河南蓝皮书
河南工业发展报告（2017）
著（编）者：张占仓　丁同民　2017年5月出版／估价：89.00元
PSN B-2013-317-5/8

河南蓝皮书
河南金融发展报告（2017）
著（编）者：河南省社会科学院
2017年6月出版／估价：89.00元
PSN B-2014-390-7/8

皮书系列 重点推荐 — 地方发展类

河南蓝皮书
河南经济发展报告（2017）
著(编)者：张占仓　　2017年3月出版 / 估价：89.00元
PSN B-2010-157-4/8

河南蓝皮书
河南农业农村发展报告（2017）
著(编)者：吴海峰　　2017年4月出版 / 估价：89.00元
PSN B-2015-445-8/8

河南蓝皮书
河南文化发展报告（2017）
著(编)者：卫绍生　　2017年3月出版 / 估价：88.00元
PSN B-2008-106-2/8

河南商务蓝皮书
河南商务发展报告（2017）
著(编)者：焦锦淼　穆荣国　2017年6月出版 / 估价：88.00元
PSN B-2014-399-1/1

黑龙江蓝皮书
黑龙江经济发展报告（2017）
著(编)者：朱宇　　2017年1月出版 / 估价：89.00元
PSN B-2011-190-2/2

黑龙江蓝皮书
黑龙江社会发展报告（2017）
著(编)者：谢宝禄　　2017年1月出版 / 估价：89.00元
PSN B-2011-189-1/2

湖北文化蓝皮书
湖北文化发展报告（2017）
著(编)者：吴成国　　2017年10月出版 / 估价：95.00元
PSN B-2016-567-1/1

湖南城市蓝皮书
区域城市群整合
著(编)者：童中贤　韩未名
2017年12月出版 / 估价：89.00元
PSN B-2006-064-1/1

湖南蓝皮书
2017年湖南产业发展报告
著(编)者：梁志峰　　2017年5月出版 / 估价：128.00元
PSN B-2011-207-2/8

湖南蓝皮书
2017年湖南电子政务发展报告
著(编)者：梁志峰　　2017年5月出版 / 估价：128.00元
PSN B-2014-394-6/8

湖南蓝皮书
2017年湖南经济展望
著(编)者：梁志峰　　2017年5月出版 / 估价：128.00元
PSN B-2011-206-1/8

湖南蓝皮书
2017年湖南两型社会与生态文明发展报告
著(编)者：梁志峰　　2017年5月出版 / 估价：128.00元
PSN B-2011-208-3/8

湖南蓝皮书
2017年湖南社会发展报告
著(编)者：梁志峰　　2017年5月出版 / 估价：128.00元
PSN B-2014-393-5/8

湖南蓝皮书
2017年湖南县域经济社会发展报告
著(编)者：梁志峰　　2017年5月出版 / 估价：128.00元
PSN B-2014-395-7/8

湖南蓝皮书
湖南城乡一体化发展报告（2017）
著(编)者：陈文胜　王文强　陆福兴　邝奕轩
2017年6月出版 / 估价：89.00元
PSN B-2015-477-8/8

湖南县域绿皮书
湖南县域发展报告No.3
著(编)者：袁准　周小毛　2017年9月出版 / 估价：89.00元
PSN G-2012-274-1/1

沪港蓝皮书
沪港发展报告（2017）
著(编)者：尤安山　　2017年9月出版 / 估价：89.00元
PSN B-2013-362-1/1

吉林蓝皮书
2017年吉林经济社会形势分析与预测
著(编)者：马克　　2015年12月出版 / 估价：89.00元
PSN B-2013-319-1/1

吉林省城市竞争力蓝皮书
吉林省城市竞争力报告（2017）
著(编)者：崔岳春　张磊　　2017年3月出版 / 估价：89.00元
PSN B-2015-508-1/1

济源蓝皮书
济源经济社会发展报告（2017）
著(编)者：喻新安　　2017年4月出版 / 估价：89.00元
PSN B-2014-387-1/1

健康城市蓝皮书
北京健康城市建设研究报告（2017）
著(编)者：王鸿春　　2017年8月出版 / 估价：89.00元
PSN B-2015-460-1/2

江苏法治蓝皮书
江苏法治发展报告No.6（2017）
著(编)者：蔡道通　龚廷泰　2017年8月出版 / 估价：98.00元
PSN B-2012-290-1/1

江西蓝皮书
江西经济社会发展报告（2017）
著(编)者：张勇　姜玮　梁勇　2017年10月出版 / 估价：89.00元
PSN B-2015-484-1/2

江西蓝皮书
江西设区市发展报告（2017）
著(编)者：姜玮　梁勇　　2017年10月出版 / 估价：79.00元
PSN B-2016-517-2/2

江西文化蓝皮书
江西文化产业发展报告（2017）
著(编)者：张圣才　汪春翔
2017年10月出版 / 估价：128.00元
PSN B-2015-499-1/1

地方发展类 | 皮书系列 重点推荐

街道蓝皮书
北京街道发展报告No.2（白纸坊篇）
著(编)者：连玉明　2017年8月出版／估价：98.00元
PSN B-2016-544-7/15

街道蓝皮书
北京街道发展报告No.2（椿树篇）
著(编)者：连玉明　2017年8月出版／估价：98.00元
PSN B-2016-548-11/15

街道蓝皮书
北京街道发展报告No.2（大栅栏篇）
著(编)者：连玉明　2017年8月出版／估价：98.00元
PSN B-2016-552-15/15

街道蓝皮书
北京街道发展报告No.2（德胜篇）
著(编)者：连玉明　2017年8月出版／估价：98.00元
PSN B-2016-551-14/15

街道蓝皮书
北京街道发展报告No.2（广安门内篇）
著(编)者：连玉明　2017年8月出版／估价：98.00元
PSN B-2016-540-3/15

街道蓝皮书
北京街道发展报告No.2（广安门外篇）
著(编)者：连玉明　2017年8月出版／估价：98.00元
PSN B-2016-547-10/15

街道蓝皮书
北京街道发展报告No.2（金融街篇）
著(编)者：连玉明　2017年8月出版／估价：98.00元
PSN B-2016-538-1/15

街道蓝皮书
北京街道发展报告No.2（牛街篇）
著(编)者：连玉明　2017年8月出版／估价：98.00元
PSN B-2016-545-8/15

街道蓝皮书
北京街道发展报告No.2（什刹海篇）
著(编)者：连玉明　2017年8月出版／估价：98.00元
PSN B-2016-546-9/15

街道蓝皮书
北京街道发展报告No.2（陶然亭篇）
著(编)者：连玉明　2017年8月出版／估价：98.00元
PSN B-2016-542-5/15

街道蓝皮书
北京街道发展报告No.2（天桥篇）
著(编)者：连玉明　2017年8月出版／估价：98.00元
PSN B-2016-549-12/15

街道蓝皮书
北京街道发展报告No.2（西长安街篇）
著(编)者：连玉明　2017年8月出版／估价：98.00元
PSN B-2016-543-6/15

街道蓝皮书
北京街道发展报告No.2（新街口篇）
著(编)者：连玉明　2017年8月出版／估价：98.00元
PSN B-2016-541-4/15

街道蓝皮书
北京街道发展报告No.2（月坛篇）
著(编)者：连玉明　2017年8月出版／估价：98.00元
PSN B-2016-539-2/15

街道蓝皮书
北京街道发展报告No.2（展览路篇）
著(编)者：连玉明　2017年8月出版／估价：98.00元
PSN B-2016-550-13/15

经济特区蓝皮书
中国经济特区发展报告（2017）
著(编)者：陶一桃　2017年12月出版／估价：98.00元
PSN B-2009-139-1/1

辽宁蓝皮书
2017年辽宁经济社会形势分析与预测
著(编)者：曹晓峰　梁启东
2017年1月出版／估价：79.00元
PSN B-2006-053-1/1

洛阳蓝皮书
洛阳文化发展报告（2017）
著(编)者：刘福兴　陈启明　2017年7月出版／估价：89.00元
PSN B-2015-476-1/1

南京蓝皮书
南京文化发展报告（2017）
著(编)者：徐宁　2017年10月出版／估价：89.00元
PSN B-2014-439-1/1

南宁蓝皮书
南宁经济发展报告（2017）
著(编)者：胡建华　2017年9月出版／估价：79.00元
PSN B-2016-570-2/3

南宁蓝皮书
南宁社会发展报告（2017）
著(编)者：胡建华　2017年9月出版／估价：79.00元
PSN B-2016-571-3/3

内蒙古蓝皮书
内蒙古反腐倡廉建设报告 No.2
著(编)者：张志华　无极　2017年12月出版／估价：79.00元
PSN B-2013-365-1/1

浦东新区蓝皮书
上海浦东经济发展报告（2017）
著(编)者：沈开艳　周奇　2017年1月出版／估价：89.00元
PSN B-2011-225-1/1

青海蓝皮书
2017年青海经济社会形势分析与预测
著(编)者：陈玮　2015年12月出版／估价：79.00元
PSN B-2012-275-1/1

人口与健康蓝皮书
深圳人口与健康发展报告（2017）
著(编)者：陆杰华　罗乐宣　苏杨
2017年11月出版／估价：89.00元
PSN B-2011-228-1/1

皮书系列 重点推荐 地方发展类

山东蓝皮书
山东经济形势分析与预测（2017）
著(编)者：李广杰　2017年7月出版／估价：89.00元
PSN B-2014-404-1/4

山东蓝皮书
山东社会形势分析与预测（2017）
著(编)者：张华　唐洲雁　2017年6月出版／估价：89.00元
PSN B-2014-405-2/4

山东蓝皮书
山东文化发展报告（2017）
著(编)者：涂可国　2017年11月出版／估价：98.00元
PSN B-2014-406-3/4

山西蓝皮书
山西资源型经济转型发展报告（2017）
著(编)者：李志强　2017年7月出版／估价：89.00元
PSN B-2011-197-1/1

陕西蓝皮书
陕西经济发展报告（2017）
著(编)者：任宗哲　白宽犁　裴成荣
2015年12月出版／估价：89.00元
PSN B-2009-135-1/5

陕西蓝皮书
陕西社会发展报告（2017）
著(编)者：任宗哲　白宽犁　牛昉
2015年12月出版／估价：89.00元
PSN B-2009-136-2/5

陕西蓝皮书
陕西文化发展报告（2017）
著(编)者：任宗哲　白宽犁　王长寿
2015年12月出版／估价：89.00元
PSN B-2009-137-3/5

上海蓝皮书
上海传媒发展报告（2017）
著(编)者：强荧　焦雨虹　2017年1月出版／估价：89.00元
PSN B-2012-295-5/7

上海蓝皮书
上海法治发展报告（2017）
著(编)者：叶青　2017年6月出版／估价：89.00元
PSN B-2012-296-6/7

上海蓝皮书
上海经济发展报告（2017）
著(编)者：沈开艳　2017年1月出版／估价：89.00元
PSN B-2006-057-1/7

上海蓝皮书
上海社会发展报告（2017）
著(编)者：杨雄　周海旺　2017年1月出版／估价：89.00元
PSN B-2006-058-2/7

上海蓝皮书
上海文化发展报告（2017）
著(编)者：荣跃明　2017年1月出版／估价：89.00元
PSN B-2006-059-3/7

上海蓝皮书
上海文学发展报告（2017）
著(编)者：陈圣来　2017年6月出版／估价：89.00元
PSN B-2012-297-7/7

上海蓝皮书
上海资源环境发展报告（2017）
著(编)者：周冯琦　汤庆合　任文伟
2017年1月出版／估价：89.00元
PSN B-2006-060-4/7

社会建设蓝皮书
2017年北京社会建设分析报告
著(编)者：宋贵伦　冯虹　2017年10月出版／估价：89.00元
PSN B-2010-173-1/1

深圳蓝皮书
深圳法治发展报告（2017）
著(编)者：张骁儒　2017年6月出版／估价：89.00元
PSN B-2015-470-6/7

深圳蓝皮书
深圳经济发展报告（2017）
著(编)者：张骁儒　2017年7月出版／估价：89.00元
PSN B-2008-112-3/7

深圳蓝皮书
深圳劳动关系发展报告（2017）
著(编)者：汤庭芬　2017年6月出版／估价：89.00元
PSN B-2007-097-2/7

深圳蓝皮书
深圳社会建设与发展报告（2017）
著(编)者：张骁儒　陈东平　2017年7月出版／估价：89.00元
PSN B-2008-113-4/7

深圳蓝皮书
深圳文化发展报告(2017)
著(编)者：张骁儒　2017年7月出版／估价：89.00元
PSN B-2016-555-7/7

四川法治蓝皮书
丝绸之路经济带发展报告（2016～2017）
著编：任宗哲　白宽犁　谷孟宾
2017年12月出版／估价：85.00元
PSN B-2014-410-1/1

四川法治蓝皮书
四川依法治省年度报告 No.3（2017）
著(编)者：李林　杨天宗　田禾
2017年3月出版／估价：108.00元
PSN B-2015-447-1/1

四川蓝皮书
2017年四川经济形势分析与预测
著(编)者：杨钢　2017年1月出版／估价：98.00元
PSN B-2007-098-2/7

四川蓝皮书
四川城镇化发展报告（2017）
著(编)者：侯水平　陈炜　2017年4月出版／估价：85.00元
PSN B-2015-456-7/7

皮书系列重点推荐 · 地方发展类·国际问题类

四川蓝皮书
四川法治发展报告（2017）
著(编)者：郑泰安　2017年1月出版 / 估价：89.00元
PSN B-2015-441-5/7

四川蓝皮书
四川企业社会责任研究报告（2016~2017）
著(编)者：侯水平　盛毅　翟刚
2017年4月出版 / 估价：89.00元
PSN B-2014-386-4/7

四川蓝皮书
四川社会发展报告（2017）
著(编)者：李羚　2017年5月出版 / 估价：89.00元
PSN B-2008-127-3/7

四川蓝皮书
四川生态建设报告（2017）
著(编)者：李晟之　2017年4月出版 / 估价：85.00元
PSN B-2015-455-6/7

四川蓝皮书
四川文化产业发展报告（2017）
著(编)者：向宝云　张立伟
2017年4月出版 / 估价：89.00元
PSN B-2006-074-1/7

体育蓝皮书
上海体育产业发展报告（2016~2017）
著(编)者：张林　黄海燕
2017年10月出版 / 估价：89.00元
PSN B-2015-454-4/4

体育蓝皮书
长三角地区体育产业发展报告（2016~2017）
著(编)者：张林　2017年4月出版 / 估价：89.00元
PSN B-2015-453-3/4

天津金融蓝皮书
天津金融发展报告（2017）
著(编)者：王爱俭　孔德昌
2017年12月出版 / 估价：98.00元
PSN B-2014-418-1/1

图们江区域合作蓝皮书
图们江区域合作发展报告（2017）
著(编)者：李铁　2017年6月出版 / 估价：98.00元
PSN B-2015-464-1/1

温州蓝皮书
2017年温州经济社会形势分析与预测
著(编)者：潘忠强　王春光　金浩
2017年4月出版 / 估价：89.00元
PSN B-2008-105-1/1

西咸新区蓝皮书
西咸新区发展报告（2016~2017）
著(编)者：李扬　王军　2017年6月出版 / 估价：89.00元
PSN B-2016-535-1/1

扬州蓝皮书
扬州经济社会发展报告（2017）
著(编)者：丁纯　2017年12月出版 / 估价：98.00元
PSN B-2011-191-1/1

长株潭城市群蓝皮书
长株潭城市群发展报告（2017）
著(编)者：张萍　2017年12月出版 / 估价：89.00元
PSN B-2008-109-1/1

中医文化蓝皮书
北京中医文化传播发展报告（2017）
著(编)者：毛嘉陵　2017年5月出版 / 估价：79.00元
PSN B-2015-468-1/2

珠三角流通蓝皮书
珠三角商圈发展研究报告（2017）
著(编)者：王先庆　林至颖
2017年7月出版 / 估价：98.00元
PSN B-2012-292-1/1

遵义蓝皮书
遵义发展报告（2017）
著(编)者：曾征　龚永育　雍思强
2017年12月出版 / 估价：89.00元
PSN B-2014-433-1/1

国际问题类

"一带一路"跨境通道蓝皮书
"一带一路"跨境通道建设研究报告（2017）
著(编)者：郭业洲　2017年8月出版 / 估价：89.00元
PSN B-2016-558-1/1

"一带一路"蓝皮书
"一带一路"建设发展报告（2017）
著(编)者：孔丹　李永全　2017年7月出版 / 估价：89.00元
PSN B-2016-553-1/1

阿拉伯黄皮书
阿拉伯发展报告（2016~2017）
著(编)者：罗林　2017年11月出版 / 估价：89.00元
PSN Y-2014-381-1/1

北部湾蓝皮书
泛北部湾合作发展报告（2017）
著(编)者：吕余生　2017年12月出版 / 估价：85.00元
PSN B-2008-114-1/1

大湄公河次区域蓝皮书
大湄公河次区域合作发展报告（2017）
著(编)者：刘稚　2017年8月出版 / 估价：89.00元
PSN B-2011-196-1/1

大洋洲蓝皮书
大洋洲发展报告（2017）
著(编)者：喻常森　2017年10月出版 / 估价：89.00元
PSN B-2013-341-1/1

皮书系列重点推荐 国际问题类

德国蓝皮书
德国发展报告（2017）
著(编)者：郑春荣　2017年6月出版 / 估价：89.00元
PSN B-2012-278-1/1

东盟黄皮书
东盟发展报告（2017）
著(编)者：杨晓强　庄国土
2017年3月出版 / 估价：89.00元
PSN Y-2012-303-1/1

东南亚蓝皮书
东南亚地区发展报告（2016~2017）
著(编)者：厦门大学东南亚研究中心　王勤
2017年12月出版 / 估价：89.00元
PSN B-2012-240-1/1

俄罗斯黄皮书
俄罗斯发展报告（2017）
著(编)者：李永全　2017年7月出版 / 估价：89.00元
PSN Y-2006-061-1/1

非洲黄皮书
非洲发展报告 No.19（2016~2017）
著(编)者：张宏明　2017年8月出版 / 估价：89.00元
PSN Y-2012-239-1/1

公共外交蓝皮书
中国公共外交发展报告（2017）
著(编)者：赵启正　雷蔚真
2017年4月出版 / 估价：89.00元
PSN B-2015-457-1/1

国际安全蓝皮书
中国国际安全研究报告(2017)
著(编)者：刘慧　2017年7月出版 / 估价：98.00元
PSN B-2016-522-1/1

国际形势黄皮书
全球政治与安全报告（2017）
著(编)者：李慎明　张宇燕
2016年12月出版 / 估价：89.00元
PSN Y-2001-016-1/1

韩国蓝皮书
韩国发展报告（2017）
著(编)者：牛林杰　刘宝全
2017年11月出版 / 估价：89.00元
PSN B-2010-155-1/1

加拿大蓝皮书
加拿大发展报告（2017）
著(编)者：仲伟合　2017年9月出版 / 估价：89.00元
PSN B-2014-389-1/1

拉美黄皮书
拉丁美洲和加勒比发展报告（2016~2017）
著(编)者：吴白乙　2017年6月出版 / 估价：89.00元
PSN Y-1999-007-1/1

美国蓝皮书
美国研究报告（2017）
著(编)者：郑秉文　黄平　2017年6月出版 / 估价：89.00元
PSN B-2011-210-1/1

缅甸蓝皮书
缅甸国情报告（2017）
著(编)者：李晨阳　2017年12月出版 / 估价：86.00元
PSN B-2013-343-1/1

欧洲蓝皮书
欧洲发展报告（2016~2017）
著(编)者：黄平　周弘　江时学
2017年6月出版 / 估价：89.00元
PSN B-1999-009-1/1

葡语国家蓝皮书
葡语国家发展报告（2017）
著(编)者：王成安　张敏　2017年12月出版 / 估价：89.00元
PSN B-2015-503-1/2

葡语国家蓝皮书
中国与葡语国家关系发展报告·巴西（2017）
著(编)者：张曙光　2017年8月出版 / 估价：89.00元
PSN B-2016-564-2/2

日本经济蓝皮书
日本经济与中日经贸关系研究报告（2017）
著(编)者：张季风　2017年5月出版 / 估价：89.00元
PSN B-2008-102-1/1

日本蓝皮书
日本研究报告（2017）
著(编)者：杨伯江　2017年5月出版 / 估价：89.00元
PSN B-2002-020-1/1

上海合作组织黄皮书
上海合作组织发展报告（2017）
著(编)者：李进峰　吴宏伟　李少捷
2017年6月出版 / 估价：89.00元
PSN Y-2009-130-1/1

世界创新竞争力黄皮书
世界创新竞争力发展报告（2017）
著(编)者：李闽榕　李建平　赵新力
2017年1月出版 / 估价：148.00元
PSN Y-2013-318-1/1

泰国蓝皮书
泰国研究报告（2017）
著(编)者：庄国土　张禹东
2017年8月出版 / 估价：118.00元
PSN B-2016-557-1/1

土耳其蓝皮书
土耳其发展报告（2017）
著(编)者：郭长刚　刘义　2017年9月出版 / 估价：89.00元
PSN B-2014-412-1/1

亚太蓝皮书
亚太地区发展报告（2017）
著(编)者：李向阳　2017年3月出版 / 估价：89.00元
PSN B-2001-015-1/1

印度蓝皮书
印度国情报告（2017）
著(编)者：吕昭义　2017年12月出版 / 估价：89.00元
PSN B-2012-241-1/1

皮书系列重点推荐 — 国际问题类

印度洋地区蓝皮书
印度洋地区发展报告（2017）
著(编)者：汪戎　2017年6月出版 / 估价：89.00元
PSN B-2013-334-1/1

英国蓝皮书
英国发展报告（2016~2017）
著(编)者：王展鹏　2017年11月出版 / 估价：89.00元
PSN B-2015-486-1/1

越南蓝皮书
越南国情报告（2017）
著(编)者：广西社会科学院　罗梅　李碧华
2017年12月出版 / 估价：89.00元
PSN B-2006-056-1/1

以色列蓝皮书
以色列发展报告（2017）
著(编)者：张倩红　2017年8月出版 / 估价：89.00元
PSN B-2015-483-1/1

伊朗蓝皮书
伊朗发展报告（2017）
著(编)者：冀开远　2017年10月出版 / 估价：89.00元
PSN B-2016-575-1/1

中东黄皮书
中东发展报告No.19（2016~2017）
著(编)者：杨光　2017年10月出版 / 估价：89.00元
PSN Y-1998-004-1/1

中亚黄皮书
中亚国家发展报告（2017）
著(编)者：孙力　吴宏伟　2017年7月出版 / 估价：98.00元
PSN Y-2012-238-1/1

皮书序列号是社会科学文献出版社专门为识别皮书、管理皮书而设计的编号。皮书序列号是出版皮书的许可证号，是区别皮书与其他图书的重要标志。

它由一个前缀和四部分构成。这四部分之间用连字符"-"连接。前缀和这四部分之间空半个汉字（见示例）。

《国际人才蓝皮书：中国留学发展报告》序列号示例

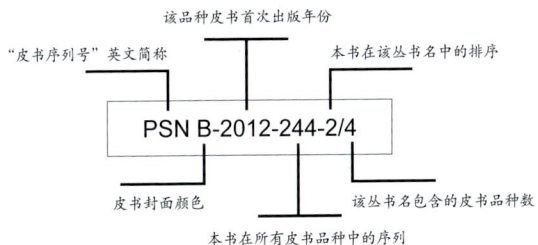

从示例中可以看出，《国际人才蓝皮书：中国留学发展报告》的首次出版年份是2012年，是社科文献出版社出版的第244个皮书品种，是"国际人才蓝皮书"系列的第2个品种（共4个品种）。

社会科学文献出版社　皮书系列

❖ 皮书起源 ❖

"皮书"起源于十七、十八世纪的英国,主要指官方或社会组织正式发表的重要文件或报告,多以"白皮书"命名。在中国,"皮书"这一概念被社会广泛接受,并被成功运作、发展成为一种全新的出版形态,则源于中国社会科学院社会科学文献出版社。

❖ 皮书定义 ❖

皮书是对中国与世界发展状况和热点问题进行年度监测,以专业的角度、专家的视野和实证研究方法,针对某一领域或区域现状与发展态势展开分析和预测,具备原创性、实证性、专业性、连续性、前沿性、时效性等特点的公开出版物,由一系列权威研究报告组成。

❖ 皮书作者 ❖

皮书系列的作者以中国社会科学院、著名高校、地方社会科学院的研究人员为主,多为国内一流研究机构的权威专家学者,他们的看法和观点代表了学界对中国与世界的现实和未来最高水平的解读与分析。

❖ 皮书荣誉 ❖

皮书系列已成为社会科学文献出版社的著名图书品牌和中国社会科学院的知名学术品牌。2016年,皮书系列正式列入"十三五"国家重点出版规划项目;2012~2016年,重点皮书列入中国社会科学院承担的国家哲学社会科学创新工程项目;2017年,55种院外皮书使用"中国社会科学院创新工程学术出版项目"标识。

中国皮书网
www.pishu.cn

发布皮书研创资讯，传播皮书精彩内容
引领皮书出版潮流，打造皮书服务平台

栏目设置

关于皮书：何谓皮书、皮书分类、皮书大事记、皮书荣誉、
皮书出版第一人、皮书编辑部

最新资讯：通知公告、新闻动态、媒体聚焦、网站专题、视频直播、下载专区

皮书研创：皮书规范、皮书选题、皮书出版、皮书研究、研创团队

皮书评奖评价：指标体系、皮书评价、皮书评奖

互动专区：皮书说、皮书智库、皮书微博、数据库微博

所获荣誉

2008年、2011年，中国皮书网均在全国新闻出版业网站荣誉评选中获得"最具商业价值网站"称号；

2012年，获得"出版业网站百强"称号。

网库合一

2014年，中国皮书网与皮书数据库端口合一，实现资源共享。更多详情请登录www.pishu.cn。

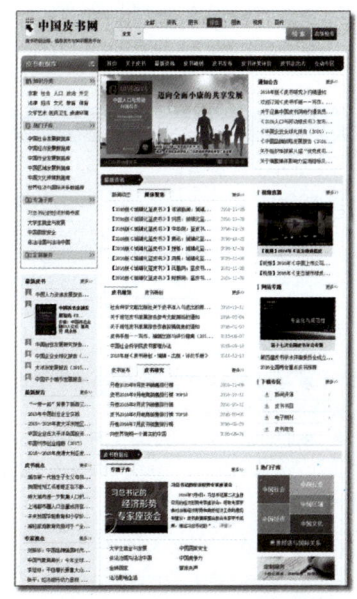

权威报告·热点资讯·特色资源

皮书数据库
ANNUAL REPORT(YEARBOOK) DATABASE

当代中国与世界发展高端智库平台

所获荣誉

- 2016年,入选"国家'十三五'电子出版物出版规划骨干工程"
- 2015年,荣获"搜索中国正能量 点赞2015""创新中国科技创新奖"
- 2013年,荣获"中国出版政府奖·网络出版物奖"提名奖
- 连续多年荣获中国数字出版博览会"数字出版·优秀品牌"奖

成为会员

通过网址www.pishu.com.cn或使用手机扫描二维码进入皮书数据库网站,进行手机号码验证或邮箱验证即可成为皮书数据库会员(建议通过手机号码快速验证注册)。

会员福利

- 使用手机号码首次注册会员可直接获得100元体验金,不需充值即可购买和查看数据库内容(仅限使用手机号码快速注册)。
- 已注册用户购书后可免费获赠100元皮书数据库充值卡。刮开充值卡涂层获取充值密码,登录并进入"会员中心"—"在线充值"—"充值卡充值",充值成功后即可购买和查看数据库内容。

数据库服务热线:400-008-6695　　　图书销售热线:010-59367070/7028
数据库服务QQ:2475522410　　　　 图书服务QQ:1265056568
数据库服务邮箱:database@ssap.cn　 图书服务邮箱:duzhe@ssap.cn